KB003548

아동·청소년 성격장애 치료

관계적 접근

Efrain Bleiberg 저 | 이문희 · 이은진 · 유성경 공역

TREATING PERSONALITY
DISORDERS IN CHILDREN
AND ADOLESCENTS

A Relational Approach

학지사

역자 서문

　아동·청소년의 치료현장에서 또래에 관한 이야기만큼 자주 언급되는 것은 바로 부모에 관한 이야기이다. 현재 그리고 좀 더 어린 시절, 부모가 자녀에게 대하는 방식이나 부모로부터 전달되는 생생한 감정이 주를 이룬다. 서운함, 억울함, 독점하고 싶은 마음, 배척감, 부모의 갈망을 만족시켜 주지 못하는 안타까움과 좌절 그리고 부모를 향한 분노나 증오심 등이 그것이다. 아동과 청소년은 이러한 부모와의 이야기에 울고 웃으며 자신을 알아 간다.

　한편, 심각한 증상(섭식장애, 자해, 자살시도, 충동조절장애 등)에 시달리면서 쉽게 회복이라는 희망의 기차에 오르지 못하는 아동 및 청소년에게는 공통점이 있다. 그들이 가지고 있는 고유한 성향이나 기질, 혹은 급작스러운 외상 경험 이외에도 돌봄과 반영, 달램을 받을 수 없었던 부모와의 관계이다. 실제로 아동·청소년은 양육자와의 상호작용에서 많은 것을 체득한다. 자신과 타인에 대한 느낌, 세상에 대한 신뢰감, 그리고 극단적인 감정을 조절하고 통제하는 방식……. 이들이 휘몰아치는 '발달'이라는 풍랑 속을 잘 통과하고 성인이 되어 다양한 임무를 수행하고 관계를 맺기 위해 없어서는 안 될 이 능력들은 바로 신체적·정서적으로 긴밀한 부모와의 애착관계에서 경험되는 것이며, 성격 형성의 근간이 된다.

　최근 정신치료 영역에서는 중증 성격장애에 대한 치료적 관심이 뜨겁다. 성격장애는 자신이 속한 문화적 기대로부터 크게 벗어나 있는 행동 양식과 내적 경험으로 사고, 정서, 대인관계, 충동성 등이 지속해서 나타난다. 융통성 없이 고정되어 있고, 삶 전반에 퍼져 있어서 이로 인해 심각한 고통과 장애가 초래되고 청소년 후기, 성인기에 나타난다. DSM-5에서는 아동·청소년을 대상으로 성격장애를 진단하는 기준이 따로 마련되어 있지 않다. 하지만 많은 연구자와 치료자는 아동·청소년기부터 반복해서 나타나는 성격장애에 대해 공통으로 언급한다. 발달과정 중에 있는 아동과 청소년에게 성격장애라는 보다 심각한 용어를 부여하는 것에 불편함을 감수한다면 신경증적 수준의 아동·청소년이 보이지 않는 그들만의 독특한 특성에 좀 더 다가갈 수 있다.

중증 성격장애를 앓는 아동·청소년은 신경증 수준의 성격 조직을 보이는 경우와 뚜렷이 구별된다. 충동적이고 폭발적인 공격성 그리고 자신과 타인의 관계를 해치는 행동은 자신뿐만 아니라 주변 사람과의 관계를 여지없이 파괴해 버린다. 치료자는 이들이 유발하는 공격성으로 인해 때로는 은밀하게, 때로는 노골적으로 아동·청소년을 공격하게 된다. 그리고 자신들이 성숙한 치료자라는 궤도에서 벗어났다는 죄책감으로 인해 다시 지나친 과잉보상을 하면서 치료는 늪으로 빠진다. 이처럼 독특하면서 심각한 임상적 특성을 보이는 아동·청소년과의 치료과정 속에서 치료자는 이들에게 맞는 치료 개입을 수행해야 하다는 분명한 이해에 도달하게 된다. 이러한 관심을 가지고 역자는 중증 성격장애를 앓는 아동·청소년의 치료에 관한 이 책을 번역하게 되었다.

저자인 정신과 의사 에프레인 블라이버그(Efrain Bleiberg)는 칼 메닝거 학교에서 정신의학, 소아정신과 전공을 마쳤고, 토피카 정신분석 연구소에서 성인 및 아동 정신분석을 전공했다. 그가 서문에서 밝혔듯이, 이 책은 아동과 청소년이 심각한 성격장애 구조를 형성해 나가는 과정에서 경험하는 어려움을 이해하고자 집필되었다. 책은 몇 가지 영역으로 나눠서 기술되어 있다. 첫째, 애착과 성찰기능 혹은 정신화의 정의와 이것들이 양육자와의 애착 관계에서 어떻게 발달하고, 정체되며 훼손되는지를 기술한다. 둘째, 아동·청소년에게 대표적으로 나타나는 중증 성격장애로 저자는 반사회성·자기애성 성격장애와 연극성·경계선 성격장애에 대해 좀 더 상세히 기술하고 있다. 셋째, 치료 부분에서는 시작하기와 초기, 중기, 말기에 따라 일어날 수 있는 상황과 일반적인 성인치료 혹은 전통적인 정신역동치료와 달리 개입해야 하는 부분을 상세히 설명하고 있다. 넷째, 거주형 치료는 일주일에 한 번 혹은 그 이상 실시하는 개인치료가 전혀 효과적이지 않은 청소년 중 자기와 타인에 대한 심각한 위기 상황이 반복되는 경우에 적절하다. 마지막으로, 중중 성격장애를 보이는 아동·청소년의 약물치료를 감정조절장애와 행동조절장애로 나눠서 구체적인 약물처방 알고리즘을 소개한다.

중중 성격장애를 앓는 아동과 청소년을 만나면서 치료자는 이들의 감정과 어려움을 깊이 공감하기가 쉽지 않다는 점을 알게 된다. 의아함, 거리감, 피해를 볼지도 모른다는 불안감, 극단적인 행동에 대한 두려움과 거부감, 혐오감 등의 다양한 감정을 경험한다. 점점 아이들의 내면세계와는 멀어지고 치료자 자신도 성찰기능이 멈춘 듯한 느낌이 들게 된다. 이 책은 중중 성격장애의 특성을 보이는 아동·청소년을 치료자가 좀 더 깊게 공감할 수 있도록 도와주는 조력서라고 볼 수 있다. 어떻게 살아왔고, 어떤 경험으로 인해 자신을 지킬 수 있는 성찰능력이 발달하기 어려웠는지, 이것을 회복하기 위해서는 어떤 관계 경험을, 어떻게 쌓아야 하는지에 대한 많은 안내를 제시할 것이다. 완전한 이해라는 헛된 바람을 버리고, 좀 더 다가가려는 노력의 하나라고 생각한다.

2018년
역자 일동

저자 서문

나는 이 책을 통해 아동·청소년이 심각한 성격장애 구조를 형성해 나가는 과정에서 경험하는 어려움을 이해하고자 노력하였다. 나는 문제 행동을 일으키면서 자신의 고통과 아픔을 효과적으로 감추고 있는 아동·청소년을 만나면서 이 분야에 대한 관심을 갖게 되었다. 그들은 종종 매우 거만하고, 반항적이며, 남을 조종하는 모습을 보이지만 또한 살아남고자 하고, 타인과 관계 맺으려는 놀라운 결단을 보여 주기도 한다. 그러나 그들은 외로움과 단단히 결속된 불안, 분노 그리고 취약함에 사로잡혀 있는 것을 도와주려는 치료자의 노력을 패배시키는 데 탁월하다.

이러한 문제를 지닌 아동·청소년 가운데 몇몇은 성적·신체적 학대로 인해, 파괴적인 침습 혹은 방임과 무심함으로 인해, 서서히 스며든 피해로 인해 몸과 마음에 고통을 받아 왔다. 다른 경우에는 주의집중장애나 기분조절장애부터 읽기발달장애와 실행기능장애에 이르기까지 다양한 선천적 취약성으로 인해 어려움을 겪기도 한다. 그러나 환경적인 파괴 및 선천적인 불행에도 불구하고 이들은 종종 타인의 정신 상태에 대해 신비한 민감성을 보이곤 한다. 이러한 민감성은 두드러진 자기중심성과 다른 사람의 감정에 대한 냉담한 무시와 교묘하게 공존한다. 어떤 순간에 이들은 사려 깊고, 호소력이 있지만, 다른 순간에는 당황스러울 만큼 분개하고, 끝없이 요구하며, 파괴적 혹은 자기파괴적으로 변한다.

이러한 이상한 행동은 이들을 돌보는 사람, 교사, 치료자를 매우 힘들게 한다. 많은 치료자는 이 어린 내담자가 경험하고 있는 것 같은 어두운 절망에 빠져들면서 이들과 치료적 관계를 유지해 나가는 것이 어렵다는 것을 경험한다.

신비한 민감함과 동시에 잔혹할 만큼 타인에 대한 배려 부족이 공존하는 것은 이 아동이 주관적 경험, 대처 기제, 관계 패턴을 어떻게 형성해 나가는지 그 과정을 이해할 수 있는 단서를 제공한다. 이러한 단서는 이들의 내적 세계에 들어갈 수 있는 길을 열어 놓지만, 이 세계를 탐색하는 것은 고통스러운 감정과 이름을 붙일 수 없는 공포로 가득하다. 무엇보다 분명한 것은 이 아동의 경험이 이름을 붙이거나 이해할 수 없다는 점이다. 그 대신에 이들, 그리고 이들과 상호작용하는 대상들—치료자를 포함하여—은 원시적 정서에 압도되어 성찰이나 조절할 수 없는 반응과 해석의 경직된 패턴을 보이게 된다.

나의 개입모델은 중증 성격장애의 발달 그리고 이들 아동과 가족이 경험하는 비참함과 부적응 기저가 있고, 이를 유지하게 하는 맥락적·발달적 문제에 초점을 맞추고 있다. 피터 포나기와 동료들, 특별히 유럽에서 활동한 조지 저즐리와 미국에서 활동한 존 알렌과 헬렌 스테인의 획기적인 작업은 이러한 나의 개입모델의 기초가 될 수 있는 이론적 틀을 제공해 주었다.

여기서 제공하는 이론적 틀의 핵심은 성찰기능이라는 개념으로, 최근 포나기(2000)는 이를 '대인관계적 이해 기제'라고 명명하였다. 성찰기능이란 세상—자기 자신의 세상과 타인의 세상—을 인간적이고 의미 있는 방식으로 이해하고, 이에 반응할 수 있도록 생물학적으로 준비된 능력을 말한다. 포나기의 연구 결과에서 제시하였듯이, 이러한 능력은 애착체계의 상호작용 과정을 통해 드러나는 능력이다. 확언컨대, 성찰기능은 심리사회적 환경을 평가하고, 조절하고, 형성하여 유전적 표현 양태를 조절할 수 있도록 하는 핵심 기제가 된다.

성찰기능은 아동이 타인의 마음을 읽고, 인간—자기 자신과 타인—행동 이면의 감정, 신념, 생각과 의도를 알아차릴 수 있도록 해 준다. 중증 성격장애에 이르는 발달 궤적이 중대한 지점에 이르게 될 때 아동은 체질적 취약함,

혼치 않은 민감성, 외상적 침습 그리고 간헐적으로 조율하지 못하는 것이 함께 어우러져 특정한 내적 혹은 대인관계적 단서에 대해 성찰기능을 적극적으로 억제하여 자기보호적 대처전략을 발달시키게 된다. 이러한 단서는 인간적인 유대와 친밀성에 대한 욕구를 정상적으로 불러일으키는 것들이다. 그러나 이러한 단서는 친밀함에 대한 욕구와 심리적 스트레스를 동시에 불러일으킴으로써 양육자의 성찰기능에서 자기보호적 억제가 병렬적으로 발생하게 된다. 결과적으로, 관계의 강제적인 순환이라는 덫에 걸리는데 이들이 보이는 대인 간 연결과 통제감—혼란스러운 애착의 형태—을 고려하면 분노나 무망감, 절망감은 커지게 되고 아동과 가족의 부적응은 더욱 증가하게 된다.

이 책의 첫 번째 부분은 중증 성격장애가 아동기와 청소년기에 어떻게 조직되고, 형성되는지를 다루게 될 것이다. 나의 목표는 성격장애를 와해된 애착과 아동과 가족이 성찰기능을 간헐적이고 적극적으로 억제함으로써 연결감과 자기통제감을 유지하고자 하는 노력의 결과로 개념화하는 것이다.

이 책의 두 번째 부분에서는 와해된 애착, 강압적인 순환 그리고 억제된 성찰기능하에 놓인 아동과 가족에게 성찰기능 능력을 높여 줌으로써 치료적이고 지탱 가능한 조건을 창조하는 것을 목표로 하는 체계적인 치료적 접근을 다루었다.

이러한 치료적 접근을 기술하면서 나는 중증 성격장애를 지닌 아동 그리고 그의 가족과 작업하는 데 있어서 방해가 되었던 이론의 짐 꾸러미를 젖혀 두려고 한다. 성격장애를 지닌 아동들이 그들의 마음에 '무엇이' 있는지를 경이롭게 드러내는 것보다, 자기 자신과 타인에 대한 경험을 순간순간 '어떻게' 조직하고 있는지에 신중하게 초점을 두는 것이 더 많은 도움을 줄 수 있다. 이러한 것을 깨달음으로써 통찰의 치료적 힘에 대한 나의 확고한 믿음은 줄어들었다. 통찰에 초점을 유지하는 것은 거의 희망을 포기하고, 특히 접근이 어려운 지점까지 움츠러들어 있는 아동과 작업을 할 때 어렵다. 이러한 아동·청소년은 자신이 자기를 느끼고 생각하는 것이 가능할 때까지 그들을 대신하여 느끼고 생각해 줄 수 있는 능력을 요구한다. 이러한 능력을 얻기 위해서는 아동이 경험하는 공포의 정도, 특히 가까운 사람의 정신 상태를 이해하면서 느껴지는 공포를 인식하고 치료자 안에 일어나는 혼란스러움을 활용하는 것이 필수적이다. 치료자 자신에게 불러일으키는 반응과 변화에 저항하고 자신을 도우려는 노력을 무력화시키려는 아동·청소년과 그 가족의 시도를 견딜 수 있을 때 이들과 진정한 치료적 동맹을 형성할 수 있다. 이러한 동맹이 자라나는 것은 아동과 양육자가 고통스럽게 획득한 적응을 포기하지 않고 인간적 방식으로 충만하게 생동감을 느끼기 위해 요구되는 공포와 고통을 직면하는 용기를 이해함으로부터 시작된다.

감사의 글

이 책은 내 주변의 많은 사람 그리고 나의 대단한 조직의 도움과 지지가 없었다면 나오기 힘들었을 것이다. 나는 거의 25년 동안 메닝거 클리닉에서 일을 해 왔다. 정신과 수련의 그리고 토피카 정신분석 연구소 지원자로서 나는 처음 그곳에 갔다. 그곳에서 나는 서로 성장을 촉진하고 선의의 경쟁을 한다는 점에서 존경과 찬사를 받고 있는 메닝거 클리닉의 풍부한 전통에 의해 양육되었고, 임상자로서 성장할 수 있었다. 다른 곳과 달리, 메닝거에서 나는 상처를 치유하고 개인과 가족의 발달을 저해하는 방해물을 제거하고자 세심하게 마련된 치료 프로그램을 관찰하고 참여할 기회를 갖게 되었다. '치료 관계'라는 것이 문제가 있는 사람에게 희망을 불러일으키며 스스로 발전하는 방향으로 움직일 수 있는 용기를 발견하는 최선의 기회를 제공한다는 확신에 근거하여 마련된 치료 접근들이었다. 이러한 돌봄의 전통에서, 나는 이 책에 생기를 불어넣어 준 많은 영혼에게 빚을 지고 있다.

이 영혼은 메닝거 클리닉에 있는 많은 사람들이다. 동료, 멘토, 지도감독자, 직원 그리고 우리에게 그들의 고충을 공유할 수 있는 특권을 주었던 많은 환자와 그들의 가족이다. 많은 사람이 내게 도움이 되는 중요한 제안을 주었다. 내가 빠트린 누군가가 있다면 나는 우선 용서를 구하고 싶다. 특별히 제리 카츠에게 감사를 전하고 싶다. 그는 내게 인간관계의 치유적인 힘을 가르쳐 주었고, 의식되지 못한 누군가의 두려움과 취약함을 이해할 수 있고 수용할 수 있다는 희망을 심어 주었다. 토피카 정신분석 연구소에서 많은 스승과 지도감독자들은 나의 개인적 그리고 전문적 성장에 대단한 기여를 하였다. 특히 렌 호르비츠와 어브 로젠에게 감사를 표하고 싶고, 스튜 어베일, 이삭 램지 그리고 잭 로스를 기리고 싶다. 이들은 풍부한 임상적 경험과 환자들의 삶이라는 독특한 드라마에 대한 경이로움을 나와 기꺼이 나누었다. 그리고 나에게 아동의 목소리를 경청하고, 이들이 그들 자신의 목소리를 찾는 것을 돕도록 알려 주었다. 교육과 슈퍼비전 과정에서 그들은 멘토였고, 동료였으며, 친구였다.

코터 허쉬버그는 메닝거에서 소아정신과 의사 그리고 아동 정신분석가로서 품위, 감수성, 통합과 열정을 가지면서 기법과 이론적 정교함이 잘 어우러진 아동 · 청소년 임상가로서의 비전과 모델을 내게 제공해 주었다. 돈 린슬리의 예리한 통찰은 초기에 내가 이 책을 쓰도록 움직이게 한 씨앗을 제공해 주었다. 마티 레이흐트만은 경계선 아동에 대한 나의 초기 저술을 지도 감독해 주었고, 기초가 되는 나의 아이디어를 보다 발전된 방향으로 진전시킬 수 있도록 도와주었다. 경계선 아동 · 청소년이 보이는 현실 접촉의 특성에 대한 그의 중대한 아이디어를 고려하면 이 책의 '지적인 아버지'에 대한 상당한 지분을 그에게 줄 수 있다. 혼란스러운 아동 · 청소년의 거주형 치료에 관한 마리아 루이사 레이흐트만의 견해와 그의 작업은 내가 논의한 치료 모델의 매우 중요한 부분에 기여하였다.

또한 나는 메닝거 아동 병원에 진 빚을 적절하게 표현할 길이 없다. 나는 조앤 마이어스 밑에서 10년 동안 일을 했다. 그것은 아주 대단한 경험이었는데, 따뜻함, 유머, 용기 그리고 지혜를 자유롭게 공유하는 대단한 전문가 집단과 함께 아동과 그의 가족에 대한 깊이 있는 작업을 할 기회를 가졌다.

여기 내가 제시한 많은 생각은 고인이 된 조 노쉬피츠에 의해 조직된 미국 아동청소년정신과학회의 분과에서 자기애성 그리고 경계선 장애의 아동청소년에 관한 심포지엄을 통해 10년 이상 논의된 내용들이다. 노쉬피츠 박사와 나의 동료 토론자였던 폴리나 컨버그는 내가 진전되는 개념들에 초점을 맞추고, 보다 명료하게 하고 그것을 교정해 주는 학술 포럼을 제공해 주었다.

임상가가 자신의 경험 그리고 환자들과 함께 구성한 경험을 이해하고 의미를 발견하기 위해 어떻게 '작업'하는지에 관한 이해는 나의 사랑스러운 두 친구인 조 힐랜드 그리고 베카 베날카자르와 교감을 나눈 우정을 통해 가능했다. 힐랜드 박사의 갑작스러운 죽음은 우리에게 그의 위트, 관대함 그리고 인간의 미묘한 뉘앙스를 이해하는 엄청난 능력을 앗아갔다. 조를 기리며, 베카와 나는 국제정신분석학회 그리고 미국 정신분석학회에서 '분석가의 마음이 움직이는 길'을 발표했다. 그는 아무것도 감추지 않으면서 정신분석적 그리고 정신치료적 만남의 강렬함과 풍부함을 이해하려는 투지를 가진 정직함과 실패하지 않는 열정을 가지고 학회에 일 년에 두 번씩 참여해 왔다.

신경과학과 발달적 · 심리사회적 연구를 정신분석과 통합한 그렌 가바드의 대단한 노력은 내가 발달적 · 정신역동적 입장의 개념적 연결에서 도움을 받아 단단한 개념을 만들 수 있도록 영감과 잠정적인 모델을 제공했다. 중증 성격장애의 이해와 치료에 기여하는 그의 중요한 기여는 나의 사고에 대단한 영향을 주었다. 글쓰기에서 의미가 모호한 방향으로 흘러갈 때 그의 직접적인 글쓰기 스타일은 나에게 분명함과 초점 그리고 한계를 갖도록 했다.

그리고 이제, 피터 포나기의 기여에 특히 감사를 표한다. 외로움과 시차적응으로 힘들어하던 두 사람 사이에 도쿄의 한 호텔 로비에서 일어난 우연한 만남에 깊이 감사한다. 우리는 질투와 경쟁 없이 순수한 사랑과 우정으로 성장해 왔다. 피터의 대단한 개념화와 관련 연구들은 정신분석의 영역과 발달심리학의 영역을 밀어붙여 중증 성격장애를 가진 아동 · 청소년과 성인의 정신병리의 발달을 이해하는 데 대단한 발전을 가져왔다.

내가 여기에서 기술한 생각은 엄격한 연구로부터 나온 탄탄한 증거에서 개념화를 얻고자 하는 나의 열정에 강력하게 동의를 보내 준 피터와 많은 논의를 통해 만들어졌다. 나는 이러한 교훈을 단지 그의 통렬한 유머—대개는 자신의 약점—그리고 멋진 역설, 종종 그가 내게 가져온 맛이 기가 막혔던 싱글 몰트 스카치 그리고 소울 메이트 사이에 신기하게 일어나는, 상대방의 마음을 진실로 읽어내는 과정을 통해 얻을 수 있었다.

특별히 감사할 것은 엘리스 브랜드 바틀릿 관장하에 있는 메닝거 클리닉의 도서관과 그곳의 직원들이다. 세계에서 가장 뛰어난 정신의학, 심리학 그리고 정신분석 도서관이다. 과학물 출판 부서에 있는 메리 앤 클리프트 그리고 필 비어드는 나의 초고를 더 분명하게 하기 위해 꼼꼼하게 교정을 봐 주었다. 칼 메닝거 클리닉 안에 정신의학 그리고 정신건강 분과의 레지던트들과 학생들 그리고 토피카 정신분석 연구소의 지원자들은 이 책에서 제시한 주제들을 풍부하게 토론했다. 그들은 나의 개념이 좀 더 명료화되는 데 내게 큰 도전이 되었고, 신선한 견해와 이해를 하려는 그들의 열정은 나를 자극했다. 길포드 출판사의 편집차장인 키티 무어는 내가 자료를 잘 조직하고 능숙하게 알갱이와 쭉정이를 구별하도록 도왔다. 키티는 부드럽지만 엄격하게 그리고 엄청난 자비를 가지고 나의 꾸물거림을 견디면서 한편으로는 이 프로젝트가 완성되도록 촉진했다. 가장 유능한 비서인 낸시 어데어는 인내심 있게 많은 초벌 자료들을 작성해 주었다. 마지막 원고는 낸시 고든의 작업과 편집 그리고 돌봄과 정신적 지지 덕분에 나왔다. 또한 나는 월터 메닝거의 격려와 지지에 큰 빚을 지고 있다.

마지막으로, 가장 중요한, 나의 감사와 사랑을 엘렌 사피어와 나의 아들들에게 보낸다. 엘렌은 우리 가족의 사랑스러운 심장이고, 나의 가장 가까운 친구이며 동료이다. 아내는 애착에 대한 나의 이론화를 견디어 주었고, 나를 대신해 철저히 현실적으로 살아 줬다. 덕분에 나는 부모로서의 공동의 책임을 무시할 수 있었다. 엘렌은 나에게 많은 것을 가르쳐 주었는데, 존경과 열정을 가지고 서로 포함된 우리, 즉 가족을 바라보는 것에 대해 막대한 것을 알려 줬다. 그리고 내가 삶을 진심으로 의미 있게 지속해야 하는 점을 분명하게 하는 나의 아들들, 알렉스, 다니엘 그리고 벤자민에게 감사함을 전한다.

차례

제 1 장

~~~~~~~~~~~~~~~~~~

도입

중증 성격장애 아동의 고통과 분노는 기괴한 힘을 가지고 임상가를 괴롭힌다. 다른 환자들과 달리 이러한 아동은 임상가의 기술과 민감성에 도전을 가한다. 비록 이들이 학교와 양육자라는 지지원에게는 큰 부담을 줄지라도, 살고자 하는 그들의 놀라운 투지는 감동을 주기도 하고 높이 평가될만 하다. 그러나 이런 아동은 그들에게 도움을 주고자 하는 노력들을 무력화시키는 데 탁월하다.

이러한 아동이 정서적으로 살아남기 위해 지속적으로 사용하는 방법은 오히려 자신과 가족에게 상당한 고통을 주며, 부적응을 강화시키는 방향으로 타인의 반응을 불러일으킬 수 있다. 심지어, 임상가는 이러한 아동에 의해 유발된 정서를 다루는 데 자신의 한계를 느끼며, 자신의 무능감에 굴복하여 종종 치료에 실패하기도 한다.

좀 더 자세하게 살펴보면, 중증 성격장애가 조직되고 형성되는 과정에서 아동의 파괴적 행동은 성격장애의 징후로 나타난다. 이런 부적응 패턴은 정신장애 진단 및 통계 편람 제4판(DSM-IV; American Psychiatric Association, 1994)에서 군집 B, 또는 '극적' 성격장애로 일컬어지는 경계선 · 연극성 · 자기애성·반사회성 성격장애들을 포함하는 범주에 걸쳐 있다. 나는 이러한 장애가 막대한 개인적·사회적·재정적 희생을 따르게 하기 때문에 이 장애의 군집을 중증 성격장애라고 언급한다.

이 책은 '극적' 또는 중증 성격장애를 생성하고 조직화하는 과정에서 아동에게 영향을 미치는 기질적 취약성, 학대, 발달적 어려움의 다양한 조합에 관해서 검토한다. 이런 성격조직은 청소년의 유사 정체감, 타인과의 연결성, 통제감을 보장해 주기도 하지만 비참한 결과를 낳는다. 적응을 위한 이러한 노력의 참혹한 결과와 불안정한 적응에 대해 아동, 가족 그리고 사회가 치뤄야 하는 대가는 더 효과적인 치료와 예방적 접근을 마련하려는 체계적 노력을 위한 근거를 마련하였다. 이 책의 주요한 가정은 생물학적으로 준비된 성찰 능력(즉, 아동 자신과 타인의 행동을 포함하여 행동의 의미와 의도에 대해 순간순간 이해하는 능력)의 발달 문제가 아동과 청소년의 성격장애를 이해하는 열쇠라는 것이다. 이러한 관점의 이해는 효과적인 치료모델에 기초한다.

아동이 성격장애를 가질 수 있는가

정신장애 진단 및 통계편람(DSM-IV; American Psychiatric Association, 1994)에 의하면 '성격장애'는 경험, 대처, 관계 면에서 비교적 지속적이고 전반적인 부적응적인 패턴을 보이는 것으로 정의하고 있다. 이러한 정의는 다음과 같은 질문을 제기한다. 특별히 변하기 쉬운 발달과정에 푹 젖어 있는 아동과 청소년에게 과연 성격장애라는 진단명을 붙일 수 있는가? 아동은 신체와 성격의 모든 측면에서 끊임없이 변화하고 있고, 개인차는 있지만, 자신의 내부에서나 또는 환경과의 상호작용에서 균형과 불균형 상태를 계속해서 왔다 갔다 하고 있다. 성숙과 경험은 아동에게 그들의 주관적 경험에 대처하고, 지각하고, 조직하고, 타인과 관계를 맺도록 하는 지속적으로 변화하는 도구를 제공하는 셈이다. 만약 아동이 성숙과 경험이 가능하다면 '경직되어

지속되는 패턴'에 대해서 말하는 것은 쉽지 않다.

심지어 아동과 청소년의 경험, 대처, 관계 패턴이 경직되고 부적응적으로 고정되는지에 관한 의문은 최근까지 이론적으로 논쟁거리였다. 그러나 지난 20년 이상 성장하고 있는 발달연구와 전망 있는 연구들에 힘입어, 아동이 주관적 경험과 대처기제, 관계패턴을 형성하고 조직하고 구조화하는데 영향을 미치는 위험요인과 보호요인이 발견되었으며, 여기에 유전과 심리사회적 요인 간의 상호작용이 기여하고 있다는 경험적 근거를 마련했다(Beeghly & Cicchetti, 1994; Cicchetti & Rogosch, 1997; Cicchetti & Toth, 1995; Fonagy, 2000a; Fonagy & Target, 1997; Perry & Pollard, 1998; Rutter, 1987, 1999; Sroufe, 1997; Wyman et al., 1999).

이런 연구들은 컨버그(Kernberg, 1990)와 컨버그, 위너와 바덴슈타인(Kernberg, Weiner, & Bardenstein, 2000)의 주장을 지지한다. 중증 성격장애 아동의 경우, 환경과 자신에 관하여 지각하고, 관계 맺고, 생각하는 데 있어서 독특한 특징과 패턴을 가진다. 독특한 특징과 패턴은 충동성, 내향성, 자기중심성, 색다른 것의 추구, 억제, 사회성, 활동성 등이 포함된다. 컨버그는 중증 성격장애 아동의 이런 특징과 패턴이 시간과 상황에 걸쳐 오래 지속된다고 덧붙인다. 성격장애로 명명하기 위해서는 연령에 상관없이 아동이 (1) 유연성이 없고, 부적응적이고, 만성적이고, (2) 중요한 기능 손상이 일어나고, (3) 심각하게 주관적인 괴로움을 겪을 때 성격장애로 인정한다. 나는 극적 또는 중증 성격장애 아동의 특징을 성찰태도를 유지하는 능력의 손상 또는 억제라고 제안한다. 극적 또는 중증 성격장애 아동은 유연성 있는 적응을 토대로 의미 있는 정신 상태를 정상적으로 이해하고 전달하는 것이 아니라 경직되고 비성찰적인 형태로 경험을 조직하고 타인과 관계를 맺는다. 경직된 조직형태는 아동으로 하여금 내적 상태를 강화하고 타당화하는 방향으로 대인관계적 반응을 불러일으킨다. 예를 들면, 조(제5장에서 더 자세히 다룰 것이다.)는 취약성에 대한 느낌과 애착을 위한 바람을 경직되고 무자비하고 위협적인 태도로 반응하였는데, 이러한 그의 자세는 타인의 보복을 유발한다.

나는 다음 장에서 극적 또는 중증 성격장애 군집에서의 부적응적인 특정 패턴을 초래하는 발달적 경로를 검토한다.

샤피로(Shapiro, 1990)가 경고하였듯이, 의심할 것도 없이 오직 엄격한 연구만이 아동과 청소년의 '성격장애'의 구인에 대한 타당화를 확립할 수 있다. 오늘날 반사회성, 자기애성, 경계선, 또는 연극성 아동과 이와 유사한 진단을 받은 성인 사이의 임상적 그리고 발달적 연속선을 증명해 주는 경험적 증거는 비교적 부족하다. 더구나, 이런 아동은 주의력 결핍/과잉행동장애, 발달적 읽기 장애, 섭식장애, 신체형 장애, 약물남용, 분리불안, 기분장애, 외상 후 스트레스 장애 같은 축 I 진단에서 높은 유병률을 나타내기 때문에, '극적 성격장애'가 실제로는 축 I 진단의 비정형적인, 복잡한, 심각한 형태일 수도 있다는 의문을 제기하기도 한다. 어떤 저자들(예, Herman, 1992a, 1992b; Herman, Perry, & van der Kolk, 1989)은 이러한 아동의 배후에 주로 학대의 역사(주로 신체적이고 성적인 학대)가 있으므로, '경계선'이란 용어는 오래 지속된 학대와 희생화의 결과로서 나타나는 복합 외상 후 스트레스 장애로 고통받는 사람들에 대한 경멸조의 명명에 지나지 않는다고 말하고 있다.

⚕ 아동과 청소년의 반사회성, 자기애성, 연극성 그리고 경계선 성격장애

지속적인 부적응적 패턴을 만들어 내는 아동의 능력을 인정하지 못한다는 논쟁에 대해 아동은 동요하지 않는 듯이 보인다. 임상가들은 성격장애가 18세에 이르러서 갑자기 나타나는 것이 아니라고 인식하기 때문에 일부 아동과 청소년의 어려움을 특징화하기 위해 성격장애 진단, 특히 경계선 성격장애 진단을 널리 사용해 왔다. 파인은 1983년까지 경계선으로 진단받은 아동의 수가 범람 수준에 도달한다고 보고한 바 있다. 18년 후, 경계선 성격장애 아동의 '범람'은 사라지지 않았지만 아동기와 청소년기의 극적 성격장애의 개념은 불명확하다는 궁지에 몰리게 되었다.

이러한 아동의 임상적 · 발달적 문제를 이해하려는 시도는 1940년 후반과 1950년 초로 거슬러 올라간다. 말러, 로스 그리고 디프리스(Mahler, Ross, & Defries, 1949)와 웨일(Weil, 1954)은 정신증 아동보다는 덜 심각하지만, 신경증 아동보다 더 심각한 자아기능과 대상관계에서의 문제를 가진 '비전형적' 아동 집단을 확인했다. 말러와 동료들(Mahler et al., 1949)은 이러한 아동을 임상적 발달연속선—가장 심각한 정도는 자폐적이고 공생적 아동기 정신증—에서 정도가 경한 말단 쪽에 배치했으며, '온건한' 정신증, 또는 '경계선' 정신증이라고 명명했다. 경계선 수준은 조현병 스펙트럼에서 경미한, 초기의 또는 덜 심각한 상태의 변형이다.

엑스테인과 월러스틴(Ekstein & Wallerstein, 1954)은 경계선이란 용어가 정신증으로 가는 하나의 양상이 아니라, "역설적이지만, 유일하게 예측할 수 있는 특징이 바로 이들을 예측할 수 없다."는 것이며(p. 345), 현실, 대상관계, 방어기제에서 지속적으로 신경증과 정신증 수준 사이를 넘나드는 아동에게 사용할 수 있다고 제안했다. 엑스테인과 월러스틴은 경계선 아동을 고정된 임상적 실체로서, 자아기능 면에서 매우 급격하게 변화하는 특징을 보인다고 설명하면서 좀 더 명확한 정의를 내렸다.

이러한 개척자들은 경계선 아동에 대한 관심을 불러일으키게 하는 데 많은 기여를 했으며, 특히 정신분석적 임상가들은 경계선 아동의 발달적 및 임상적인 특성에 대해서 좀 더 체계적으로 기술하는 수많은 시도를 했다. 프리글링-슈뢰더(Frijling-Schreuder, 1969), 게레르드(Geleerd, 1958), 마커스(Marcus, 1963) 그리고 로즌펠드와 스프린스(Rosenfeld & Sprince, 1963) 등은 광범위하고 기복이 심한 문제를 보이는 아동의 특성을 기술했다. 이들이 보이는 문제는 충동성, 좌절에 대한 낮은 내성, 고르지 못한 발달, 스트레스, 구조(structure)의 결여, 양육자로부터의 분리에 대한 반응으로 환상으로의 철수 또는 일차적 과정으로 퇴행에 빠지기 쉬움, 전반적으로 강렬한 불안감, 공포감, 강박적 또는 의식적(ritualistic) 행동과 같은 다양한 신경증적 증상,

신체화, 수면 문제가 포함된다.

벰포라드, 스미스, 한슨 그리고 시체티(Bemporad, Smith, Hanson, & Cicchetti, 1982)와 벨라, 고틀리프 그리고 고틀리프(Vela, Gottlieb, & Gottlieb, 1983)는 문헌들을 고찰한 후 경계선 아동의 진단적 준거에 대한 임상가들 사이의 중요한 합의점을 보고했다. 벰포라드와 동료들(Bemporad et al., 1982)은 경계선 아동에 대한 다음과 같은 진단적 준거들에 대해 분명하게 설명했다. (1) 현실 검증 수준에서 정신증 유사 상태와 신경증 사이를 빠르게 넘나드는 전형적인 기능상의 불안정성, (2) '신호 불안'(Freud, 1926/1958)의 결여와 공황 상태에 취약하며, 신체적 해리, 소멸에 대한 두려움 또는 유기 문제가 주된 특징, (3) 사고 과정의 문제와 정상적인 사고 내용과 특이한 사고 내용 사이의 급격한 이동, (4) 스트레스 상황에서 자신과 타인을 구별하고, 타인의 욕구를 이해하고 또는 개별적 정서 경험을 응집력 있는 관계로 통합하는 데 어려움을 보이는 관계의 손상, (5) 충동통제의 결여, 즉 강렬한 감정을 담아 주고, 만족을 지연하고, 분노를 조절하거나 또는 파괴적이고 자기 파괴적인 경향을 조절하는 데 어려움이 있다. 이와 비슷한 관점에서 벨라와 동료들(Vela et al., 1983)은 다음과 같이 경계선 아동의 여섯 가지 특징들을 기술했다. (1) 대인관계 문제, (2) 현실 검증의 문제, (3) 지나친 불안, (4) 심각한 충동문제, (5) '신경증-유사' 증상 그리고 (6) 고르지 못한 또는 왜곡된 발달이다.

이러한 임상적 준거는 정신장애 진단 및 통계 편람(American Psychiatric Association, 1980, 1987, 1994)의 이어지는 개정판들에서 정의하는 경계선 성격장애를 위한 성인 준거와 유사하다. 정신장애 진단 및 통계 편람(DSM)의 분류는 경험적 연구에 기반되어 있고, 비이론적 체계를 추구하면서 컨버그(Kernberg, 1975, 1976)의 성격조직의 발달 수준의 개념을 따르지 않는다. 정신장애 진단 및 통계 편람에서는 경계선을 특정 성격장애들 중 하나로 명명(경계선 성격장애)하며 연극성·반사회성·자기애성 성격장애와 함께 군집 B에 속하는, 또는 '극적' 성격장애 집단에 속하는 하나의 성격장애로 간주한다.

경계선에 대한 정신장애 진단 및 통계 편람의 개념과 컨버그의 개념 사이의 차이는 오히려 경계선 아동에 대한 진단적 세밀함을 이끌었다. 페티와 벨라(Petti & Vela, 1990)는 문헌을 고찰한 결과, 경계선 성격/경계선 스펙트럼 장애를 가진 아동이 종종 '경계선'이라고 언급되지만, 정확하게 기술하자면 분열형 성격/분열성 스펙트럼 장애에 해당되는 아동 사이에서 혼란이 존재한다고 지적하였다. 이 두 아동 집단은 모두 일시적인 정신증적 에피소드, 마법적 사고, 독특한 환상, 의심 그리고 현실감각의 문제를 나타낸다. 그러나 분열형 아동은 조현병 스펙트럼 장애의 가족력을 가지거나 감정을 억제하고, 부적절한 감정을 보이며, 기이하게 말하며 사회적 상황에서 극도의 불편함을 느낀다. 이러한 특성은 경계선, 연극성, 자기애성 아동이 가지는 강렬하고, 극적인 감정 그리고 사회적 반응에 대한 갈망과 대조된다. 페티와 벨라는 경계선 스펙트럼과 조현병-분열형 스펙트럼은 다르다는 결론을 내렸으며, 이러한 페티와 벨라의 결론은 성인 경계선 성격장애의 유전적, 역학적 그리고 추후 연구들의 결과를 지지한다.

페티와 벨라의 연구를 포함한 여러 연구에 힘입어, 아동과 청소년의 경계선 성격장애 구인에 대한 타당도와 신뢰도를 경험적으로 검증하는 데 좀 더 체계적인 길이 열렸다. 이러한 연구 결과들이 확정적인 것은 아니지만, 여러 연구(예, Goldman, D'Angelo, & DeMaso, 1993; Ludolph et al., 1990)는 경계선을 위한 진단적 면담(the Diagnostic Interview for Borderlines, DIB; Gunderson, Kolb, & Austin, 1981) 같은 반구조화된 면담과 DSM-Ⅲ-R 준거(American Psychiatric Association, 1987)가 경계선 청소년에게 적용될 수 있다고 결론 내렸다. 이러한 연구에 기반하여 골드먼과 동료들(Goldman et al., 1993)은 정신장애 진단 및 통계 편람(DSM-Ⅲ-R)의 성인 준거에 아주 경미한 수정을 하여 경계선 성격장애를 가진 청소년에게 적용할 수 있다고 제안하였다.

아동기 경계선 성격에 관해서는 생생한 문헌들이 있는 데 반해, 아동기와 청소년기 동안 발달하고 확고해지는 다른 극적 성격장애인 연극성, 자기애성 그리고 반사회성에 대한 논의는 매우 부족하다. 이러한 논의의 상대적인 부족에 대해 이러한 장애들, 특히 자기애성 성격장애에 대해 정신의학적 그리고 정신분석적 문헌들은 커다란 관심을 보이고 있다. 이러한 관심은 현대 삶에서 자기애성 특성이 두드러지고 있으며, 임상실제의 주호소 문제로도 자기애성 장애의 빈도가 높아지고 있음을 나타낸다. 보고되어진 자기애성 성격장애의 특성은 다음과 같다. 전반적인 불행감, 내적 공허감 그리고 지루함, 외적 승인과 찬사에 의존함, 밀접함과 친밀감에 대한 두려움 대인관계에서의 착취와 조종, 죽음과 나이 듦에 대한 강렬한 두려움 그리고 사랑을 경험하거나 의미 있는 삶을 사는 데 어려움이 있다.

그러나 오직 소수의 연구자들만이 아동기에 나타나는 자기애적인 특징과 자기애성 장애(Beren, 1992; Bleiberg, 1984, 1988, 1994; Cohen, 1991; Egan & Kernberg, 1984; kernberg, 1989; Ornstein, 1981; Rinsley, 1984, 1989)를 검토하고, 자기애성 정신병리(즉, Kernberg, 1975, 1976; Kohut, 1971, 1972, 1977)를 설명하는 모델들을 수립하여 삶의 초기의 발달 왜곡과 발달 정지에 관심을 가졌다. 그러나 이런 모델들은 주로 성인 환자로부터 수집된 회고적 설명에 의해 입증된 것이다.

또 다른 관점에서 광범위한 연구는 비행 청소년을 대상으로 이루어져 왔다. 비행 청소년의 발달을 탐색하는 데 대단한 기폭제 역할을 한 사람은 아이혼(Aichhorn, 1935)이다. 그는 '다루기 힘든', 증오로 가득 찬 충동적인 청소년을 이해하고 돌보기 위해 또는 청소년의 좌절된 발달을 재개하도록 돕기 위한 수단으로서 인간관계를 형성해야 되며 이러한 인간관계를 맺기 위해서 정신분석 원리를 적용하자는 대담한 제안을 했다.

러터와 길러(Rutter & Giller, 1983) 그리고 러터, 길러와 헤이글(Rutter, Giller, & Hagel, 1998)은 비행 청소년이 보이는 생물학적 · 심리사회적 취약성의 다양한 조합을 이해하려고 노력한 결과, 비행 청소년의 치료성과를 결정하는 가장 의미 있는 차원은 지속적인 감정적 유대를 형성하고 타인에 대한 관심을 경험하는 아동의 능력이라고 결론 내렸다. 거의 지나가는 말로 넘어

갔지만 러터와 길러는 성격 문제의 정도와 유형 사이의 중요한 차이가 정확히 있는 것인지에 대해 의문을 가졌다.

이상의 의견과 맥을 같이하여 마론, 오퍼, 오스트로브 그리고 트루일로 (Marohn, Offer, Ostrou, & Truillo, 1979)가 요인분석 연구를 실시하여 비행 청소년의 4가지 심리적 하위유형을 다음과 같이 조명했다. (1) 충동적, (2) 자기애적, (3) 공허한-경계선적, (4) 우울한-경계선적이 그것이다. 비행 청소년의 심리적 유형의 각각은 특수하지만 한편으로는 '경험하기, 대처하기, 관계 맺기' 면에서 공통적으로 부적응적인 패턴이다. 이런 특성은 극적 군집의 성격장애와 아주 유사하다. 극적 성격장애는 공통되는 발달적 경로를 나타내며, 기질적 취약성과 심리사회적 불행의 다양한 조합을 반영하는 지속적인 부적응 패턴의 군집을 이끈다.

⚮ 극적 성격장애 아동의 임상적 증상

'극적(dramatic)' 성격장애 아동은 실제로 드라마를 만들어 내고 그들을 둘러싼 혼란에 동요한다. 그러나 극적 성격장애 아동의 경우, 적응과 행동 면에서는 주어진 순간마다 다양한 모습을 보인다. 특정 촉발요인들(아동의 주관적 경험에서 변화를 일으키는 대인관계 혹은 내적 단서)은 아동의 주관적 경험, 대처기제 그리고 관계패턴을 경직되게 하는 전형적인 모델을 초래하게한다.

대부분의 극적 성격장애 아동은 주로 학령기에 문제행동장애로 불안장애 혹은 기분장애와 같이 하나 혹은 그 이상의 축 I 장애의 진단 준거를 만족시킨다. 나는 극적 성격장애 군집 내에 두 가지 전형적인 유형으로 자기애성과 경계선을 제안한다. 어떤 자기애성 아동은 반사회성 장애와 연관된 좀 더 악의적인 무자비성을 보이는 반면, 어떤 자기애성 아동은 극적으로 의사소통하며, 인상적인 인지적 형태를 취하며, 애정을 갈구하며 서서히 연극성 성격

으로 변화한다. 어떤 아동(주로 자기애성 또는 자기애성-연극성)은 냉정하고
그들의 연령에 비해 약삭빠르다. 이런 아동은 잘 통제되고, 능력 있어 보이
고, 사람들에게 주목할 만한 강점, 매력, 카리스마가 있다는 것을 보여 준다.
그들은 모든 사람으로부터 주목을 끄는 능력이 있으며, 환경으로부터 특정
반응을 어떻게 이끌어 낼 수 있는지 예리하게 알아차린다. 이에 반해, 자기
애성-반사회성 아동은 거침없이 파괴적이고, 반항적이고, 반성하고, 배려하
고, 억제하는 면이 매우 부족하다.

⚘ 자기애성 성격장애의 전형

취약성과 굴욕, 혹은 관심의 부족에 대해 자기애성 아동(악의적 또는 연극
적)의 전형적인 반응은 완벽주의, 권력 혹은 통제에 대한 왜곡된 확신 주변
에 자기감을 조직한다는 것이다. 이런 반응을 보이게 되는 선행적 발달 요인
은 거부적/회피적 애착패턴이다. 나중에 언급하겠지만, 이러한 거부적/회피
적 애착패턴은 아동이 보이는 애착 와해에 대한 대처전략이다.

이런 아동은 그들이 설정한 완벽한 기준에 도달하지 못하거나 또는 단순
히 그들이 기대하는 '냉담하고' '강한' 모습이나 자기충족감에 도달하지 못할
때 자기의 그러한 측면을 인정하지 않는다. 자기애성 아동은 무력감, 취약
성, 고통, 의존적 경험을 거부하며, 특히 무시당하는 끔찍한 경험을 거부한
다. 후에 그들은 자기의 견딜 수 없는 이러한 측면을 타인에게 투사하며, 오
히려 타인을 무력하고, 가치 없고, 중요하지 않다고 지각하며, 찬사, 힘, 만족
을 성취하기 위해 타인을 단지 조종하거나 도움을 주는 도구로 여긴다. 동시
에 이런 아동은 타인으로 하여금 끊임없이 그들의 완벽주의, 거대성 그리고
힘에 대한 인정을 강요한다. 그러나 자기애성 아동은 아무리 타인으로부터
찬사 또는 승인을 많이 받거나 실제로 성취를 많이 하더라도, 그들의 부족함
이 드러날까 봐 두려워한다. 수치심과 조롱에 대한 두려움 그리고 굴욕감은

그들의 삶에서 내내 계속 지속되는 위협으로 다가온다. 예를 들어, 엘리어트는 6장에서 자세히 다룰 10세 소년으로, 그의 계획은 노벨 물리학상을 받는 것이며, 세계에서 최고의 신경외과 전문의가 되거나 미국의 대통령이 되는 것이다. 나는 실수로 엘리어트에게 치료에 오게 된 이유인 그의 문제행동의 근원이 되는 바로 불안정감과 당혹감에 대해 질문해 버렸다. 그때 엘리어트는 불안해하면서 도발적으로 나왔으며, 심지어 치료자인 내가 스스로 멍청하고 무기력하게 느끼도록 했다.

이건과 컨버그(Egan & Kernberg, 1984)가 언급했듯이, 자기애성 아동은 정상 아동과 다음과 같은 점에서 비교된다. 정상 아동은 "부러움의 대상이 되고 귀중한 모든 것을 소유한 유일한 사람으로서 특별한 찬사를 받을 필요성을 느끼지 않고"(p. 42), 현실적이고 실제적인 필요를 요구한다. 이에 반해 자기애성 성격을 가진 아동의 요구는 "지나치며 결코 실현될 수 없는데, 사실 이러한 지나친 요구를 통해 그들을 돌보는 사람들이 겪게 될 무시당하는 기분은 그들에게 부차적이다."(p. 42). 어릴 때는 진심으로 감사할 수 있지만 점점 나이가 들면서 자기애성 아동은 냉정하고 냉담하고 순간적인 이상화를 제외하고는 타인에 대해 무심하다.

아동기 자기애성 성격의 전형적인 특징은 거대성에 대한 환상, 지나친 요구, 강렬한 자기몰두를 들 수 있다. 사실 이러한 아동의 거대성은 부적절감과 무력감 그리고 타인으로부터의 진솔한 애착, 신뢰, 관심을 얻지 못하는 것에 대한 방어이다.

경계선 성격장애의 전형

경계선 아동은 유아기 동안 과잉 행동, 빈약한 적응력, 부정적 기분 그리고 불안정한 수면 문제와 수유 패턴으로 양육자를 힘들게 한다. 그들은 기질적으로 '까다로운' 아기이다. 후에 논의하겠지만, 이러한 아동의 일부는 성찰기능의 선택적 억제를 유발하는 애착 유대, 즉 와해된 애착패턴이라는 발달 특성을 가질 수 있다(Main & Solomon, 1990). 와해된 애착유형을 가진 유아는 접근-회피 면에서 혼란스럽고, '정신이 다른 데 팔린 것 같은' 행동을 하면서 양육자에게 반응한다. 이들의 초기 발달 특성은 양육자에게 매달리거나 양육자와의 분리에 대해 취약하고, 과잉행동을 보이며 쉽게 짜증내는 성향을 보인다.

이러한 아동의 대부분은 과잉행동을 보이며, 감정 기복이 심하며, 쉽게 화를 내며, 착취적이다. 이들에게는 사소한 당혹감이나 좌절도 분명한 촉발요인이 되어서 강렬한 감정 폭풍, 통제할 수 없는 정서의 에피소드를 촉발시킨다. 또한 이들은 양육자의 있고 없음에 상당히 불안해하고, 과민하며, 양육자와 분리 후 편안함을 느끼지 못하며, 끊임없는 관심과 버려짐에 대해 안심을 요구한다. 양육자와 함께 있을 때, 순간적으로 의기양양하고 깊은 행복감에 넘치는 느낌을 경험할 수도 있지만 곧 그들은 자기혐오, 절망감과 함께 지독한 실망감과 적개심에 빠진다.

자기애성 아동들과 마찬가지로, 자기중심성은 경계선 아동의 두드러진 특성이며, 타인의 거부와 무관심에 대해서 적개심과 절망감으로 반응한다. 전형적인 경계선 아동이 타인의 거부와 무관심을 경험하면 주관적인 통제 불능감, 과각성, 외로움, 자기와 타인에 대한 파편화된 인식을 더 심하게 느끼게 된다. 이러한 주관적인 통제 불능감, 과각성, 외로움 등은 그들의 대처, 경험, 대인관계 맺기에서 경직된 패턴을 초래한다. 특정 스트레스 상황에서 위로해 주고, 편안하게 해 주는 타인의 이미지를 불러올 수 없기에 경계선 아동은 타인이 그들에게 정서적인 '공급을 하도록' 강요한다. 또한 그들은 순간순간 느껴지는 느낌과 욕구에 의해 자신이 휘둘리는 것을 발견하며 내적 세상과 그들을 둘러싼 외적 세상 모두에서 심한 혼란을 경험한다.

경계선 아동이 청소년기에 이르면 과각성과 주관적 통제불능감이라는 취약성을 조절하기 위해서 종종 고의적으로 자극을 추구하거나 필사적으로 자신을 마비(둔감화)시키거나, 적극적으로 자기희생을 추구하거나, 버려짐을 막기 위해서 타인을 조종하기도 한다. 폭식, 문란한 성행위, 약물남용은 그들의 취약성을 조절하는 주요 전략들이다. 자해와 자살시도는 여아에게 더 일반적으로 나타나며, 취약성의 두려움을 감추기 위한 공격성은 남아에게 더 전형적으로 보인다. 경계선 아동은 또래나 어른과의 관계에서 불안정하다. 일시적인 이상화와 과의존을 보이지만 다른 한편으로는 적개심, 평가절하 그리고 버려짐과 배신의 느낌이 번갈아 교체되는 것이 특징이다. 그들은 음식, 약물, 성관계를 통해 돌봄을 받는다는 느낌을 일부 받을 수 있지만 이내 수치심, 죄책감 그리고 내적인 무감각만이 남는다.

🩺 통합적 시각: 발달적 정신병리의 관점

임상가들은 극적 또는 중증 성격장애 아동에 의해 제기되는 혼란스러운 도전에 직면하여 개입을 안내해 줄 이정표를 찾기 위해 다양한 이론적 지침들을 탐색해 왔다. 이 책에서 나는 중증 성격장애 아동의 발달에서 핵심적 처리기제인 성찰기능을 선택적으로 억제하게 하는 애착 관계의 맥락에서 유전적 취약성이 발현된다는 것을 설명하고자 한다. 이러한 관점은 현대의 발달 정신병리의 이론적 틀에 포함되어 있다. 발달 정신병리의 틀은 '관계 환경이 아동으로 하여금 평가와 처리의 심리적 기제를 갖추게 하여 유전적 발현을 조절하고, 환경에 영향을 미친다'는 가정에 근거하여 수립된다(Elman et al., 1996; Emde, 1989; Fonagy, 2000a; Rutter, 1999). 이러한 관점의 핵심은 발달적인 결과는 외상과 같은 특정 환경적 요인이 유전적 취약성을 발현시키는 심리적 매개요인으로 작용하면서 일어난다는 것이다.

이러한 관점은 다양한 시각의 공헌에 토대를 두고 있다. 극적 또는 중증 성격장애 아동을 이해하기 위한 초기 시도는 아이혼이 비행 청소년을 이해하고 치료하는 노력을 포함하여 정신분석이론의 토양에 뿌리를 두고 있다. 아이혼의 사상은 힘에 대한 이해와 무의식적 동기의 중요성 그리고 정신경험을 형성하는 데 있어서 초기 발달과 초기 관계의 중요성에 대한 신념 같은 정신분석의 주요 전제들에 토대를 두고 있다.

1950년대 초기, 아이혼의 세미나 작업은 비행 청소년을 정신분석적으로 이해하는 데 있어서 중요한 기여를 했다. 레들과 윈맨(Redl & Wineman, 1951, 1957)은 '증오로 가득찬 아이들'의 어려움의 기저에는 자아통제의 실패가 있다고 기술했다. 존슨과 주렉(Johnson & Szurek, 1952)은 청소년이 부모의 무의식적인 비행 성향을 실행하는 것이라고 제안했다. 위니컷(Winnicott, 1958)은 반사회성 경향을 대인관계를 시험하고 확립하는 하나의 시도로 해석했다.

20년이 지나서, 말러, 파인 그리고 버그먼(Mahler, Pine, & Bergman, 1975)과 컨버그(Kernberg, 1975)는 중증 성격장애가 어떻게 형성되는지에 대한 정신분석적 이해를 위한 기본적인 틀이 되는 중요한 개념들을 만들었다.

말러의 분리-개별화(separation-individuation) 개념에 의하면, 생후 첫 3년 동안 아동은 다음과 같은 일련의 정상적인 발달단계를 거친다. (1) 아동은 처음에 양육자에 의해서만 수행되는 위로하기와 평정 유지 기능—위니컷(Winnicott, 1965)은 이러한 환경을 '보듬어 주는 환경(holding environment)'이라고 함—을 내면화하며 어느 정도의 자율성과 함께 평정 유지 능력을 획득한다. (2) 아동은 어떻게 환경으로부터 원하는 반응을 불러일으키는지를 이해하면서 자아기술을 연마하고 자신과 세상에 대한 앎을 확장시키기 위해서 이러한 자아기술을 활용한다. 그리고 (3) 자기와 타인의 '좋은'—즐겁고 안전한—부분과 '나쁜'—불쾌하고 안전하지 않은—부분을 통합한다. 아동이 이러한 통합을 성취하게 되면 자신의 존재를 분리된 개인으로 받아들이게 되고, 대상항상성을 발달시키게 된다. 대상항상성은 양육자가 부재하거나 또는 양육자가 아동에게 실망을 안겨 줄 때에도 아동이 양육자와의 관계를 유지할 수 있고, 양육자가 그들에게 사랑과 위로를 주는 이미지를 불러일으킬 수 있는 능력이다.

컨버그(Kernberg, 1967, 1975)는 '경계선'을 성격조직의 발달 수준으로 정의했는데, 이는 역사상 큰 기여라고 할 수 있다. 컨버그에 의하면, 성격조직에서 경계선 수준의 발달적 특성은 자기표상과 대상표상의 분화—현실 검증 능력의 토대가 됨—는 가능하나 자기와 타인의 '좋은' 측면과 '나쁜' 측면과의 통합은 이루어지지 않는다. 컨버그에 의하면, 경계선 성격의 핵심에는 자기-대상 단위의 두 가지 세트 간에 내적 분리를 유지하려는 지속적인 방어적 욕구가 있다. 즐거움, 안전감 그리고 만족감의 리비도적 감정들에 의한 '좋은' 자기표상은 '좋은' 대상표상과 연결된다. 반면에 긴장감, 괴로움, 고통, 분노 그리고 좌절감의 감정들에 의한 '나쁜' 자기표상은 '나쁜' 대상표상으로 연결된다.

컨버그에 의하면, 분리하려는 방어적 욕구는 유전 요인 또는 과도한 좌절에 의한 지나친 공격성 때문에 생겨난다. 높은 수준의 공격성은 '나쁨'에 대한 내사를 초래하며, 나쁜 내사의 끈질긴 공격으로부터 자기와 타인에 대한 '좋음'을 보호하고자 방어적인 분리 욕구를 발동시킨다. 분리는 자기와 대상표상의 실제적인 통합을 방해하며, 응집력 있는 정체감과 대상 항상성의 성취를 방해한다.

컨버그는 자기애성, 분열성, 편집성 그리고 반사회성을 포함하는 수많은 성격장애가 일반적으로 이러한 경계선 성격조직 수준에서 기능한다고 언급하였다. '경계선'이란 용어의 이러한 광범위한 사용은 아동 치료를 하는 임상가에게 반향을 일으켰다. 예를 들면, 파인(Pine, 1974)은 아동과 청소년의 '경계선' 조직에 대해 본질적으로 다른 임상적 증후가 나타남에도 불구하고, 공통적으로 발달적이고 구조적인 특성을 가진 집단으로 정의하였다.

정신분석 임상가들은 극적·중증 성격장애 아동이 가지는 발달적이고 임상적인 문제들을 이해하고자 '분리' 방어와 '말러의 분리-개별화의 탈선'의 측면에서 문제를 개념화하였다. 정신분석 문헌은 이내 아동과 청소년의 극적·중증 성격장애의 발달적 문제를 부모—특히, 엄마—의 탓으로 돌렸다. 예를 들면, 아들러(Adler, 1985)는 경계선 정신병리의 핵심적인 특성은 아동이 분리 또는 스트레스에 직면했을 때 위로해 주고, 위안을 주는 대상의 기억을 불러일으킬 수 없기 때문이라고 가정하였다. 이렇게 아동이 위로 경험의 내면화가 결핍되어 있는 것은 부모가 적절하게 '보듬어 주는 환경'을 제공하지 못했기 때문이라고 하였다. 부모가 보듬어 주는 환경을 제공해 주지 못한 결과, 아동은 내적 공허감을 느끼며 분노에 의존하게 되고, 타인의 안정된 관여와 관심을 얻기 위해 타인을 조종하며, 위로와 편안함을 느끼기 위해 약물 또는 음식을 남용하게 된다. 위로와 편안함을 얻기 위해서 이러한 외적 공급에 의존하는 것은 마치 위니컷(Winnicott, 1953)이 언급한 중간 대상들에 의존하는 것과 유사하다.

이러한 의견과 비슷한 선상에서 마스터슨(Masterson, 1981), 마스터슨과 린슬리(Masterson & Rinsley, 1975) 그리고 린슬리(Rinsley, 1980a, 1984, 1989)는 엄마와 아동의 특정 상호작용 패턴은 분리-개별화 과정을 좌절시켜서 경계선 또는 자기애성 정신병리를 초래한다고 주장하였다. 그들의 관점에서 보면, 경계선 아동의 엄마는 아동의 의존성에 자부심을 느끼며 만족한다. 린슬리와 마스터슨은 이런 엄마의 경우 아동의 수동적인 의존성과 엄마에게 매달리는 행동에 대해서는 보상을 주지만 자율성을 위해 고군분투할 때에는 오히려 철수하거나 벌을 준다고 주장하였다. 아동의 고통, 무력감, 근접성 추구 행동에 민감하게 조율하고 정교하게 반응하지만 적극성, 완수, 독립성을 보일 때에는 미묘하게 또는 겉으로 무시한다. 린슬리(1984)가 언급했듯이, 미래에 경계선 장애를 가진 개인이 될 아동의 엄마가 아동에게 전하는 핵심적인 메시지는 "성장한다는 것은 부모의 공급이 상실되거나 철회되는 것이며, 이러한 재앙을 피하기 위해서는 의존적이고, 부적절한 상태로 엄마와 공생한 채로 남아 있어야 된다."는 것이다(p. 5).

린슬리(Rinsley, 1984)에 의하면, 자기애성 아동은 엄마로부터 다른 메시지를 받는다. 엄마는 아동이 특별한 사람이기 때문에 어떤 누구보다 더, 또는 어느 때보다 더 사랑받고 소중히 여김을 받는 것이라는 메시지를 전달한다. 자기애성 아동의 엄마는 마치 다음과 같이 말하는 것과 같다. "○○야, 난 너를 사랑한단다. 하지만 나한테 받는 사랑을 유지하기 위해서 너는 성장해야 되며 멋지게 되어야 한단다. 네가 성취한 모든 것은 너와 나(엄마)를 반영하는 것이니까 말이다." 경계선 아동의 엄마는 위축되고 고통스러운 아동의 상태에만 조율하고 반응하는 데 반해, 자기애성 아동의 엄마는 자신의 자존감을 최대로 향상시키고 자기애적인 붕괴를 막기 위해서 아동의 유능성과 주목을 끄는 측면에 대해서만 선택적으로 조율하고 반응한다.

경계선과 자기애성 성격장애의 발달과정을 개념화하는 데 있어서 엄마의 책임에 초점을 두고 있지만, 이러한 정신분석적 사례개념화는 한계를 드러내게 되었다. 중증 성격장애의 정신병리의 원인을 엄마의 양육 실패에만 강조를 두었기 때문에 아버지나 다른 양육자가 가하는 결정적인 학대—특히, 성적 학대—의 영향에 관한 많은 증거를 간과하게 되었다.

가바드(Gabbard, 1994)가 언급했듯이, 정신분석적 사례개념화는 성적 학대처럼 결정적 사건이 일어날 때 다른 민감한 발달단계를 고려하지 않고 초기 발달, 특히 분리-개별화 과정을 너무 강조한다는 것이다. 더 중요한 것은 이런 사례개념화가 주로 하나의 발달단계에 초점을 두고 그 단계에서의 발달 정지를 가정한다는 것이다. 결국, 중요한 점은 정신분석적 사례개념화—컨버그는 예외—가 기질적 요인의 중요성을 간과한다는 것이다. 하지만 기질적 요인을 경시하는 관점으로는 다음과 같은 현상을 설명하기가 어렵다. 예를 들어, 아동의 의존성은 보상하고 자율성은 처벌하는 엄마를 두고도 경계선으로 자라지 않는 아동이 있는가 하면, 이런 환경이 아니여도 경계선 성격으로 발전해 나가는 아동이 있다.

이러한 정신분석적 관점에 대한 비판의 물결로 인해 비행의 정신분석 모델에 대한 초기 열광은 일반적인 정신분석의 설명력 그리고 비행 청소년 치료에서 정신분석적 접근의 효율성에 대한 광범위한 환멸감으로 이어졌다.

이에 1990년 초기에 정신분석이론과 경쟁하는 이론 모델들은 비행 청소년의 문제에 대한 설명을 시도했다.

1. 사회문화적 모델들(예, Cloward & Ohlin, 1960; Wichstrom, Skogen & Oia,

1996 참조)은 사회경제적 지위, 인종, 가족 규모, 사회적, 의학적, 정신병리적 서비스에 대한 접근 용이성, 육아와 사회활동 그리고 알코올과 약물에 대한 노출 형태의 중요성을 확인하였다.

2. 가족 상호작용 모델들(예, Patterson, 1982; Patterson, DeBaryshe, & Ramsey, 1989 참조)은 비행 청소년 문제에서 부모의 폭력, 심각한 부부 불화, 자녀에게 구조(structure), 관리 감독 그리고 정서적 관여를 제공하는 데 있어서 부모의 부적절성을 강조했다.

3. 신경생물학적 모델들은 비행 청소년의 문제를 유전(Brennan, Mednick, & Jacobsen, 1996; Christiansen, 1977), 신경정신의학적 취약성(Lewis, 1983; Lewis, Shanok, & Balla, 1979), 주의력결핍(Cantwell, 1981) 그리고 우울(Kovacs, Feinberg, Crouse-Novak, Paulauskas, & Finkelstein, 1984a; Kovacs et al., 1984b; Riggs, Baker, Mikulich, Young, & Crowley, 1995)에 의한 영향을 강조했다.

많은 대안적 관점은 이와 유사한 방식으로 성격장애, 특히 경계선 성격장애의 발병에 관해 설명하고자 했다.

수십 년 전에 경험적 연구들에서 경계선 성격장애가 조현병과 다르다는 점을 이미 보여 주었다. 조현병 아동의 경우, 적어도 말러의 '경미한 혹은 초기 정신증' 모델의 개념을 가지고 설명했다. 경계선 환자의 감정적 불안정성과 불편함에 초점을 두면서 경계선 개념을 정동장애 스펙트럼 상에서 보기도 했다. 예를 들어, 클라인(Klein, 1977)은 경계선 환자들의 하위집단, 즉 그가 '히스테리성 감정불편증(hysteroid-dysphorics)'으로 언급한 집단은 정서적 불안정과 타인의 거부에 대한 높은 민감성으로 감정 조절의 어려움을 겪는다고 제안했다. 클라인에 의하면, 타인을 조종하는 대인관계와 다른 부적응적 대인관계 특성이 감정 조절 불능을 낳기보다는 오히려 감정 조절 불능이 이러한 타인 조종, 부적응적인 대인관계 특성을 초래한다는 것이다. 스톤(Stone, 1979)과 스톤, 칸 그리고 플라이(Stone, Kahn, & Flye, 1981), 아키스 칼(Akiskal, 1981)은 경계선 환자의 경우 정동장애의 높은 유병률이 나타났으며, 감정 문제를 보이는 환자의 자녀에게 경계선 장애가 자주 확인되었다고 보고했다. 이러한 연구들은 경계선 성격장애를 정동장애 스펙트럼으로 보는 관점을 강화해 준다.

그러나 정동장애와 경계선 성격 사이의 관련성이 단순하지도 않고 특히 강하지도 않다는 증거가 많이 보고됨에 따라(Gunderson & Zanarini, 1989), 많은 연구자는 경계선 성격을 충동장애의 스펙트럼으로 보자는 의견을 제시하였다. 경계선 성격은 충동장애의 스펙트럼인 주의력 결핍/과잉행동장애, 물질남용, 통제불능 삽화 그리고 발달적 읽기 장애 같은 인지적 처리의 어려움과 감정을 행동으로 즉시 방출하는 경향을 공유하는 다른 문제들과 관련되는 장애로 가장 잘 개념화할 수 있다고 제안했다(예, Andrulonis, 1991).

하지만 전망 있는 연구들의 경우 대부분 정동장애나 심리사회적 '취약성'(예, 가난, 부부간 불화)을 보이는 아동이 비행과 관련이 있지만, 대다수의 충동적 아동이 중증 성격장애로 가지 않거나 또는 심각한 비행 문제를 저지르지 않고 아동기를 보낸다고 언급했다.

경계선 성격장애의 발병에 대한 또 다른 대안적 설명은 학대, 특히 성적학대에 초점을 맞추는 경우이다. 많은 연구는 경계선 성격의 청소년과 성인의 배후에는 성적 학대의 높은 발생률이 있음을 발견했다(Famularo, Kinscherff, & Fenton, 1991; Goodwin, Cheeves, & Connell, 1990; Herman et al., 1989). 실제로 임상가들이 성적 학대의 가능성에 초점을 둘 때 상당수의 경계선 청소년이 학대에 의해 손상당했으며, 그들의 삶은 양육 기능의 충분한 내면화가 결여된 공허한 가정이기보다는 끔찍한 괴물 양육자의 잔인성과 경계침해로 인한 고통이 가득한 가정(Zanarini, Gunderson, Marino, Schwartz, & Frankenburg, 1989)이었음이 밝혀졌다. 테르(Terr, 1991)의 관점에서 보면, 반복된 외상의 노출—신체적, 성적인 학대—은 중증 성격장애를 이끄는 방어 형성과 경험적 왜곡을 초래한다. 여전히 수많은 연구(예, Paris & Zweig-Frank, 1992, 1997; Zanarini & Frankenburg, 1997)는 성적 학대가 경계선 성격장애의 중요한 발병요인으로 여김에도 불구하고, 성적 학대라는 단일요인은 성격장애나 다른 중증 성격장애를 발달시키는 데 필수요인도 아니며 충분요인도 아니라고 설명한다.

따라서 중증 성격장애를 이해하는 데 있어서 통합적 관점(Cicchetti & Cohen, 1995)인 정신병리의 발달적 관점을 고려하는 것이 적절해 보인다. 이러한 틀은 생물심리사회적 요인이 서로 어떻게 상호작용하여 적응적 또는 부적응적인 발달적 궤도의 방향을 형성하는 보호요인과 위험요인을 생성하는지를 고려한다. 이러한 관점에서는 부적응적 행동을 포함해서 모든 행동을 단순히 한 사람이 무엇을 했는지로 평가하는 것이 아니라, 다양한 요소와 맥락적 관점에서 평가한다. 유사하게, 발달은 새로운 능력의 첨가가 아니라 전개되는 능력들의 조직으로 간주된다. 마침내 성격은 한 개인의 특성의 조합이 아니라 태도, 가치와 목표, 대처전략, 관계 패턴, 느낌과 반응의 형태, 맥락에서의 경험 처리 방식의 조직과 구성으로 개념화된다(Sroufe, 1989).

특히, 정신병리학의 발달적 관점은 우리로 하여금 인간 종이 생물학적 취약성과 환경적 불행에 대처하기 위해 진화에 의해 부여받은 보호기제를 연구하게 한다. 발달적 정신병리의 관점에서 중증 성격장애 아동을 살펴보는 것은 아동에 대한 더 깊은 이해와 더 효율적인 치료의 토대가 될 수 있는 정신분석, 인지적, 사회-문화적 관점, 가족체계 그리고 신경생리적 관점을 통합하는 틀을 제공해 준다.

제2장
애착과 성찰기능

모든 육아에는 유령이 존재한다. 유령은 부모의 기억되지 못한 과거
로부터 온 방문객이며, 초대받지 못한 손님이다… 부모의 과거에서 온
침입자는 무방비 상태에서 육아라는 마법의 동그라미를 무너뜨린다. 그
리고 부모와 아이는 성격의 또 다른 조합으로 과거의 그 순간, 그 장면을
재연하게 된다.

-프레이버그, 아덜슨, 그리고 샤피로(Fraiberg, adelson, &
Shapiro, 1975, p. 387).

육아에서 유령과 애착패턴

1975년의 고전 논문인 「육아에서의 유령들」(Ghosts in the Nursery)에서 프
레이버그, 애덜슨 그리고 샤피로는 사람들의 삶이 아동기 시절에 마주했던
잔인하고 무심한 '유령들'에 의해 어떻게 괴롭힘을 당하게 되는지를 생생하
게 기술하고 있다. 이런 유령들은 '무방비 순간'에 침투한다. 이렇게 괴롭힘

을 당한 아동은 자라서 부모가 되어 또 다시 자녀가 피해자 역할을 하도록
하며 괴롭히는 학대적 상호작용을 재연하게 된다.

그러나 프레이버그와 동료들은 가장 중요한 질문을 제기했는데, 바로 회
복 탄력성에 관한 것이다. 유사한 학대에 노출되었거나 또는 다른 유형의 초
기 불행 또는 손상을 당한 사람들 중 일부가 어떻게 '유령'을 담아내고 심각
한 부적응으로부터 자신을 보호하는가? 그리고 그들의 초기 삶을 손상시켰
던 비극의 세대 간 전수로부터 자녀를 어떻게 보호하는가? 중증 성격장애의
발달에 대해 좀 더 명확한 이해를 하고자 하는 연구자들에게는 오랫동안 회
복 탄력성을 명확히 이해하는 것이 난제였다.

연구자들은 부적응과 역기능과 관련된 환경에서 아동이 성공적으로 발달
하고 적응하는 데 영향을 미치는 여러 가지 요인을 확인했다(Fonagy, Steele,
Steele, Higgitt, & Target, 1994; Rutter, 1987, 1999; Werner & Smith, 1982). 보
호요인에서 개인적 요인으로는 지능(Masten & Garmezy, 1985; Masten et al.,
1988; Rutter, 1987)과 온순한 기질(Rutter, 1985; Smith & Prior, 1995)을 들 수 있
으며, 아동의 사회적 환경과 발달적 맥락 요인으로는 부모의 온화함(Smith
& Prior, 1995), 양육자의 정서적 반응성과 유능성(Wyman et al., 1999), 아동
기에 지각되는 사회적 지지(Anan & Barnett, 1999), 긍정적 교육 경험(Rutter
& Quinton, 1984) 그리고 조직화된 종교 활동에서의 가족 참여(Baldwin,
Baldwin, & Cole, 1990; Comer, 1988; Ianni, 1989)가 포함된다. 마지막으로 연
구자들은 아동과 양육 환경과의 상호작용에서 일어나는 요인, 특히 안정애
착(Booth, Rubin, & Rose-kransnor, 1998; Elicker, Englund, & Sroufe, 1992)과
어머니의 성찰기능(Fonagy & Target, 1997)을 열악한 환경 속에서 아동의 성
공적 발달과 적응을 돕는 보호요인으로 확인했다.

이러한 아동의 보호 기제를 이해하는 것은 중요하다. 왜냐하면 사회경제
적 압력과 과학적·임상적 발달은 정신건강 분야에서 예방에 주력하는 것을
촉구하기 때문이다. 특히, 임상가의 경우 중증 성격장애를 가진 사람의 심각
한 사회적 고통과 자원의 고갈을 야기시키는 행동의 패턴(즉, 폭력, 자기파괴

성, 약물남용, 사생아 출산, 아동 학대)에 대해 '무언가를 개입하도록' 요구받아
왔다.

회복탄력성을 이끄는 이러한 보호요인들은 단독으로 존재하지 않는다. 스
타인, 포나기, 퍼거슨 그리고 위즈먼(Stein, Fonagy, Ferguson, & Wisman, 2000)
이 제안했듯이, 회복탄력성은 오랫동안 발전해 나가는 역동적인 상호작용으
로 간주된다. 스타인은 스루프(Sroufe, 1997)의 말을 인용하면서, 발달적 관점
에서 회복탄력성이라는 것이 어떤 아동은 풍부히 가지고 있고, 어떤 아동은
거의 가지고 있지 않은 어떤 것이 아니라고 했다. 회복탄력성은 아동의 발달
에 영향을 미치는 생물학적 · 환경적 영향의 맥락에서 장기간에 걸쳐 발전해
나가는 하나의 능력이다. 스루프는 회복탄력성을 "도전 앞에서 조직화된 상
태로 머물고, 스트레스 상황에서 적극적으로 대처하고 긍정적 기대를 유지
하는 능력으로, 개인이 적응해 가는 기간 동안 환경과 상호작용함으로써 점
진적으로 발달해 나가는 능력이다."(p. 256)라고 언급했다. 회복탄력성은 정
적인 채로 유지되는 것이 아니라 맥락 변화에 의해 계속 영향을 받는다.

이러한 맥락적 변화는 단순하게 개인의 보호요인이 더해지거나 역경이나
위험요인이 감소되는 것으로 초래되는 것이 아니다. 스타인과 동료들(Stein
et al., 2000)은 다양한 발달적 경로와 성과로 향하도록 하는 것은 자신과 환
경에 대한 경험을 구조화하는 개인의 능력이라고 주장했다.

포나기(Fonagy, 2000a)는 이상의 주장에 대해서 좀 더 명확하게 진술했다.
자신과 환경을 평가하는 개인의 능력은 유전적 소인과 환경 요인의 결과일
뿐만 아니라, 환경을 조성하고 유전의 발현을 촉발시키는 핵심 요인이라는
것이다. 연구 결과, 아동기의 경험과 성인의 기능 간에 낮은 상관관계가 나
타난 경우는 개인이 자신과 환경을 평가하고, 표상하고, 의미를 구성하는 중
요 기제들이 작용했음을 알 수 있다(Kagan & Zentner, 1996). 중요한 것은 아
동기 시절에 아동에게 무슨 일이 일어났느냐가 아니라 아동이 일어난 일에
대해 어떻게 평가하고 의미를 구성할 수 있느냐이다(Elman et al., 1996). 다음
두 장에서 나는 이상의 가설을 지지해 주는 근본적인 증거들과 주요 연구 결

과들에 대해 논의한다.

가설들을 살펴보기 전에 우선 이 제안에 대한 중요한 함의를 제시하고자 한다. 인간이 취약성과 역경에 대항하여 발전시킨 결정적인 보호전략은 애착 유대의 맥락에서 만들어진다. 포나기(Fonagy, 2000a)가 언급했듯이, 여기에 사용된 '보호' 전략은 세상을 인간적이고 의미 있는 용어로 해석할 수 있는, 마음을 발달시키는 능력으로 구성되어 있다. 아동은 이러한 능력을 통하여 자신과 타인을 이해할 만하고 의도가 있는 존재로 표상하여 사회적 상호작용이 가능해진다. 아동기와 청소년기의 중증 성격장애는 이러한 평가와 표상 능력에서 왜곡과 역기능을 초래하며, 친밀한 인간관계의 맥락에서 심리적 토대가 되는 자기감과 타인에 대한 인식의 유지를 어렵게 한다.

중증 성격장애를 이해하기 위해서는 유전의 발현과 발달적 성과를 촉발하는 데 있어 애착 개념과 인간의 중요한 사회적 경험을 우선 살펴봐야 된다. 지난 30년 동안, 전도유망한 연구 분야(Bowlby, 1969, 1973, 1980; Bretherton, 1991; Carlson & Sroufe, 1995; Sroufe, 1990, 1996; Stern, 1985, 1995)에서는 인간이 가진 중요한 보호기제가 애착 체계 맥락에서 어떻게 외상과 취약성에 대항하여 발달해 나갔는지를 정리하기 시작했다.

유아를 대상으로 한 연구들에서는 페어베언(Fairbairn, 1952/1954)이 제시한 '관계 연결성'을 지속하고자 하는 인간의 우선적인 갈망에 대해 충분히 타당화했다. 관찰 자료와 연구자료는 인간이라는 종은 '사회적 조화(social fittedness)'라는 근본적인 동기가 있기 때문에 삶의 시작부터 타인을 추구하며 타인과 관계 맺도록 이끌리는 강력한 경향이 있음을 보여 주고 있다(Emde, 1989). 스턴(Stern, 1985)이 주목했듯이, 신생아는 사람을 인식하고, 무엇보다도 인간 자극을 선호하고, 애착의 행동적 레퍼토리를 개발하도록 사전에 프로그램화되어 있다. 유아의 애착 붕괴는 고통을 유발시켜 극심한 불안과 유기체의 취약성을 악화시킨다(Bowlby, 1969, 1973; Spitz, 1945; Spitz & Wolf, 1946). 더구나 기본적인 조율과 조절 기능을 수행하기 위한 뇌의 성숙과 능력은 지속적인 타인의 존재와 그들과의 상호작용 환경에서 발전된다

(Kandel, 1983, 1998). 페리와 폴라드(Perry & Pollard, 1998)가 강조했듯이, 사회적 경험에 의해 조직화된 인간의 두뇌는 진화과정을 형성하고 '설계'한다.

인간의 두뇌는 사회적 경험에 의해 조직된다. 인간의 두뇌가 어떤 특정 방식으로 사회적 경험에 의해 조직화되는지가 점점 더 명확히 밝혀지고 있다. 출생과 유아기 동안 인간은 각성 수준과 정서적 반응을 조절하거나, 심리적 욕구를 만족시키거나, 자신을 위로하고 안심시키고, 심리생리적 평정심을 유지할 수 있는 능력을 가지고 있지 않다. 인간의 조절 체계는 오직 양육자가 유아의 주관적 경험과 심리생리적 상태의 순간순간의 변화 신호를 파악하고 반응해 줄 때에만 발달한다.

인간 발달에 대한 초기 정신분석적 관점에서는 정상적 신생아는 내 것과 내 것이 아닌 것을 구별할 수 없는 지각적으로 인지적으로 미분화 상태로 존재하며, 일반적으로 환경에 관심을 쏟지 않으며, 외부 환경에 대해서 타고난 '접촉 장벽(contact barrier)'(Freud, 1966), 또는 '자폐적 껍질(autistic shell)'(Mahler et al., 1975)에 의해 유아 자신을 보호한다고 간주했다. 이러한 신생아의 자폐적 껍질은 외부 세상으로부터 신생아를 지켜 주지만 마치 물리적 장벽과 유사하다.

현대의 유아 연구에서는 급진적인 다른 이견을 보여 주고 있다. 콜롬보, 미첼, 콜드렌 그리고 애트워터(Colombo, Mitchell, Coldren, & Atwater, 1990)는 유아가 외부 자극에 대해 관심을 가지지 않고 반응도 하지 않는다는 관점을 지지하는 경험적 자료가 없으며, 오히려 삶의 초기에 발생하는 기본적인 외부 자극을 학습한다는 중요한 증거가 있다고 언급했다. 이러한 증거를 통해서 유아가 사회적 자극과 이에 따르는 반응을 추구하고 인식한다는 것을 알 수 있다. 유아는 그들의 행동과 환경적-사회적 사건 사이의 인과관계를 파악하는 데 있어서 선천적으로 타고난 강한 편향들이 있다는 것이다(Murray & Trevarthen, 1985; Neisser, 1991; Watson, 1972, 1985, 1994, 1995).

많은 연구에서 생후 3개월 된 유아가 완벽한 수반성—자신의 이미지가 바로 생중계되는 비디오—과 완벽하지 않은 수반성—자신의 이미지가 비디오 영상으로 나오는 데 시간이 걸림—사이를 구별할 수 있다고 보고했다 (Bahrick & Watson, 1985; Rochat, 1995; Schmuckler, 1996).

멜츠오프와 무어(Meltzoff & Moore, 1977, 1983, 1989, 1994)는 인생 초기에 유아는 자신의 행동과 상대방의 행동 사이의 조화와 부조화를 자각한다고 주장했다. 멜츠오프(Meltzoff, 1990)는 성인 양육자의 행동에서 조화의 정도 가 크면 클수록 유아가 상호작용에 더 관심을 보이고 주의집중을 한다고 언 급했다. 완벽한 수반성과 완벽하지 않은 수반성을 구별하는 능력은 인생 초 기에 획득되며, 이러한 구별 능력은 유아가 자기와 타인을 구별하는 유용한 기제 중 하나가 된다(Watson, 1994). 왓슨은 수반성을 향한 타고난 유아의 성 향—그는 '수반성 탐지도구'라고 부름—의 첫 '목표'는 완벽한 반응-자극 수 반성을 추구하는 것이며, 완벽한 반응-자극 수반성을 추구하는 이유는 스스 로 만들어 내는 자극의 범위를 확인하기 위함이라고 언급했다. 왓슨은 이러 한 '수반성 탐지 도구'는 유아로 하여금 신체 자기에 대한 주요한 표상을 구 성한다고 주장했다.

그러나 생후 3개월쯤에 유아의 수반성 탐구에서 의미 있는 변화가 포착 된다. 유아의 수반성 추구의 우선적인 목표가 완벽한 반응-자극 수반성(어 떤 자극이 주어지면 반드시 그에 대한 반응이 뒤따라옴)에서 이제는 완벽함을 어 느 정도 포기하고, 완벽하지 않은 반응-자극 수반성의 높은 빈도를 추구하 는 방향으로 전환된다. 유아는 이제 자신의 행동에 대해 완벽하지는 않지만 가능한 가깝게 반영해 주는 사회적 반응을 좀 더 쉽게 인식하고, 선호하고, 추구하는 양상을 보이며, 이러한 점은 유아의 적응 면에서 결정적인 변화라 고 할 수 있다. 유아의 이러한 변화와 함께 양육자의 반응도 변화해 간다. 양 육자는 유아의 여러 가지 감정, 감정의 강도, 리듬, 속도 그리고 내적 상태의 '구조'에 대해 이해한 바를 표정의 모방, 반응적인 언어표현, 기타 행동을 통 해 유아에게 반영해 준다.

유아가 보내는 자극에 대한 양육자의 반응은 당연히 완벽하지 않다. 게르 게이와 왓슨(Gergely & Watson, 1999)은 양육자가 유아의 내적 상태에 대해 아무리 잘 조율하더라도, 양육자의 표정과 언어적 반응은 결코 유아의 시간적 · 공간적 · 감각적 조건에 대해 완벽히 조화를 이룰 수는 없다고 언급했다. 양육자는 가장 두드러지게 인식되는 유아의 행동이나 표현 같은 유아의 어떤 측면을 '선택'(Trevarthen, 1979)할 뿐이다. 유아의 어떤 부분에 대해서 열정적으로 정확하게 반응하느냐는 양육자마다 다르며, 양육자에 따라 중요한 개인차를 보인다. 예를 들면, 어떤 양육자는 유아의 고양된 정서에 대해서 아주 민감하게 반응하는 데 반해, 어떤 양육자는 유아의 억제되거나 고통스러운 정서에 대해 더 크게 정서적으로 반응한다(Stern, Hofer, Haft, & Dore, 1985).

게르게이와 왓슨(Gergely & Watson, 1999)은 연구 결과를 토대로 수반성-탐지 기제가 자기와 타인의 구분, 사회적 환경에 대한 적응 같은 중요한 발달적 습득을 중재한다고 제안했다. 인간은 완벽하지는 않지만 높은 수준의 수반성을 인식하고, 선호하고, 추구하는 타고난 성향을 가지고 있다. 이러한 인간의 타고난 성향은 다음과 같은 결정적인 발달적 성취를 하도록 중재한다. 예를 들어, 정서적 자기조절 능력, 자기를 능동적이고 어떤 일에 책임을 갖고 스스로를 조절하는 주체로서 경험하는 자기감 그리고 자신의 내적 상태에 대한 자각, 인간의 행동이 심리적 상태에 의해 결정된다는, 즉 자기와 타인을 의도를 가진 존재로 이해하는 능력 등이 포함된다.

일련의 발달 순서는 다음과 같이 요약될 수 있다. 유아의 정서는 처음에는 자극에 의해 유발되고, 심리생리적 활성화의 자동화된 과정으로 내장되어 있다. 이런 자동화는 유연성이 없고 유아의 의식적 자각 밖에서 작동한다.

그러나 양육자는 유아의 상태에 대해 계속해서 반응한다. 예를 들어, 양육자는 고통과 조절 불능 상태에 있는 유아를 위로하고, 편안함을 주고, 유아가 안전감을 유지하도록 조율된 정서와 행동을 보이는 성찰적인 모습을 제공한다. 이런 반응은 결과적으로 유아의 고통을 감소시키고 조절 상태를 회복시킨다.

유아는 그들의 정서적 표현과 감정적으로 조율된 양육자의 성찰적인 모습

사이에서 높은 수준의 수반성을 인식할 수 있다. 유아가 이러한 높은 수준의 수반성을 인식하게 되면, 그들의 고통을 감소시키는 양육자의 성찰행동을 통제하고 유발하는 데 있어서 인과적 효능감을 얻게 된다(Gergely & Watson, 1999). 따라서 유아가 양육자에게 고통에 대해 표현하면, 양육자는 유아의 고통에 대해 감정적으로 조율하고, 반영적이고 조절된 행동으로 반응하는 상호작용이 반복적으로 일어난다. 이후 유아의 정서가 조절되고 고통이 감소되면 유아는 자기를 조절하는 주체로서 자기감을 인식하는 경험적 토대를 형성할 것이다. 앞서 시작된 자동화된 과정은 유아에게 사회적 반응과 내적 상태의 변화를 산출하는 신호가 된다.

더구나 유아의 내적 상태에 대한 반복적인 외부의 성찰―양육자의 조율된 정서 반응―은 유아로 하여금 자신의 내적 상태에 대해 인식하는 데 있어 민감성을 갖게 한다. 게르게이와 왓슨(Gergely & Watson, 1996, 1999)은 이 과정을 사회적 바이오피드백 훈련(social biofeedback training)의 형태라고 하였다. 아이의 내적 상태에 대해서 정확하게 '읽는' 양육자는 유아가 자신의 내적 상태를 볼 수 있도록 조율된 반응을 제공한다. 점차 유아는 양육자로부터 자신의 내적 상태와 완벽히 일치되지 못하는 반응을 경험하면서, 양육자에 대해 갖는 유아의 지각은 유아의 내적 상태와 똑같이 일치하든 일치하지 않든 상관없이 유아의 내적 경험에 대한 부수적인 표상이 된다. 또한 이러한 형태의 처리는 명시적 상징적 처리과정의 발달을 가능하게 한다(3장에서 논의할 것임). 명시적 상징적 처리과정은 유연성 있고 의식적 자각에 의해 접근 가능하며 자동화를 무력하게 하는 높은 수준의 인지기능에 의해 지배된다.

게르게이(Gergely, 1995), 스턴(Stern, 1985) 그리고 스턴과 동료들(Stern et al., 1985)은 양육자가 어떻게 유아로 하여금 외현적 행동보다는 내적 상태에 주의를 기울이도록 안내하는지에 관해서 연구했다. 스턴은 양육자가 다양한 방법을 사용하여 유아의 행동적 측면을 반영한다고 언급했다. 예를 들어, 스턴과 동료들은 아기가 자신의 손으로는 뻗칠 수 없는 범위에 있는 장난감을 집으려 하는 모습을 기술했다. 아기가 장난감에 도달하기 위해 몸을 뻗으려할 때, 엄마는 "우우우우… 우우우우하!" 라고 목소리를 점점 세게, 강한 숨을 내쉬며, 어깨를 들썩이면서 유아의 신체적 노력과 조화를 이룬다.

게르게이에 의하면, 양육자는 자신의 내적 상태의 표현과 구별하기 위해 유아의 내적 상태에 대한 그들의 감정을 성찰행동으로서 '구분해서 표시'한다. 이러한 양육자의 표현은 전형적으로 과장된 정서 표현의 형태를 취하며, 마치 가상놀이에서의 정서 표현과 유사하다.

유아에 대한 양육자의 부분적 조화와 '자신의 감정과 구별해서 유아의 감정을 나타내는 것'은 유아로 하여금 경험의 정신적 표상과 심리생리적 활성화의 자동적 과정을 분리할 수 있게 돕는다. 이러한 분리는 결과적으로 유아가 자동적·절차적 표현에서 벗어나 유연성 있고, 성찰적 상징적 형태의 기능을 갖게 한다.

발달적 틀은 볼비(Bowlby, 1969, 1973, 1980)의 애착이론에 근거를 두고 있다. 볼비의 개념적 모델은 대인관계 상호작용이 원인이 되어 일어나는 심리적 경험이 형성되어 패턴으로 되는 고유한 편향이 진화를 통해 일어난다고 가정한다. 볼비(1973)는 대인관계적 상호작용의 경험에 대한 기억과 상호작용에 의해 생긴 기대를 부호화하고 인출하는 데 활용하는 심리적 과정을 내적 작동모델(internal working models)이라고 명명했다.

볼비(Bowlby, 1969, 1973, 1980)의 애착이론에서는 유아가 양육자에게 접근하고, 고통을 알리고, 양육자와의 상호작용 관계에 입문하도록 하는 생물학적 준비도를 가정한다. 양육자는 유아를 안아 주고, 어루만져 주고, 안락함을 주고, 웃어 주고, 먹여 주는 것을 통하여 유아의 고통에 대해 이해해 주고, 의미를 부여해 주고, 반응해 주는 것이다. 이전에도 언급했듯이, 이러한 상호작용의 결과로 유아는 주관적으로 안정감, 회복된 평정심, 만족감을 경험한다. 이러한 양육자와의 상호작용은 유아로 하여금 내적 작동모델에서 종합할 수 있는 기억들을 형성한다.

내적 작동모델은 에인스워드와 동료들에 의해 고안된 '낯선 상황' 실험절차에서 관찰할 수 있다(Ainsworth, Bell, & Stayton, 1971; Ainsworth, Blehar,

Waters, & Wall, 1978). 유아는 낯선 환경에서 잠시 양육자와 떨어져 있다가 재회하게 된다. 낯선 상황에 대한 유아의 반응은 다음의 네 가지 애착패턴 중 하나로 분류될 수 있다. (1) 안정형(secure), (2) 불안/회피형(anxious/avoidant), (3) 불안/저항형(anxious/resistant), (4) 와해형/혼란형(disorganized/disoriented)이 그것이다.

안정형으로 분류된 유아는 양육자가 있을 때 낯선 환경을 점진적으로 탐색하기 시작한다. 그러나 양육자의 부재시 유아는 낯선 사람의 존재에 대해서 괴로워하며 불안해한다. 양육자와의 재회는 유아를 빠르게 안심시키며, 그로 인해 유아는 신속하게 적극적 탐색을 재개한다.

불안/회피형 유아는 양육자와의 분리에 대해 거의 힘들어하지 않는다. 양육자가 다시 돌아와서 유아의 관심을 끌거나 접촉하려는 시도를 할 때 유아는 이를 외면한다.

이와는 대조적으로 불안/저항형 유아는 양육자와 함께 있는 동안에도 양육자가 어디 있는지에 집착하며 환경 탐색을 적극적으로 하지 못한다. 이러한 유아는 양육자와의 분리에 대해 매우 괴로워하며, 심지어 양육자가 다시 돌아왔을 때에도 안정되지 못하며, 계속 매달리거나 울거나 야단법석을 떤다.

마지막으로, 와해형/혼란형 유아(Main & Solomon, 1986, 1990)는 양육자와 함께 있을 때 보이는 혼란스럽고 와해된 모습 때문에 어느 유형으로도 분류하기가 어렵다. 이 유형의 유아의 행동은 접근, 회피, 최면 상태에 빠진 것 같은 행동이 혼재한다.

◑ 인간과 영장류의 애착과 박탈

낯선 상황은 유아의 분리에 대한 반응을 체계적으로 관찰할 수 있는 통제된 환경을 제공한다. 낯선 상황에서의 유아 관찰은 양육자로부터 떨어진 유아가 경험하는 고통과 조절 곤란에 대한 스피츠(Spitz, 1945)와 볼비(Bowlby, 1969)의 관점을 확인시켜 준다. 볼비(Bowlby, 1951, 1969)의 선구적인 연구에서는 유아가 양육자와의 분리 다음에 동요, 증가된 각성, 자율신경계의 활성화, 양육자에게 관심을 끄는 저항의 단계가 나타난다고 설명하고 있다. 이 단계는 시상하부-뇌하수체-부신피질 축의 활성화와 관련된다. 혈장 코르티솔과 부신피질자극호르몬(ACTH) 수준의 급격한 증가와 노르아드레나린 체계의 높은 회전율, 노르에피네프린(NE) 척수액의 감소와 빠른 심장박동이 나타나며, 이러한 현상은 교감신경계의 각성 수준을 나타낸다.

이러한 각성단계의 몇 시간, 며칠 후에는 볼비가 언급하는 좌절단계가 나타난다. 좌절단계에서 유아는 운동과 정서 표현이 위축되고, 수면 중의 급속 안구운동(REM)이 감소되며, 전반적으로 수면이 방해를 받으며, 자율신경계 측정치가 정상 수준 이하로 떨어진다(Hollenbeck et al., 1980). 정상 유아의 경우, 저항-좌절 반응에서 행동적·생리적 구성요소가 일관성 있게 나타나지만 고통의 강도와 지속시간에서 극적이며, 기질에 의한 개인차가 존재한다. 어떤 아동은 특히 분리에 취약하여 평균적인 유아보다 극심한 고통과 심한 강도의 생리적 반응을 겪는다. 그들은 양육자의 재등장에 편안함을 느끼는 대신에, 재회 후 심한 자율신경계의 행동 반응을 지속적으로 보인다. 이러한 아동은 억제하는 경향이 있다. 그들은 변화를 두려워하며 낯선 것을 회피한다. 잘 통제된 연구에 의하면, 그들은 통제집단보다 변화, 스트레스, 분리에 대해 더 큰 자율신경계 반응과 호르몬 반응을 보였다(Kagan, 1994).

이런 극단적인 경우를 제외하더라도, 분리에 대한 고통은 정상 인간의 두뇌에 '미리 설치되어 있다'. 캔들(Kandel, 1983)은 양육자의 부재 또는 재회 시에 과각성, 불안, 분노라는 일련의 투쟁-도피 반응을 촉발시키거나 아니면 무시해 버리는 것이 신경생물학으로 준비되어 타고난다고 언급했다. 캔들이 말했듯이, 성인은 아동에게 미리 내장되어 활성화될 준비가 된 '안전에 대한 신호'를 환기시킨다. 불안의 근원과 외상의 원형은 분리에 대해서는 불안으로 반응하고, 재결합에 대해서는 안심으로 반응하도록 생물학적으로 '프로그램화'된 성향인 것 같다.

물론, 유아만이 양육자로부터의 분리에 대해 고통을 경험하는 것은 아니다. 다른 영장류도 양육자로부터의 분리에 대해서 비슷한 스트레스를 보이며, 양육자의 보호와 근접성을 유발하는 특정 울부짖음을 보인다. 모든 영장류에게 이러한 '분리에 대한 울부짖음'은 자율신경계와 대뇌변연계-시상하부의 활성화 반응을 통해 부모의 관여를 강력하게 호소하는 것이다(Panksepp, Meeker, & Bean, 1980).

유아가 양육자로부터 분리된 후에 보이는 행동적·생리적 조절 곤란 문제에 대해 충분히 입증되었음에도 불구하고, 인간이 아닌 영장류들에 대한 연구를 통해서 양육의 박탈로 인한 장기간의 영향에 대해 좀 더 체계적인 설명이 가능하다. 50년 동안 인간이 아닌 영장류를 대상으로 한 연구들에서는 초기 양육의 문제가 자녀의 본질적인 심리생리적 각성을 조절하고, 사회적 스트레스에 대처하는 능력을 장기간 손상시킨다는 풍부하고 분명한 증거들을 제공했다(Kraemer, 1985). 이러한 양육 박탈의 부정적인 영향은 이후의 스트레스에 대한 카테콜아민, 코르티솔, 세로토닌, 오피오이드의 비정상적인 신경화학적 반응과 관련된다(van der kolk & Fisler, 1994).

할로우(Harlow, 1958)의 획기적인 연구를 시작으로 축척된 연구 증거들은 인간이 아닌 영장류가 양육자와 분리되면 결국 비정상적인 사회적·성적 행동을 보인다는 것을 보여 준다. 다 자란 원숭이가 자식을 낳지 못하고 인공적으로 수정하여 얻게 될 경우 그들은 새끼를 괴롭히거나 죽일 수도 있다. 원숭이들은 사회적으로 위축되거나, 예측할 수 없는 공격성을 보인다. 자기를 움켜잡거나, 자기를 빨거나, 자기를 물거나 하는 등의 자기파괴적이고 자기를 자극하는 행동이 나타난다(Harlow & Harlow, 1971). 이러한 원숭이가 보이는 행동과 적응은 중증 성격장애를 보이는 사람들을 연상시킨다. 특히, 성찰기능의 발달적 관점에서 흥미로운 점은 이렇게 양육이 박탈된 원숭이들은 사회적 단서를 구별하지 못한다는 점이다(Mirsky, 1968). 이후에 반응적 양육자와의 경험이 있더라도 이러한 양육의 결핍의 잔재는 평생 유지된다.

원숭이의 경우 양육자와의 분리가 저항이라는 거의 보편적인 패턴을 불러일으키더라도, 다음에 오는 좌절 단계는 모두에게 일정하게 나타나는 것은 아니다(몇몇 종에서만 명백히 나타남). 양육자와 지속되는 분리가 일어나는 연령은 단기간의 반응 강도와 장기간 지속되는 영향의 심각성을 결정하는 데 중요하다. 어느 정도 개별의 차이는 있지만, 원숭이의 경우 생후 1년 말 즈음—인간 유아의 경우, 약 생후 3년—에서 양육 박탈은 심각한 영구적인 영향을 초래하는 경향이 있다(Suomi, 1984).

그러나 이러한 양육 박탈의 영향은 변화될 수 있다. 수오미와 할로우(Suomi & Harlow, 1972)는 양육이 박탈된 원숭이가 또래와 함께 지내게 되면 전반적인 부적응 행동이 거의 제거될 수 있다고 주장했다. 초기 양육이 박탈된 원숭이가 또래 원숭이들과 함께 3, 4년을 생활하다 보면 정상적으로 양육된 원숭이와 거의 차이가 없게 된다(Suomi, Harlow, & Novak, 1974). 그러나 그들의 적응은 취약하다. 복잡한 사회적 구별이 요구되는 스트레스 상황에서 사회적으로 부적절한 행동으로 퇴행하고, 위축되거나, 자해를 하거나, 예전에 익숙했던 공격적인 모습을 보이기도 한다. 심지어 정상적인 상황에서도 고립된 원숭이들은 새로운 대처기술이나 미묘한 사회적 메시지를 지속적으로 알아채지 못하는 것을 포함해 사회적 행동에서 명백한 결함을 보인다(Suomi, 1997).

그러나 만약 초기 양육의 박탈이 원숭이의 발달을 저해하더라도, 특별한 양육의 시작으로 인해 그렇지 않았다면 취약했을 어린 원숭이를 미래의 집단 지도자로 바꿀 수 있다. 수오미(Suomi, 1984, 1997)의 흥미진진한 일련의 연구들을 통해서, '행동적으로 억제된' 또는 '생리적으로 반응적인' 기질을 타고난 어린 원숭이[Kagan(1994)에 기술된 억제된 아기들과 유사]가 만약 '건강한 엄마'에 의해 양육된다면, 즉 특히 양육적이고 독립을 격려하는 어미에 의해 키워진다면 안정 애착으로 발달할 것이며, 지지를 강화하고 갈등을 중재하는 데 능숙한 원숭이로 성장할 것이라는 것을 보여 주고 있다. 이러한 원숭이는 집단에서 리더로 성장해 나갈 가능성이 있다. 이러한 발달적 성공은 행동이 억제되어 있거나 생리적으로 반응적인 기질을 타고난 어린 원숭이가 '일반적인' 또는 덜 양육적인 어미에 의해 키워졌을 때 나타나는 부정적 결과와는 대조된다. 이런 원숭이들은 불안정 애착으로 발전하여 평생 동안 환경적 변화와 스트레스에 대해 극도로 민감하게 반응하며, 특히 그 집단에서 하위 계층에 속하게 된다. 이러한 연구들은 '생리적으로 반응적인' 기질은 사회적 단서를 읽는 타고난 특별한 능력—리더로서의 성공을 보장하는 능력—이 될 수 있지만, 그러한 능력이 취약점으로 작용하지 않고 적응적인 이득이 되기 위해서는 특별한 자질을 갖춘 양육자의 양육이 필요하다는 점을 시사한다. 인간의 이러한 생리적 반응은 마음 읽기의 비범한 능력이라는 기질적 성향의 지표로서 6장에서 논의할 것이다.

🐚 해리에 대한 두뇌의 조직화

영장류에 대한 연구는 인간 발달에서 애착의 중요성에 대한 창을 열어 준다. 그 창을 통해 다음과 같은 여러 가지 질문을 제기할 수 있다. 양육자의 반응 결여로 인해 어떤 기제들이 아동의 부적응단계를 장기적으로 초래하는가? 유아의 심리사회적 균형의 단기적 회복과 장기간의 적응적 성공을 중재하고, 심지어 취약성을 장점으로 변화시킬 수 있는 양육자의 반응은 무엇인가?

첫 번째 질문은 양육자와의 분리에 대한 유아 반응을 다시 고려할 것을 요구한다. 앞서 논의했듯이, 유아는 양육자와의 분리 다음에 동요, 높은 각성, 자율신경계의 활성화 기간을 경험한다. 이러한 저항단계(Bowlby, 1969)는 양육자의 존재와 양육자의 '적절한' 반응에 의해 꽤 빠르게 종결된다(기질상 취약한 유아는 제외). 증가된 각성과 자율신경계의 활성화가 나타나는 저항적 반응은 캔들(Kandel, 1983)이 가정한 양육자의 부재로 활성화되는, 생물학적으로 프로그램화된 투쟁-도피 경보 체계의 표현이다. 그러나 유아들은 싸우거나 또는 도망가는 능력이 명확하게 한계가 있기 때문에 그들 자신의 불안과 과각성을 조절하기 위한 반응의 레퍼토리가 제한적이다(예, 응시, 혐오, 자기-빨기, 그리고 특히 해리).

해리(즉, 각각 다른 경험의 빈약한 통합 또는 통합되지 않음)는 앞서 언급했듯이 활용할 수 있는 정보를 통합하고(3장 참고) 수반성을 추구하는 두뇌의 정상적인 경향을 저지한다. 그러나 이러한 통합의 실패는 압도되는 위협의 조건에서는 이해할 만한 기제이다. 해리는 개인이 피할 수 없는 공포로부터 '달아나게' 허용하며, 고통이나 혼란에 얽매이지 않고 싸우거나 또는 도망가는 기회를 최적화해 준다.

외상의 역사와 높은 해리 수준 간의 연관성을 입증한 여러 연구(예, Coons, Bowman, & Milstein. 1988; Dell & Eisenhower, 1990; Loewenstein & Putnam, 1990)의 경우, 해리성 정체성 장애 성인 중 85~100%가 아동기에 심각한 외상 경험을 보고했다.

두 번째 부류의 연구(Branscomb, 1991; Briere & Runtz, 1988; Chu & Dill, 1990; Irwin, 1994)의 경우, 외상을 겪은 개인은 그렇지 않은 통제집단보다 더 높은 수준의 해리를 보인다고 보고했다. 외상 집단의 경우, 외상의 지속 시간, 심각성, 생활을 위협하는 변인들이 해리의 정도와 의미 있게 관련이 있었다(Kirby, Chu, & Dill, 1993; Putnam, 1985).

해리 현상을 둘러싼 여러 가지 측면은 여전히 상당히 논쟁거리이며, 특히 병리적 해리가 그 정도 면에서 정상적 해리와 어떻게 다른 것인지에 대한 의문이 있다. 다음과 같은 질문들이 제기된다. 정상적인 사람에게서는 거의 나타나지 않는 경험의 단절을 보이는 해리의 특정 유형이 있는가? 해리의 극단적 그리고/또는 병리적 형태에서 유전적 요인의 역할은 무엇인가? 학대를 당한 아동이 그 연령의 정상 아동보다 의미 있게 높은 해리 수준을 보이는 것은 논란의 여지가 없는가? 이와는 대조적으로, 소수의 아동들(약 6~7%)은 심각한 외상의 손상 없이도 높은 수준의 해리를 발전시킨다(Putnam, 1996).

해리를 초래하는 발달적 경로는 점점 명확해지고 있다. 페리(Perry, 1997)

가 제안했듯이, 고통의 신호에 대한 인간 반응의 반복된 실패는 유아의 발달하는 두뇌가 투쟁-도피 기제를 활성화하는 방향으로 편향되도록 조직화하며, 유아는 해리적 요소를 점점 더 많이 이용하게 된다. 이러한 두뇌의 조직화는 생애 첫 몇 개월 동안 특정 언어 환경에 대해 반응할 때 두뇌가 생산해 내는 신경경로와 비교될 수 있다. 에덜먼(Edelman, 1987, 1992)은 두뇌 안에 있는 신경망들은 서로 경쟁하며 가장 기능적인 신경망이 살아남는다는 가설을 설정했다. 예를 들어, 유아는 특정 언어(예, 독특한 구문론, 소리, 리듬)에 노출되어 특정 신경 경로를 '선택하여' 특정 소리에 선택적 주의를 기울여 언어를 이해하고 말하는 능력을 가진다. 해리 반응에 대해서도 이러한 촉진 과정이 발생할 수 있다. 기질적으로 분리와 변화에 취약하거나 체질상 해리현상을 경험하기 쉬운 아동은 더 쉽게 해리반응이 일어날 수 있다는 것이다(Perry & Pollard, 1998; Schwartz & Perry, 1999).

나는 4장, 5장, 6장에서 아동의 적응을 위해 형성되는 이러한 특정 경로에 대한 함의를 설명하고자 한다. 여기서 주목할 점은 초기단계는 앞으로의 문제의 전조를 보여 준다는 점이다. 와해형 애착패턴은 초기 해리 경향의 행동적 표현으로 나타날 수 있으며, 이러한 해리는 양육자의 반응의 결여로 초래된다. 이것은 강한 반응성이라는 기질적 성향과 다양한 수준에서 상호작용한다. 와해형 애착패턴의 유아들은 양육자에 대해서 혐오적으로 응시하거나, 정반대의 모습(예, 어떤 때에는 매달리다가 어떤 때에는 무반응)을 나타내거나, 환경에 대한 적응력이 결여되어 있으며, 갑자기 움직이지 않거나 또는 '얼어붙는' 모습을 보인다. 이렇게 얼어붙는 유아는 '비몽사몽'으로 멍해지는 상태에 있다고 볼 수 있다. 그러나 유아가 와해된 애착으로 발달하기 전에 이미 부모의 방임 그 이상이 필요하다. 정상 유아집단의 15%가 와해된 애착으로 나타나지만, 학대 당한 유아들 중에 와해된 애착의 유병률은 80%로 높다(Main & Solomon, 1990). 4장에서 외상, 유전적 요인, 양육자의 해리 경향성의 역할 그리고 비정상적인 애착패턴이 중증 성격장애로 나아가는 예상되는 경로에 대해 논의한다.

✎ 인간 유아의 성찰기능과 '심리적 탄생'

유아에 대한 양육자의 반응 실패는 유아의 두뇌를 해리에 취약하게 만들며, 적어도 와해된 애착으로 발전시키는 하나의 요인이 된다. 우리는 유아의 심리 조직의 발달을 증진시키기 위한 양육자의 반응과 그것의 구체적 구성 요인에 대해 숙고해야 한다.

정신분석적 관점은 심리 조직화와 자기-타인의 분화는 유아가 그들의 집중과 주의를 점진적으로 내적 자극에서 외적 자극으로 옮길 때 성취된다고 강조한다(Mahler et al., 1975). 말러의 영향력 있는 기술에서 보면, 생후 10～12개월 동안, 아동은 엄마와 자신의 이미지에 대한 마음의 파편들을 점진적으로 조합해 나간다고 한다. 아동이 어떤 것은 내 것, 어떤 것은 외부의 것, 이것은 내 것, 저것은 엄마의 것이라는 좀 더 복잡한 이해를 할 수 있는 정도로 점차적으로 발달해 나감에 따라 자신과 엄마에 대한 모호한 느낌(말러의 공생단계)은 약해진다.

아동의 경우, 선천적으로 마련된 인지, 지각, 운동능력의 성장과 함께 내적 느낌과 감각이 발달하고 양육자와의 경험이 조화를 이루면서 파편화된 자기-이미지가 응집력 있는 자기감으로 점진적으로 발전해 나가면서 분화(differentiation)가 일어나는 것이다. 말러와 동료들(Mahler et al., 1975)에 의하면, 아동은 생후 1년 즈음에 자신을 엄마와는 다르고, 분리된 존재로 경험할 정도로 발달한다고 했다. 그들은 엄마에 대한 정신적 표상과 자기표상 사이에 경계를 짓고, 엄마표상으로부터 구별되는 자기표상을 발달시킨다. 말러에 의하면, 인간 유아의 '심리적 탄생'의 순간은 바로 인간이 자기 자신을 분리된 개인으로 여기기 시작할 때라고 했다.

그러나 이러한 발달 연구는 방향의 전환을 맞게 되었다. 현대 연구에서는 유아가 미분화 상태에서 시작해 점진적으로 분화로 나아가기보다는 유아가 그들의 내적 경험을 타인과 공유하는 방법을 마음에 품기 전에 우선적으로 구별되고 분리된 자기감을 획득한다고 제안한다.

스턴에 의하면, 생후 2개월 동안 유아는 '분리된, 응집력 있는, 결속된, 신체적 단위'로서 핵심적 자기감을 빠르게 조직화한다(Stern, 1985)(p. 10). 높은 수반성을 보이는, 완전하지 않지만 조화로운 그리고 구체적으로 분명하게 두드러지는 양육자의 행동 안에는 아동에 대한 내적 상태에 대한 성찰이 들어 있다. 이러한 유아의 내적 상태에 대한 성찰은 시간에 걸쳐 나타나는 유아의 정서성과 연속성의 발달을 위한 원동력이 된다. 나중에 살펴보겠지만 이러한 발달은 개인의 이야기 속에서 자기와 타인에 대한 기억을 표상하는 능력을 이끌어 준다. 이러한 개인적 이야기는 일관성이 있으며, 타인을 자기와 비슷한 존재일 뿐만 아니라 다른 정신 상태를 가진 심리적 존재로서 이해할 수 있게 한다.

유아의 발달 경로는 유아의 내적 상태에 대한 행동을 동반한 성찰을 제공하는 양육자의 능력과 함께 시작된다. 애착 연구자들의 경우, 심리 조직화는 양육자가 유아에게 민감하며, 조율을 잘하고, 반응적일 때 일어나는 자연스런 결과라고 가정한다. 양육자의 민감성, 조율성, 반응성은 유아로 하여금 자신의 욕구가 충족될 것이라는 기대와 과각성과 조절 곤란의 상태―투쟁 또는 도피 기제를 활성화하는 상태―에 압도되지 않고 통제감과 평정을 회복시켜주는 양육자의 반응을 이끌어 낼 수 있다는 기대를 증진시킨다. 양육자의 민감성, 조율성, 반응성은 유아로 하여금 환경을 탐색하는 데 있어서 안전하다는 신뢰감을 갖게 한다. 왜냐하면 양육자는 유아에게 위로받고 돌봄을 받기 위해 되돌아올 수 있는 '안전기지(secure bare)'(Bowlby, 1969, 1973, 1980)를 제공하기 때문이다.

이제 유아기 애착의 안정과 아동기와 청소년기의 대인관계의 질과 성격 기능 사이에 어느 정도의 직접적인 관계에 관한 증거(Elman et al., 1996; Rutter, 1985; Thompson, 1999)는 관심의 초점을 경험의 형태로부터 심리사회적 발달과 조직화에 차례로 영향을 미치며 구체적으로 매개하는 능력이나 기제의 습득으로 옮겨 놓고 있다.

그렇다면 양육자가 유아의 내적 상태에 조율하고 유아의 내적 상태에 가능한 가까이 일치할 수 있는 완벽하지는 않지만 높은 수준의 수반성을 가진 방식으로 반응할 수 있도록 하는 기제는 무엇인가? 이러한 질문에 답을 주기 위해서 양육자의 조율된 반응의 특정 요소에 대한 연구가 진행되었다.

양육자는 일반적으로 유아가 보이는 정서를 읽는 데 효과적이며, 유아의 정서 상태를 조절하기 위해 자신의 감정적인 반응을 조율해 나가는 경향이 있다(Tronick, 1989). 스턴(Stern, 1985)은 조율은 정상적인 엄마-유아 간의 상호작용에서 정기적으로 일어난다고 언급했다. 그는 연구에 참여한 엄마들의 약 절반 정도가 높은 수준 혹은 아주 높은 수준으로 조율되어 있다고 평가했다. 이러한 엄마의 경우, 유아와 상호작용할 때 그들의 혈압과 다른 생리적 측정이 유아의 혈압과 생리적 측정치와 비슷해졌다. 스턴은 엄마가 어떻게 의도적인 노력 없이 자연스럽게 행동에서 표현되는 유아의 내적 상태의 질(강도, 속도, 리듬, 확실한 감정 그리고 다른 경험의 특성)을 '읽는지'를 설명하고 있다. 양육자의 성격, 현재 환경, 대인관계, 정서적 역사 그리고 유아에 대한 기대를 반영하는 양육자의 개인적인 반응패턴에도 불구하고, 높은 수준의 조율은 보통 양육자-유아의 상호작용에서 발견된다(Stern, 1985).

이전에도 언급했듯이, 스턴은 양육자가 겉으로 드러나는 유아의 행동만 단순히 모방하는 것이 아니라는 점을 강조했다. 양육자는 부분적으로 유아의 행동 구조의 특징에 대해 일부 조화를 이루면서 일반적으로 다른 방식으로 반응한다(즉, 몸짓으로 장난감을 움켜잡으려고 '손을 한껏 뻗는 유아의 행동'은 으쓱하는 어깨와 말을 통해 시각적이고 음성적인 양육자의 반응으로 전환된다.).

그러나 조율은 쌍방향의 과정이다. 예를 들어, 양육자가 주어진 순간에 유아의 최적의 자극의 범위를 인식하는 동안 유아는 최적의 범위 이상으로 일어나는 자극을 차단하기 위해 그들의 시선을 피한다. 또한 높은 수준의 자극을 제공할 수 있도록 양육자를 '촉발'시키려고 할 때 유아는 양육자에 대해 응시하고 긍정적 정서를 보낸다(Bigelow, 1998). 유아가 양육자로 하여금 어떻게 자신의 내적 상태를 인식하고 반응하도록 '돕는지'를 잘 보여 주는 예이다.

진화는 양육자와 유아의 관계 형태와 행동 사이에서 정교하게 조율된 상보성을 보장한다. 케이(Kaye, 1982)가 언급했듯이, 이러한 상보성은 인간 양육의 해부학에서 분명하게 나타난다.

신생아는 빨기에 적합하게 형성된 입(강한 볼 근육들, 뽑기, 빨기, 삼키기 기제)과 빨기와 숨쉬기를 협응할 수 있는 능력을 갖추고 있다. 만약 엄마가 신생아의 구강에 맞는 크기와 형태의 유두를 가지지 못했다면, 즉 엄마가 유아가 만들어 내는 빨기 압력들에 반응하고 빨기 동작을 통한 다양한 형태의 표현에 적합한 유두를 가지지 못했다면 신생아의 빠는 능력은 가치가 없었을 것이다(p. 25).

진실로, 진화는 양육자가 유아의 생리적·행동적·내적 상태를 이해하고 반응하도록 미리 설계해 놓은 것처럼 보인다.

포나기와 동료들(Fonagy, Steele, & Steele, 1991;Fonagy, Steele, Steele, Moran, & Higgitt, 1991; Fonagy & Target, 1996)은 심리적 조직화와 성격의 발달에 대한 이해를 하는 데 있어 핵심적인 역할을 하는 놀랄만한 연구와 개념을 도출했다. 특히, 이들의 연구는 중증 성격장애의 발달 병리에서 주목할 만한 인간의 능력인 성찰기능을 이해하는 데 기여했다. 성찰기능의 경우, 발달론자들은 마음이론(*theories of mind*)(Baron-Cohen, 1994; Baron-Cohen, Tooby, & Cosmides, 1995), 정신화(*mentalization*)(Fonagy, & Target, 1997), 또는 대인관계적 해석 기제(Fonagy, 2000a)라고 언급했다. 성찰기능은 생물학적으로 준비되어 있는 인간의 보편적 능력이다. 성찰기능은 아주 어릴 때부터 가질 수 있으며, 자신뿐만 아니라 타인의 행동을 내적 정신 상태 측면에서 해석하는 능력이다.

성찰능력을 내성, 통찰, 자신과 타인의 행동 동기를 설명할 수 있는 능력과 혼동해서는 안 된다. 성찰능력은 순간순간 타인의 마음을 '읽는 것'이다. 성찰능력은 어떤 특정한 의식적 노력 없이 양육자로 하여금 유아의 내적 상태(예, 느낌, 바람, 의도)를 '읽게' 해 주고, 유아의 내적 상태에 대해서 '이해'(예, 아기가 울거나 야단법석 떠는 것은 엄마가 어루만져 주고, 흔들어 주고, 먹여 주고 "배가 많이 고팠구나."와 같이 말해 주기를 요구하는 신호가 될 수 있음)하게 해 준다. 베리브젤튼, 코슬로우스키 그리고 메인(Brazelton, Koslowski, & Main, 1974)이 주목했듯이, 엄마는 유아와 즐거운 상호작용을 하는데 있어서, 순간순간 유아의 각성수준을 읽은 것을 토대로 조율되지 않는 상태를 피하며, 섬세하게 조직화된 방식으로 유아의 각성 수준에 조화를 맞춘다. 따라서 성찰능력은 대인관계 상황을 적절하게 해석하는 데 기초가 되는 능력으로, 정상적 상호작용의 일부인 원활한 상호관계와 상호적응을 가능하게 한다.

사회적 경험에 의해 진화하도록 '계획'된 종이 타인의 내적 상태에 대한 사회적 단서를 읽고 이해하는 능력을 갖추고 있다는 사실은 놀라운 일이 아니다. 인간의 타고난 생물학적 경향은 인간으로 하여금 상호주관적 관여, 타인과의 감정적 연결 그리고 분화할 수 있는 능력을 갖도록 한다(Hobson, 1993b).

성찰기능과 인간의 기능 및 발달 사이의 중요한 관계는 성찰기능이 적절히 작동되지 않는, 특히 초기 아동기 자폐증에서 쉽게 드러난다. 배런 코헨과 그의 동료들(Baron-Cohen et al., 1995) 그리고 홉슨(Hobson, 1993b)은 자폐증의 핵심적인 결함이 아마도 두뇌에서 작동하는 성찰기능의 제한 때문일 것이라고 제안했다.

자폐증을 가진 유아와 아동은 그들의 내적 상태를 타인에게 이해할 수 있는 방식으로 전달하는 능력과 타인의 내적 상태에 대해 민감하게 알아차리는 능력에서 손상을 보인다. 홉슨(Hobson, 1993a, 1993b)이 언급했듯이, 자폐증의 병리적 특징은 상호주관적 조화를 이루는 면에서 심각한 문제가 있다는 것이다. 홉슨은 이러한 문제가 아이로 하여금 창조적인 상징적 상상이 발달하지 못하게 하며, 자기와 타인을 각자 의식과 의도를 가진 구분된 존재로 자각하지 못하게 하며, 언어의 형식과 기능을 완전히 이해하지 못하게 하는 결정적 요인이라고 지속적으로 제안하였다. 게르게이, 마자르 그리고 발라

즈(Gergely, Magyar, & Balazs, 1999)는 자폐 아동의 결함 있는 수반성 탐지 기제와 완벽하지 않은 수반성에 대한 '무지'는 완벽하게 일치하지 못한 사회적 반응을 이해하지 못하는 것이라고 가정했다.

현재 발달 연구에서 지배적인 관점은 양육자와 유아가 생애 초기에 정서적 의사소통 체계를 형성한다고 보고 있다(Beebe, Jaffee, & Lachmann, 1992; Beebe & Lachmann, 1988; Harris, 1994; Murray & Trevarthen, 1985; Papousek & Papousek, 1987, 1989; Sroufe, 1996; Stern, 1985; Tronick, 1989). 미시적 분석 방법을 사용하여 애착 과정에서 양육자와 유아 사이의 양방향성을 증명했다(Beebe & Lachmann, 1988; Beebe et al., 1992). 유아와 양육자 간의 감정적 신호의 면 대 면 소통에 대한 연구의 경우, 정상적인 유아는 타인의 감정 상태를 이해하는 데 준비가 되어 있음을 명백히 보여 주고 있다. 양육자와 유아의 상호작용을 주의 깊게 분석해 보면, 양육자와 유아가 서로의 마음 상태에 대해 민감하고 예측된 상대방의 반응을 토대로 그들의 표현을 조절한다는 사실을 알 수 있다. 비비와 동료들은 아기와 엄마의 표정은 실제 표정이 나타나기 약 0.08초 전에 상대방의 표정에 의해 예측할 수 있음을 보여 주었다. 명백히, 상호작용하는 두 사람 모두 상대방의 행동을 예측하고 변화시킬 수 있다. 이 책에서 핵심적으로 표방하고자 하는 것은 양육자의 능력—유아에서도 미발달된 형태로 성찰능력이 보임—인 상대방을 이해하고, 경험을 나누고, 예견하는 능력은 성찰기능의 발현이라는 점이다.

성찰기능은 발달적으로 습득하는 것으로, 사람들로 하여금 타인의 외현적 행동뿐만 아니라 타인의 신념, 목적, 느낌 등에 대한 이해에 관해서도 반응할 수 있게 한다. 정신 상태와 의도를 자신과 타인에게 부여함으로써 인간 존재는 타인을 의미 있고 예측 가능한 존재로 보게 된다.

데닛(Dennett, 1987)이 언급했듯이, 인간은 서로의 행동을 이해하고 예측하기 위해서 선천적으로 서로의 정신 상태와 의도에 대해서 이해하는 경향이 있다. 인간 행동을 의도의 상태로 설명한다는 것은 타인의 행동을 예측하는 데 사용하는 공유된 그리고 접근 가능한 근거를 인간존재에게 제공한다는 것이 데닛의 이론이다.

성찰기능의 획득

배런 코헨과 스웨터햄(Baron-Cohen & Swetterham, 1996)(p. 158)은 다음
과 같은 근본적인 질문을 제기했다. "도대체 세계 도처의 어린 아동은 어떻
게 신념 같은 추상적 개념을 쉽게 그리고 동시에 숙달할 수 있는가?" 모두
가 동의할 수 있는 대답은 유아는 선천적으로 생물학적 성찰기능을 획득하
도록 준비되어 있으며, 유아의 성찰기능은 성찰능력을 가진 양육자와의 친
밀한 상호작용에 의해 촉발된다는 것이다(Fonagy & Target, 1996; Gergely &
Watson, 1999). 유아의 성찰능력의 발달은 유아의 내적 상태를 이해하고 겉
으로 드러나는 외현적 행동이 의미가 있고 의도가 있다는 것을 전달하는 양
육자의 반응에 따라 달려 있다(예, "아가야, 배가 많이 고팠구나.").

양육자가 우선적으로 그들 자신의 마음에서 유아의 내적 상태를 표상하
고 그런 표상과 일치하게 유아에게 반응해 줌으로써 유아는 자신과 타인에
게는 마음이라는 것이 있음을 자각할 수 있게 된다. 포나기와 타깃(Fonagy
& Target, 2000)은 발달적으로 건강한 유아의 심리적 탄생에 대한 개념을 표
현할 때, 데카르트의 "나는 생각한다. 고로 나는 존재하다."는 격언을 활용
한다. "양육자는 내(유아)가 생각한 것을 생각한다. 고로 나(유아)는 존재
한다."로 전환해서 다시 진술했다. 이러한 생각은 위니컷(Winnicott, 1967)이
아기는 엄마의 얼굴을 보고 자신을 발견한다고 언급한 점에서 앞서 표현된
바 있다.

아기와 양육자의 수많은 상호작용에서 양육자는 아기의 내적 상태에 대해
이해하거나 또는 이해하는 데 실패할 때 실패된 의사소통을 복구하려는 시
도를 하는데, 이러한 양육자의 성찰에 의해서 아기는 '자기 자신을 발견 한
다'. 이러한 발견이 곧 생물학적으로 준비된 장치를 활용하는 처리과정에 관

한 정보를 소용없게 하는 것은 아니다. 오히려, 생물학적으로 준비된 장치는 애착의 맥락에서 휘저어진 격한 감정에서 드러난다. 양육자와 아기의 상호작용에서 양육자는 아기의 내적 상태를 조절하거나 또는 조절하는 데 실패하고, 위로하거나 또는 위로하는 데 실패하고, 평정심을 회복시키거나 또는 평정심 회복에 실패한다. 아기 또한 양육자와의 상호작용에서 안전감, 즐거움, 만족감을 느끼거나 또는 압도되거나 비참함을 느낄 수 있다.

감정은 성찰기능을 활성화하는 데 결정적인 역할을 한다. 압도적이고 불안한 감정 상태를 조직화하고 조절하는 상호작용에서 애착체계는 강화되고 애착의 안정성은 향상된다. 역으로, 포나기의 연구가 보여 주었듯이, 3장에서 더 자세히 다루겠지만, 안정애착은 성찰기능과 중요하게 연관되어 있다 (Steele, Steele, & Fonagy, 1996).

스턴(Stern, 1985), 게르게이와 왓슨(Gergely & Watson, 1996) 등의 연구에 의하면, 유아의 감정 상태에 신속하게 반응하는 양육자의 조율된 위로가 유아의 안정성을 회복하게 한다고 설명했다. 이전에 언급했듯이, 이러한 조율에서 유아는 전형적으로 다양한 양상을 통해 내적 상태를 표현하지만, 양육자의 행동은 유아의 감정 상태에 대해서 무형의 특성(예, 속도, 리듬, 강도)을 다룬다. 게다가, 양육자는 유아에게 반응을 '티가 나게 드러내고', 유아의 내적 상태를 대처하기 위해 자신만의 '새로운 방식'(유머, 으쓱하기 등)을 더한다.

양육자는 다양한 방식으로 조율에 대한 신호를 보냄으로써 유아가 외부 행동에 주의를 기울이는 것에서 내적 상태로 주의를 기울이도록 전환시킨다 (Stern, 1985). 그리고 나서, 양육자는 다른 '새로운 방식'을 첨가하는데, 이것은 양육자가 유아로 하여금 양육자의 경험이 그들 자신과 유사하지만 동일하지는 않다는 것을 인식하게 한다.

게르게이와 왓슨(Gerely & Watson, 1999)은 양육자가 감정적-성찰적 표현을, 특히 '티가 나도록' 표현하는 것은 유아로 하여금 양육자의 표상과 분리되어 이런 반응에 대한 정신적 표상을 수립하게 한다고 했다. 다시 말해, 양육자의 감정-성찰은 양육자의 실제 정서 상태가 '아닌 것'으로 표상될 것이다. 대신 높은 수반성은 유아로 하여금 자신의 감정 상태와 양육자의 조율된 성찰반응 사이에서 유아의 경험을 조절할 수 있기 때문에 양육자의 반응에 대한 그들의 표상은 그들 자신의 내적 상태를 알려 주는 참조체계가 된다.

양육자의 감정적-성찰적 표현과 유아의 회복된 평정심과의 연관성은 수반성 탐지 기제의 진화에서 촉매제로 작용한다. 아동은 완벽한 수반성을 선호하는 것에서 점차적으로 높지만 불완전한 수반성을 선호하게 된다. 아동은 반응적인 인간과의 상호작용에서 생성되는 기능과 기제를 발달에 접목시킬 수 있다.

게르게이와 왓슨(Gerely & Watson, 1999)의 용어로 말하자면, 유아는 양육자의 조율된 성찰반응을 내면화한다. 양육자의 조율된 성찰반응은 유아 자신의 내적 상태에 대한 양육자의 해석으로, 유아는 이러한 조율된 성찰반응을 이차적 표상으로 내면화하는 것이다. 만약 유아가 양육자의 표현을 관찰하는 그들의 경험을 언어화할 수 있다면, 아마도 "그게 바로 내가 느끼는 거야!"라고 말할 것이다. 이러한 경험은 유아의 내적 상태에 대해 조율하고, 유아에게 "나는 네가 느끼는 것을 이해해. 그리고 너의 경험을 같이 나눌 거야."라는 메시지를 전달하는 타인과 의사소통 하면서 가능해진다. 트레바쎈과 허블리(Frevarthen & Hubley, 1978)는 이러한 관계 영역을 '상호주관성' 영역으로 지칭했다. 상호주관성이란 용어는 상호작용하는 두 파트너가 서로의 정신 상태를 그들의 마음에 표상하는 능력에 이르게 하는 발달적 통로를 의미한다.

이러한 이차적 표상 과정은 유아의 일차적 심리사회적 각성의 감정 경험과 절차적 표현을 정신화 또는 성찰 경험으로 '이끈다'. 유아가 날 것의 감정 대신 정신 상태를 경험하는 것으로 나아가는 것은 수반성 통제감(예, "나는 어떤 결과를 이끌 수 있어.") 그리고 양육자의 조율된 성찰반응으로 인한 회복된 조절감, 평정심, 즐거움, 편안함에 의해 촉진된다. 동시에, 이차적 표상은 절차적, 행동적 표현과 심리적 경험을 구분하기 시작한다.

그러므로 아동은 타인이 아동 자신의 고유의 내적 상태에 대해 해석하는 것을 보면서 그들 자신의 심리적 경험이 의미 있다는 것을 발견하고 명명할 수 있는 능력을 발달시킨다. 양육자의 '성찰'은 유아로 하여금 자신의 감정을 정신적으로 표상하는 능력을 향상시킨다. 그리고 유아의 내적 상태에 대해서 나누고, 의미를 부여하고, 정신적 개념으로 표상하는 과정에서 양육자는 내적 상태라는 것이 전달될 수 있고, 이해될 수 있고, 다루어질 수 있음을 유아가 알게 한다.

양육자의 조율된 성찰반응의 표상은 내적 상태의 공유를 증진시키고 타인의 내적 상태에 대한 참조체계가 된다. 양육자의 내적 상태에 대해서 아동이 주의를 기울이게 함으로써 유아가 양육자의 반응을 표상하게 된다. 양육자의 반응에 대한 유아의 표상은 유아가 새로운 경험에 대해 감정적 평가를 할 수 있도록 양육자를 하나의 '참조'로서 활용하는 것인데, 발달문헌에서 이러한 현상을 '사회적 참조'라고 기술한다(Campos & Stenberg, 1981; Sorce, Emde, Campos, & Klinnert, 1985). 예를 들면, 1세 된 아이가 '시각 절벽'에 마주하게 될 때(즉, 테이블 끝에 절벽을 가장한 배치를 함) 양육자가 편안해 보이면 '절벽'으로 나아가고 만약 양육자가 불안해 보이면 얼어붙을 것이다. 홉슨(Hobson, 1993b)에 의하면, 사회적 참조에서 중요한 것은 유아가 구체적으로 주어진 세상과 개인이 그 세상에 부여한 의미(예, 똑같은 상황이라도 어떤 이에게는 '위험'한 세상이 될 수 있고, 또 다른 이에게는 '매력'적인 세상이 될 수 있음) 사이의 차이를 인식하는 것이다. 개인적 상황에서 '나를 위한 의미'가 꼭 '그(녀)를 위한 의미'가 되는 것은 아니다.

나는 3장에서 성찰기능이 어떻게 상징적 사고를 촉진하는지 그리고 반대로 상징적 사고가 성찰기능을 어떻게 촉진하는지에 관해서 논할 것이다. 그러나 방금 기술한 유아와 양육자 간에 서로 신호를 주고받는 것은 유아의 입장에서 보면 성찰 이전의 단계라고 언급하고 싶다. 양육자의 표정을 토대로 양육자의 행동을 예측할 때 또는 자신의 내적 상태를 알기 위해 양육자를 '참조'로서 활용할 때 유아는 양육자의 정신 상태(예, 신념, 목적, 바람)를 자신의 마음에 아직 표상화하지 못한 것이다. 좀 더 충분히 성찰능력이 발달되면,

타인과 나를 분리하면서 타인의 정신 상태를 이해하고, 표상하고, 고려할 수 있다.

3~4세 아동의 정상적 발달 이정표의 특징은 아동이 거짓 신념을 이해한다는 점이다. 이러한 능력은 타인의 행동이 심지어 실수에 기반하고, 비합리적인 신념과 가정을 토대로 하더라도 이해할 수 있다. 예를 들면, 3세 반 아이에게 사탕 가방을 보여 주며 이 안에 무엇이 들어 있는지 물어본다. 아이는 "사탕"이라고 대답할 것이다. 그런데 만약 가방을 열어 봤을 때 연필이 들어 있었다. 아이는 방 밖에 기다리고 있는 친구에게 똑같은 질문이 주어진다면, 그 친구도 "사탕"이라고 대답할 것이라고 정확하게 예측할 것이다. 이것은 친구의 잘못된 신념을 예측하는 성찰능력을 보여 준다. 이러한 발달은 여러 가지 매개 과정에 의해서 이루어지는데, 특히 놀이와 가상놀이, 또래와 형제자매 간의 상호작용 그리고 말하기를 통해서 이루어진다.

가상 놀이와 성찰기능 사이의 연관성은 경험적 증거에 의해 지지되고 있다. 가상놀이를 꽤 잘하는 3세 아이는 다른 사람의 감정을 이해하고, '마음을 읽는' 탁월한 능력을 보여 준다(Astington & Jenkins, 1995; Youngblade & Dunn, 1995). 종단연구에서는 유아기에 안정애착을 형성한 취학 전 아동은 불안정 애착패턴을 형성한 아동보다 유의미하게 상상놀이에 참여하는 능력이 높다고 보고하고 있다(Main, Kaplan, & Cassidy, 1985). 이러한 격차는 이전에 논의했듯이, 안정애착이 성찰능력의 발달을 직접적으로 증진시키는 것을 보여 주고 있다. 성찰기능의 발달은 상호작용이 있는 상상놀이에 의해 자라기 때문에 상상놀이는 성찰적 성장의 비옥한 토대가 되는 것이다.

게임의 적절한 시작인 까꿍 놀이 같은 것은 정신 상태, 감정, 속도의 정교한 동시성을 요구한다. 아이가 가상놀이 영역에서 진보함에 따라(예, 2세 된 아이는 막대기를 권총으로 상징함) 아이는 막대기를 사물로 인식함과 동시에 막대기에 자기가 선택한 의미를 부과한다(막대기에 총이라는 개념 부여). 그리고 나서 아동은 상호작용 가상놀이에 참여할 수 있게 되는데, 그들은 놀이에서 실제 현실과 다르지만 가상 놀이에 참여하는 사람과 공유된 표상을 창조하면서 현실을 함께 변형시킨다. 가상놀이에 참여한 아동은 가상놀이에서 공유한 타인의 마음을 새기며 순간순간 집중하면서 공유된 가상 현실과 실제 현실 모두를 마음에 둔다.

가상놀이의 기회를 많이 만드는 것 이상으로 또래와 형제자매의 상호작용은 성찰능력을 위한 강력한 동력이 된다. 이전에 논의했듯이, 영장류 연구들에서는 또래가 양육자의 박탈로부터 일어나는 부적응적 결과를 부분적으로 극복해 준다고 제안한 바 있다.

코르사로는 글래드웰(Gladwell, 1998)의 논문을 인용하면서, 아동은 서로를 보고 단서를 얻어서 그들의 성찰기능을 자극한다고 주장했다. 코르사로는 4세 된 여아, 제니와 베티가 단지와 찻잔에 모래를 담는 소꿉놀이를 하는 것을 관찰한 것을 기술했다. 갑자기, 세 번째 소녀 데비가 다가갔다. 데비는 제니와 베티를 약 5분간 쳐다보더니, 가까이 가서 찻잔을 들기 전에 모래상자 주변을 돌면서 다시 그들을 쳐다보았다. 제니는 데비로부터 컵을 멀리 두며, "안돼!"라고 말했다. 데비는 뒷걸음치지만 또 다시 제니와 베티를 보았다. 데비는 베티 옆에 서서 말했다. "우리는 친구지? 맞지, 베티?" 베티는 데비를 보지 않고 계속해서 컵에 모래를 넣으면서 "맞아."라고 말했다. 데비는 베티 옆에 가서 수저를 가지고 단지에 모래를 넣으면서 "난 커피를 만들고 있어."라고 말했다. 베티는 "나는 컵케이크를 만들고 있어."라고 대답했다. 베티는 제니에게 다가가서 "우리는 엄마야. 맞지, 제니?"라고 말했다. 제니는 "맞아."라고 대답했다. 이런 상호작용을 통해서 아동은 다가가기, 회피하기, 공유하기, 완수하기의 복잡한 전략을 획득하게 되며, 창조되고 서로 주고받는 상호주관적인 의미에 대한 단서를 또한 이해할 수 있게 된다.

언어는 상호 교환에 있어서 핵심적인 역할을 한다. 일반적으로, 언어는 성찰기능을 향상시킬 뿐만 아니라 성찰기능에 의해서 향상된다. 스미스(Smith, 1996)는 정신 상태를 명명하는 데 언어적-상징적 참조를 활용하는 것은 마음을 읽는 능력을 습득하는 데 있어서 결정적이라고 제안했다. 해리스(Harris, 1996)는 대화에서의 참여 경험은 정신 상태에 대한 참조를 하든지,

안 하든지 상관없이 아동으로 하여금 다른 사람들이 정보의 수혜자이자 제
공자가 될 수 있으며, 공유한 주제에 대해서 자신과 다르게 알고, 믿고, 느낄
수 있다는 사실을 알게 한다고 언급했다.

그러나 아동은 전달된 실제 의미를 알기 위해서는 언어적 의사소통과 단
서의 전체 맥락을 결합하는 것을 배워야 한다. 브루너(Bruner, 1983, 1990)는
심지어 5세 아이는 복잡한 언어-인식 컴퓨터들이 서로 겨루고 있다는 것을
'안다'고 말했다. 예를 들면, 숙모 샐리가 조카 빌리에게 '소금을 건네줄 만큼
친절한지'를 물어본다면, 샐리는 조카 빌리가 남을 배려를 할 수 있는지에 대
해 질문하는 것이 아니라 단순히 소금 병을 건네주기를 원할 뿐이다. 정상적
인 5세 아이의 '이해' 능력은 소녀에게 필사적으로 성적인 호감을 얻으려고
"그녀가 얘기할 때 10개의 다른 의미가 있을 수 있는데, 그녀의 말이 무엇을
의미하는지 어떻게 알지요?"라고 질문하는 20세의 중등도 수준의 전반적 발
달장애 남자와 다르다.

정상적인 생물학적 준비도를 갖춘 아동의 경우, 성찰기능을 발달시키는데
결정적 요인은 성찰기능을 보유하고 있는 양육자의 능력이다. 아동은 양육
자의 성찰기능으로 인해 매일의 삶 속에서의 다양한 과제와 도전 그리고 발
달을 조화롭게 이루어 나가는 데 필수적인 성찰기능을 발달시켜 나간다. 양
육자는 아동의 순간순간의 정신 상태에서의 변화를 '읽을 수' 있는 능력으로
인해 아동의 행동을 의미 있고 목적이 있는 것으로 대할 수 있다. 양육자가
아동을 의미 있고 목적이 있는 존재로 대하는 것은 안정애착의 토대가 된다.
안정애착 아동은 결국 양육자의 마음을 탐색하는 데 최적의 위치에 있게 되
며, 양육자의 마음에서 자신의 행동의 정신적 개념을 발견하게 된다.

성찰기능의 습득은 유아와 양육자 간의 상호주관적인 교류의 결과로 나
타나며, 그 후에 습득한 성찰기능은 또래, 형제자매, 다른 성인 같은 의미 있
는 타인과의 관계에 영향을 미친다. 양육자는 전반적으로 의식하지 않으면
서 아동의 행동에 힘을 실어 주고, 심리적 존재로서 아동을 마음속에 표상함
으로써 아동의 성찰기능(심리적 탄생의 문지기)을 활성화한다. 양육자가 성찰

기능을 토대로 아동에게 반응하는 것은 가장 독특한 인간의 발달적 측면에
영향을 주는 복잡한 가능성의 세계에 아동이 발을 들일 수 있도록 문을 열어
주는 것이다.

제**3**장
<><><><><><><><><><><><><>
심리적 조직화와 정신적 표상의 세계

✎ 경험의 패턴화와 조직화

성찰기능의 출현은 인간 두뇌의 핵심 기능(심리적 경험을 생성하고 조직화하고 구조화하기, 행동을 조절하고 변화시키는 기반으로서 심리적 구조를 활용하기)을 위한 기폭제를 제공한다. 췌장이 포도당의 신진대사를 조절하기 위해서 인슐린을 제공하도록 마련된 것처럼, 두뇌도 자기조절을 이끄는 조직을 만들기 위해 미리 준비되어 있다. 엠드(Emde, 1989)는 유아는 "생물학적으로 준비된 행동 경향성과 자기조절의 조직화된 능력을 가지고"(p. 38) 세상에 나온다고 언급했다.

이러한 입장과 일관적으로 스턴(Stern, 1985, 1995)은 아기는 예측할 수 있는 패턴을 발달시키고, 현실에서 함께하는 것을 정신적으로 연결하는(조직하는) 타고난 경향성을 보인다고 강조했다. 그러나 현실에서 함께하는 것을 연결시키는 것은 만만찮은 과제이다. 스턴(Stern, 1985)은 심리적 조직화를 형성하는 데 관련된 여러 가지 과정과 경향을 기술했다. 심리적 조직화는 타고난 지각, 인지, 정서, 주의의 편향, 특히 다른 사람을 인식하고 이들과 관계하는 데 작용하는 편견, 정보를 조직화하고 정보를 하나의 방식에서 다른 방식으로 변환시키는 경향 그리고 도식을 만들기 위해 변화하는 것과 변화하지 않는 것을 파악하는 능력과 관련된다. 타고난 수반성 탐지 기제(Gergely & Watson, 1996, 1999; Watson, 1994, 1995)에 대한 증거들은 유아의 통제감, 주체감, 조직화를 향한 타고난 경향성을 지지한다.

성찰적 양육자는 유아로 하여금 생물학적으로 준비된 능력을 활용하여 적극적으로 정신적 도식을 형성하도록 이끌어 준다. 정신적 도식을 구성했다는 것은 유아가 의미 있는 타인과의 구체적인 상호작용에서 공통적이고 변함없는 특성을 이해했다는 것을 의미한다. 심리적 발달의 관점에서 보면, 특히 유아가 조절 곤란이나 과각성을 경험할 때 조율해 주는 양육자에 의해서 적절한 상호교류가 일어날 수 있다. 조율적인 양육자가 유아의 평정심을 회복시키는 과정에서 양육자는 유아의 내적 상태를 이해할 수 있고, 다룰 수 있고, 행동의 의도를 알아줌으로써 유아를 만족시킬 수 있다. 이러한 상호작용은 안정애착의 기저에 있는 내적 작동모델의 기초가 될 것이다(Bowlby, 1980).

의미 있는 연구들에서는 생후 2~4개월쯤의 아기는 현실에 대한 도식을 구성할 수 있고, 타인과의 상호작용을 예상할 수 있으며, 경험의 다양한 측면 사이에서 가능한 '일치'를 예상할 수 있음을 보여 준다. 예를 들면, 스펠크(Spelke, 1979)와 스펠크와 오슬리(Spelke & Owsley, 1979)는 아기가 청각 자극과 시각 자극의 일치에 반응할 수 있음을 보여 주었다. 생후 4개월의 아기에게 두 가지의 만화영화를 나란히 보여 주었지만, 오직 소리와 이미지가 동시에 주어지는 만화영화만 선호했다. 다른 연구들(예, Dodd, 1979)의 경우, 아기는 예상된 장면과 소리 사이에 4만분의 1초만큼의 작은 격차(예, 사람이 말하는 장면에서 말소리가 아주 조금 늦게 나옴)를 알아차릴 수 있었으며, 예상된 경험의 일치가 일어나지 않을 때 괴로운 반응을 보였다(이러한 관점에서 더 많은 정보를 알고 싶으면 4장의 외상 관련 부분을 보라.). 초기 정신도식의 점진적인 기능—그리고 일치성을 추구하려는 편향—은 무엇이 일어날 것인지, 특히 다른 사람이 무엇을 할 것이고 또는 어떻게 보이는지에 대해 예상을 할 수 있다는 점을 주목할 만하다. 이전에 언급했듯이 아기가 보이는 예상에 대한 편향성은 자신의 예상과 일치하는 경험에 대해 보이는 선호 그리고 그들의 예상과 일치하지 않는 경험에 대해 보이는 혐오와 고통에서 알 수 있다.

🐌 스턴의 초기-이야기 봉투와 애착패턴

다니엘 스턴(Dianiel Stern, 1985, 1990, 1995)은 유아의 주관적 경험의 세계에 대한 특별한 지침을 주었다. 스턴은 경험적 증거의 상세한 검토와 철저한 관찰을 토대로 유아의 마음에 대한 모험 여행에 우리를 초대한다. 이 여정은 유아가 주관적 경험을 어떻게 생성하고, 구성하고, 조직하는지에 관한 새로운 접근을 제공한다.

스턴은 특히 유아가 타인과의 관계에서 어떻게 경험을 표상화 하는지에 관해 관심을 가졌다. 스턴이 언급했듯이 유아의 관계 경험은 무생물의 세계와는 달리 정서 강도와 상호작용의 특성을 포함한 여러 가지 중요한 측면이 있다. 나는 인간의 진화체계가 유아가 유일하게 타인들과 교제하고 갈망하도록 하고, 인간 존재에 내장되어 있는 모든 동기 체계의 조정을 추구하게 한다는 견해(예, 애착과 안정성, 생리적 조절과 욕구 만족, 감각 만족과 탐색, 패턴과 조직화를 창조하는 데 있어서 편향성; Emde, 1988; Lichtenberg, 1989)를 추가하고자 한다. 이러한 동기 체계들은 먹기, 정서 조절하기, 놀기, 잠자기, 환경 탐색하기 같은 주요한 일상생활 활동에 영향을 미친다.

스턴(Stern, 1995)은 유아의 경우 경험의 기본요소들을 도식화할 수 있는 능력과 성향을 가지고 있을 뿐 아니라 도식들을 함께 연결시키고자 하는 강한 편향을 가지고 있다고 설명했다. 스턴은 유아연구를 검토하면서, 생후 3~4개월경 유아는 지각도식(시각적 이미지, 청각적 자극), 감각-운동 도식(감각 경험과 움직임 행위 간 협응), 연속적 사건들(즉, 변함없는 일련의 사건들을 하나의 시나리오로 표상), 그리고 '순간적 느낌'에서 감정 도식(즉, 경험에 따르는 느낌의 질과 양을 표상)을 표상할 수 있음을 확인했다. 감정도식은 스턴이 '핵심적인 감정'으로 명명한 것들을 포함하며, 드러난 느낌의 '형태'와 일시적 '감정의 모습', 즐거운 어조와 각성 수준을 포함한다. 마지막으로, 최상위 도식은 전체 경험을 응집력 있는 사건으로 표상할 수 있다. 스턴은 또한 이후 발달하는(이 장에서는 상징적 처리과정에서 다룸) 개념적 도식(예, 상징, 단어)도 언급했다.

스턴(Stern, 1995)은 정신조직을 창조하는 두뇌의 타고난 경향을 기술하기 위하여 '마음의 출현성(emergent properties of mind)'이라는 개념을 강조했다. 정신조직은 "동시적으로 발생하는 독립된 각 부분을 응집력 있는 경험으로 만든다."(p. 89). 두뇌의 특정 영역과 중심부는 주어진 경험의 구성요인들을 동시에 처리하거나 또는 나란히 처리한다(예, 공간에서 신체, 감정 변화, 각성 수준, 시각적 이미지 등을 감지함). 스턴은 이러한 복잡한 정신 활동에서 마음의 출현은 도식들의 협응과 통합을 통해서 창조되는 것이라고 말했다. 처리된 경험의 다양한 측면 및 도식은 응집력 있는 전체로 연결된다. 스턴은 이러한 전체는 하나의 의미로 가정할 수 있다고 제안했다.

스턴이 언급한 '의미'는 유아가 주체의 의도적 상태를 직관적으로 이해하는 타고난 능력(생물학적으로 준비된 성찰기능)에 토대를 둔 초기-의미(proto-meaning)를 뜻한다. 스턴은 이러한 표상형식이 응집성 있고, 의미가 있고, 이야기 같은 형식으로 된 통합된 형태를 '담고 있기에' 이를 초기-이야기 봉투(proto-narrative envelope)라고 부른다. 이 '봉투'는 어떠한 조직을 담고 있는데 뇌는 이야기의 형태를 가지고 그것을 구성하도록 마련되어 있다. 그러나 여기서 이야기는 단어나 상징이 없는 줄거리이며, 오직 지각, 주의집중, 움직임 전략을 통해서만 경험할 수 있는 침묵의 줄거리로 이루어진다.

초기-이야기 봉투 개념은 스턴(Stern, 1995)이 설명하는 것처럼, 모든 인간 행동의 근간이 되는 목표-지향적 동기의 개념과 밀접하게 연결되어 있다.

동기(예, 안전, 쾌락, 탐색, 조절, 숙달)가 대인관계 맥락에서 실현된다면 이야기 같은 구조, 즉 예상된 사건의 순서를 가진 '줄거리'가 '창조되고' 또는 발생된다. 브루너(Bruner, 1990)는 이야기 단위는 인간 행동을 이해하는 기본 단위이며, 두뇌가 경험을 이해하고 조직화하는 방식을 반영한다고 언급했다. 이야기 구조는 유아가 완전히 행동의 목적을 '이해하거나' 또는 언어적-상징적 이야기 구조를 만들어 내는 능력을 가지기 전에 선행되는 구조이다.

초기-이야기 봉투의 경우, 상징 이전의 단계이며, 이 단계에서 유아는 인간 행동의 목표지향성에 대한 기본적이고 직관적인 파악 그 이상으로 행동의 목적에 대한 충분한 이해는 하지 못하는 상태이다. 초기-이야기 봉투는 암묵적으로, 비의식적으로, 절차 기억들로 구성되고 저장된다(Kihlstrom & Hoyt, 1995; Rochat, 1995; Schacter, 1992; Squire, 1987, 1992). 이러한 처리 형식은 후에 발달되는 상징적 처리와 자서전적인 기억체계(다음 장을 보라.)와 대조되며, 자의적이지 않으며, 서술적이지 않고, 성찰적이지도 않다. 이러한 처리 형식은 정서적 · 인상적 · 운동적 · 지각적 정보—스턴(Stern, 1995)에 의해 기술된 도식의 유형—가 주를 이룬다.

비교적, 동일한 신경 체계에 토대를 둔 절차기억은 특정 단서에 대한 반응에서 운동적, 감정적 그리고 지각적 전략을 '어떻게' 실행할 것인지에 관한 방법을 저장한다. 이러한 절차 지식은 '몸' 또는 '내장(guts)'에 기억되어 있고, 맥락에 토대를 둔다. 구체적 요소 중 하나(특정 신체 감각, 감정 '형태' 또는 시각적 단서)는 도식들 중 하나에 저장되며, 도식들은 초기-이야기 봉투에 담겨 있다. 구체적인 요소들은 이 봉투를 '열어서' 재연 가능하게 한다. 초기-이야기 봉투 속의 초기 줄거리는 구체적인 지각적-행동적-정서적 전략의 수행에 의해서만 드러난다. 이러한 전략은 절차 지식에 깊이 각인되어 있으며, 신경해부학적으로 소뇌와 기초 신경절 뿐만 아니라 특정 감각과 운동 체계에 기반하고 있다(Kandel, 1998). 그래서 정신분석 문헌에 기술된 '유아 기억상실증'은 억압의 영향보다는 생후 첫 몇 년 동안의 기억의 암묵적 처리와 더 관련이 크다.

관계에서 자기에 대한 절차적 지식을 암묵적인 관계 지식(implicit relational knowing)이라고 언급해 왔다(Stern, 1998; Stern et al., 1998). 암묵적 관계 지식은 '누구와 함께'하는 방법에 대한 지식이다. 스턴(Stern, 1998), 스턴과 동료들(Stern et al., 1998)은 주어진 상황에서 어떤 형태의 접근과 강도, 활성화 상태, 감정, 바람 등이 양육자에게 환영을 받고 거절을 당하게 되는지를 유아가 어떻게 알게 되는지에 대해 기술했다. 이러한 '암묵적 관계 지식'은 정신 표상의 상징적 그리고 잠재적으로 의식적 측면의 비상징적, 비의식적인 기초로 평생 지속된다. 예를 들면, 주어진 순간에 우리는 가벼운 마음으로 다른 사람에게 조르듯 다가갈 수 있는지 혹은 다가갈 수 없는지에 관해 '인식'할 수 있으며, 타인의 기분과 성향에 맞춰서 행동할 수 있다. 트로닉(Tronick, 1989)이 주장했듯이, 관계는 감정 상태, 바람, 활성화 등의 상호조절에 기초하며 암묵적-절차적 정보의 순간적인 교환을 통해서 일어난다.

애착패턴은 낯선 상황에서 드러날 수 있는데 낯선 상황이라는 것은 암묵적-절차적 지식과 기억에 접근해 가는 것이다. 애착 '패턴'은 양육자가 존재하고 떠나가 버리고, 다시 재회하는 순서를 통해 나타난다. 그러므로 애착패턴은 운동적·지각적·감정적 전략으로 구체적 대인관계 상황에서 구체적인 양육자와의 관계에서 얻어지고 활성화된다. 중증 성격장애를 가진 사람은 스스로 덫에 갇히게 하는 관계패턴을 가진다. 따라서 우리는 그들의 관계패턴을 변화시키는 방법을 알아내고자 고군분투하고 있다. 중증 성격장애를 가진 사람의 애착패턴의 토대는 자동적·절차적·비성찰적 전략이다. 이러한 전략은 성찰기능이 배제된 전략으로, 특정 내적·대인관계적 단서에 의해 촉발된다.

생후 1년 후반, 애착패턴의 기저를 이루고 있는 암묵적-절차적 기억의 '작동모델'을 통해 유아는 양육자에 대한 실제적인 예상을 할 뿐만 아니라 양육자와의 다양한 상호작용에서 얻은 일반화된 예상에 따라 대처하게 한다. 예를 들면, 불안/회피형 애착 아동은 양육자로부터 주의를 적극적으로 돌리려하며, 자신의 의존성과 반응을 원하는 바람을 무시하려 한다. 이러한 대처패턴은 유아가 양육자에게 다가가면 양육자가 무시해 버릴 거라는 예상에 기인한다. 이와 대조적으로, 불안/저항형 애착패턴은 유아가 자기감을 희생하고서도 양육자와 이들에 대한 유아의 의존성을 지나치게 중요시하는 대처전략이다.

⚗ 암묵적-절차적 형태에서 명시적-성찰적 형태로의 변화: 상징화의 기적

스턴(Stern, 1995)은 그가 명명한 초기-이야기 봉투에 담겨진 도식들에서 환상과 자서전적 이야기로 어떻게 나아갈 것인지에 대한 질문을 제기했다. 스턴의 질문은 생생한 경험의 특정 측면에서 변하지 않는 범주들을 표상하면서(즉, 특정 대인관계적 상호작용에서 만들어지는 감각-운동적 도식들 또는 정서 도식들) 도식의 망에서 상징적 처리로 이끄는 경로의 정교화에 관한 것이다. 다시 말해, "일어난 사건에서 이야기로, 고정된 일련의 순서에서 정리된 재배열로, 강조와 역점을 두는 하나의 패턴에서 새로운 패턴으로, 현실의 객관적 사건에서 가상적 시간의 상상의 사건으로 가는 데 어떤 과정이 필요한가?"이다(p. 94).

상징적 처리는 구체적 처리와는 대조된다. 도식들에 저장된 요소들에 의해 활성화되는 도식의 '봉투'와는 달리, 상징적 처리는 요소를 적극적이고 유연하게 선택하며, 다양한 도식에 대해 자유롭게 주의를 준다. 그러므로 둘 또는 그 이상의 도식에 주의가 동시에 주어질 수 있고, 다양한 도식의 요소들은 하나는 전경 도식으로, 나머지는 배경으로 한데 묶여질 수 있으며 그 반대가 될 수 있다. 예를 들면, 가상놀이를 하는 아이의 경우, 막대기를 칼로 상징화하여 마음속에 막대기에 자기선택적으로 의미를 부여한 이중 도식—'칼'에 대한 개념과 '막대기' 범주에 속하는 실제 막대기를 함께 인식—이 동시에 유지된다.

구체적이고 살아 있는 경험에 제한되지 않는 새로운 도식들이 형성되는 가능성은 무한하다. 어떤 한 도식의 요소들은 조합될 수 있고 다른 도식의 요소들로 재조합될 수 있으며, 방어, 즐거움, 공유 또는 적응의 목적을 위해 도식들의 새로운 망이 창조될 수 있다. 환상을 창조하는 능력은 구체적인 도식들을 상징적으로 변환하는 결과물 중의 하나이다. 상징적 처리 능력들이 더 풍부하고, 더 복잡하게 성장함에 따라 환상들 또한 더 정교화되고, 복잡해지고, 심지어 더 환상적이게 된다. 이러한 관점은 가장 초기의 정신적 산물이 가장 환상적이라는 개념과는 분명하게 대조된다(Klein, 1952a, 1952b, 1957, 1958).

심지어 가장 초보적인 단계일지라도, 상징적 처리는 성찰기능과 함께한다. 어린 아동의 경우, 상징적 처리와 성찰기능의 발달로 인해 타인의 행동에 대해 반응할 수 있을 뿐만 아니라 타인의 신념, 느낌, 태도, 바람, 희망, 지식, 상상, 가식, 기만, 계획, 의도 그리고 다른 내적 상태에 대해 자신만의 인식으로 반응하게 된다. 예를 들면, 아동은 "엄마는 피곤하기 때문에 나에게 반응하지 않는거야."라고 이야기를 창조하기 시작한다.

그러나 생의 초기 2~3세 동안 상징적 능력과 성찰기능이 성장해 감에 따라 중요한 성과는 자기감의 더 깊은 발달이 이루어진다는 점이다(Crittenden, 1994; Fonagy & Target, 1997). 아동은 자신의 행동을 조절하기 위해 정신적 도식을 지금 선택하거나 창조할 수 있으며, 자신이나 타인의 정신 상태를 읽음으로써 나타나는 구체적 요구에 적응적으로 반응할 수 있다. 유아가 정신 도식을 적극적으로 혹은 더 적절하게 선택하거나 창조하는 것은 자신의 행동이 자신의 것이라는 주관적 확신을 갖게 한다. 이는 구체적이고, 상황의존적인 단서에 의해 활성화되는 절차적 도식에서 오는 수동적인 인식과는 대조된다. 아동은 더 이상 그들의 행동을 '그들에게 단지 발생하는 무엇'으로 느끼지 않는다. 변덕과 충동, 소망과 욕구는 의사결정과 의도를 지닌 더 지속적인 적극적 경험으로 전환된다. 오그던(Ogden, 1989)이 언급했듯이 주관성과 적절한 상징화 능력의 성취는 한 개인으로 하여금 자신의 생각에 관해 생각하고, 자신의 느낌에 대해서 느끼는 경험을 할 수 있게 한다. 이렇게 해서, 생각과 느낌은 대부분 이해될 수 있는 개인적 창조물로 경험된다. 따라서 좋든 싫든 상관없이 개인은 자신의 심리적 작용(사고, 느낌, 행동)에 관해 책임감을 갖도록 발달한다.

이 장에서 보면 알 수 있듯이, 발달은 시간적 연속성을 가지고, 소망, 욕구, 동기, 역할 그리고 관계패턴을 좀 더 응집력 있는 자기감과 타인 인식으로 통합하도록 길을 만들어 준다. 이러한 심리적 구조는 틀림없이 감정 조절, 충동 통제, 자기-모니터링, 계획과 목표의 설정 능력, 가치 그리고 사상에 토대가 된다. 응집력과 조직화를 창출하는 '마음의 출현성'은 이제 자서전적 이야기를 낳게 한다. 자서전적 이야기(autobiographical narratives)는 우리 자신, 세상 그리고 타인에 대한 다소 의식적이고 응집력 있는 모델이다.

이제, 아동이 창조할 수 있는 이야기와 같은 구조는 더 오래된 비언어적인 '초기-이야기 봉투'를 좀 더 최근의, 언어적-상징적 이야기로 통합할 수 있도록 한다. 이러한 과정은 프로이트(Freud, 1900/1953)가 언급한 '이차 교정'과 유사한 방식으로 일어난다. 즉, 수면 중 처음에는 꿈이 불완전한 이미지, 소리, 감정으로 이루어졌는데, 점차 의식적이고 기억할 수 있고, 다른 사람들에게 기술될 수 있는 줄거리가 있는 꿈으로 변환된다.

그러므로 명시적-상징적 형태는 암묵적-절차적 형태를 대신할 수는 없지만 새로운 통합을 만든다. 심지어 경험을 조직화하는 이 두 가지 형태인 명시적-상징적 형태와 암묵적-절차적 형태는 즉시성과 구체성 그리고 상징화와 다중 의미 사이를 변증법적으로 앞뒤로 오가며 서로 형성시키고 변화시키는 통합과 담아내기를 하게 된다. 이 두 가지 형태의 통합은 외상의 반응을 결정짓는 경험의 불연속성과 연결의 분리와는 대조적이다(4장에서 논의할 것임).

◎ 애착, 성찰기능 그리고 상징적 처리

상징적 처리는 아동이 점차 자신에 대한 복잡한 이야기 혹은 명시적 기억 체계라는 다른 형태의 기억처리에 의존하는 자서전적 이야기를 형성하도록 한다(Perner & Ruffiman, 1995; Squire, 1987, 1992; Squire, Knowlton, & Musen, 1993). 명시적 기억은 암묵적 기억과는 다르다. 암묵적 기억은 좀 더 일찍 발현되고, 구체적-절차적 처리의 토대가 된다.

명시적 기억은 암묵적 기억처럼 비교적 동일한 신경적 · 심리적 체계에 근간을 두고 있는데, 해마와 측두엽과 관련된다. 그러나 명시적 기억은 그것이 무엇인지에 관한 정보를 입력하며, 어떻게 하는 방법에 관한 암묵적-절차적 기억과는 비교된다. 자서전적인 사건과 실제 지식에 대한 명시적 기억은 의식적 자각에서 접근 가능하며 언어와 상징적 표현을 통하여 표현된다. 이는 '절차들'이 지각적-운동 전략 또는 감정적 분출을 통하여 표현되는 것과 다르다. 명시적 기억은 대상과 사건이 함께 묶여 있는 도식으로부터 대상과 사건의 구체적 요소를 분리할 수 있게 하며, 또한 요소들 간에 유연성 있는 조합과 재조합을 허용함으로써 상징적 처리의 길을 열어 준다.

명시적 기억은 개인의 자서전적 기억을 구성하는 특정 사건의 세부사항을 저장한다. 자서전적 기억은 자기와 시간의 특성을 포함한다. 특정 정보가 개인의 자서전적 기억의 일부가 된다면, 그 정보는 더 이상 분리된, 구별되는 것으로서 활용되는 것이 아니라 연관되고 연속적인 경험으로 적극적으로 변형되는 경향이 있다. 또한 특정 정보는 마음과 맥락의 틀에 의해 변형된다. 예를 들면, 개인은 회상할 때 맥락에 의미를 부여한다. 이러한 자서전적 기억은 샤체텔(Schachtel, 1947)이 기억을 성격 기능의 하나로 간주한 정의와 부합한다. 이것은 현재의 욕구, 두려움 그리고 흥미로 과거의 경험을 조직화하고 재구조화하는 능력이며, 이러한 능력은 성격 기능으로 이해될 수 있다.

명시적-자서전적 기억은 경험을 이야기로 구성하면서 불럭들을 쌓아 올리는 것이다(Siegel, 1999). 타인과 자기 자신에게 언어로 말할 수 있고, 주관적 경험에 의미와 응집력을 부여하는 연속성이 있는 이야기를 창조하는 것이다. 시걸은 자서전적 이야기를 창조하는 과정에 대해 언급했다. 자서전적 이야기의 창조 과정은 애착인물과 상호주관적 교환과 관련되며, 양육자와의 일관성 있는 공동 작업이다. 주로 비의식적인(nonconscious) 과정으로 두 뇌의 신경 활성화 패턴이 양자 간에 유사하게 처리되는데, 이 과정은 주관적으로 다룰 수 있고, 대인관계적으로 매우 유용한 과정으로 변형된다. 이후에 살펴보겠지만, 자서전적인 이야기는 분명히 자기정체감뿐만 아니라 감정 조절, 외상과 취약점에 대한 대처 능력 그리고 목표 설정, 좌절에 대한 인내, 한계 수용 능력에 결정적인 역할을 한다.

이 시점에서 상징의 본질에 대한 고려가 필요하다. 간단하게 홉슨(Hobson, 1993b)이 제안했듯이, 상징은 "어떤 것 또는 어떤 사람을 언급한다."(p. 171). 그렇다면 아동은 사물과 사건에 대한 특정 개념을 전달하는 상징을 어떻게 창조할까? 예를 들면, 어떻게 '주스'라는 단어가 액체의 범주를 의미하는 '즙이 많은 것'이라는 개념을 전달할 수 있는가?

어머니와 아동 간의 관계에서 '조화'가 상징적 사고의 출현에 핵심적인 기여요인이라는 확고한 동의가 있다(Bretherton, Bates, Benigni, Camaioni, & Volterra, 1979). 이 연구들은 애착과 상징화 사이의 관계를 지적하고 있다. 앞서 언급했듯이, 홉슨(Hobson, 1993b)은 유아가 시각적으로 공유하는 사물과 사건에 대한 타인의 관찰 가능한 심리적 반응에 어떻게 관계하는지를 설명하기 위해 '사회적 참조'라는 현상에 주의를 기울인 바 있다.

예를 들면, 사회적 참조하기의 중요한 시사점은 '절벽' 앞에서의 불안함과 같이 대상 혹은 상황에 대한 유아의 내적 상태는 절벽을 대하는 양육자의 내적 상태를 '읽음으로써' 변화된다는 것이다. 따라서 유아는 자신에게 인식되는 특정 세상뿐만 아니라 똑같은 특정 세상에 대한 타인의 마음과도 관계하고 있다. 유아는 사물과 사건에 대한 자신의 고유한 지각과 더불어 똑같은 사물과 사건에 대한 타인의 지각 관점을 '다각도로 측정'할 수 있다.

브레서튼(Bretherton, 1991)은 생후 6~18개월 아동이 사물, 사람, 상황에 관한 양육자의 정신 상태에 점점 더 '맞추어 가고' 있음을 보여 주었다. 상징적 처리의 발달에 있어서 중요한 점은 이러한 양육자와 교환을 통하여 유아는 주어진 사물과 사건에 대한 여러 가지 개인적인 의미를 인식할 수 있다는 점이다. 사회적 참조하기는 유아로 하여금 세상에 관한 다른 사람의 접근을 말 그대로 볼 수 있게 한다. 이런 자각으로 인해 유아는 타인과의 관계에서 자기감을 형성하고 세상과 관계하는 타인에 대한 인식을 하기 시작한다. 홉슨(Hobson, 1993b)이 지적하듯이, 결국 그 문은 구별의 이해를 향해 열려 있다.

> 있는 그대로 주어진 세상과 잠재적으로 다른 심리적 지향을 가진 사람들의 속성은 별개이다. '생각'(적어도 '심리적 태도')과 '사물' 사이의 차이가 시작된다. 아이는 곧 이러한 생각과 사물의 차이를 인식하기 시작한다. 오래 걸리지 않아 이러한 차이를 인식한 결과로 아이는 창조적인 상징적 놀이에서 사물에게 새로운 개인적 '의미를 부여하는' 사람으로서 자신의 힘을 발휘한다(p. 172).

이와 같이 창조적이고, 의미를 부여하는 능력은 중간 대상물과 중간 경험의 영역에서 실현된다. 위니컷(Winnicott, 1953)은 중간 대상물과 중간 경험을 실제와 환상 사이의 중간 영역으로 기술했으며, 그 영역에서 현실은 인정될 수도 있고 부인될 수도 있다고 했다. 아동은 자신의 내적 상태에 영향을 미치는 양육자의 심리적 지향과 동일시하는 과정, 특히 양육자로부터 위안 받고 편안함을 느끼고 평정심의 상태로 회복되는 느낌을 가지는 과정은 자기조절 능력의 습득에서 중요한 역할을 한다(Cicchetti & Tucker, 1994). 이러한 동일시는 아동이 자신의 통제 하에 더 많은 대상과 활동을 두고 여기에 심리적 지향성을 "부여"하는 것―그리고 아동 자신에게 영향을 미치는 이러한 심리적 지향성에 수반되는 능력―에 있어 필요한 선결요건이다(예, 아동은 침대에서 편안함을 제공하는 양육자의 능력을 담요나 테디 베어에게 '부여'할 수 있음).

포나기, 스틸과 스틸(Fonagy, Steele, & Steele, 1991)은 안정애착은 유아로 하여금 양육자의 마음, 의도를 관찰할 수 있고, 양육자는 유아가 사물과 사건에 대해서 어떤 심리적 지향성을 가지고 있는지 '관찰할 수 있는' 최적의 기회를 제공해 준다고 가정했다. 나는 이들의 가설에 동의한다.

안정애착과 성찰능력 간의 관계는 볼비(Bowlby, 1969)에 의해 처음으로 제안되었다. 볼비는 "유아가 어머니를 고유한 의도를 가진, 자신과 다른 흥미를 가진 존재로 인식하고 고려할 수 있는 능력"(p. 368)을 가져야 한다고 강조하였다. 그는 이러한 발달이 안정애착의 맥락에서 일어나는 것으로 간주했다. 모스, 페어런트 그리고 고셀린(Moss, Parent, & Gosselin, 1995)은 어머니와의 안정애착은 유아의 메타인지 능력의 좋은 예측인자라고 보고했다. 포나기와 동료들(Fonagy et al., 1997)의 유명한 연구 결과에 의하면, 생후 12개월 때 어머니와의 안정애착 그리고 생후 18개월 때 아버지와의 안정애착은 5세 6개월경 '마음이론'을 통과하는 능력과 강한 관련성이 있다고 했다. 92명의 유아를 대상으로 생후 12개월 때 어머니와의 관계를 평가한 결과, 안정애착으로 분류된 64%가 이후 4세 6개월이 되었을 때 성찰기능 검사를 통과했다. 반면에, 불안정 애착으로 분류된 67%는 똑같은 검사에서 실패했다. 또한 18개월 때 아버지와의 안정애착을 형성한 유아들 중 77%만이 검사를 통과했다. 추가적으로, 부모 모두에게 안정애착 관계를 형성한 아동들 중 83%는 성찰기능 검사에 합격한 반면에, 어머니와 아버지 중 한쪽과만 안정애착관계를 형성한 아동은 60%만 성공적으로 성찰 과제를 수행했다. 몇몇 연구들(예, Meins, Fernyhough, Russell, & Clark-Carter, 1998)은 마찬가지로 애착의 안정성은 일반적으로 상징능력, 특히 성찰기능과 강하게 관련이 있음을 입증하였다.

안정애착과 성찰기능 간에 관련성의 근거는 무엇인가? 두 가지 상호 상승 과정이 이들의 발달적 연결을 설명해 준다. 첫째, 애착의 안정성은 대인관계 맥락의 지표이며, 이러한 대인관계적 맥락은 유아에게 상징적 기능과 성찰 능력을 간접적으로 향상시키는 사회적-발달적 기회를 제공한다. 둘째, 안정 애착은 양육자-유아 간 관계의 질적 표시로 성찰기능의 발달을 직접적으로 촉진한다(Jenkins & Astington, 1996). 이전에도 언급했듯이, 안정애착 유아는 상징화와 성찰기능을 향상시키는 경험인 놀이와 흉내 내기, 또래와의 상호 작용 그리고 말하기(말하기는 정신 상태에 대해 구체적으로 말하는 것과 일반적 인 언어 사용 모두를 의미)에 더 잘 접근한다.

성찰기능의 발달에 있어서 안정애착의 결정적인 기여 중의 하나는 환경으 로부터 적절한 반응을 이끌어 낼 수 있다는 유아의 '자신감 있는 예측'이 가 능하다는 것이다(다른 사람은 결국 나에게 반응할 것이다.). 유아가 이러한 예 측이 가능한 것은 유아가 양육자에게 고통을 알리면 따라오는 긍정적 감정 과 조절의 반복적 경험이 있기 때문이다.

스루프(Sroufe, 1983, 1989, 1996)의 유명한 발달 연구와 관찰에 의하면, 유 아가 타인의 반응을 이끌어 내고 내적 조절의 재확립을 하는 데 있어서 유능 감을 경험하게 되면 다른 사회적 발달의 기회로 이어지게 된다고 제안했다. 이러한 설명처럼, 스루프는 미네소타 미취학 아동들을 대상으로 이루어진 프로젝트(Minnesota Preschool Project)에서의 한 일화를 소개했는데, 여러 아 동이 녹음된 음악에 맞추어 춤을 추고 있었다. 어떤 아동이 춤추고 있는 아 이에게 다가가서 춤을 같이 추자고 요청했다. 거절을 당하자 아동은 위축되 어 구석에 뾰로통한 채 서 있다. 또 다른 아동이 방에 들어와서 어떤 아동에 게 같이 춤추자고 권했지만 역시 거절당했다. 그러나 아동은 승낙을 받을 때 까지 허락을 구했다. 두 번째 경우는 안정애착을 보이는 아동으로, 거절당했 다는 느낌은 거의 나타나지 않았고, 대신 자신은 가치가 있으며 타인은 언젠 가 반응할 것이라는 확신을 가지고 춤을 계속 추자고 하는 인내를 보였다. 이와 비슷하게 거절에도 불구하고 계속 시도하는 인내와 희망적인 상태를 예상하는 특징은 이미 2장에서 기술한 모래상자에서 소꿉놀이에 함께 참여 하기를 기대하는 소녀에게도 볼 수 있었다.

이러한 관찰은 많은 연구를 통해서 확인되었다. 유아기 시절 안정애착을 형성한 아동의 경우, 자신이 가치 있고 효율적이라는 이미지를 가지게 되고, 타인을 활용 가능하고 가치 있는 이미지로 형성해 나간다. 이런 아동은 좀 더 열정적이고, 문제해결을 하는데 있어서 더 자신감 있고, 환경에 좀 더 개방적으로 접근한다는 일관적인 연구 결과가 보고되었다. 또한 안정애착 아동은 좀 더 호기심이 있고, 독립적이고, 침착하고, 교사의 도움을 잘 활용한다(Sroufe, 1989).

이러한 연구들을 통하여 여러 가지 중요한 점을 제시할 수 있다. 첫째, 안정애착 아동의 경우, 상징화와 성찰능력의 발달을 촉진하는 사회적 그리고 발달적 기회를 더 잘 활용할 수 있다. 둘째, 안정애착 아동은 상징화 능력과 자기성찰 능력이 발달함에 따라 타인과의 관계에서 얻은 예측을 일반화하기 시작한다. 따라서 1세 때의 애착패턴의 특징적인 반응은 3세 때 일반화된 관계 패턴으로 변화한다. 셋째, 초기-이야기 봉투와 내적 작동모델은 아동으로 하여금 처음으로 현실에 대한 예측을 가능하게 하며(2~4개월), 생후 1년 말경에 현실에 대처하는 기능을 갖도록 한다. 생후 3세경의 아동은 현실을 자신의 예상에 맞게 조직화하는 경향이 있다.

스루프의 미취학 아동의 춤 연구에서 보았듯이, 안정애착 아동은 자신의 가치감과 타인의 긍정적인 반응과 부합하는 대인관계적 반응을 얻기까지 노력을 지속한다. 그들의 예상과 부합하는 경험 패턴은 이후 적응의 특정 패턴을 예견하기 시작한다(예, 대처전략, 기대, 행동, 느낌 그리고 환경으로부터 특정 반응을 불러일으킴으로써 경험을 창조하는 관계의 조직화). 하지만 예상과 부합하는 경험이 성찰기능 발달에 결정적인 역할을 할 수 있으나 이러한 발달적 획득의 토대는 양육자-유아 관계를 기반으로 해서 직접적으로 수립될 가능성이 크다.

포나기, 스틸, 스틸과 동료들(Fonagy, Steele, Steele, & Colleagues, 1991)은 아기의 출생 이전에 높은 수준의 성찰능력을 보인 부모(어머니, 아버지 모두)가 낮은 수준의 성찰능력을 가진 부모보다 안정애착 유아를 가질 가능성이

3~4배 많다고 보고했다. 또한 양육자의 성찰기능은 양육자 자신의 초기 결핍 정도와 상관없이 아동의 안정애착을 예견한다. 추후연구 결과(Steele et al., 1996), 엄마들은 두 부류로 나누어졌다. 아동기에 결핍된 경험이 있었지만 높은 수준의 성찰능력을 가진 엄마의 경우, 모든 아동은 이러한 엄마에 대해서 안정애착이 되어 있었다. 이에 반해, 아동기에 결핍된 경험이 있으면서 낮은 수준의 성찰능력을 가진 엄마의 경우, 그들의 자녀들은 거의 모두 엄마에 대해서 안정애착 패턴을 보이지 않았다.

연구 결과들은 안정애착과 성찰능력 발달의 열쇠는 양육자가 특별히 의식하지 않고서도 무의식 중에도 유아의 다양한 내적 상태에 대해서 순간순간 고려할 수 있는 능력에 달려 있다고 제안했다. 양육자는 양육자-유아 관계에서의 스트레스나 유아가 정신 상태에서 변화를 보일 때 성찰적 자세를 유지하도록 노력해야 한다. 그리고 양육자가 어쩔 수 없이 성찰적 자세를 유지하지 못하게 될 때에는 일상생활의 과정에서 일어나는 성찰기능의 붕괴를 빠르게 회복하도록 노력해야 한다. 불행히도, 어떤 양육자는 유아가 고통스러워하고, 근접성을 추구하고, 자율성과 숙달을 향해 노력할 때 성찰적 관점을 계속 유지하지 못할 수도 있다.

유아가 양육자와의 교류(예, 고통스런 느낌과 자기조절의 욕구가 일어날 때, 즐겁게 공유하는 재미있는 분위기일 때, 새로운 환경을 탐색하는 모험을 할 때, 양육자가 피곤하거나, 행복하거나, 좌절감을 느낄 때, 혹은 열심히 반응할 때)에서 복합적이고, 다양한 내적 상태를 가진 의도가 있는 존재로 다루어진 경험은 유아의 성찰능력을 높이는 근본적인 발달적 촉발요인이 된다. 유아는 양육자로부터 그들의 주요한 의도, 감정, 소망을 기반으로 그들의 행동을 이해받는 경험을 하게 된다. 유아는 이러한 양육자로부터 이해받는 경험을 통해서 안정감, 즐거움, 자기조절감을 성취하게 된다. 양육자의 성찰기능은 대체로 내적 상태가 탐색과 성찰을 위해 안전하다는 것을 알려 주면서 유아의 성찰능력을 발휘하게 한다. 더구나 양육자는 '마음 읽기'의 모델을 유아에게 제공함으로써 아동의 성찰기능을 촉발시킨다. 마음 읽기 모델은 고통에서 안전과 조절로 나아가게 하고, 즐거움과 숙달감을 향상시키고, 타인과의 연결성을 강화하는 데 효과적인 방법이다.

양육자가 의식하지 않는 상태에서 구석구석, 순간순간 유아의 내적 상태를 인식하는 능력은 유아로 하여금 그들 자신이 의도가 있는 존재로 여기게 하며 뿐만 아니라 타인의 마음을 읽는 능력까지 발달시킨다. 위니컷 (Winnicott, 1967)과 동료들이 언급했듯이, 유아는 엄마의 얼굴(즉, 마음)에서 그들 자신의 이미지, 즉 그들이 마음이 있는 의도가 있는 존재라는 것을 발견하게 된다.

⚬ 발달과 성찰기능

인간으로 존재하기: 공감, 상호주관성 그리고 자기감

'죽지 않는' 흡혈귀인지 확인하는 신비로운 '검증법'은 거울 속에서 그 모습이 비춰지지 않는지를 보는 것이다. 타인의 눈에 반영된 우리 자신을 보는 능력과 우리의 마음에 타인의 내적 상태를 반영하는 능력은 의식적인 성찰을 요구하지 않고서도 타인과 함께 공유하는 느낌과 공감의 유대를 만들어 낸다. 성찰기능은 관계에서 자기에 대한 명시적-상징적 처리와 암묵적-절차적 관계 지식을 통합하게 한다. 사람들은 이러한 통합으로 인해서 타인과 만나서 그들 고유의 상태와 타인의 상태에 대한 적극적인 상호 조절에 관여하게 되고, 그럼으로써 원활하고, 앞뒤로 자연스럽게 이루어지는 의사소통의 토대를 이루며, 공유된 의미를 창출하게 된다.

아동은 3~5세 사이에 성찰적-상징적 능력을 발달시키는데, 이러한 성찰적-상징적 능력은 질적으로 다른 심리적 조직 수준으로 진전된다. 이 새로운 심리적 수준은 타인을 향한 자신의 고유의 느낌, 사고 그리고 제 삼자의 관점에서 누군가에 대한 의도를 개념화할 수 있는 능력에 기반한다. 이와 마찬가지로, 그들이 애착되어 있는 사람이 제삼자에 대해 갖고 있는 느낌, 사고 그리고 의도의 의미를 스스로 개념화할 수 있다. 브리튼(Britton, 1989, 1992)이 언급했듯이, 아동의 이러한 이해는 단순히 자각과 지식의 확대가 아니라 심리적 세계의 근본적 혼란이다. 성찰기능의 이러한 질적 변화는 아동의 세상을 이자관계에서 삼자관계 그리고 다면적인 것으로 변형시킨다.

브리튼과 현대 클라인 학파들에게 있어 이러한 정신적 재조직화는 우울자리의 산물로 이해되는데 똑같은 사람에게 사랑과 미움 같은 다양한 모순적 감정을 함께 인식할 수 있는 능력의 습득이다. 아동은 타인이 시간, 공간, 상황을 초월해서 존재하며, 이러한 타인 존재의 연속성은 아동의 내적 상태의 변화에 의해 영향을 받지 않는다는 것을 자각함에 따라 아동의 정신적 재조직화는 가능해진다.

브리튼(Britton, 1989, 1992)은 아동이 실망과 좌절을 수용하고, 포부와 현실적 기대 사이의 차이를 인정하는 데 경험의 통합은 필수적이라고 주장했다. 결국 이러한 구별은 아동으로 하여금 정신과 물질 사이의 차이를 이해하게 한다. 이러한 능력이 없을 경우, 아동은 좌절을 오직 물리적 행동을 통해서만 제거될 수 있는 구체적인 신체적 상태로 경험한다. 이러한 상황은 시걸(Segal, 1981)이 기술한 '상징적 등가(symbolic equations)'를 초래하는 상징의 실패와 유사하다. 상징적 등가는 새로운 사물과 사건을 원래의 사물이나 사건과 동일한 것으로 경험하는 것이다.

아동이 성찰적-상징적 능력이 발달되면서 정신세계의 혼란을 경험하며 정신분석 문헌에서 언급하는 오이디푸스 콤플렉스라는 열정과 복잡함의 혼돈스러운 상황으로 들어가게 한다. 브리튼(Britton, 1989, 1992)의 개념화에 의하면, 오이디푸스 상황에서 가장 중요한 점은 아동의 정신 상태에서 구체적 내용이 아니라, 아동이 여러 가지 정신적 실제를 동시에 고려할 수 있는 능력을 가지게 된다는 것이다. 그러므로 오이디푸스기의 아동은 양육자를 때로는 사랑하는 사람으로, 때로는 미워하는 사람으로 개념화할 뿐만 아니라 양육자를 자신을 좌절시키고 벌주는 사람이지만, 양육적이고 만족을 주는 사람으로 개념화하면서 혼돈을 견뎌 낸다. 또한 아동은 양육자에 대해 자신을 배제하고 다른 사람과 관계를 맺을 수 있는 사람으로 간주할 수도 있다.

이러한 진전된 지점에서 아동은 가족을 초월해서 더 넓은 사회적인 세상에서 만나는 다양한 느낌과 역할을 포함하는 좀 더 복잡한 자서전적 이야기를 구성할 준비를 한다. 이러한 아동의 결정적 발달을 방어적 적응의 진화로 간주하기도 있다. 점차적으로, 아동은 특정 정신 상태로부터 주의를 돌릴 수 있게 된다. 방어적 적응의 원형적 유형은 억압이다. 이러한 방어기제는 성찰적-상징적 형태에서 처리되어 온 경험을 향해있다. 반면, 이전의 방어적 적응은 특정 정신 상태가 아니라 성찰기능과 관련된 정신적 기능을 없애는 것으로 향해 있다. 이러한 방어적 적응은 성찰적 또는 상징적 기능의 차단으로 4장에서 기술되는 외상에 대한 해리적 반응의 토대가 된다. 억압은 성찰적-상징적 기능의 차단을 요구하지 않으며, 타인과의 관계 능력과 상호주관적인 조절에 관여하는 능력을 유지시킨다.

발달문헌을 통하여 안정애착, 성찰기능, 사회적 유능성 사이의 관련성을 알 수 있다. 사회적 유능성은 성찰적 자세를 유지하도록 하는 대처기제의 진전에 의해 이루어진다. 스루프(Sroufe, 1996, 1997)의 유명한 연구에서는 안정애착을 보이는 학령기 그리고 학령 전 아동의 경우, 또래와 더 잘 어울리고, 상호작용을 위해 타인의 말에 더 잘 반응한다는 것을 보여 준다. 이런 아동은 더 깊은 관계를 발달시키며 타인의 느낌을 인식하는 데 더 좋은 능력을 보인다. 안정애착 아동은 상호관계와 공정성에 관심을 보이며 친구를 배려한다. 예를 들면, 안정애착 아동은 친구를 이용하지 않는다(Block & Block, 1980). 스루프(Sroufe, 1996, 1997)는 안정애착 아동은 양육자로부터 공감적(성찰적) 반응을 얻기 때문에 자신을 공감할 수 있는 능력과 성향을 내면화할 수 있다고 결론지었다.

틀림없이, 성찰기능은 인간이 타인의 심리적 안녕에 관심을 가지고 공동체와 사회적 집단이 존재하게 하는 진화적 '목적'에 기여한다. 모든 문화의 역사를 통해 나타나는 폭력과 잔인함의 보편화 그리고 인간에 관한 관심의 결여는 성찰적 관점의 취약성을 입증하는 것이다. 4장에서 논의하듯이, 성찰기능은 강렬한 각성과 투쟁-도피 반응이 일어나는 조건에서는 보통 차단된다. 그러나 대부분의 사람에게 성찰기능의 손상과 타인을 한 인간으로 여기지 못하는 현상은 간간히 일어난다. 4장, 5장, 6장에서는 아동과 청소년의 경우, 내적 또는 외적 단서에 대한 반응으로 성찰기능을 어떻게 선택적이고 간헐적으로 차단하는지에 관해 논의할 것이다. 누구나 싸우거나 도망치는 반응이 활성화되는 상황에서는 성찰기능이 손상될 수 있다. 유대인 대학살, 캄보디아의 '킬링필드', 보스니아와 코소보의 '인종청소', 시에라 리온의 아동 할례에서 볼 수 있듯이, 인간의 극악무도한 잔혹행위로부터 오는 무서운 메시지는 에어린트(Arendt, 1994)가 언급하였듯이, 정말로 악의 평범함이다. 평범한 인간도 '괴물'로 바뀌어 인간의 존엄성을 존중하지 않을 수 있다. 더구나 타인을 개개인의 인간으로서가 아니라 '물건' '적' '유대인' 또는 '이슬람 교도'로 대할 수 있으며, 이들을 가스에 질식시키거나, 할례를 감행하거나, 강간을 하거나, 또는 재교육을 시켜야 되는 대상으로 간주한다.

대부분의 평범한 사람의 경우, 이러한 변형은 구체적인 절차적 '소란'의 불협화음 하에 성찰적-상징적 처리가 사라지고 투쟁-도피 반응을 촉발시키는 맥락에서 일어난다. 특정 부류에 속하게 행동하게 하고, 공유된 비전을 가지도록 압력을 가할 때, 개인은 강렬한 정서를 경험하고 집단의 강한 위협을 느끼게 된다. 개인의 성찰기능은 억제되며, 심지어 공감적인 사람들까지도 성찰기능이 억제된다. 이러한 변형(누구라도 비인간적 괴물이 될 수 있다.)에 대한 끔찍한 함의점은 중증 성격장애 아동의 고통에 대한 공감의 정도를 환기시키는 역할을 할 수 있다. 그것은 불안정적 지형에서 치료를 감행해야 한다는 것을 임상가에게 경고하는 신호가 될 수 있다. 아무리 잘 숙련된 임상가일지라도 이런 아동과 관계를 맺는 데 암묵적-절차적 압력에 시달리면, 아동의 마음을 성찰적으로 고려하려는 능력이 정지된다는 것을 발견할 것이다.

성찰기능의 손상 또는 성찰기능의 차단은 잔혹행위를 하는 사람의 공통적 특징으로 자기 자신의 행동에 대해 스스로 자신의 것이라는 느낌을 상실하게 한다. 잔혹행위를 하는 사람은 행동이 단순히 그저 '발생한 것'처럼 여긴다. 이와 반대로, 성찰능력은 자기감을 발달시키고 유지하는 데 열쇠가 된다. 스턴(Stern, 1995)은 유아가 그들의 의도된 행동을 인식하는 것과 함께 어떻게 자기감이 시작되는지를 기술했다. 3개월 된 유아의 '도구적(Instrumental) 울기'는 이러한 목적-지향적 행동의 예이다. 그러나 아인스워드와 벨(Ainsworth & Bell, 1974) 그리고 샌더(Sander, 1975)가 언급하였듯이, 유아는 주어진 신체적 한계와 인지적 한계로 인해 의도가 있는 행동을 수행하고, 그들의 행동이 자신의 것이라는 인식을 하기 위해서는 주의 깊게 '마음을 읽어 주는' 반응적인 양육자의 존재가 필요하다.

유아의 의도가 '현실'이 되기 위해서는 유아의 의도에 대한 양육자의 인정이 필수적이다. 자기감은 성찰적인 양육자와의 상호교류의 토대에서 형성된다. 성찰적인 양육자는 유아의 행동이 유아 자신의 결정, 바람, 사고, 느낌 그리고 의도에 의해 일어난 것이라는 내적 인식을 향상시킨다. 유아의 이런 내적 인식은 위협 또는 불안을 덜게 해 주면서 이러한 정신 상태에 대해 '숙고'할 수 있는 능력을 가지게 한다. 이와는 반대로, 성찰기능이 붕괴될 때에는 자신에게 속하는 행동을 자신의 행동으로 경험할 수 있는 능력이 박탈된다. 따라서 타인 속에서 자신을 인식하고, 자신 속에서 타인을 인식할 수 있는 공유된 인간성의 유대가 차단된다.

자기조절: 한계 설정과 방향 제시 체계와 자기존중감

자기감, 성찰기능 그리고 상징적 능력은 생후 3, 4년 동안 점진적으로 더 풍부하게 자서전적 이야기의 모체로 함께 엮어진다. 자서전적 이야기의 모체는 욕구, 충동, 바람, 일시적 기분을 행동으로 옮기도록 중재한다. 아동은 충동을 행동으로 표출하는 것을 억제하면서 정상적으로 의도가 있는 행동을 경험하게 된다. 충동, 욕구 또는 바람(행동을 시작하게 하는 동기적 상태)은 주의를 끌거나 혹은 주의를 끌지 못하는데, 결국 지속적인 목표, 가치, 동기들의 무리, 자기표상 그리고 타인과의 관계에서의 자기표상이 서로 견주고 통합되면서 중요성을 얻거나 혹은 잃게 된다(즉, 전개되는 자서전적 이야기). 이는 마치 자기 자신에게 다음과 같이 질문하는 것과 같다. "지금 이 순간의 바람이 내 삶에서 일어나고 있는 일과 조화를 이루는가?" "지금 이 순간의 바람이 나의 목표, 사상, 대인관계와 부합하는가?" "이러한 바람이 내가 생각하는 나와 부합하는가? 그리고 이러한 바람이 미래에 내가 바라는 것과 부합하는가?"

의식적 자각 밖에서 이루어지는 이러한 처리는 순간적인 충동을 억제하게 하며, 표출을 지연시키며, 자각되지 못하게 되고, 또는 수정되어서 결국 그것은 더 수용할 만하거나 더 적합하게 된다. 또는 충동은 행동화될 수도 있고, '자기에게 속하는' 경험으로 자연스럽게 엮여질 수도 있다. 이러한 처리는 자기감과 의사결정을 향상시키고, 개인의 자서전적 줄거리의 발전에 기여한다.

자서전적 이야기는 생후 첫 1년 동안 정신적 삶을 지배하는 구체적-절차적 도식을 토대로 성립된다. 이러한 자서전적 이야기는 점차 복잡한 상징적 표상을 가지게 된다. 계속해서 복잡한 상징적 표상을 가지고 이 이야기는 아동에게 에릭슨(Erikson, 1959)이 언급한 '자기다움(me-ness)'을 제공한다. 이것은 학령기에 주관적으로 경험되는 것으로, 시간에 걸쳐 응집력 있고 연속성을 가진 나다움을 경험하게 된다. 아동은 '나는 나다. 어제의 나와 내일의 나도 똑같은 나'라는 것을 알게 된다. 이러한 응집력 있고 연속성을 가진 나라는 인식은 순간순간의 느낌, 대인관계의 상태 또는 자신의 발달적 변화에 대한 인식으로 인해 휘둘리지 않는다.

후에 살펴볼 것이지만, 이와는 대조적으로 중증 성격장애의 아동은 전형적으로 보편적인 진술성, 연속성 또는 응집력의 경험이 결여되어 있다. 나는 5장에서 중증 성격장애 아동의 '거짓 자기(Winnicott, 1965)'장애, 숨겨진 불완전감, 불완전성, 거짓의 발전과 부적응적인 결과에 대해 논의할 것이다. 중 중 성격장애 아동의 발달적 결과는 자기조절 기능의 발달에서 응집력 있는 자기감−비교적 잘 통합된 자서전적 이야기−의 역할을 검토함으로써 알 수 있다.

이전에도 언급했듯이, 자기의 출현하는 응집성은 새로운 능력들이 통합하 도록 모체로서 역할을 한다. 양육자에 의해 수행된 항성성이 있는, 조절하는 기능을 아동이 수행할 수 있다고 인식하는 양육자의 지각 그리고 자기조절 기능을 수행하는 아동 자신의 정신 모델을 아동이 평가하면서 이러한 통합 이 이루어진다.

양육자가 성찰 태도를 갖는다면, 자신의 아이가 아직 성찰능력이 나타나 지는 않았지만 곧 나타날 능력이 있다고 마음속에 그릴 수 있다. 유아에게 나타나고 있는 능력에 조율하는 양육자는 비고츠키(Vygotsky, 1962)가 명명 한 '유아의 근접 발달지대'와 유사하다. 어윈 로젠(Irwin Rosen)(개인적 서신교 환, 1990. 3. 27.)은 근접 발달지대에서 작용하는 양육자의 특징을 '패너소닉 엄마(Panasonic mother)', 즉 '단지 조금 시대에 앞선다.'는 회사 광고 문구에 비유한다. 대개 양육자가 유아에게 하는 해석과 개입은 마치 유아가 이미 그 들이 되려고 하는 것처럼 된 것 같이 대한다. 이러한 양육자의 해석과 개입 은 유아 내부에서 일어나는 조직적인 변화를 향상시킨다.

키르케고르(Kierkegaard, 1938)는 아동이 준비가 되어 있는 발달단계로 나아가도록 격려하는 양육자의 능력에 대해서 다음과 같이 아름답게 기술 했다.

아이를 사랑하는 엄마는 아이가 혼자 걸을 수 있도록 가르친다. 엄마는 실제로 아이를 보조할 수 없을 정도로 조금 멀리 떨어져 있다. 그러나 엄마 는 팔을 벌려 아이를 잡을 수 있다. 엄마는 아이가 발자국을 떼는 것을 기대 한다. 그리고 만약 아이가 비틀거리면, 엄마는 아이를 잡기 위해서 신속하 게 허리를 구부린다. 그래서 아이는 혼자 걷는 것이 아니라고 믿는다. 그리고 여전히 엄마는 아이를 지지한다. 엄마는 아이에게 혼자 걷는 것에 대한 보상으로 격려하는 표정을 지어 보낸다. 따라서 아이는 엄마의 얼굴에 자신의 눈을 고정시키면서 곤란한 처지에 놓이지 않고 혼자 걷게 된다. 아이는 엄마의 도움이 필요하다고 전혀 생각하지 못한 채 자신의 힘에 지탱하면서 계속해서 엄마라는 안식처를 향해 가기 위해 고군분투한다. 엄마의 도움 없이 할 수 있음을 증명하면서 말이다. 왜냐하면 그는 혼자 걷고 있기 때문이다(Mahler et al., 1975, p. 72에서 인용).

'엄마의 얼굴에 고정된' 아이의 눈을 통해 양육자가 그들의 독립적인 움직임(걷기)에 대한 능력을 믿어 주고 수용해 주는 것을 알게 된다. 양육자가 아동에게 새롭게 나타나는 능력에 대한 조율 그리고 아동에게서 증가되는 숙달과 자율성(생후 2~3년 동안의 인지, 언어, 독립적인 보행에서 성장 과정의 폭발과 연합하여 일어남)을 보일 때 양육자가 경험하는 자부심과 수용은 성찰적이고 상징적인 기능이 성장하도록 한다. 이러한 양육자의 검증은 아동으로 하여금 숙달, 자기조절 그리고 경험적 응집력을 성취하게 하고, 타인과의 관계에서 자신에 대한 좀 더 풍부한 표상적 모델을 창조하도록 하는 데 기여한다.

아동의 성찰적-상징적 기능의 발달은 아동으로 하여금 점차적으로 아동 자신이 할 수 있다고 양육자가 인식하는 것을 아동이 직접 관찰하고자 하는 욕구(즉, 그들의 시선을 부모의 얼굴에 고정)를 넘어선다. 대신 이것은 적응적인 도전에 숙달하고 반응하려고 하면서 그들의 능력에 대해 스스로 갖는 인식을 '측정'할 수 있는 상징적 모델로 대체된다. 자기조절 기능을 수행하는 데 있어서 로드맵처럼 정신모델을 활용하게 되는데, 아동은 실제 자기와 이 모델을 비교하고 조화를 이루도록 노력한다. 조페와 샌들러(Joffe & Sandler, 1967)는 실제 자기와 비교되는 이러한 모델을 '이상적 자기(ideal self)'라고 명명했다. 이상적 자기는 안정감, 유능감, 만족 그리고 타인과의 최적의 연결성과 연관되거나 포함하는 자기표상의 '형태'이다. 이상적 자기는 숙달 경험, 경험적 통합 그리고 적응적 요구를 충족시키는 능력을 불러일으킨다. 이상적 자기는 활용 가능하고 성찰적인 타인과 즐겁게 교류한다. 이상적 자기에 맞추려는 노력은 틀림없이 자기감과 사회적 세상에 대한 지향을 성취하는 도구로, 앞서 언급한 수반성-추구 기제를 정교화시킨다. 발달의 이런 측면들은 모두 더 나은 성장과 숙달을 위한 예상과 준비 과정의 기초로 기여한다.

이상적 자기의 구성요소는 무엇인가? 조페와 샌들러(Joffe & Sandler, 1967)에 의하면, 이상적 자기는 (1) 즐거움, 숙달 그리고 만족의 실제 경험에 대한 기억(회복된 조절과 심리적 안녕을 주는 양육자의 반응을 불러일으키는 데 성공한 기억), (2) 그러한 경험에 대한 환상들(성찰적-상징적 능력이 성장함에 따라 더 정교해지며 경험의 정교화된 재구성이 가능해지면서 결국 적응적이고 방어적 의도를 제공함) 그리고 (3) 사랑받거나, 두려움을 느끼게 하거나, 감탄해 주는 타인에 의해 제공된 모델(아동은 개인의 외현적 행동을 관찰하거나 다른 사람들의 정신 상태를 '읽음'으로써 모델을 구축하게 됨)로 구성된다. 성찰능력은 아동으로 하여금 자신의 특성, 실제 자기에 대한 정신적 표상을 수립하게 한다. 자기에 대한 아동의 정신적 표상은 자기의 내적 감각과 지각 그리고 아동에 대해 어떻게 인식하는지를 의식적이거나 무의식적으로 전달하는 타인의 여러 가지 언어적·비언어적 메시지를 토대로 수립하게 한다. 실제 자기는 이상적 자기를 형성하기 위한 모델로서 '자기와 비슷한(self-like)'대상들(Tyson, 1982)을 추구하기 위한 모체로서 제공한다. 다음의 사례는 이러한 표상의 구성요소를 보여 주는 예이다.

생후 2년 6개월 된 아이는 부모가 밤에도 '모임'에 나가려고 할 때, 소리 지르며 반항을 한다. 부모는 아이를 안심시키려 노력하지만, 아이에 대해 공감하는 마음보다 더 큰 죄책감이 밀려오면서 아이에게 말한다. "아가야, 엄마, 아빠는 모임에 가야 한단다. 하지만 네가 일어나 있을 때쯤, 엄마, 아빠는 집에 돌아와 있을 거야." 몇 주 후, 아이는 행복하게 도로에서 세 발자

전거를 타고 있었다. 아이는 "나는 모임에 갈 거야." 라고 자신 있게 아버지에게 말한다. 아버지는 다소 겁먹은 표정으로 대답하길, "좋아, 조니, 재밌게 보내." 그러나 아버지의 이러한 허락은 아이에게 화를 불러일으켰다. "아니야, 아니야, 아빠!" 아이는 격분하면서 "울어야지!" 라고 아버지를 꾸짖었다. 비난을 받은 아버지는 결국 '아이의 마음을 이해하고' 고통스러운 눈물을 흘렸다. 이에 아이는 의기양양해서 "좋아, 아빠! 아빠가 깨어날 때쯤 내가 돌아올게."라고 말한다.

이러한 사례를 통해서 부모 입장에 자신을 두는 성찰능력으로부터 기인하는 모델이 어떻게 아동의 무력감과 수동성의 상태를 바꾸고, 자기조절, 안정감, 숙달, 즐거움 그리고 관계성을 재수립하는지를 알 수 있다(이러한 과정의 중요성에 대한 검토는 4장에서 보자.). 이 사례에서 아동은 더 이상 남겨진 자가 아니라 떠나는 사람이 된다. 위안을 받는 사람이기보다는 위로를 시도하는 사람이 된다. 이상적 자기에 대한 정신적 표상은 아동으로 하여금 이상적 자기에 적합하거나 근접하도록 시도할 수 있는 내적 모델을 제공한다. 이 과정에서 아동은 새로운 적응적 능력과 타인과 좀 더 효율적으로 관계하는 도구를 얻게 된다.

조페와 샌들러(Joffe & Sandler, 1967)에 의하면, 취약성의 구체적 형태인 자기애적인 취약성은 이상적 자기와 실제적 자기 사이의 '부조화' 또는 불일치로부터 기인한다고 한다. 실제 자기는 거의 개인의 자서전적 이야기와 같다. 실제 자기는 개인이 그들의 성격, 역사, 대인관계, 역량 그리고 적응적 요구에 반응하는 능력에 대한 의식적 · 무의식적 인식이다. 우리가 지속적으로 정신적 기능의 주제로 관찰했던 경험적 응집력과 수반성 추구 경향은 이제는 실제 자기와 이상적 자기의 조화를 포함할 뿐만 아니라, 외적 현실과 내적 현실(즉, 예상되는 세상에 대한 모델과 실제 세상 간의 조화) 간의 조화를 포함한다.

주관적 관점에서 보면 자기애적 취약성은 고통스런 자기평가의 상태이며 수치심과 관련된다. 자기애적 취약성은 후에 살펴보겠지만, 아동 및 청소년 중증 성격장애의 부적응의 중요한 구성요소이다. 자기애적인 취약성의 원형적 감정은 수치심이다. 수치심은 이상에 도달하지 못했다는 무능력감을 동반한 위축감을 반영한다.

반면에, 실제 자기가 이상적 자기에 성공적으로 근접해 가면 자기애적인 심리적 안녕 또는 자기존중감이 생기게 된다. 아동이 이상적 자기에 부합할 수 있도록 돕는 '격려'는 양육자가 아동에게 대인관계에서 타당화를 제공하고 아동과 좋은 근접성을 유지하는 것이다. 아동은 자신의 이상에 근접함으로써 자부심과 즐거움을 경험한다. 이러한 아동의 이상은 자연스럽게 양육자의 이상을 반영한다. 왜냐하면 아동이 가진 이상은 부모가 그 이상에 대해서 어떻게 보는지에 기반하며, 아동과 양육자가 한층 더 친밀해지는 동안, 아동은 더욱 양육자와 동일시를 노력하기 때문이다. 또한 자기조절과 애착 또는 정신분석적 용어로는 자기애적 조절과 대상관계는 발달 과정에서 서로 힘을 더해 주는 관계이다. 발달 과정에서 심리내적 모델과 대인관계적 맥락은 끊임없이 형성되고, 수정되고, 서로 강화한다.

아동의 성장과 적응을 향상시키는 이러한 동일시 과정을 위해서는 다음과 같이 두 가지 조건이 충족되어야 한다.

1. 이상적 자기에 의해 제공된 모델은 아동이 실제적 능력, 잠재력, 실제 특성을 활용하여 '도달 가능'해야 한다. 사실상 이상적 자기는 부분적으로 양육자(예, 사회적 참조) 그리고 "발달의 근접 영역"으로 새롭게 나타나는 아동의 능력에 대한 양육자의 조율에 의존으로 "현실을 확인"하는 것을 대체된다. 이상은 아동이 앞으로 될 사람에 대한 예고편이 된다.
2. 이상적 자기에 대한 성공적인 조화 또는 근접함은 향상된 자기존중감 그리고 대인관계에서의 타당화로 이어진다. 예를 들면, 이상적 모델이 아동에게 '실현 가능한' 것으로 증명되고 타인에 의해서 가치 있고 유능

하다고 여겨지는 경험을 할 때만이 부모는 효과적인 모델로 기여한 것이다. 아동의 동일시 노력에서 부모는 자부심과 즐거움을 경험하는 데, 이는 아동으로 하여금 긍정적인 정서적 색조와 좀 더 이상적 자기가 되는 것과 연관된 자기애적 가치를 강화시킨다([그림 3-1] 참조).

발달에서 모든 단계는 필연적으로 성숙한 변화와 새로운 심리사회적 요구를 포함하며, 자기애적인 취약성과 '격차'를 새롭게 갖게 한다. 자기존중감의 조절은 삶의 어떤 특정 단계에만 '고정되어 있는' 하나의 발달적 과업이 아니다. 이상적 자기(성찰적-상징적 기능이 활용 가능할 때)는 새롭게 창조되거나 공유된 의미, 과거 모델의 재구성을 기반으로 하여 재형성된다. 삶의 여정에서 하나의 안내 지도로서 이상적 자기를 활용한다. 이상적 자기는 우리가 삶의 딜레마에서 새로운 해결책을 발견하고, 세상과 타인과의 관계에서 다양한 방식을 탐색하고, 더 향상된 숙달, 더 좋은 타인과의 관계성, 더 효율적인 대처를 하도록 하고 증가하는 즐거움과 적응을 보장하는 행동과 태도를 시도할 수 있는 자기표상(즉, 자서전적 이야기)을 재형성하도록 한다.

놀이는 미래를 예견하는 탁월한 방식으로 작용한다. 놀이가 발달적이고 방어적인 다양한 목적을 제공하는 반면, 놀이의 중요한 측면은 '예상되는(anticipatory)' 정체감(Alvarez, 1992)을 시도할 수 있는 하나의 실험의 장이 된다는 점이다. 비고츠키(Vygotsky, 1978)가 말하기를, "놀이에서 아동은 언제나 자신의 나이나 평소의 행동 이상으로 행동한다. 마치 실제 자신보다 더 나이 든 사람처럼 행동한다. 확대경으로 보면, 놀이는 모든 발달 경향의 윤곽을 그리며, 발달에 중요한 역할을 한다(p. 102)." 놀이 그리고 이상적 자기에 부합하려는 노력은 아동의 근접 발달 영역이 되며, 여기서 놀이는 과거 양육자가 수행했던 촉진적 기능을 내적으로 행한다. 이러한 과정에서 아동은 자신이 거의 준비된 발달적 단계를 취함으로써 그들이 인식하는 양육자의 능력을 내면화한다.

컨버그(Kernberg, 1976)는 효율적인 방향 제시 체계뿐만 아니라 한계를 설

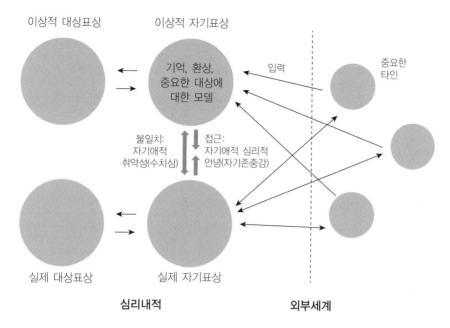

이상적 대상표상   이상적 자기표상

기억, 환상,
중요한 대상에
대한 모델

입력   중요한
타인

불일치: 접근:
자기애적   자기애적 심리적
취약성(수치심)   안녕(자기존중감)

실제 대상표상   실제 자기표상

심리내적   **외부세계**

[그림 3-1] 자기애적 심리적 안녕/자기존중감의 조절

정하는 심리적 체계가 이루어지면서 건강한 발달에서 이상적 자기가 형성되는 점진적 추상화를 기술했다. 이러한 체계가 물론 대인관계적인 영향에 여지를 두고 있지만, 그것은 다소 비의인화 상태이며 외적 타당화나 강화로부터 비교적 자율적이다.

다음에서 제시하는 양육자와 유아 간의 상호작용은 양육자가 제시하는 한계 설정과 방향 제시 기능을 아동이 내면화하는 모습을 보여 준다.

3세인 빌리는 저녁식사 직후에만 좋아하는 스낵을 먹을 수 있다고 반복해서 들었다. 어느 날, 빌리는 자기가 좋아하는 과일 아이스크림을 조금이라도 먹으려고 엄마를 졸랐지만 결과적으로 엄마는 빌리의 요청을 거부했고, 식사 전에는 아무것도 먹을 수 없다는 가족 규칙을 지키도록 했다. 엄마가 빌리의 유혹에 넘어가지 않자, 그는 "빌리, 너는 저녁식사 전에 과일 아이스크림을 먹을 수 없어!"라고 다짐을 했다.

아동의 잘못된 행동을 멈추게 할 뿐만 아니라 기저하는 내적 상태에 대한 성찰적 관점에 토대를 둔 효율적인 한계들은 자기 스스로를 제한하는 능력을 얻기 위해 아동이 자신의 정신모델을 활용할 수 있도록 촉진한다. 후에 살펴보겠지만, 아동이 한계를 '내면화'하지 못하는 것은 양육자가 정신 상태에 대한 깊은 성찰 없이 아동의 행동에 절차적이고 자동적으로 반응하는 데에서 기인한다. 이런 '강압적 순환(coercive cycles)'(Patterson, 1982)은 행동을 억누르는 데 목표를 두며, 자신의 행동에 대한 내적 근원과 자기조절을 이끄는 심리적 기제로부터 아동을 소외시킨다.

한편, '성찰적' 한계 설정의 경우 양육자가 한계를 설정할 때 아동이 양육자의 마음을 이해하는 능력을 향상시킨다. 그러고 나서 아동은 자신의 한계 설정 능력을 수립하기 위한 모델로서 양육자의 마음을 활용할 수 있다. 결국, 어떠한 시끄러운 선언도 아동의 귀에 닿을 필요가 없다. 심지어 아동 자신으로부터도 마찬가지이다. 왜냐하면 침묵의 심리적 과정이 시끄러운 선언을 대신하기 때문이다. 청소년기 말쯤이 되면, 더 추상적인 원칙, 규칙 그리고 가치(예, 자기통제, 건강한 습관)가 저녁식사 이후까지 아이가 하고 싶은 것에 빠져드는 것을 참아야 한다고 훈계하는 부모의 내적 표상을 대체할 것이다.

요약하자면, 구체적 · 절차적 '작동' 모델에서 성찰적-상징적 처리로 발달하며, 성찰적-상징적 처리는 타인과의 관계에서 자기표상 모델(즉, 의식적이고 의식적이지 않은 측면의 자서전적 이야기)의 발달을 안내한다. 아동이 기저하는 정신 상태에서 자신과 타인의 행동을 '읽을 수' 있는 능력을 획득함에 따라 그들은 유연성 있게 활동할 수 있고 혹은 특정 요구에 적응적으로 응답하는 데 최대로 적합한 자기-타인 표상의 새로운 배열로 결합할 수 있다. 이러한 자기-타인 표상은 아동의 자서전적 이야기에 포함된 복합적인 표상으로부터 기인한다. 이러한 자기-타인 표상은 성찰적-상징적 기능에 의해 성립되며 계속해서 재형성된다. 그리고 성찰적-상징적 기능은 감정 조절, 충동 통제, 자기-모니터링 능력과 자기감 경험의 근간이 된다(자기조절의 성립). 따라서 아동이 4~5세가 되면 성격 발달에 있어 대처기제, 경험의 심리적 조직 그리고 관계패턴을 형성하게 된다.

양자 관계에서 삼자 관계 그리고 그 이상의 관계

이전에 기술했듯이, 오이디프스 상황은 심리적 혁명에 기반한다. 심리적 혁명은 여러 가지 상호작용하는 정신적 실제를 동시에 고려할 수 있는 능력으로 시작된다. 소년과 소녀의 경우, 동성 부모에 대해 사랑과 관심을 갈구하는 동시에 경쟁적 느낌도 공존한다. 강압적인 어머니와 관계가 소원하거나 평가절하된 아버지를 둔 소년은 그들의 아버지를 역할모델로서 간주하기 어려울 것이다. 소년은 거친 아버지와의 경쟁에서 상처를 입을까 봐 두렵거나 약하고 무능한 아버지를 해하는 것에 관한 죄책감으로, 또는 과도하게 유혹적인 어머니 앞에서 통제감을 상실할까 봐 두려워서 어머니와의 동일시에서 퇴각할 수 있다. 소녀는 특히 여성성의 모델(어머니)이 초기에 좌절을 주고, 조율적이지 못하고, 여성이 되는 것에 관련된 부적절감과 연관된다면 여성성에 대한 동일시에 있어 고군분투하게 된다.

그러나 정상적으로 소년은 아버지와 경쟁하지만 여전히 아버지와의 친교를 갈망하며, 아버지의 사랑과 관심을 즐기며, 아버지의 기술과 유능성을 존경한다. 소녀의 경우, 어머니와의 경쟁은 어머니에 대한 지속적인 의존, 어머니의 사랑과 친교에 대한 바람, 어머니를 역할모델로서 존경하는 것과 함께 존재한다. 아동은 동성의 부모에 대한 적대적 바람과 이성의 부모를 독점적으로 소유하고자 하는 바람에 대해 보복 당할지 모른다는 두려움, 이러한 소망과 연관된 죄책감과 수치심과 자기애적인 굴욕감으로 인해 동성 부모를 동일시하는 것이 강화된다. 소년, 소녀 모두 죄책감, 보복에 대한 두려움, 그들 자신의 한계로 인해 오이디푸스적인 환상을 실현할 수 없다는 점에서 고통스럽게 좌절감을 느낀다. 따라서 아동은 이성의 부모를 독점하려는 바람을 포기하게 되고, 대신에 좀 더 성취가능하게 보이는 오이디프스 고투에 대한 대안책을 추구한다. 대안책은 두 양육자 모두에게 애착을 유지하고, 죄책감, 수치심, 취약성 그리고 두려움을 완화시키면서 자기애적 취약성의 격차를 매우는 것이다.

양자의 성찰적 관점에서 삼자의 관점으로의 변화는 발달에서 결정적이라고 할 수 있다. 동성 부모를 동일시 모델로 삼는 소년, 소녀는 모두 동성 부모와 맺는 관계에 대해서 편안하게 여길 뿐만 아니라 부모도 역시 아동의 성별(여성성 또는 남성성)에 대해 편안해 여기고, 어머니와 아버지도 서로 원만한 관계에 있을 것이고, 각 부모도 반대 성의 부모와 아이의 관계를 가치 있게 여긴다.

명백히, 이성 부모와의 동일시와 동성 부모에 대한 강렬한 애착은 '이상적 자기'를 수립하는 데 주요한 역할을 한다. 그러나 이러한 동일시는 종종 학령기와 초기 청년기 동안에는 강하게 제한된다. 특히, 소년의 경우 또래 문화는 자기애적 굴욕을 처벌하며 남자답지 못함의 어떤 기미도 추방하려 한다. 그러나 마침내 밀접함, 친밀감 그리고 성적인 면에서 고민과 갈등을 겪는 청년들에게 이성 부모와의 동일시는 표면에 드러나기 시작한다. 타이슨 (Tyson, 1982)은 남성은 결국 그들의 애인, 부인, 딸의 여성성을 받아들이고 이들을 격려한다고 지적했다. 이와 비슷하게, 여성도 성찰적으로 생각하고 남자 애인, 남편, 아들의 남성성을 배울 수 있다.

성찰적-상징적 능력의 발달은 아동으로 하여금 오이디푸스 갈등의 해결책을 찾도록 도와준다. 성적 안정성의 습득(Kohlberg, 1966), 즉, 소년이 남성이 되고 소녀가 여성이 된다는 앎은 인지적 성숙뿐만 아니라 양육자의 주관적 세계와 아동기에서 성인기로의 전환이 어떻게 일어나는지에 대한 그들의 표상을 파악하는 능력에 근거한다. 이런 앎은 소년(아버지와 동일시)이 아버지가 되고 어머니 같은 여성을 만날 수 있고, 소녀(어머니와 동일시)는 어머니가 되고 아버지 같은 남성을 만날 수 있다는 미래에 대한 내적 확신을 수립하게 해 준다.

성찰적-상징적 능력이 성장해 나감에 따라 아동은 정서적으로 고통스럽고, 갈등적이고 또는 불안을 야기시키는 경험의 자각으로부터 정서적이고 인지적으로 거리를 둘 수 있게 된다. 아동은 억압의 능력을 가지게 된다. 억압은 방어적 적응의 초기 형태와 대조를 이룬다. 방어적 적응의 초기 형태는 다음 장에서 다루겠지만, 외상 또는 위협에 대해 투쟁-도피 반응(즉, 심리생물학적으로 준비된 반응)에 기반한다. 이러한 외상에 대한 반응은 성찰적-상징적 기능의 '차단'뿐만 아니라 과각성, 마비 그리고 해리 경향성을 포함한다. 한편, 억압은 인지적-정서적으로 거리를 두면서 성찰적-상징적 기능의 유지와 다양한 개인-관련 의미를 고려하게 한다.

억압은 더 높은 수준의 방어적 적응을 위한 길을 내어 준다(Freud, 1950/1966; Kernberg, 1976). 반동 형성, 승화, 치환 같은 높은 수준의 방어는 상징적이고 성찰적인 처리를 중단하지 않고서도 수용할 수 없는 정신 내용 또는 위협적인 정신 내용을 '처리'하는 데 기여한다. 이러한 적응적 능력은 결국 가족을 초월한 사회로 지평을 넓히기 위해서 아동의 더 좋은 인지적 능력과 동기의 추진력(부분적으로 방어적 욕구에 기반)과 연합한다. 학령기가 되면 아동은 친구와 다른 성인을 애착인물로 삼게 되고, 친구와 다른 성인이 지지와 동일시의 대안적 근원이 된다. 학교와 친구라는 더 넓은 세상의 적응적 과제는 점차적으로 자기애적 심리적 안녕의 중요한 조정자로 발전하며, 정체성을 정의하는 데 결정적인 맥락을 형성한다.

아동이 억압을 더 많이 사용하고, 상징적 처리를 더 일반적으로 사용함에 따라 점차적으로 이상적 자기 내에 포함된 지시 제공과 한계 설정의 기능을 이끈다. 그 결과, 비의인화(Kernberg, 1976)와 상징적 통합 과정이 일어난다. 최적의 조건 하에서 학령기 중기-후반기까지 규칙과 금지는 좀 더 유연성 있고, 기능적이고, 추상적이 된다.

청소년기, 자기애적 취약성 그리고 병리적 자기애적 조절

자기애적 취약성의 우여곡절과 정상적 그리고 병리적 자기애적 조절의 변화는 청소년기 동안의 뚜렷한 특징이 된다. 청소년의 심리적 세계에 고루 스며든 혼돈과 모순은 아마도 그들의 혼돈과 모순을 설명할 수 있는 공식에 의해서만 돌파할 수 있다. 정신분석 저자들(예, Blos, 1967; Freud, 1914/1958)은 정신적 혼돈과 퇴행은 정상적일 뿐만 아니라 건강한 발달을 위해 필수적이라고 진술했다. 애덜슨과 도어먼(Adelson & Doehrman, 1980)은 정신분석 문헌에서 청소년을 "놀랍게도 온전한 정신을 고수하지만, 오직 방어라는 이상한 짓을 함으로써 제정신을 고수하는 것으로 묘사할 수 있다."(p. 105)고 재치 있게 말했다. 이런 관점에서 보면, 정상적이고 필수적인 청소년기의 위기를 정신장애 청소년의 증상 발현과 구별하기가 어려울 수 있다.

반면에, 심리학적 문헌들은 청소년의 인지적, 정상적, 사회적 그리고 적응적 능력의 급격한 팽창이 두드러짐을 보여 준다. 이러한 관점에서 보면, 청소년은 주로 진리를 위해 의문을 제기하고, 어른의 위선에 대해 참지 못하며, 대인관계와 이상에 대해서 열정적이고 강렬한 느낌을 경험하는 데 몰두한다는 것을 알 수 있다.

청소년기 발달의 역설은 자기애적 조절과 자기애적 취약성을 통해서 더잘 이해될 수 있다. 청소년기는 인생의 다른 단계와 다르게 자기애적 취약성의 증후를 보인다. 청소년은 당혹감과 수치심, 급격한 자의식과 부끄러움 그리고 자기존중과 자기가치에 대한 고통스런 의문을 가지기 쉽다. 이러한 자기애적 취약성과 병리적 자기애는 어떻게 다른가?

청소년의 경우, 높은 수준의 자기애적 취약성의 근원을 구별하기 어렵지 않다. 청소년기의 생물학적, 인지적, 정서적, 성적 그리고 심리사회적 변화는 청소년에게 복잡한 일련의 적응적 요구를 부과한다. 청소년은 이러한 부과된 요구를 완수하고 통합하는 데 부적절감을 느낀다. 자기의 핵심에서 재구조화가 필요하다. 왜냐하면 청소년은 극적인 신경호르몬과 신체적 변화, 고양된 성(sexuality)과 새롭게 획득한 생식 능력 그리고 심오하게 변형된 정서적 경험과 인지적 능력을 통합해야 되기 때문이다.

성찰기능과 자기와 타인에 대한 인식 능력 그리고 자기감과 자기조절 능력은 청소년기의 변화와 함께 타협점을 찾게 된다. 청소년기의 변화는 자기 경험의 측면을 통합하는 것을 복잡하게 만들며 타인의 마음 상태를 이해하는 능력에도 도전을 가한다. 청소년은 부모(실제 부모 존재와 내면화된 부모 존재)로부터 분리하고자 하는 욕구가 점점 강해짐에 따라 타인의 내적 상태를 이해하는 능력, 특히 성인들, 주로 양육자의 내적 상태를 이해하는 능력은 오히려 손상된다.

부모로부터 분리되고자 하는 이들의 욕구는 부모로부터 벗어나 더 강한 자율성과 자기에 의지하도록 하는 점진적인 압박을 받음으로써 더 박차를 가하게 된다. 자율성과 자기의존은 심리사회적 요구와 기대 그리고 청소년의 전진하고자 하는 추진력에 기반을 두고 있다. 부모로부터의 분리는 의존에 대한 퇴행적 갈망과 연관된 부모의 내면화된 이미지, 개인적 경계와 자율성에 대한 위협 그리고 발달의 모든 단계로부터 나타나는 재활성화된 갈등뿐만 아니라 현실로부터 거리를 두고자 하는 방어적인 욕구에 근거한다.

청소년의 퇴행은 그들의 내적 상태의 변화만으로 일어나는 것은 아니다 (Bleiberg, 1988). 양육자 또한 변화하고 있다. 양육자는 때때로 청소년의 친밀한 관계, 색정적 열정 그리고 삶의 가능성에 대해서 즐기며, 새롭게 직면하는 청소년의 정열과 매력에 자극받고 부러워한다. 한편, 양육자는 힘과 열정의 쇠퇴와 씨름해야 하며, 중년기의 한계를 고통스럽게 받아들여야 한다. 중년기의 이상적 자기와 실제적 자기와의 격차가 고통스러운 것은 청소년기와 비슷하다.

양육자의 퇴행적이고 방어적인 모습은 청소년의 퇴행적 경향을 증가시킨다. 애덜슨과 도어먼(Adelson & Doehrman, 1980)은 다음과 같이 언급했다. "시간이 흐르면서 부모는 힘과 아름다움이 쇠퇴하고 있다는 인식을 함에 따라, 아이의 성적 매력은 부모로 하여금 갈등과 무의식적 경쟁심과 성적 소망의 무의식적 정서를 불러일으킬 수 있다. 심지어 가정에서조차도 완전히 의식되지는 않지만, 어느 정도로 부모와 청소년 자녀 간에 색정적 '움직임'을 포착할 수 있다."(p. 105).

청소년이 실제 부모 및 부모에 대한 내적 표상으로부터 거리를 두고자 하는 변화는 점진적 압박과 방어적 추구 둘 다로부터 나온다. 이러한 거리두기는 청소년의 이상적 자기에 통합되는 모델로서 부모의 효율성과 권위를 감소시킨다. 이러한 부모 모델의 영향력은 청소년이 최근에 획득한 비판적인 능력으로 인해 공격 받는다. 청소년은 오직 자신의 생각, 단어를 사용하여 미래(가능한 영역)에 대해 예측하며, 그렇게 함으로써 잠재된 가능성의 전 범위를 탐색할 수 있다. 앤서니(Anthony, 1982)는 청소년이 자신의 신념과 타인의 신념에 대해서 체계적인 조사와 비판을 하게 됨으로써 새로운 범주와 논쟁적인 언어가 나타난다고 설명했다. 청소년은 부모에 대한 면밀한 검토를 통하여 부모의 가치, 아이디어 그리고 행동의 비일관성과 모순을 알게 된다.

청소년은 그들이 누구인지에 관해 불확실해 한다. 그들은 전진하려는 경향과 퇴행적인 경향 사이에서 고통을 느끼며 성인기로의 전환을 안내하는 명확한 로드맵을 상실해 버린다. 많은 청소년이 이 여행에서 유예기간을 환영하지만(Erikson, 1959, 1968), 그들은 부모로부터 분리되어서 갑작스런 심리사회적인 발달적 요구를 자각하면서 세상에서의 독립하기에 적합한 지점임을 발견하고, 성적이고, 정서적 친밀감에 관여한다.

명확히 청소년의 핵심적 발달 과업들 중 하나는 새로운 방향 제시, 자기존중감의 조절 체계를 형성하는 것이다(Wolf, Gedo, & Terman, 1972). 이러한 과업은 정상적인 청소년이 할 수 있는 부분이다. 이러한 청소년의 경우, 아동기 동안 내면화된 자기조절 기능과 능력을 통해 상당한 수준의 비의인화(depersonalization)를 성취해 왔다. 이제 청소년의 자기위로, 한계설정, 방향제시 기능은 부모의 내적 이미지에 덜 매이게 된다. 따라서 정상적인 청소년은 그들의 자기조절 능력을 상실하지 않고도 내면화된 부모로부터 분리하는 것을 고려할 수 있다.

더구나 부모와의 싸움과 갈등 그리고 부모와의 내적 관계에 대한 재조직화에도 불구하고, 정상적인 청소년은 부모로부터 완전한 단절을 요구하지는 않는다. 건강한 발달을 보이는 청소년은 전형적으로 사랑과 존경이 스며든 부모에 대한 정신적 표상을 형성한다. 부모는 자녀에게 합리적인 유능한 모델을 제공한다. 부모는 현실과 협상하고 자녀의 성장과 자율성에 대해 지지하는 모습을 보여 준다. 그러므로 정상적인 청소년은 기본적으로 실제 부모 그리고 내면화된 부모 이미지와 좋은 관계를 유지한다.

정상적인 청소년은 자신의 기억, 환상, 부모 모델 그리고 그들의 확장된 세상에서 가족 이외의 새로운 대상을 선택적으로 활용함으로써 이상적 자기를 수립한다. 정상적인 청소년은 실제 재능과 특성 그리고 그들의 신체적이고 사회적 세계의 실제와 부합하는 내적 이상을 구축한다. 이들은 극단의 자기애적 취약성을 지니지 않는다. 그들은 성취할 수 있는 미래에 대한 성찰적-상징적 정신모델을 수립할 수 있고, 자신의 이상에 근접할 수 있도록 한 단계씩 밟아 갈 수 있으며, 결과적으로 더 큰 유능감, 자기존중감, 적응력을 가지게 될 것이다.

이와는 대조적으로, 5장과 6장에서는 자기애적 취약성으로 고통받으며, 자기애적 취약성에 대한 해결책으로 전능감의 환상, 성찰기능 대신 강압적이고 비성찰적 모델의 활용, 취약성의 해리에 토대를 둔 청소년에 대해 다룰 것이다. 이들은 청소년기의 압박을 견디기 어려워하며, 그들의 전능감의 욕구는 오히려 청소년기의 발달적 기회를 활용하는 능력을 위태롭게 하며, 그들이 처한 어려움을 더 악화시킨다. 이러한 청소년은 실제 유능감과 효율성을 성취할 수 없기 때문에 오직 전능감과 강압적인 주장을 강화한다. 심지어 그들은 극도의 거대자기—숨겨진 또는 명백하게 드러나는—를 형성하고, 위태로운 자기존중감을 보호하며, 환각의 통제감을 얻기 위해 절실한 방어기제를 사용한다.

중증 성격장애 청소년의 경우, 재능과 기회에 근접하는 이상적 자기를 형성하는 데 실패한다. 그리고 그들은 타인을 평가절하, 이상화, 조종하며, 친밀한 관계를 두려워하며, 완벽주의 욕구에 의해 부담감을 느끼면서 자신의 취약성과 굴욕감으로부터 자신을 보호하는 데에만 몰두해 있다. 그들은 지속적으로 실패한 느낌이 들며, 성인기에 대한 현실적 로드맵이 결여되어 있으면서도 한편으로는 불가능한 목표를 추구하기 위해 고군분투한다. 이러한 중증 성격장애 청소년은 이상적 기준에 도달하지 못한 부모를 폄하하면서도 부모와 분리되지도 못한다. 왜냐하면 그들은 자신이 부모와 분리되면 가족이 붕괴될 것이라고 확신하기 때문이다. 그들은 친구가 열정으로 사랑과 친밀감을 추구하는 것을 질투어린 시선으로 본다. 이런 청소년은 타인과의 친밀함은 오직 불안을 야기하며, 지치고, 소진된다고 여긴다. 그리고 친밀한 관계로부터 도망치기를 갈망하며 의존에 숨 막혀 한다. 결국, 청소년의 최고의 성취인 사랑과 친밀감의 능력은 발달되지 못한다.

제4장

외상, 취약성 그리고 중증 성격장애의 발달

🐚 외상, 경험의 조직 그리고 상징적 처리

성장하고 있는 연구 분야에서는 학대가 아동의 성찰기능 발달을 손상시킨다고 보고한다. 연구 결과에서는 학대가 아동으로 하여금 타인을 고유의 정신을 가진 한 개인으로서 인식하면서 타인과 관계를 맺게 하는 동력인 마음챙김과 자기조절 능력을 손상시킨다고 설명하고 있다. 슈나이더-로젠과 시케티(Schneider-Rosen & Cicchetti, 1991)는 걸음마를 배우는 시기에 학대를 당한 유아는 거울에 비친 자기 모습에 대해 인식하는 능력이 부족하고, 거울에 비친 자기에 대해서 긍정적 정서를 나타낼 가능성도 낮다고 보고했다. 비플리와 시케티(Beeghly & Cicchetti, 1994)는 학대아동의 결핍에 대해서 기술했는데, 학대아동의 내적 상태에 대해 구체적이고 맥락에 기반을 둔 언어를 사용하여 표현했다. 학대아동에 관한 연구들(예, Cicchetti & Toth, 1995)을 살펴보면, 특히 성적 학대 또는 신체적 학대와 성적 학대를 모두 당했던 아동·청소년이 성찰기능의 손상을 보였다.

학대가 성찰기능에 미치는 영향을 이해하기 위해서는 우선 외상 경험이 어떻게 성찰태도를 상징화하고 유지하는 데 영향을 미치는지를 고려하는 것이 중요하다. 학대가 성찰기능에 미치는 영향을 알아보기 위해서는 프로이트가 제시한 외상 개념뿐만 아니라 피에르 자넷(Pierre Janet)(van der Kolk & van der Hart, 1989)의 초기 연구로 거슬러 올라가 살펴볼 수 있다. 프로이트(Freud, 1896/1962)는 히스테리를 처음으로 개념화할 때 히스테리의 주요 기제로 '외상 기억의 해리'라고 언급했다. 히스테리 연구에서 브로이어와 프로이트(Breuer & Freud, 1893~1895/1955)는 어떤 사건이 '지배적 생각(dominant mass of ideas)'(p. 116)과 불일치할 때 병이 유발될 수 있다고 언급했다. 이러한 지배적 생각이란 한 개인의 가치, 태도, 개념의 조직으로 정의 내릴 수 있으며, '표상 모델(representational models)' '자서전적 이야기(autobiographical narrative)' 그리고 '이상화된 자기(ideal self)'의 전조로서 여겨지는 개념이다. 기존에 가졌던 지배적 사상과 사건 간의 불일치 때문에 문제가 되는 사건은 정상적인 심리적 기제를 통해서 통합될 수도 없고 처리될 수도 없다. 하지만 이러한 사건에 대한 기억은 지속되는데, 프로이트와 브로이어에 따르면 이러한 사건은 '소화되지 않은' 채로 신체 또는 증상을 통하여 발현된다고 한다.

프로이트와 브로이어는 히스테리 환자는 "회상하는 것을 고통스러워한다."고 주장했다(1893~1895/1955, p. 7). 환자는 고통스런 회상에 쉽게 접근할 수 없다. "대다수의 경우, 환자에게 간단한 질문을 함으로써 병의 원인을 찾는 것은 불가능하다……. 원래 환자는 순수하게 사실대로 사건을 기억할 수 없으며, 촉발 사건과 병리적 증상 사이의 인과관계를 잘 고려할 수 없기 때문이다."(p. 3).

프로이트(Freud, 1926/1959)는 그 이후 '외상'에 대해 자아로 하여금 수동적이고, 무기력하게 하고, 예측하거나 대처할 수도 없게 하는, 적응의 요구에 압도되는 경험으로 개념화했다. 프로이트에 의하면, 외상 상황에서 '핵심적이고 의미 있는 것'은 '무력감으로의 진입'이다(p. 166). 또한 프로이트는 중요한 필연적 결과로 자아의 자기복원적 경향(self-righting tendency)을 기술했는데, 자기복원적 경향은 수동성과 무력감에서 방향을 바꾸어 결과적으로 능동성과 통제감을 회복하는 보편적인 경향을 뜻한다.

프로이트(Freud, 1914/1958)는 이러한 자아의 자기복원적 방식과 적응적 결과는 한 개인이 외상을 회상할 수 있느냐에 주로 달려 있다고 믿었다. 외상이 기억되지 않는 경우, 개인은 "외상을 하나의 기억이 아니라 행동으로 재생산하면서 반복한다. 물론 자신이 행동화를 반복하는지도 모른 채 말이다. 우리는 이러한 행동화가 그 개인에게는 회상하기의 하나의 방식이라고 이해한다."(p. 150, 추가 강조됨).

프로이트는 이론적 초점과 관심을 외상 사건에서 심리내적인 갈등으로 그리고 해리와 경험의 파편화에서 억압이라는 방어기제로 옮겨 왔다. 현대의 연구와 임상적 관찰은 이러한 프로이트의 외상에 대한 관점을 본질적으로 지지한다. 현대의 용어로 표현하자면, 프로이트가 개념화한 외상 사건은 명시적-성찰적-상징적 수준에서 경험을 조직화하고 저장할 수 있는 개인의 능력을 압도하는 사건으로 정의할 수 있다. 외상은 적어도 처음에는 감각적인 파편화와 언어적 요소가 없는 강력한 정서 상태로서 조직화된다(van der kolk, Burbridge, & Suzuki, 1997; van der kolk & Fisler, 1995). 암묵적-절차적 처리와 명시적-상징적 처리의 정상적인 통합이 방해를 받게 되고, 특히 암묵적-절차적 처리와 명시적-상징적 처리과정에서 해리가 일어나며, 경험의 파편화 또는 경험의 불연속성이 나타난다(Siegel, 1999). 해리는 외상 경험의 본질적인 요소인 것 같다. 외상 사건과 연관된 통합되지 않은 파편화 감각과 정서 상태는 플래시백 또는 악몽으로 계속 나타나며, 구체적인 냄새, 신체적 감각, 소리 같은 외상의 구체적인 촉발요인에 의해 되살아난다. 이러한 변화된 의식 상태에서는 연속성, 정서성, 자기감, 주체성으로 느껴지는 전반적인 자기감에 통합되지 못한 채, 충격, 무력감, 과각성 상태, 외로움이 되살아나게 된다.

반 더 코크과 피슬러의 연구(van der kolk & Fisler, 1995)에서는 아동기에 외상을 경험한 모든 아동과 성인기에 외상을 경험한 사람들 중 78%가 처음에는 외상 사건에 대한 이야기 기억에 접근할 수 없다고 보고했다. 반 더 코크과 피슬러에 의하면, 연구 참여자들은 '자신에게 외상이 발생했는지에 관해 알고 있든지 모르든지 상관없이, 또는 좀 시간이 흐른 뒤 외상 기억을 하든지 못하든지 상관없이' 자신에게 일어났던 일에 관해 이야기를 할 수 없었다. 외상을 경험한 연령에 상관없이 연구 참여자들은 처음에는 외상을 신체 감각적인 플래시백 경험, 즉 시각적·후각적·정서적·청각적·운동감각적 손상으로 기억했다(van der kolk et al., 1997, p. 103).

그러나 반 더 코크의 연구 참여자들은 과거 외상 사건에 대해 의식적 자각이 좀 더 명확해짐에 따라 그들이 실제로 어떤 일이 발생했는지에 관해 말할 수 있는 능력이 향상되었다. 주목받고 있는 회고 연구들에서는 공포스러운 사건에 대한 기억이 지연되고, 통합되지 않고, 암묵적-절차적 저장방식으로 남겨진다는 주장을 지지했다. 외상을 상기시키는 촉발인자는 감각적·정서적·운동적인 절차적 반응을 이끌어 내기 때문에 외상을 겪은 개인은 새로 유입되는 정보에 주의를 기울이도록 하는 자신의 고유의 '절차'반응을 활용하지 못하며, 그 상황에 맞는 정신적 표상을 선택하거나 형성하지도 못한다. 그들은 절차적 과정과 성찰적-상징적 처리 간의 정상적인 통합을 수행하지 못한다. 대신에 그들의 플래시백 또는 각성은 소위 '투쟁-도피 반응'을 촉발시킨다. 이러한 현상에 대해서 반 더 코크과 피슬러(van der kolk & Fisler, 1994)는 "무엇이 일어나고 있는지 그 의미를 평가하지도 않고 바로 자극에 대해 반응하는 것"(p. 154)이라고 언급했다. 외상을 상기시키는 자극에 의해 촉발된 투쟁-도피 반응은 개인의 성찰태도를 유지시키는 능력을 파괴할 수 있다.

압도적인 위협과 극도의 정서적 각성을 경험하게 되면, 외상 경험의 구성요소를 통합하는 중추신경계가 제기능을 못하게 된다는 사실이 좀 더 명확해짐에 따라 외상 기억의 신경생물학 부분이 더 주목을 받게 되었다(van der kolk et al., 1997). 유입되는 정보를 처리하고 그 의미를 해석하는 중추신경계의 부분과 스트레스와 외상에 대한 신경생리적이고 신경화학적인 반응이 중 추신경계의 구조에 미치는 영향에 관해 주의를 기울이게 되었다.

특히, 관심은 두정엽(parietal lobes), 해마(hippocampus), 측두엽(temporal lobe), 편도체(amygdala), 뇌량(corpus callosum), 대상회(cyngulate gyrus), 전 전두엽 피질(prefrontal cortex)과 복내측 전두엽 피질(ventromedial frontal cortex)에 두고 있다. 두정엽은 진행 중인 경험을 통합하는 데 관련된 구조, 즉 다양한 피질영역 사이에 정보를 통합한다(Damasio, 1989). 해마는 명시적 기억의 입력과 출력에 있어서 핵심 역할을 하며, 경험을 범주화하고 그 이후 에 자서전적 이야기에 통합을 할 수 있게 하는 '인지도(cognitive map)'를 생 성한다(Bremner et al., 1997; McEwen & Magarinos, 1997; Sapolsky, 2000). 측두 엽은 명시적 기억을 처리하는 데 필수적인 부분이다(Squire & Zola-Morgan, 1991; Squire et al., 1993). 편도체는 유입 정보의 정서적 원자가에 대한 해석 에 관여한다(Davis, 1992; LeDoux, 1996). 뇌량은 두개의 반구 사이의 정보를 교환시키며, 경험의 인지적이고 정서적인 측면의 통합을 촉진시킨다(Joseph, 1988). 대상회는 유입된 정보를 증폭시키고 걸러 주며 경험의 통합에 관여 한다(Devinsky, Morrell, & Vogt, 1995). 전전두엽 피질과 복내측 전두엽 피질 은 경험의 통합을 관리하며(Gershberg & Shimamura, 1995; Shimamura, 1995), 자기이해와 성찰기능의 핵심 구조가 된다(Damasio, 1998; Goel, Grafman, Sadato, & Hallett, 1991).

외상과 외상 후 스트레스 장애에 관한 신경생물학 연구의 의미 있는 결과 는 다음과 같다.

1. 외상 후 스트레스 장애를 겪는 개인은 시상하부-뇌하수체-부신피질 (Hypothalamic-Pituitary-Adrenocortical: HPA) 축에서의 변화를 보인다. 이들의 경우, 급성스트레스와 주요 우울증을 앓고 있는 사람들과는 정 반대의 결과를 보인다(Yehuda, 1998). 흔히 스트레스와 주요 우울증의 고전적 기술은 코르티솔 농도의 증가(kathol, Jaeckle, Lopez, & Meller,

1989; Sachar et al., 1973), 글루코코르티코이드 수용체의 농도와 반응성의 감소(Gormley et al., 1985), 음성 피드백으로 인해 시상하부-뇌하수체-부신피질(HPA) 축의 감소된 민감성 그리고 점진적 둔감화, 즉 시상하부는 점진적으로 코르티솔의 증가 수준에 대한 반응으로 자극 호르몬의 생산을 멈추는 능력이 떨어진다고 설명하였다(Holsboer, von Bardeleben, Gerken, Stalla, & Muller, 1984; Stokes & Sikes, 1987). 이에 반해, 외상 후 스트레스를 겪는 개인은 코르티솔의 농도가 감소하며, 글루코코르티코이드 수용체의 농도와 반응성이 증가하고, 음성 피드백으로 인해 시상하부-뇌하수체-부신피질(HPA) 축의 증가된 민감성 그리고 점진적 민감화가 나타난다(Mason, Giller, Kosten, Ostroff, & Podd, 1986; Yehuda, 1997, 1998; Yehuda & McFarlane, 1995).

2. 외상 후 스트레스를 겪는 개인은 다양한 스트레스 상황에서 통증을 감소시키고 공포에 대한 반응을 조절시킬 수 있는 내인성 아편제를 방출한다(Glover, 1992). 연구자들(Glover, 1992; Roth, Ostroff, & Hoffman, 1996)은 외상 후 스트레스 장애 환자와 중증 성격장애의 정서적 무각감은 내인성 아편제의 만성적 과잉생산이 기저를 이룬다고 가정했다. 이러한 내인성 자극에 대한 갈망은 자해행동의 증가에 중요한 역할을 할 수 있으며, 이러한 자기파괴적 행동 또는 다른 자해적 행동은 순간적으로 그 갈망을 약화시키고 무감각을 완화시키는 내인성 아편제의 방출을 촉발시킨다.

3. 외상 후 스트레스 장애를 겪는 개인의 경우, 위협에 대한 반응에서 자동적으로 각성 수준이 증가하며, 외상 촉발요인에 대해서 기억의 자동적 활성화의 강도가 강해지는 경향을 보인다. 그리고 공포반응을 통제하는 신경계 통로의 과민성을 보인다. 특히, 발작과 관련된 점화기제, 잠재적으로 위협 단서에 반응하는 편도체가 이와 연관된다(Post, Weiss, Smith, Li, & McCann, 1977). 일반적으로 외상에 노출되거나 특히 미해결된 외상은 반응을 가속화시키며 위협 신호에 대한 편도체 반응의 강도

를 고양시킨다는 가설을 지지한다(Whalen et al., 1998).

4. 외상에 노출된 개인은 외상 후 스트레스 장애가 있든 없든 상관없이 해
마 기능이 감소되며, 명시적 기억의 입력과 인출의 감소가 수반된다.
외상 후 스트레스 장애를 가진 환자는 해마 용량의 감소를 보인다는 증
거가 있다(Bremner & Narayan, 1998; Gurvits et al., 1996; Sapolsky, 2000;
Stein, Yehuda, Koverola, & Hanna, 1997).

5. 외상 후 스트레스를 겪는 개인의 경우, 브로카 영역과 다른 전두엽 피질
영역의 변화를 보인다. 외상에 대한 개인의 반응에서 반구의 기능 분화
(van der kolk et al., 1997)뿐만 아니라 외상과 관련된 각성 측면에서 언
어적·상징적 처리의 쇠퇴를 수반한다(Stein, Hanna, Koverola, Torchia,
& McClarty, 1997).

요약하면, 위협 신호와 외상 경험은 투쟁-도피라는 심리생물학적 반응을
촉발시킨다. 싸우거나 도망치는 심리생물학적 반응은 증가된 각성 수준과
교감신경계와 시상하부-뇌하수체-부신피질(HPA) 축의 활성화가 특징이다.
또한 투쟁-도피 반응은 순환하는 코르티솔 수준의 증가, 편도체의 활성화,
내인성 아편제의 방출 그리고 명시적-성찰적-상징적 입력과 처리과정과 관
련된 대뇌피질 영역과 해마의 불활성화를 초래한다. 투쟁-도피 체계는 신경
생물학적 수준에서 유기체로 하여금 싸우거나 도망치도록 준비시키는 과각
성을 초래하며, 처리와 기능을 하는 데 있어 명시적-상징적 방식과 암묵적-
절차적 방식 사이에 분리를 일으킨다. 투쟁-도피 반응은 대개 위협신호에
대한 자동적이고, 비성찰적이고, 절차적 반응의 진화에 의해 '고안되었다'고
할 수 있다.

이러한 활성화 상태는 정상적으로는 일련의 음성 피드백 회로에 의해 끝
나게 된다. 음성 피드백 회로는 순환하는 코르티솔의 증가에 의해 시상하부
자극의 억제가 일어나고, 이후 코르티솔 수준의 감소를 초래한다. 그러나 투
쟁-도피 체계의 활성화가 종결되기 위해서는 사회적 반응의 중재가 필요하

다. 사회적 반응은 명시적-상징적 처리의 재개와 상징적 정보와 언어-상징적 참조를 사용하는 이야기 구조를 만들어 내는 능력에 필수적인 요인이다 (Siegel, 1999).

발달적으로, 아동의 고통 경험은 양육자로부터 접근, 보호, 조율된 성찰반응을 이끌어 낸다. 이러한 양육자의 반응은 아동에게 위로가 되고, 편안함을 주고, 평정심을 회복하게 하며, 자기감을 향상시킨다. 고통은 타인과의 연결과 수반성, 타인의 조율된 성찰적 반응을 추구하기 위하여 동기(미리 각인되어 있는 동기)를 신속하게 활성화시키는 내적 자극이 된다. 좀 더 분명히 말하면, 애착 체계는 아동의 고통과 회복된 항상성이 한 쌍을 이루면서 강화되는데, 이것은 양육자의 조율된 반응에 의해 중재된다.

아동의 고통에 대한 양육자의 조율된 반응은 안정애착이 발달하는 상호작용의 맥락이다. 안정애착은 성찰기능이 최적으로 발달할 수 있고, 작용할 수 있는 조건이다. 포나기와 동료들(Fonagy et al., 1991)은 안정애착의 경우, 아동이 양육자의 마음을 탐색하면서 마음에 대해 배울 수 있는 가장 확실한 조건을 제공받는다고 주장했다. 아동은 양육자의 민감하고 반응적인 정신 상태를 탐색함으로써 양육자의 마음을 알게 되고, 양육자를 신념, 감정, 의도에 의해 동기화되는 사람으로 이미지를 형성하게 된다(Fonagy & Target, 1997).

'안정애착'의 반응패턴은 자기감과 성찰기능의 발달 지표가 될 수 있다. 이러한 사실은 안정애착과 의미-추론 또는 상징적 능력에 토대를 둔 다양한 능력(좌절에 대한 인내, 자아통제력, 자기인식, 놀이, 탐색, 사회적 인지, 정서 조절 능력과 같은 추론하기 혹은 상징적 능력)의 건강하고 성숙한 발달과 관련이 있다는 종단 연구들의 결과에 의해 입증되었다(Fonagy et al., 1991; Fonagy et al., 1994; Laible & Thompson, 1998; Meins et al., 1998; Sroufe, 1996).

애착이 더 안정적으로 형성되면서 출생시 나타나는 HPA 축의 높은 반응성이 잘 조정된다(Gunnar, 1992). 생체리듬은 생후 8주쯤에 수립되며 (Santiago, Jorge, & Moreira, 1996), 코르티솔의 반응성은 생후 2~15개월 사이에 점차 감소된다. 구체적으로, 양육자의 존재는 유아의 특정 스트레스에 대한 코르티솔의 증가를 감소시킨다(Nichols, Gergely, & Fonagy, 2000).

양육자가 조율된 성찰반응을 보이지 않을 때 어떤 일이 벌어지는가? 우울하거나 또는 반응하지 않는 양육자의 유아를 관찰해 본 결과(Field et al., 1988; Lyons-Ruth & Jacobvitz, 1999; Main & Hesse, 1990; Murray, 1992; Murray, Fiori-Cowley, Hooper, & Cooper, 1996), 아주 어린 유아들조차 처음에는 독특한 전략을 사용하여 양육자의 결핍된 반응에 대해 대처하고자 노력을 했다. 불안/회피형 애착유형과 불안/저항형 애착유형이 이러한 초기 대처전략의 원형을 대표하는 것 같다.

불안/회피형 애착유형의 경우, 아동은 양육자에게 주의를 주지 않고 그들 자신의 고통에도 주의를 기울이지 않는다. 대신에 그들은 자신이 조정할 수 있고 통제할 수 있는 환경에 초점을 둔다. 이러한 유형의 아동은 스트레스에 대한 해리 반응과 내적 환경과 내적 경험에 대해서 거의 혹은 전혀 각성하지 않은 채로, 주의를 기울이지 않는 반응을 보일 수 있다.

이와는 반대로, 불안/저항형 패턴을 보이는 아동은 양육자의 존재 또는 부재에 과잉 초점을 두며, 양육자의 존재를 떠올릴 수 없을 때 심한 고통과 과각성을 경험한다.

스트레스에 반응하는 불안/회피형 애착패턴 또는 불안/저항형 애착패턴의 정도는 아동마다 다르며, 아동이 처한 사건에 따라 다르다. 스트레스에 대한 반응은 비록 발달적 변화가 일어나더라도 초기 아동기에는 비교적 해리가 지배적으로 나타나고 후기 아동기, 청소년기 그리고 성인기에는 과각성이 지배적으로 나타나면서 대부분의 아동은 해리와 과각성 간의 다양한 조합으로 스트레스에 반응한다(Perry, Pollard, Blakely, Baker, & Vigilante, 1995).

어떤 아동은 상당한 정도의 과각성 상태와 해리 반응을 함께 보이는 독특한 경향을 보인다. 불안/저항형 패턴의 특징처럼, 양육자의 존재와 부재에 지나친 관심을 두면서 또 한편으로는 낮은 수준의 각성 상태를 보이며 해리 반응을 나타나는 경향을 보인다. 이러한 경향은 불안/회피형 패턴의 특징처럼, 애착 인물이나 고통이나 취약성 같은 내적 경험에 대해서 주의를 기울이지 않는 모습을 보인다. 이렇게 독특한 경우, 타고난 기질과 특정 양육환경이 상호작용하여 이 두 양상 중 하나로 비교적 지배적인 대처전략이 결정될 것이다. 대처전략은 아동이 그들의 대처나 조직화된 노력이 붕괴되었을 때 가용할 수 있는 반응유형에 대한 청사진으로서 작용한다.

대처전략 붕괴의 발달적 원형은 와해된 애착이다(Main & Hesse, 1990, 1999). 메인과 헤세에 의하면, 이런 붕괴는 아동이 양육자로부터 수반되는 반응을 유발하는 데(아동이 자신의 고통을 완화시키고자 양육자의 조율된 성찰 반응을 불러일으킴) 실패하고 양육자가 괴로워하고 있다는 것을 발견했을 때 발생한다.

아동은 양육자의 행동에서 미움과 파괴하거나 또는 제거하고자 하는 바람을 인식할 때 두려워한다. 아동은 자기감이 차단되고, 양육자의 반응을 수정할 수 없게 됨에 따라 오히려 증가된 해리 그리고/또는 각성상태로 싸우거나 도망치는 반응이 우세하게 된다. 투쟁-도피 반응의 활성화는 결과적으로 암묵적이고 절차적인 정보처리와 상징적이고 반영적인 정보처리 간에 분리를 일으킨다(Siegel, 1999). 명시적-성찰적-상징적 처리는 극도의 싸우거나 또는 도망치는 활성화 조건 하에서는 차단된다. 그 결과, 외상 경험은 주로 감각적, 신체적 그리고 근육운동과 감정 상태로 저장된다(Bower & Sievers, 1998).

성찰적 처리의 붕괴는 인간의 정신 상태나 의도에 대해 이해하는 능력을 심하게 손상시킨다. 이러한 해석 능력이 손상되면서 인간 상호작용의 특징인 친밀하지만 불완전한 수반성 대신 완벽한 수반성을 선호하는 퇴행이 초래된다.

포나기와 코스의 연구(Fonagy, 2000a 참조)에서는 생후 1년 된 안정애착 유아는 거울에 비친 자기 자신을 보기보다는 엄마의 얼굴을 보는 것을 더 좋아한다는 사실을 명확하게 보여 준다. 안정애착 아동의 경우, 실험에서 엄마가 무반응(표정 없는 얼굴)하도록 지시받을 때에만 자기 이미지를 적극적으로 탐색한다. 이와는 대조적으로, 와해된 애착을 보이는 아동은 심지어 반응적인 양육자를 보게 하는 선택이 주어질 때에도 완벽하게 수반되는 자기 이미지에만 끌렸다. 와해된 애착유형의 아동의 완벽한 수반성 선호는 중증 성격장애 청소년의 강압적인 관계패턴을 예상하게 한다. 후에 보게 되겠지만, 아동은 타인을 압제하며, 타인으로 하여금 아동이 고안해 낸 각본에 완벽하게 맞추도록 강요한다.

메인과 헤세(Main & Hesse, 1999) 그리고 포나기와 타깃(Fonagy & Target, 1997)은 와해된 애착을 보이는 아동은 견딜 수 없는 양육자의 태도에 직면해야 되기 때문에 양육자의 정신 상태를 이해하려고 하지 않는다고 가정했다. 이러한 양육자는 아동에게 심각한 방임과 학대를 하는 경향이 있다. 양육자가 공포스러운 행동을 하는 상황에서 아동은 방어적으로 성찰기능을 적극적으로 억제하도록 학습한다.

그러나 자기와 타인의 정신 상태에 대한 이해가 부족한 것은 오히려 고통을 가중시키며, 친밀감과 애착에 대한 욕구를 더 강하게 느끼게 한다. 포나기는 "학대로 인한 고통의 결과로서 근접성에 대한 아동의 욕구는 지속되며 심지어 더 증가한다. 정신적으로 가까워진다는 것은 참을 수 없는 고통이기 때문에 친밀감에 대한 욕구는 신체적 수준에서 표현된다. 따라서 아동은 역설적으로 학대자에게 신체적으로 더 가까이 가고자 한다."(Fonagy, Target, & Gergely, 2000, p. 111)고 말했다.

아동이 양육자에 대한 신체적 근접성과 동시에 정신적 거리감의 욕구를 가진다는 모순적인 수렴은 양육자의 행동에서 학대와 방임이 교대로 일어남으로써 더욱 강화된다. 따라서 성찰기능의 억제는 오직 기능의 '분할(fractionation)'이 일어나는 특정 내적, 대인관계 단서의 맥락에서만 발생한다(Fischer, Kenny, & Pipp, 1990). 어떤 상황에서는 정상적 성찰기능이 발휘되고, 또 다른 상황에서는 성찰기능이 억제된다. 게다가, 양육자가 돌봄과 학대를 번갈아가면서 할 때 아동은 양육자에 대한 일관성 있는 표상을 창조해 내는 능력이 손상된다. 앨런(Allen, 2001)이 언급했듯이, 아동은 분열(splitting)에 의존함으로써 응집성을 형성하지 못하는 것을 '해결'할 수 있다. 아동은 자신과 양육자에 대한 다양한 표상을 창조하여, 때로는 자애로운 방식, 때로는 무서운 방식으로 상호작용하여 특정 관계 맥락에서 일관성과 예측성을 만들어 낸다. 이렇게 함으로써 발생하는 발달적 대가는 자기와 타인에 대한 인식의 결핍, 즉 해체된 성격이다(Freyd, 1996).

아동이 만성적인 학대에 노출되는 것은 방금 기술한 악순환을 가속화한다. 왜냐하면 아동은 계속 지속되는, 그렇지 않더라도 피할 수 없는 희생의 상황에서 종종 덫에 걸리게 되기 때문이다. 이런 덫은 삶에서 일관성, 숙달감, 주체성을 회복하려는 아동의 노력을 불가능하게 한다.

더구나, 아동은 보복에 대한 두려움, 충성 갈등 그리고 가족의 균열(또는 외부 권위자의 개입이 일어나는 것)에 대한 걱정으로 인해 학대 경험을 다른 사람에게 개방하거나 공유하지 못한다. 결국 아동의 고립감과 학대 경험을 이해하는 데 어려움은 더 가중된다. 아동이 겪는 이러한 딜레마를 복잡하게 하는 것은 쾌락, 비밀을 가지고 있다는 힘 그리고 고통, 분노, 수치심, 무력감과 혼란스러운 방식으로 섞여 있는 '자신이 특별하다.'는 느낌이다.

학대 아동은 주체감과 애착을 유지시키기 위해서 학대 당한 것에 대해서 자신이 나쁘다는 확신과 자신에게 원인이 있다는 책임감을 만들어 내야 한다. 허먼(Herman, 1992b)이 언급하였듯이, 학대 아동은 자신이 나쁘다는 내면화된 인식을 함으로써 양육자와의 애착을 유지시킨다. 학대 아동은 자신에게 닥친 불행에 대한 책임을 받아들임으로써 적어도 환상적인 통제감과 주체감을 가지게 된다.

많은 연구(Chu & Dill, 1990; Pynoos, Steinberg, & Wraith, 1995; Terr, 1991)에서 만성적으로 학대당한 아동은 관계패턴, 주관적 경험, 자기감, 대처전략 면에서 오래 지속되는 왜곡을 만든다고 설명하는 것은 그리 놀라운 일이 아니다.

⚬ 취약성과 초기 경험

아동의 심각하고 지속적인 부적응의 중요한 위험요인은 바로 외상이다. 특히, 신체적 그리고/또는 성적 학대와 연관된 지속적인 외상은 부적응의 주요 원인이 된다. 그러나 모든 학대 아동이 중증 정신병리로 고통을 받거나 가해자로 성장하는 것은 분명히 아니다. 올리버(Oliver, 1993)는 문헌을 고찰한 결과, 어린 시절 학대를 당한 부모 중 1/3이 자녀를 학대한다는 사실을 제시했다. 이와는 달리, 패리스와 츠바이크-프랭크(Paris & Zweig-Frank, 1992, 1997)는 신체적, 성적 학대 경험은 경계선 성격장애와 반사회성 성격장애를 가진 사람에게서 확실히 많이 나타난다고 보고했다. 하지만 아동기 학대 생존자들 중 대다수는 성장하여 중증 성격장애로 발달하지 않는다.

프레이버그와 동료들(Fraiberg et al., 1975)은 이상의 자료를 보고 다음과 같은 질문을 제기했다. 어떤 아동은 박탈과 학대에도 불구하고 심각한 부적응으로부터 어떻게 스스로를 보호할 수 있는가? 이 질문에 답하기 위해서 유전적 기질 그리고 아동기 외상 경험에 선행하는 심리생물학적 변화의 중요성에 초점을 맞춰 왔다.

예후다의 연구에 의하면, 외상 후 스트레스 장애(PTSD)는 외상에 대한 생물학적 반응이 전형적이지 않거나 정상적이지 않은 개인에게만 발생한다고 강하게 제안했다. 외상 후 스트레스 장애(PTSD)로 진전하는 개인은 이전에 언급했듯이, 코르티솔이 정상보다 낮은 수준이다(Mason et al., 1986; Yehuda, 1998). 예후다(Yehuda, 1988)의 여러 연구는 낮은 수준의 코르티솔을 지닌 급성 외상을 겪은 개인만이 외상 후 스트레스 장애(PTSD)로 발달할 가능성이 있다고 보고했다. 예후다의 탁월한 연구들을 살펴보면, 외상 후 스트레스 장애(PTSD)로 발달하는 개인은 당질코르티코이드 수용체의 수가 정상 수준보다 많음을 알 수 있다. 당질코르티코이드 수용체는 뇌하수체와 해마를 포함하여 신체에 걸쳐 있는 표적 세포들 내에 있으며, 코르티솔을 위한 장소가 된다. 이곳에서 코르티솔 수용체가 풍부해지며, 투쟁-도피 반응 동안 시상하부-뇌하수체-부신 축(Hypothalamic-Pituitary-Adrenal axis: HPA 축)을 차단하기 위해서 시상하부에 신호를 주는 구조이다. 예후다는 기저의 글루코코르티코이드 수용체 수와 활동이 증가하는 것은 외상 후 스트레스 장애에 걸리기 쉬운 개인의 중요한 문제점이라고 가정했다. 이 가설에 의하면, 증가된 코르티솔 수용체의 활동은 코르티솔 수준을 낮추도록 하는 음성 피드백을 산출한다는 것이다.

예후다는 자연재해, 베트남 전쟁, 유대인 대학살 생존자, 아동기 성적 학대에 노출된 아동을 대상으로 한 연구 결과(Goenjian et al., 1996; Golier & Yehuda, 1999; Stein et al., 1997; Yehuda et al., 1995)에서 덱사메타손 투여 후 코르티솔의 억제가 높아졌다고 설명하면서 이러한 그녀의 가설을 입증했다.

예후다(Yehuda, 1998)는 연구 자료뿐만 아니라 신경내분비 검사를 이용하여 외상 후 스트레스 장애(PTSD)를 겪는 개인이 시상하부(Hypothalamic) 부신피질자극호르몬방출인자(Corticotropin-Releasing Factor: CRF) 분비의 만성적 증가를 보인다고 제시하였다. 이것은 뇌하수체를 자극하여 부신피질자극호르몬(Adrenocorticotropic Hormone: ACTH)을 생산하고, 다시 이것은 코르티솔을 생산하기 위해 부신을 자극한다. 만성적으로 뇌하수체에 대한 시상하부의 증가된 자극은 뇌하수체의 과잉 반응성을 초래한다. 이러한 현상은 덱사메타손의 증가된 억제와 부신피질자극호르몬(ACTH) 생산의 둔화를 설명한다.

예후다(Yehuda, 1998)에 의하면, 외상 후 스트레스 장애(PTSD)에 취약한 기질을 타고 난 개인은 시상하부-뇌하수체-부신(HPA) 축에서 강화된 음성 피드백 억제(negative feedback inhibition)를 보인다고 한다. 외상 후 스트레스 장애(PTSD)에 취약한 개인은 스트레스 사건에 대해 비정상적으로 반응하는 경향이 있다. 그들은 외상 사건에 대해 두뇌에서 투쟁-도피 반응을 효과적으로 마무리하는 능력이 부족하며(낮은 수준의 코르티솔로 인함), 과민한 코르티솔 수용체로 인해 외상 사건 그 이후의 환경적 도전(예, 외상 사건 이후의 스트레스 또는 외상을 다시 촉발하게 하는 사건들)에 대해 과잉으로 반응하게 된다. 예후다는 직접적인 코르티솔 독성보다는 코르티솔 수용체의 과잉 반응성이 만성적인 외상 후 스트레스 장애(PTSD)를 가진 개인에게서 가장 극적으로 발견되는 해마의 위축 뒤에 있는 병리적 기제라고 믿었다.

예후다(Yehuda, 1998)는 스트레스에 대해서 비정상적이고 부적응적인 반응을 하게 하면서 인간을 취약하게 만드는 시상하부-뇌하수체-부신(HPA) 축의 만성적인 민감화 과정을 제안했다. 이와 비슷하게, 외상 후 스트레스 장애(PTSD) 환자의 경우 신경조절체계의 비정상성이 확인되었는데(McFarlane, Weber, & Clark, 1993; Murburg, 1994; Shalev, Orr, Peri, Schreiber, & Pitman, 1992), 이는 그들이 신경내분비계의 저항, 다른 스트레스 그리고 외상을 떠올리게 하는 촉발요인에 대해 지나친 심리생물학적 반응을 경험한다는 것이다. 이러한 성향은 감소된 음성 피드백 체계를 가진 우울한 개인의 성향과 대조된다. 우울한 개인은 증가된 코르티솔과 덱사메타손의 비억제가 특징인데, 이는 환경의 자극에 민감성을 감소시킨다.

외상 후 스트레스 장애(PTSD)와 관련된 취약한 기질에 대해 생물학적 변형에 관한 기원은 명확하게 밝혀지지 않았다. 양육자의 존재가 아동의 코르티솔 수준을 조절한다는 증거(Larson, White, Cochran, Donzella, & Gunnar, 1998)는 초기 애착의 문제, 특히 양육자의 정서적 가용성과 성찰적 반응의 결여가 유아의 조절되지 않은 스트레스 반응을 야기시킨다는 가설을 지지하고 있다. 높은 스트레스와 연관된 코르티솔의 과다 분비는 차례로 조절 곤란의 과잉을 일으키는데, 예후다가 언급했듯이 결과적으로 외상 후 스트레스 장애(PTSD)의 위험에 놓여 있는 성인 내 변화를 이끌게 된다.

외상 후 스트레스 장애(PTSD)의 유전적 위험요인에 대해서 관심이 증가하고 있다. 특히, D_2 도파민 수용체 유전자의 역할에 관심이 주어졌는데, D_2 도파민 수용체 유전자는 초기 스트레스와 상호작용한다. 1990년 초기까지 D_2 도파민 수용체 유전자가 중독 행동에 중요한 역할을 한다는 증거가 축척되어 왔다(Noble, 1996, 1998). 이 유전자의 특정 대립형질인 D_2A_1는 D_2 도파민 수용체의 감소와 연관되어 보인다. 이러한 가설은 원래 '보상결핍증후군(reward deficiency syndrome)'으로 개념화되는데(Blum et al., 1996), 특히 중변연계, 중뇌피질변연계 경로(강화와 보상에서 중요함)에서 도파민 D_2가 결핍된 개인의 경우, 도파민 수준을 증가시키는 니코틴, 알코올, 코카인 같은 물질들을 사용함으로써 결핍을 보상하도록 추구한다. 중독된 개인은 심지어 D_2A_1 대립형질을 더 많이 소유하는 경향이 있다. 중독된 행동이 많을수록 D_2A_1 대립형질이 나타날 기회가 더 많아진다(Blum et al., 1996).

최근에 스트레스에 대한 부적응적 반응과 관련하여 D_2A_1 대립형질에 대한 연구가 진행되었다. 커밍, 무히먼 그리고 기신(Comings, Muhleman, & Gysin, 1996)은 외상 후 스트레스 장애(PTSD)를 겪고 있는 베트남 참전병의 60%가 D_2A_1 대립형질을 가지는데, 이것은 외상 후 스트레스 장애(PTSD)를 보이지 않는 5%의 참전병과 비교된다고 했다. 버먼과 노블(Berman & Noble, 1997)은 D_2A_1 대립형질을 가진 소년이 그렇지 않은 소년보다 더 낮은 수준의 인지적 수행을 보이면서 가족 스트레스에 반응한다고 보고했다. 쉬나이더와 동료들(Schneier et al., 2000)은 D_2 수용체 기능이 사회적 행동을 조절하는 데 중요한 역할을 한다는 기존 연구의 증거에 덧붙여 사회공포증을 겪는 개인의 경우, 선조체(striatum)에서 낮은 수준의 D_2 수용체가 나타난다는 사실을 발견했다. 인간을 대상으로 하는 이러한 연구 결과는 사회적으로 복종하는 원숭이의 선조체에서 낮은 수준의 D_2를 보여 주는 동물연구와 유사한 결과를 보여 준다(Grant et al., 1998).

따라서 D_2A_1 대립형질은 대인관계적 스트레스와 외상에 대한 취약성의 지표로 활용될 수 있다. 그러나 외상이 없을 경우, D_2A_1 대립형질은 의미 있는 개인의 역기능 또는 부적응과 연관된 지표로 작용하지 않는다. 외상은 유전자 발현의 필요한 촉발요인이며, 유전적 기질에 따라서 외상 경험을 부적절하게 처리할 수 있다.

초기 경험, 특히 초기 애착은 유전자 발현과 연관된다. 2장에서 논의했듯이, 기질적으로 과잉 활성화된 원숭이는 낮은 수준의 적응력, 과도한 공격성과 낮은 사회적 유능감 그리고 낮은 수준의 5-하이드로옥시인돌초산의 뇌척수액 농도를 보인다(Heinz, Higley, et al, 1998; Heinz, Ragan, et al., 1998; Higley, Hasert, Suomi, & Linnoila, 1991; Higley, King, et al., 1996; Higley, Suomi, & Linnoila, 1996). 신경화학적 연구에서는 모성이 박탈된 환경에서 양육된 억제적이고 과잉 활성화된 원숭이의 경우, 많은 양의 알코올과 암페타민을 소비하는 경향이 있다고 밝혔다. 반면에 억제적이고 과잉 활성화된 원숭이가 조율적이고 반응적인 어미에 의해 키워진 경우, 특별한 사회적 기술들과 적응력을 보인다. 따라서 유전적 기질은 환경 조건에 따라서 취약점이 될 수도 있고 강점이 될 수도 있다. 환경적 조건은 경험을 처리하고 환경에 반응하는 데 필요한 능력을 증진시키는 맥락이 된다.

수오미에 의해 기술된 억제된 과잉 활성화된 원숭이와 케이건이 연구한 억제된 아동 사이에는 명백한 유사점이 있다. 케이건(Kagan, 1994)이 기술했던 억제된 아동은 반응수준이 높은 편도체를 물려받았을 가능성이 크며, 분리불안장애와 사회공포증으로 나아갈 위험에 처해 있다(Biederman et al., 1990; Schwartz, Snidman, & Kagan, 1999). 이런 아동은 기질적으로 환경의 변화 또는 위협에 대해서 변연계-시상하부의 과반응성에 대한 낮은 역치수준을 나타내며, 분리나 다른 애착 문제에 대해서 큰 괴로움을 느끼며, 조절 곤란을 경험하기 쉽다. 이러한 과민성은 사회적 단서나 내적 상태를 알려 주는 단서에 대해 더 높은 민감성을 보여 주는 지표가 될 수 있다(6장에서 논의). 이런 아동의 경우, 과민성으로 인해 조절 곤란을 겪기 때문에 심리생리적인 조절을 위해 양육자에게 더 많이 의존하게 된다. 이들은 타인의 '마음 읽기'에 탁월하기 때문에 양육자의 잘못된 조율, 적대감, 거부를 더 민감하게 알아차린다. 높은 수준의 '마음 읽기' 능력을 가진 과민성 아동과 이전에 논의했던 D_2 수용체 결핍의 아동 사이에 연관성에 대해 탐색하는 연구가 필요하다.

주의력결핍과잉행동장애(ADHD) 아동은 각성을 조절하는 데 기질적으로 취약하다. 예후다에 의하면, 이러한 아동은 아마도 시상하부-뇌하수체-부신(HPA) 축의 조절 곤란과 연관이 깊다. 낮은 코르티솔 수준은 각성 수준을 끝내는 데 지속적인 어려움을 초래한다. 이러한 아동은 또한 주의집중 문제를 보이는데, D_2A_1 대립형질과 관련된 경우와 비슷하게 도파민 결핍과 연관된다.

주의력결핍과잉행동장애(ADHD) 아동은 데이비드 샤피로(David Shapiro, 1965)가 기술했던 '충동유형'으로 발전하기 쉽다. 주의력결핍과잉행동장애(ADHD) 아동이 보이는 주의집중 결핍과 억제된 통제를 설명하기 위해 여러 가지 신경생물학적 모델이 제안되었다. 하일먼, 볼러 그리고 나도우(Heilman, Voeller, & Nadeau, 1991)는 전전두엽-선조체 회로에서 감소된 도파민은 전전두엽 피질 기능(성찰기능 포함)의 집행과 '선택'을 방해함으로써 주의력결핍과잉행동장애(ADHD)의 부주의, 충동성 그리고 과잉행동을 유발한다고 제안했다.

클리스카, 머크래컨 그리고 마스(Pliszka, McCracken, & Maas, 1996)에 의해 제안된 대안 모델은 다중 신경전달체계를 시사한다. 이 모델에 의하면, 주의집중 기능은 두 가지 구별된 체계로 구분된다. 후방 주의집중 체계(posterior attention system)는 새로운 자극에 적응하는 데 관여하며, 상두정피질(superior parietal cortex), 상구(superior colliculus), 그리고 베개핵(pulvinar nucleus)에 위치한다. 또 하나의 주의집중 체계인 전방 집행 체계(anterior executive system)는 전전두엽피질(perfrontal cortex)과 전대상회(anterior cingulate gyrus)에 위치한다.

후방 체계는 뇌의 청반(locus coeruleus)으로부터의 노르아드레나린 유입을 감지한다. 이 체계는 스트레스와 위협 지각과 관련 있다. 전방 집행 체계는 도파민성 섬유질의 상승에 의해 주로 조절된다. 플리스카와 동료들(Pliszka et al., 1996)은 도파민D_1(DAD$_1$) 수용체는 전방 집행 체계로 유입되는 자극을 선택적으로 받아들이는 데 특히 중요하며, 부적절한 신경 활성화를 감소시킨다. 이러한 능력은 선택적이고 유연성 있는 성찰 처리의 결정적 기초가 된다.

충동적인 아동과 성인은 그들의 바람, 욕구 그리고 충동을 바로 행동으로 옮기거나 최소한의 숙고만으로 행동으로 옮긴다. 왜냐하면 그들은 순간의 내적 상태를 지속적인 자서전적 이해로 통합하지 못하기 때문이다. 그들은 자신의 바람을 지속적인 목적, 안정성과 자기연속성에 뿌리를 두는 것으로 발전시키지 못한다. 대신에, 그들의 충동성은 자기에 대한 응집성과 연속성을 발달시키는 능력의 붕괴라는 악순환을 초래한다. 그들은 좌절에 대한 낮은 내성을 보이는데, 좌절에 대한 낮은 내성은 순간적인 바람을 일반적인 목표와 관심으로 연결시키거나 통합하지 못하며, 자기와 타인에 대한 좀 더 지속적인 표상을 형성하지 못하기 때문에 생긴다.

충동적인 아동 · 청소년은 스스로 선택한 결과로 자신의 행동을 보지 않고, 단순히 그들에게 우연히 발생한 것으로 간주한다. 따라서 충동적인 아동 · 청소년은 거의 죄책감이나 책임감을 갖지 못한다. 그들에게 세상은 단절된 유혹과 좌절의 연속, 즉각적인 이득과 만족의 가능성 또는 만족에 대한 장애물로 보인다. 충동적인 아동 · 청소년은 타인과 대인관계도 똑같이 파편화되고 피상적인 방식으로 경험하며, 결과적으로 메마르고 미분화된 내적인 삶을 살게 된다. 마론(Marohn, 1991)이 언급했듯이, 이런 아동 · 청소년은 "내적인 심리 세계에 대해 자각하지 못하며, 감정에 대해 명명하지도 못하며, 하나의 감정과 다른 감정 사이를 구별하지도 못한다. 그리고 사고, 느낌, 행동을 혼동한다."(p. 150). 구체적이고, 자기중심적이고, 비성찰적 경험방식은 계획하기, 상징화하기, 일반화하기를 방해하며 또한 경험으로부터 무언가를 배우는 데 어려움을 겪게 한다.

기분장애 아동은 이와 비슷하게, 적개심, 기분 불안정, 화를 잘 내는 경향이 있으며, 이들의 특징은 자기와 타인에 대하여 인식하는 데 있어 계속 변화무쌍함을 보인다는 점이다. 이러한 아동은 생물학적 취약성으로 인해 스트레스나 외상에 대해 파국적으로 반응하며 장기간의 부적응적 결과를 초래할 수 있다. 이러한 다양한 취약성으로 인해, 아동은 파편화된 경험과 의미 있는 관계로부터 자기 자신을 차단시키는 경향이 증가되며, 스트레스나 외상의 노출 후에 장기간 부적응의 문제를 경험하게 된다. 이러한 취약성은 아동으로 하여금 해리 경향과 경험의 불연속성을 초래하게 하며, 성찰기능과 지지적인 관계에 의해 가능한 경험의 통합과 보호를 이루지 못하게 한다. 조절할 수 없는 스트레스를 만나게 될 때, 경험의 불연속적인 경향은 특히 부적응적인 방식으로 대처기제와 관계패턴을 구조화하게 되는데, 이것은 다음 장에서 논의할 것이다. 다음은 이러한 아동이 처한 곤경에 대해 잘 보여 주는 사례이다.

트래비스의 출생은 아버지, 친삼촌 그리고 할아버지의 자살로 인해 환영받지 못했고, 아버지, 친삼촌, 할아버지는 생전에 모두 양극성 장애로 힘들어 했다. 트래비스의 아버지는 아기가 아들이라는 사실을 알고, 부인에게 낙태를 애원했다. 부인이 이를 거절하자, 트래비스 아버지는 트래비스가 태어나기 3개월 전에 목매 자살했다. 후에 트래비스는 엄마로부터 그의 아빠가 트래비스를 임신한 사실을 알고 너무 흥분한 나머지 혈압이 '높아져서' 심장마비로 죽었다고 들었다. 놀랍지도 않게, 트래비스는 자신이 아버지를 죽였다고 확신했다.

7세 때 트래비스는 치료를 받았다. 감정 기복 문제가 트래비스의 가장 주된 증상이었다. 트래비스는 흥분으로 가득 찬 순간에는 사기충천하여 생각들이 달음박질치며 고양된 기분에 휩싸였다. 그러나 사소한 실수나 좌절은 트래비스로 하여금 격노를 일으키게 하거나 비참한 자기혐오에 빠지게 했다. 트래비스는 '예상 못한 우연한 일'에서 상처받는 것으로부터 자기 자신을 보호하기 위해서는 끊임없이 경계를 해야 했다.

치료에서 기분의 안정화를 도모하면서 트래비스의 감정 폭풍은 의미 있게 감소되었다. 그러나 그의 발달적 문제인 연약한 감각과 타인에 대한 취약한 인식, 성찰기능의 '상실'은 계속해서 분명히 지속되었다. 트래비스가 위협감을 느낄 때마다 자신이 엄마의 영웅적인 구원자 또는 보호자라는 이미지를 굳건하게 고수하려고 노력했다. 그러나 트래비스는 '보호자'라는 자신의 이미지가 도전을 받게 되면, 엄마를 '죄책감을 유발시키는 자기몰두적이고, 결

핍을 주는 사람'으로 그렸고 자신에 대해서는 '엄마에 대해 적개심이 가득한
적'으로 전환시켰다.

트래비스의 사례는 성찰기능에서 생물학적 취약성과 심리사회적 결정인
자 사이의 양방향 과정을 잘 보여 준다. 기질적 요인은 아동으로 하여금 자
기 자신과 타인의 경험을 형성하고, 그들의 유능성과 타인에 대한 신뢰성,
정서 반응의 안전성 및 안전성 결여를 형성하는 데 결정적인 역할을 한다.
이러한 기질적 요인은 자신과 타인으로부터 오는 정서적 신호를 검토하고,
내적 상태에 대해서 타인에게 단서를 주고, 상호 관계를 창출하는 능력을 반
영한다. 확실히 중요한 것은 생물학적 취약성은 대인관계적 갈등 그리고 비
슷한 기질적 취약성을 가진 양육자의 좌절을 불러일으킨다는 것이다.

더구나, 생물학적으로 취약한 요인은 학대가 일어나고 부모의 성찰기능이
손상되는 환경에서 성찰기능의 발달을 제한할 수 있다. 생물학적으로 취약
한 아동은 그의 가족이 제공할 수 있는 최소한의 구조와 경계를 황폐화시키
면서 만연한 혼란을 부채질하며, 양육자를 소진시키며, 좌절과 스트레스의
짐을 덧붙일 수 있다. 따라서 이러한 아동의 경우, 사회적 지지와 성찰기능
의 자연스런 보호로부터 자신을 박탈시킴으로써 생물학적 취약성의 부적응
적인 결과를 더욱 악화시킨다.

나는 다음 장에서 기질적인 취약성과 환경적 힘이 어떻게 중증 성격장애
를 형성해 나가는지에 대한 모델을 제시할 것이다. 그러나 어떤 사람들은 학
대 경험을 포함한 불가능한 역경에 맞서 기억과 정서의 통합을 유지하면서
이겨 낸다는 사실에 주목할 가치가 있다(Fraiberg et al., 1975). 이들은 성찰기
능을 유지함으로써 심지어 외상 촉발 인자가 주어질 때에도 타인과 적응적
관계연결을 유지할 수 있고, 부모의 잘못된 조율로 인해 받은 고통으로부터
자신의 아동기를 보호하기 위한 충분한 공감을 경험할 수 있다.

회복 탄력적 성찰능력을 발달시킬 수 있는 요인에 대해서는 명확히 밝혀
지지 않았다. 그러나 회복 탄력적 성찰능력을 발달시키는 요인으로는 기
질적 견고함, 성찰기능에 대한 특별히 타고난 능력(자폐증의 스펙트럼의 반

대 끝) 그리고 '경고 반응(alarm responses)'을 조절하는 평균 이상의 능력이 있다.

그러나 회복탄력성을 설명하는 데 있어서 핵심 요인은 아동의 결정적 발달시기에 성찰적으로 반응해 주는 사람의 존재 유무라고 할 수 있다. 성찰기능을 향상시키는 또래와의 상호작용(비성찰적 · 충동적 행동을 강화시키는 것과 반대)은 아동의 회복탄력성의 개인차를 설명하는 데 결정적인 요인으로서 대두되고 있다(Stein et al., 2000).

해리스(Harris, 1998)는 개성과 성격을 형성하는 데 있어 직접적인 유전적 영향을 제외하고, 정상적 발달과 병리적 발달 모두에서 부모보다는 또래가 기본적으로 더 중요하다고 관찰했는데, 이러한 관찰 결과에 대해 세밀한 검토가 요구된다. 주어진 인간 발달의 현실은 양육자의 존재에 달려 있는 긴 기간의 성숙과 성장을 포함한다. 이러한 의견을 지지하는 연구들을 토대로 보더라도, 양육자가 아동의 이후 발달에 기여하는 성찰기능을 포함해서 결정적 능력을 활성화하는 데 필요하다는 사실이 더 이치에 맞을 것이다.

3, 4세 이후의 아동은 유능성, 숙달감, 안정감, 관계연결 그리고 만족감 추구의 안내자로서 부모처럼 되는 것에 관심이 점점 줄어들면서 형제자매와 또래처럼 되는 데 더 흥미를 가진다(Tyson, 1982). 또래 친구는 아동의 '이상적 자기'를 발전시키는 데 점점 더 우세한 위치를 차지하게 된다. 심지어 취약한 아동도 또래가 제공하는 모델에 근접하려고 노력함으로써 실제 다른 아동과의 상호작용을 통하여 대인관계에서 창조되고 주고받는 주관적 의미를 파악할 수 있으며 성찰기능을 발달시키는 데 대안적 자원을 발견할 수 있다.

취약하고 학대받았던 아동의 경우, 또래, 양육자 그리고 다른 성인들에게 다가가는 것을 통해 성찰적인 형태로 기능할 수 있을 때 한편으로는 해리되고 파편화된 경향 그리고 다른 한편으로는 성찰기능에 의해 향상되는 통합과 적응 사이에 균형을 바꿀 수 있다. 심지어 외상 촉발 요인의 직면에서 조차-성인애착면담(Adult Attachment Interview: AAI)(George, Kaplan, & Main,

1985) 연구에서 보여 주듯이-많은 사람은 자신에 대해 그리고 그들의 행동이 의미 있고 이해할 만하다고 생각하는 진실한 한 인간이 있었던 과거에 대해 이야기를 만들어 내는 능력을 간직하고 있다. 그러므로 이들은 자녀, 타인을 도망가게 하거나 파괴해야 하는 무서운 증오의 유령으로서가 아니라 실제 존재하고, 목적을 가진 존재로 경험하며 조율할 수 있게 된다.

중증 성격장애로 가는 경로

아동의 유전적 취약성이나 외상에 대한 회복탄력성의 중요한 결정인자는 부모가 아동과 상호작용하는 데 있어 성찰기능(부모가 취약성과 학대 경험이 있더라도)을 유지하는 능력이다. 올리버(Oliver, 1993)는 학대 당한 부모가 "과거와 현재의 개인적 관계의 현실에 직면"(p. 132)할 수 있을 때 학대가 다음세대로 전수되는 악순환을 막을 수 있다고 결론 내렸다. 경험적 연구들은 이러한 결론을 강하게 지지하고 있다. 반 더 코크와 피슬러(van der kolk & Fisler, 1994)의 연구 피험자들은 외상 증상의 호전을 보였는데, 외상을 자서전적 이야기 구조와 타인과 공유하는 경험의 세계로 통합했기 때문이다. 그들은 자신에게 일어난 것을 '설명할 수 있는' 이야기로 창조할 수 있는 능력이 성장함에 따라 증상이 호전된 것이다. 프로이트가 기술했던 수동성과 무력감을 '호전'시키는 과정을 현대적 시각으로 이해하자면, 외상 경험의 분리된 절차적, 감각적 그리고 감정적 요소를 통합하는 성찰적-상징적 수준에서 이야기를 구성하여 응집성과 조직화를 창조하는 과정으로 볼 수 있다. 외상 경험의 치유는 기억을 되찾는 것보다는 경험을 처리하고 통합하거나 심지어 외상적 촉발인자와 직면하여 성찰적 자세를 유지하는 것이 더 중요하다. 이러한 결론은 성인애착면담(AAI)(George, Kaplan, & Main, 1985) 도구를 사용하여 도출된 연구 결과와 일치한다. 성인애착면담(AAI) 도구는 애착 경험과 성인기능 사이의 관련성을 검토하는 데 주목할 만한 도구로 증명되었다.

성인애착면담(AAI) 도구는 처음에는 초기 애착 경험을 불러일으키고, 초기 애착 경험의 기억이 피험자의 그 이후의 기능에 어떤 영향을 미쳤는지 성찰하게 하는 구조화된 면접이다. 채점체계(Main & Goldwyn, 1984, 1998)의 경우, 피험자의 초기 경험 이야기의 구조적 특성(응집성, 적절성, 완결성, 명료성 등)에 기반하여 애착, 상실 또는 외상에 대한 반응으로 안정/자율형(secure/autonomous), 불안정/회피형(insecure/dismissing), 불안정/몰두형(insecure/preoccupied), 또는 와해형(disorganized)으로 분류한다.

안정/자율형 개인은 안정애착 유아와 유사하다. 이들은 내적으로 일관성 있는 이야기 속에서 애착관계를 소중하게 생각하며 이를 드러낸다. 이러한 개인의 반응은 명확하고, 적절하고, 간결하다. 안정/자율형 개인의 경우, 성찰기능 또는 메인(Main, 1991)의 용어로 말하자면 '메타인지적 모니터링(metacognitive monitoring)' 능력이 반응에서 나타난다. 안정/자율형 개인은 그들의 기억이 틀릴 수 있고, 이야기 속에서 거론되는 사람이 나와 다른 관점을 가질 수 있으며, 현재 가지고 있는 신념이 나중에 변화할 수 있다는 것을 알고 있다. 이런 안정/자율형 개인의 경우, 아동기 경험이 긍정적이거나 또는 어려움을 겪었거나 그리고 심지어 외상을 겪었는지는 중요하지 않다.

불안정/회피형 개인은 애착을 중요하게 여기지 않으며 그들의 이야기는 내적 모순들로 가득하다. 반면에 불안정/몰두형 피험자들은 애착 인물에 대해 혼란, 분노, 수동적으로 집착하는 것으로 보인다. 그들의 반응은 문법적으로 엉켜 있으며, 일단 기억이 불러일으켜지면 질문에 집중하지 못한다. 와해형은 특히 상실 또는 학대 같은 외상 사건을 이야기하는 동안 인지적으로 와해되고 혼란스러워 한다.

성인애착면담(AAI) 도구를 활용한 연구들은 반 더 코크와 피슬러(van der kolk & Fisler, 1994)의 결론을 경험적으로 지지한다. 반 더 코크와 피슬러(Van der kolk & Fisler, 1994)는 고통스러운(심지어 압도하는) 삶의 사건 이후에 성공적인 적응을 하기 위해서는 성찰기능을 수행할 수 있는 능력이 필요하며, 이러한 성찰기능에 기반하여 경험을 응집력 있는 이야기로 창조하는 것이 필요하다고 결론 내렸다. 이러한 응집력 있는 이야기는 과거에 대해 의미를 부여하게 하고 타인과의 관계를 유지하게 하는 성찰 과정을 회복시킨다. 우리가 창조한 이야기는 대인관계적 상호작용이나 정신표상의 유연성 있는 재구성으로부터 추출된 의미구조로 짜여 있다. 성찰기능의 발휘는 우리가 상호적으로 대인관계를 조절할 수 있게 한다. 결과적으로 성찰능력은 경험과 반응의 자동적 활성화를 제한하면서 우리에게 과거와 현재 사건의 의미를 파악하게 해 준다.

이러한 결론은 포나기의 연구에서 타당화된다. 이전에 언급했듯이, 아동기 시절에 결핍을 경험했지만 높은 수준의 성찰능력을 가진 엄마의 경우, 그 자녀는 엄마와 안정되게 애착을 형성하였다. 반면에 아동기 시절에 결핍을 경험했지만 낮은 수준의 성찰능력을 가진 엄마의 경우, 그 자녀는 안정애착을 형성하지 못했다(Fonagy et al., 1994).

어떤 양육자의 경우, 유아가 보이는 고통이 오히려 양육자의 투쟁-도피 반응, 애착 와해 그리고 성찰능력의 손상을 유발하는 외상 자극 인자가 되기도 한다. 이러한 양육자는 아동의 고통으로부터 도망치려 하거나 또는 그들의 고통의 명백한 근원인 자신의 자녀를 파괴하고자 한다.

예를 들면, 생후 5개월 된 아기를 둔 엄마는 아기의 울음소리를 통제할 수 없는, 공황발작을 불러일으키는 자극으로 여기며, 이러한 소음을 제거하거나 잠잠하게 만들려는 압도적인 욕구를 느낀다. 엄마는 자신과 아기를 보호하기 위한 최선책은 욕실에 자신을 가두고 샤워기를 틀어 슬픔에 잠긴 아기의 울음소리를 지우는 수밖에 없다고 생각한다. 웨스턴(Weston, 1968)은 학대 사례의 80%에서 엄마가 아기의 울음소리에 대한 반응으로 아기에게 해를 입힌다는 연구 결과를 보고하면서 이러한 패러다임을 확증하고 있다. 그러나 결국 대부분 양육자는 투쟁-도피 형태에서 '정신을 차리며' 그들의 아기와 다시 관계를 맺으며, 비록 지나치게 의욕이 넘치고, 필사적이고 과잉자극을 주는 형식일지라도 성찰적이고 통합적인 경향을 재개하기 시작한다.

어떤 아동은 고통을 경험할 때마다 성찰기능으로부터 적극적으로 물러난다. 결과적으로, 이러한 아동은 자신의 과각성에 대한 반응으로 지체 없이 해리한다. 이러한 해리는 적극적인 대처자세로 아마도 기질적인 해리 경향성(Braum & Sacks, 1985; Kluft, 1984), 그리고 2장에서 기술했던 방임과 같은 반복적인 경험에 의해 해리되도록 '훈련된' 뇌에 의해 촉진된다.

아동이 자신의 내적 상태가 양육자의 끔찍한 내적 상태(예, 그들을 파괴하거나 유기하고자 하는 바람)를 촉발할 수 있다는 자각을 하게 되면서 성찰기능의 적극적 억제(성찰적 처리과정의 통합적 경향성이 경험의 파편화로 대체)가 일어나게 된다. 포나기와 동료들은 다음과 같이 가정했다. "유아는 필사적으로 대상을 정신화(성찰)하는 것을 외면한다. 왜냐하면 솔직하게 자신에 대해 적대적이거나 지나치게 무심한 대상의 마음을 고려하는 것은 감당하기 힘들기 때문이다. 따라서 아동은 정신 상태를 광범위하게 부인하게 되며, 이해 대상과의 연결성을 확인하고 수립하는 기회를 감소시킨다"(Fonagy et al., 1995, pp. 257-258).

와해된 혼돈형의 애착패턴을 가진 학대 당한 아동의 경우, 접근과 회피라는 혼돈스럽고 모순적인 특성을 지닌다. 이러한 아동은 행복을 주는 재연결에 대한 불안한 기대와 함께 양육자의 공포스러운 내적 상태에 대한 자각을 억제하려는 행동을 보인다. 오그던(Ogden, 1989)이 경험 조직의 분열-편집형 형태라고 기술했던 것처럼, 이러한 와해된 혼돈형의 아동은 오랫동안 경험의 불연속성을 만드는 경향이 있듯이, 대인관계적 상호작용의 영역에서도 '분할하거나'(Fischer et al., 1990) 또는 분열(Kernberg, 1967)하는 법을 배운다.

전통 클라인 학파인 오그던은 분열-편집형(schizoid-paranoid)은 사랑의 대상이 또한 미움의 대상이라는 사실을 앎으로써 일어나는 불안에서 야기되며, 이러한 문제를 '대상의 사랑과 미움으로부터 자기 자신의 사랑과 미움을 분열시킴으로써' 다룬다고 강조했다(p. 24). 대신에, 나는 분열-편집성 형태는 위협에 대해 개인에게 내장된 반응으로, 좀 더 일반적으로 생성된다고 제안하고 싶다. 이때의 위협은 경험을 통합하고 애착인물에게 보호적 개입을 요구하는 개인의 능력을 압도하는 것이다. 이러한 분열-편집형 반응들은 불안/회피형 또는 불안/저항형의 대처와 관계패턴의 과정에서 얻어진 초기-이야기 봉투(proto-narrative envelopes)를 따르게 된다.

분열-편집형(schizoid-paranoid)의 경우, 역사적 연속성의 경험이 없거나 자기와 타인의 즉각적인 경험과 과거 또는 현재에서 자기와 타인의 다른 측면을 통합을 할 수 없다. 개인이 상처, 공포, 분노를 경험할 때, 그들이 볼 수 있는 것은 그러한 상처, 공포, 분노가 전부이다. 오그던이 기술하였듯이, 생이 위협당하고 있다는 인식과 관련된 불안과 분노를 진정시켜 줄 만한 공유된 관계 경험이 그들에게는 없다.

단어를 사용할 수 있지만, 사실상 상징(symbol)과 상징화된(symbolized) 사이에 어떠한 공백도 없다(Ogden, 1989, p. 25). 유사 상징화는 '모든 것이 원래 그렇다'는 2차원의 경험을 만든다. "지각(내적 또는 외적)과 어떤 지각에 대한 생각과 느낌 사이를 중재하면서 대상을 해석하는 것이 전혀 없다"(Ogden, 1989, p. 25). 더구나 정신 상태가 개별 창조물로 경험되는 것이 아니라 사실 그 자체로써 경험되며, 오그던(Ogden, 1989)이 언급하였듯이, "그저 단순히 존재하는(p. 25)"것으로 경험되는 것이다.

압도되는 위협에 대처하는 생물학적으로 준비된 형태로서, 이러한 경험조직은 나머지 경험으로부터 위협적인 경험을 분열시키고자 하는 원리에 기반한다. 이러한 경험처리는 응집성과 통합을 향한 정상적인 경향과는 대조적으로 경험의 불연속성을 창조하고, 고립시키고, 소위 외상 사건을 신속히 또는 장애물 없이 다루기 위해 고안되는 것처럼 보인다. 클우프트(Kluft, 1992)가 해리에 관해 설명하였듯이, 해리는 "압도된 개인이 의미 있는 행동이나 성공적인 탈출로 괴로움으로부터 벗어날 수 없을 때 대신 정신조직을 변경함으로써, 즉 내적 비행(inward flight)을 통해서 도망치는 것"이다(p. 143). 이런 성향은 후에 분열이나 투사적 동일시처럼 심리적 방어기제로 정교화될 것이며, 개인의 경험과 대인관계를 형성하는 성찰기능의 적극적인 억제가 이루어진 것이다.

그러나 경험의 불연속성과 해리는 단일한 반응이 아니라 대처노력의 스펙트럼이다. 이러한 스펙트럼은 외적 현실의 측면을 '외면'하는 것에서부터 시작해서 의식의 혼탁을 수반하는 해리적 거리두기, 고통이나 다른 불쾌한 정신 상태에 대한 마비, 실어증과 관련된 불연속적인 경험, 극단의 형태인 외부 현실로부터 완전한 철수 또는 내적 경험의 심한 파편화를 포함한다. 이러한 반응유형 중 어떤 반응이 '선택'되는지는 특정 기질적 성향, 위협의 본질, 이전의 대처패턴, 보호요인의 유무(특히, 성찰적 양육자의 유무), 해리의 지속적인 강화물 또는 이상의 모든 것과 얼마나 많은 관련이 있는지는 아직 명확하지 않다.

나는 5장에서 경험 불연속성의 지배적 유형과 다양한 각성 또는 과각성의 정도가 어떻게 중증 성격장애 군집 내에서 다양한 부적응 유형으로 발전하는지 논의할 것이다. 그러나 나는 이 시점에서 특정 내적·외적 단서에 반응하는 데 있어서 성찰기능을 발휘하지 못하는 유아와 아동의 경우, 그들의 대처노력이 어떻게 부적응의 자기강화패턴으로 발전하는지 그리고 또한 그렇지 않은 유아와 아동은 대인관계적 상호작용의 맥락과 영역에서 그리고 내적 경험 면에서 어떻게 성찰 수준의 기능을 발휘하는 쪽으로 발전해 나가는지를 검토할 것이다.

성찰기능은 성찰적인 양육자와의 상호작용이라는 특수한 맥락에서 발달되는 기술이다. 환경적 지지와 아동의 생물학적 준비도 사이의 좋은 균형이 이루어진다면, 후에 다른 영역으로 일반화된다. 그러나 이러한 아동은 특정 대인관계적·내적 맥락에서 적극적으로 해리 또는 억제된 성찰기능의 상태로 전환하며 특정 사회적·발달적 영역에서 성찰기능의 부재를 유지한다. 시간이 지나면서 이런 아동은 분할(fractionation)을 나타내는 타인과의 관계에서 자신에 대한 정신적 표상의 일부를 조직한다. 이러한 정신표상 중 일부는 성찰기능에 의해 얻어지는 절차적 그리고 상징적 방법의 정상적 통합과 함께 부호화되며, 결국 자서전적 이야기로 발전하기도 한다. 그러나 다른 정신적 표상은 낱낱으로, 성찰기능이 결여되어 있고 절차적 반응과 연관되어 보인다. 이런 아동은 분열-편집형 형식으로 조직화한다. 이러한 아동은 위험한 신호에 직면할 때 철수하게 되는 상태에서 자기-타인의 도식의 일부를 형성하게 된다.

이러한 단절된 상태에서 대인관계는 주로 투사적 동일시와 내사적 동일시의 형태로 나타나는데, 이는 분열-편집적인 상태와 대처에 부합하는 대인관계 과정이다(Kernberg, 1987; Klein, 1952a, 1952b; Ogden, 1979, 1982; Spillius, 1994). 이전에 논의했듯이, 이러한 대처형태에서 유아는 위험에 직면하여 해리의 '유사-자율적 반응'을 따른다. 예를 들면, 유아는 주목받지 못할 때나 압도되는 스트레스 상황에서 '멍'해진다. 이러한 해리는 자기에게 위험을 주는 또는 위험을 받는 측면을 분리하려는 노력에 기반을 두고 있으며 위험의 측면을 '제거하거나', 자신의 것으로 인정하지 않음으로써 위험 측면을 통제하는 것이다.

투사적 동일시는 자신의 위협적인 내적 상태에서 벗어나기 위해서 자신의 것으로 인정하기 싫은 느낌과 지각적 · 절차적 전략을 타인으로 하여금 불러일으키게 하는 무의식적 시도이다. 투사적 동일시는 대처기제일뿐만 아니라 관계 방식의 패러다임이다. 투사적 동일시를 받은 사람은 상호작용의 강요당하는 기분을 주관적으로 느낀다. 비온(Bion, 1959, 1962)은 상대방은 어떤 사람의 내적 드라마에 구체적인 역할을 하고 있다고 느낀다고 했다. 마치 상대방은 와해된 애착유형의 유아나 아동이 추구하는 완벽한 수반성을 제공하도록 강요받는 것과 같다.

투사적 동일시를 통해 참을 수 없는 내적 상태에서 벗어나려는 아동의 노력에 양육자 또한 아동처럼 투사적 동일시를 사용함으로써 복잡성은 더해진다. 양육자는 아동의 고통 또는 애착 추구로 인해 오히려 고통을 받으며, 이러한 고통에서 벗어나기 위해서 투사적 동일시를 사용하는데, 아동은 이러한 양육자와 관계를 맺는 것이다.

더구나 아동은 성찰적-상징적 처리를 하지 못하면서 활성화되는 정신표상은 거부되는 내적 상태와 양육자의 투사적 동일시로부터 불러일으키는 상태를 경험한다. 양육자의 투사적 동일시 반응은 주로 양육자의 곤경을 반영한다. 결국, 아동은 자신의 느낌, 의도, 각성 수준(제거하고자 하는 느낌 포함)과 양육자로부터 강제적으로 떠맡겨진 느낌, 양육자의 의도, 각성 수준으로 혼란스러운 정신 상태를 가지게 된다.

3세에서 4세경, 유아의 다양한 대처와 방어기제는 성찰기능으로부터 철수하면서 형성된 경험의 불연속성을 유지하는 방향으로 나아간다. 예를 들면, 분열(splitting)은 구체적인 감정 주변에 조직된 자기와 타인 표상의 부분을 창조하고(Kernberg, 1967), 부인(denial)은 고통스러운 현실의 자각을 없애는 기회를 준다.

그러나 이러한 정신표상이 발전함에 따라 성찰기능의 안내 하에 점진적으로 발달해 나가는 자서전적 이야기를 창조할 수 있는 암묵적-절차적 그리고 명시적-상징적 표상 간의 통합이 차단된다. 연결되지 않는 단절된 자기표상은 위협하는 내적 존재 또는 '자기 소외'가 생기면서 무엇이 자기에 속하는지 그리고 타인이 자기에게 부과한 것이 무엇인지에 관해 혼란스러워 한다(Fonagy & Target, 1995). 이런 아동의 소외감은 통제 불능감을 불러일으키며, 소외감과 위협적인 내적 상태를 처리하기 위해서 타인으로 하여금 이에 부합하게 행동하도록 강요한다.

부모를 면담한 결과(Soloman & George, 1996), 중증 성격장애로 진전되는 아동의 양육자는 아동이 점점 더 관계를 조종한다고 느낀다. 아동은 학령기까지 자주 역할 반전을 하며, 점차적으로 양육자를 양육하는 역할을 수행한다. 그러나 아동이 하는 '양육'은 부적응적인 행동의 형태로 나타나며, 비밀스럽게 양육자를 위로하고 주의를 전환시키며 보호하는 능력에 의해 더욱 강화된다.

환경을 통제하는 운명적인 단계는 3~6세 사이에 점차적으로 명백해진다. 3장에 기술되었듯이, 아동은 그들의 비성찰적이고 해리된 정신 표상을 지지하고 강화시키는 반응을 타인으로 하여금 불러일으키게 함으로써 그들의 예상을 따르게 하면서 현실을 조직하기 시작한다. 성격장애가 발달적 '정지' 또는 '퇴행'에 기반한다는 관점과 반대로, 이러한 관찰은 아동이 비록 부적응일지라도 자기영속적이고 점차적으로 더 복잡한 대처와 조직화된 기제와 함께 독특한 발달적 궤도에 뛰어든다는 것을 설명한다.

환경을 '창조'함으로써 이러한 아이는 무력감, 수동성 그리고 경험적 응집성의 결여를 상쇄할 수 있는 '유사-자기 복원력'을 갖게 된다. 그들은 외상이 성찰기능을 압도하도록 수동적으로 기다리지 않는다. 대신 정신 상태를 이해하는 것으로부터 적극적으로 퇴각한다. 그들은 타인을 진실한 인간 존재로 지각하지 못하고 '괴물'로 변형시키면서 무기력하게 괴로워만 하지 않는다. 대신 그들은 타인으로부터의 비성찰적이고, 절차적인 반응을 불러일으킨다. 요컨대, 이런 아동은 타인으로 하여금 아주 불안하게 해를 당하거나 버려질 것이라는 예상을 하게 하여 타인으로 하여금 싸우거나 또는 도망치는 반응을 적극적으로 이끌어 낸다. 아동이 이렇게 타인을 조종함으로써 그들의 표상세계의 파편화와 분열을 매우 강화하며, 계속해서 성찰기능으로부터의 철회를 필요로 하며, 그들의 삶을 구체적이고, 비성찰적이고, 강요적인 대인관계적 교환으로 조직하게 된다. 이러한 대처와 조직전략은 어느 정도의 비성찰적인 상호작용과 이에 부합하는 정신표상을 활성화시키면서 아동에게 자기복원(이른바, 통제와 통합에 대한 착각)을 제공한다. 성찰적 입장으로부터의 철수는 성찰기능에 의해 제공되는 적응적 능력이 일시적으로 사라지는 상태가 된다. 따라서 이러한 아동은 (1) 안정되고 응집력 있는 자기감의 유지, (2) 행동에 대한 주인의식과 주체감 경험, (3) 자기위로와 감정적 경험을 담아내고 조절, (4) 방향감과 자기한계 설정과 좌절에 대해 인내하는 능력을 형성, (5) 정신 상태를 상호 조절하고 의미의 공유를 통해 타인을 의도가 있고 이해할 만한 대상으로 경험하고 타인과 연결되었다는 느낌을 갖기 위해 고군분투하는 부분을 상실하게 된다.

아동이 학령기에 이르고 청소년기로 나아감에 따라 성찰기능의 철회하는 경향과 연관된 발달적 문제는 좀 더 두드러진 장애로 변하게 된다. 특히, 이러한 청소년에게 심리사회적이고 심리생물학적인 청소년기의 요구의 도래는 강렬한 도전이 된다. 그들은 좀 더 정제된 사회적 구별, 좀 더 복합적이고 복잡한 정신표상의 향상된 통합의 필요 그리고 더 많은 빈도의 정서적으로 강렬한 상호작용에 대한 요구와 고군분투하면서 그들의 대처, 조직화 그리고 관계패턴들은 점차적으로 더 경직되고 자기영속화 된다. 세상에서 독립된 위치를 발견하고, 성적이고 정서적인 친밀감에 관여하기 위하여 가족으로부터 분리해야 되는 사회심리적, 발달적으로 피할 수 없는 과업에 봉착하여 이러한 청소년은 주관적 통제 불능감과 정서적으로 관계 단절감이 증폭된다. 따라서 그들은 좀 더 경직되게 주관적 경험을 조직화해야 하며, 내적 확신과 표상적 모델을 확증하고, 타당화 시키고, 강화해 주는 대인관계적 반응들은 불러일으킬 필요를 더 강하게 느낀다. 그들은 필사적으로 통제의 환상과 타인의 관계에 대한 불안정성을 고수한다.

어떤 청소년은 간헐적으로 성찰기능의 철수로 인해 분열-편집형의 불연속성과 절차적 반응들을 보이며, 대처하기, 경험하기, 관계 맺기의 특정 패턴을 형성하게 되고 강화하며, 또한 이러한 환경을 형성하고 강화한다. 이러한 환경의 형성은 가족을 넘어서 학교나 이웃, 보호서비스, 정신건강체계 그리고/또는 청소년사법관계자에까지 확장된다. 가차 없이, 그들의 기능의 범위를 제한되게 하고 발달적 기회의 이점을 이용할 수 없게 하는 단단한 거미줄과 같은 대인관계적 그리고 사회적 반응에 얽히게 된다.

5장과 6장에서 나는 이러한 각본이 어떻게 극적 또는 중증 성격장애의 특정 문제 패턴들을 이끄는지 기술할 것이다.

제5장
❖❖❖❖❖❖❖❖❖❖❖❖
반사회성 그리고 자기애성
아동과 청소년

중증 성격장애로 발전하는 아동과 청소년의 경우, 부적응과 임상적 주의
를 요하는 경로에서 공통적인 특성을 공유함에도 불구하고, 각 장애마다 두
드러지는 다양한 증상과 기능수준을 보인다. 정신장애 진단 및 통계편람
(DSM-Ⅳ)(American Psychiatric Association, 1994)은 극적인 성격장애 군집 내
에 여러 하위유형을 확인하면서 기질적 강점과 취약성이 발달적 요인 및 환
경적 요인과 상호작용하여 다양한 조합을 나타내고 있음을 보여 준다([그림
5-1] 참조). 이 장에서는 반사회성(냉혹한), 자기애성 형태에 대해 기술한다.
겉으로 볼 때 반사회성 아동은 죄책감에 의해 방해받지 않으며 타인에게 많
은 고통을 준다. 이와는 대조적으로, 자기애성, 연극성 청소년은 타인의 관
심을 갈망한다(6장에서 기술할 것임).

❧ 잔혹한 자기애성 아동

잔혹한 자기애성 아동 · 청소년(주로 소년)은 타인을 무기력한 희생자들로

학대	학대		학대

↓ 각성적
  약탈적
			↑ 각성적
			  충동적/자기파괴적

↑ 해리	해리		↑ 해리

반사회성	자기애성	연극성	경계선

해리성 장애들   해리성 장애들
PTSD   PTSD

물질남용 —————————————————————————————→
우울 ————————————————————————————————→
ADHD ———————————————————————————————→
발달적 읽기 장애 ————————————————————————→
　　　　불안장애들 ——————————————————————→
　　　　거식증 ————————————————————————→
　　　　　　　　　폭식증 ———————————————————→
　　　　　　　　　신체화장애 ——————————————→
　　　　　　　　　기분장애 ————————————————→

[그림 5-1] 군집 B (극적) 성격장애들

바꾸며 통제감의 환상을 창조하려는 절망적인 노력을 하면서 정상적인 애착에 대한 커지는 욕구와 관련된 그들의 경험(예; 취약성, 상처, 또는 무력감 경험)에 반응한다(Bleiberg, 1984, 1988). 그들은 환상적인 통제감이 위협당하거나 공격당하거나 비난받을 것 같고, 그들의 부족함이 드러나거나 통제감 유지의 실패로 인해서 고통스런 굴욕감이나 악의적 비판을 받을 것 같은 환경을 신중하게 확인한다. 또한, 타인도 자신과 똑같이 잔혹하고 연민이 없을 것이라고 예상한다. 타인에게 의존하거나 양육자로부터 안전한 보호를 받거나 편안함을 느끼려는 노력이 오히려 더 큰 고통을 초래하는 것이라고 여긴다. 반면에, 마치 살아남기 위해서는 타인을 조종하고, '강해져야 하며', 자기 자신만을 의존하고, 취약성과 타인에 대한 의존심을 부인해야 된다고 확신하는 것 같다. 그러나 이러한 살아남기 방법은 더 큰 대가를 치르게 된다. 누가 봐도 알 수 있는 그들의 조숙함은 그들로 하여금 성인의 축소 모형 같은

외모를 가지게 하지만 그들은 보호자, 위로자, 한계 설정자 또는 실제에 대한 효율적인 해석자로서의 진짜 어른을 거의 경험하지 못한다. 그들은 슬픔, 후회를 중요하게 자각하기보다는 환상적인 자기충족감을 고수하는 데 열중한다.

이들은 살아남기 위해서 타인을 경계하고, 채찍질해야 한다는 확신을 가지면서 더 깊은 적개심을 갖게 된다. 희생자에 대해 냉담하고 무례하며 인간의 온정에 대해 무관심하다. 노쉬피츠(Noshpitz, 1984)는 잔혹한 자기애성 청소년은 잘못된 행동에 대해 비판을 받을 때, "후회하기보다는 오만하고, 의기소침하지 않고, 화를 내며, 사과하거나 죄책감을 느끼기보다는 거만하고 지나친 요구를 한다."고 기술했다(p. 17).

불행하게도, 이 분야에서는 무자비한 자기애성 아동과 청소년을 '반사회성 성격'으로 명명하는 것에서 상당한 주저함이 있다. 정신장애 진단 및 통계편람(DSM-Ⅳ)의 진단적 준거에 따르면, 15세 이전의 발병과 함께 적어도 18세에는 품행장애의 증거가 발현되어야 한다는 구체적인 요구사항이 있다. 따라서 잔혹한 자기애성 아동·청소년은 전형적으로 '품행장애'로 진단을 받는다.

그러나 정신장애 진단 및 통계편람(DSM-Ⅳ)의 품행장애에 대한 진단적 준거는 관계패턴, 대처기제 또는 주관적 경험의 조직과 같이 성격 특성을 발달시키는 자료들을 의도적으로 고려하지 않았다. 대신에 정신장애 진단 및 통계편람(DSM-Ⅳ)은 "타인의 기본적 권리 또는 주요한 연령에 적절한 사회적 규칙을 어기는 행동의 패턴이 반복적이고 지속적으로 일어나는 것"에 초점을 두고 있다(American Psychiatric Association, 1994, p. 90). 당시, 정신장애 진단 및 통계편람(DSM-Ⅳ)은 오직 발병 연령에 따른 하위유형을 허용했다. 이는 아동기에 발병한 반사회적이고 공격적인 행동은 성인의 반사회적 성격의 예측요인이라는 연구 결과에 기반한다(Farrington, 1983; Farrington, Loeber, & van Kammen, 1990; Robins, 1981).

불행히도 감정적 유대를 형성하고 타인을 염려할 수 있는 능력(DSM-Ⅲ-R

의 기준에 따른 품행장애 중 사회화된 품행장애와 사회화되지 못한 품행장애 사이에 구별을 해 주는 기본 능력; American Psychiatric Association, 1987)과 같은 성격발달의 어떤 차원은 적절하지 못한 경험적 자료들 때문에 탈락되었다. '품행장애'라고 명명하는 것은 내적 상태 혹은 발달하는 심리조직, 사실상 나중에 언급하겠지만, 아동이 성찰능력으로부터의 단절을 강화하고 악화시키는 사회적 반응을 고려하는 것에서는 벗어나 있다.

그러나 소년범 연구에서 계속되는 합의점은 정신장애 진단 및 통계편람(DSM-IV)의 품행장애 범주는 병리적 요인을 확인하거나 또는 예방 또는 치료적 개입을 확인하는 데 거의 도움이 되지 못한다는 것이다(Lewis, Yeager, Lovely, Stein, & Cobham-Protorreal, 1994; Steiner, Cauffman, & Duxbury, 1999). 러터와 길러(Rutter & Giller, 1983), 러터와 동료들(Rutter et al., 1998) 그리고 스테이너와 동료들(Steiner et al., 1999)은 성격 문제의 정도와 유형에 초점을 두는 것이 좀 더 적절한 치료와 예방에 대한 가능성을 제공한다고 주장했다. 스테이너와 동료들은 성격 문제의 정도와 유형에 초점을 두는 것은 소년범 치료에서 재활보다는 징벌을 강조하는 현재 분위기를 반박하는 것이라고 제안했다.

성인 반사회성과 아동 반사회성 간에 좀 더 세밀한 구별이 필요하다. 클리닉에 의뢰된 모든 아동과 청소년 중 1/3 또는 1/2은 공격적인 반사회성 행동(Robins, 1981)으로 진단받아 오지만, 반사회성 청소년의 1/2 이하만이 반사회성 성인이 된다는 점을 고려해야 한다(Farrington, 1983). 볼프강, 피글리오와 셀린(Wolfgang, Figlio, & Sellin, 1972)은 그들의 의미 있는 연구에서 아동기와 청소년기의 반사회성 행동은 보편적인 것이며, 전체 청소년의 오직 6%만이 지역사회에서의 범죄자 중 52%를 차지한다고 했다. 나는 만성적인 범죄자가 주로 아동기 중증 성격장애를 가졌으며, 이들 중 일부는 반사회성-자기애성 성격장애가 형성되는 과정에서의 잔혹함을 보이는 아동·청소년이었다고 제안한다.

☙ 잔혹함으로 가는 길

　이러한 청소년의 경우, 부적응의 발달적 병리에 토대가 되는 여러 단계가 있다. 첫째, 그들은 정상적으로 애착을 촉발시키는 내적 상태를 외면한다. 스트레스, 고통, 취약성, 친밀함, 위로, 편안함에 대한 욕구를 외면한다. 그들은 적극적으로 성찰기능을 억제한다. 애착을 촉발시키는 내적 상태나 애착에 대한 애원이 취약성을 감소시키기보다는 오히려 취약성을 증가시킨다는 것을 경험하기 때문이다. 그들의 애원은 늘 무시당하고, 안전한 친밀감을 얻기 위한 노력은 조롱당했다. 또한 그들은 양육자로부터 유기와 학대를 유발시키며, 양육자로부터 파괴적이고 성찰적이지 않은 정신 상태를 이끌어 낸다. 이런 아동들 중 일부는 처음에는 회피애착 패턴으로 발전해 나갈 것이며, 취약한 내적 상태에 주의를 기울이지 않고 환경을 조종하거나 통제하는 데 집중한다. 이러한 회피 대처 노력이 붕괴될 때 와해된 애착패턴으로 발전해 나간다.

　이런 아동은 자신의 애착욕구에 대해서 성찰기능의 적극적인 억제로 대응하며, 이후에 신체적 그리고/또는 심리적 학대에 대해 마비라는 특정 방식으로 반응한다. 레노르 테르(Lenore Terr, 1991)는 한 소년이 고통, 무기력, 슬픔 그리고 취약성과 관련된 자기측면을 어떻게 없애는지에 관해서 포착했다. 예를 들면, 만성적으로 학대당한 소년은 결국 엄마와 계부의 집에서 떠나 숙모 집으로 가게 된다. 테르는 이 사례에 대해 다음과 같이 통렬하게 기술하고 있다.

　　프레더릭이 엄마와 계부의 집을 떠나 숙모 집으로 보내진 당시 그의 나이는 7살이었다. 엄마는 남편의 불륜을 잡기 위해서 녹음기를 준비해 두었는데, 프레더릭 엄마가 야간업무를 하는 동안, 계부가 프레더릭을 벽으로 내던진 사건이 녹음되었다. 프레더릭은 두 번의 응급실 방문과 보호서비스 조사를 받았을 때조차 어떤 누구에게도 이러한 학대 사실을 얘기하지 않았다.

숙모가 프레더릭을 보호하던 어느 날, 프레더릭은 운동장을 내려다보다가 피를 보았다. 프레더릭은 몇 초 동안 다친 친구를 찾아보았지만 사실은 피 흘린 사람이 바로 프레더릭 자신이라는 것을 깨달았다. 그때 소년은 그가 고통을 느낄 수 없다는 것을 알았다.

치료 시간에 나는 프레더릭에게 이런 일이 어떻게 일어났는지 질문했더니 프레더릭은 "그냥 일어났어요."라고 말했다. "나는 엄마의 무릎에 머리를 베고 누워 소풍가는 상상을 해요."라고 말했다. "맨 처음 계부가 나를 때렸을 때 상처가 많이 났어요. 하지만 나는 엄마의 무릎에 누워 있는 나를 보았어요(상상 속에서). 위스톤(계부)은 나를 그런 식으로 때릴 수 없어요. 나는 엄마 무릎 위에 누워 있기 때문에 울거나 소리를 지르거나 할 필요가 없어요. 나는 어떤 곳에도 갈 수 있고 상처받지도 않아요. 위스톤이 나를 얼마나 많이 때렸는지 몰라요. 위스톤이 저를 때린 것에 크게 신경 쓰지 않았어요. 당신에게 얘기했듯이, 처음에는 엄마의 무릎으로 소풍을 가요. 지금은 어떤 것이 나를 피 나게 하면 언제나 엄마 무릎을 떠올려요. 그러면 어떤 고통도 느끼지 못해요."(p. 17).

프레더릭처럼 학대를 당한 아동은 고통, 공포, 무기력으로부터 도망치기 위해 적극적으로 자기 최면상태를 유발할 수 있다. 학대당한 아동은 장기간의 부적응이라는 길에 접어들게 되며, 이러한 자동적인 해리는 신체감각에 대한 무감각뿐만 아니라 극도의 정서적 거리두기의 토대가 된다.

아동이 자기최면 상태를 발달시키는 데 있어 해리에 대한 타고난 능력과 초기에 두뇌가 해리의 방향으로 형성되는 것(이전에 언급)이 중요한 역할을 한다. 연구들은 신체정신적 마비의 기저가 되는 신경생물학적 소인과 반복된 외상에 의해 초래된 생물학적 변화에 대해 정교화하려고 시도하고 있다 (van der Kolk et al., 1997).

그러나 프레더릭의 사례에서 보면, 프레더릭이 성찰기능에 의해 자신을 보호할 수 있음을 보여 준다. 프레더릭은 성찰적 양육자가 프레더릭을 위로해 주고 고통에서 벗어날 수 있도록 도와주는 이미지를 떠올릴 능력이 있다. 틀림없이, 프레더릭은 이런 성찰능력이 없는 다른 소년보다는 더 좋은 예후를 보일 것이다. 왜냐하면 프레더릭은 자신의 정신활동에 대해 성찰하고 자신의 내적 상태를 언어적으로 의미 있게 전달하는 능력을 가지고 있기 때문이다. 프레더릭은 기질적 강점을 가졌으며, 어떤 시점에서는 양육자가 프레더릭을 의도가 있는 존재로 대해 준 경험이 있었기 때문에 이러한 성찰능력을 가질 수 있었다.

우리가 이 장과 6장에서 볼 수 있듯이, 고통(신체적 · 정신적 고통)을 마비시키는 능력은 중복되는 두 가지 다른 결과를 초래할 수 있다. 프레더릭이 보여 준 패턴의 경우, 고통의 마비와 자기최면은 취약성 또는 무력감이라는 구체적인 유발 인자에 의해 촉발되며 자기-무감각, 겉으로 분명하지 않은 고통, 정서적 거리 두기와 연관된다. 이러한 패턴을 보이는 사람을 대상으로 피부 경련 반응, 심장 박동률 그리고 혈압을 측정해 보면, 심리생물학적 반응성이 결여되어 있다(Steiner et al., 1999). 두 번째 패턴으로 고통의 마비와 자기최면은 경계선 개인의 특징 중의 하나로, 주관적인 통제 불능감, 충동성, 과각성 그리고 겉으로 드러나는 강렬한 정서 및 고통(정신적 마비와 무감각에 의해 초래된 "내면이 죽은 것" 같은 고통 포함)과 관련이 깊다는 것이다.

이상의 구별된 두 가지 패턴은 비행 및 공격 행동 모델과 일치하며, 최근에 이루어진 동물모델 연구와 비행 전에 나타나는 공격성에 관한 연구에 의해 지지되었다. 비행 및 공격 행동 모델에서는 남을 약탈하는 폭력과 감정적 폭력 사이를 구분한다(Dodge, 1991; Vitiello & Stoff, 1997; Wasman & Flynn, 1962). 감정적 공격성의 특징으로는 증가된 자율신경계의 각성 반응, 위협적 또는 방어적 자세 그리고 말로 표현하는 것을 들 수 있다. 전형적으로 반응적이고 상황적이지만 언제나 목표지향적인 것은 아니다. 이에 반해, 약탈하는 공격성은 자율신경계의 활성화가 제한적인 혹은 전혀 일어나지 않거나, 남을 따라다니며 괴롭히고, 어떤 특별한 자세를 취하지도 않고, 거의 말로 표현되지 않지만 명백히 목표지향적이다.

이러한 구별은 멜로이(Meloy, 1988)의 유형 I 또는 유형 II의 폭력 범주와 부합한다. 좀 더 일반적인 유형 I 공격성은 최소한의 자극에도 통제할 수 없는 적개심의 상태로 행동화되는 충동적인 공격으로 구성된다. 그러나 유형 II 공격성은 주의 깊은 계획 하에 이루어진 공격성을 포함한다.

반사회성 행동의 대부분의 표본에서 특히 약탈자 유형의 소년이 우세한 것은 다음과 같은 질문을 야기한다. 소년이 일반적으로 폭력과 특히 반사회적인 발달에서 더 취약할 수 있는 타고난 신경생물학적 소인이 있는가? 폭력에서의 남녀 차이는 남성과 여성 사이의 생물학적 차이, 즉 테스토스테론 수준에서의 남녀 차이 등에 의해 설명될 수 있다. 그러나 지난 10년 동안, 여자 청소년의 범죄 행위와 폭력(약탈적 공격 포함)이 급격한 증가를 보였다. 이는 폭력의 남녀 차이가 타고난 신경생물학적 소인 때문이 아니라, 부분적으로는 양육패턴의 차이 그리고 공격성이 표현되는 다양한 방식에 대한 문화적 강화가 매개할 수 있음을 제안한다. 반사회성으로 진단받은 소년과 비슷한 역사를 가진 소녀의 경우에는 종종 경계선으로 진단되며, 자살시도, 자해 그리고 자신을 학대하는 파트너를 선택할 가능성이 높다.

스타이너와 동료들(Steiner et al., 1999)은 약탈적인 폭력과 충동적인 폭력이라는 이분법적 분류에 대해서 타당화를 제공했다. 그들의 연구는 청소년 범죄자를 대상으로 두 가지 차원인 고통과 억제 측면을 평가하여 4개의 하위집단으로 구분하였다. 낮은 수준의 고통/낮은 수준의 억제 집단의 경우 '비반응적' 집단으로, 이 집단은 석방 후 재범으로 구속될 가능성이 가장 높은 청소년이 포함된다. 낮은 수준의 고통/높은 수준의 억제 집단의 경우, '약탈하는' 동물모델에서 보여 주는 통제된 공격성을 연상시킨다. 이러한 청소년은 다른 하위집단보다 범죄는 덜 저지를 수 있지만 더 잔인한 범죄를 저지른다. 이러한 '비반응적'인 청소년의 발달적 선행요소를 살펴보면, 와해된 애착패턴 그리고 회피적 애착패턴과 와해된 애착패턴의 혼재가 있다. 이러한 초기 애착패턴에 관한 연구(Sroufe, 1989)는 회피 애착과 그 이후에 나타나는 특징들(타인의 느낌에 대한 최소한의 인식, 타인에 대한 적대감, 착취, 타인을 신체적, 언어적으로 지배하고자 하는 시도) 간의 관계를 설명하고자 노력했다.

그러나 애착과 타인의 마음에 반영된 개인의 의도를 발견하는 데 있어 생물학적으로 준비된 기질은 사라지기 어렵다. 웃고 있는 고양이처럼, 애착을 추구하고 성찰적 상호주관성에 관여하고자 하는 열망은 반응에 대한 숨죽인 갈망을 담은 어색한 미소 뒤에 남겨진다. 오히려 위협 또는 반응없음으로 애착추구가 높아지면서 악순환이 가동된다. 즉, 학대와 방임은 취약성과 고통에 대한 적극적인 단절과 유대감을 촉발시키는 애착에 대한 갈망을 환기시킨다.

프레더릭의 사례처럼, 학대적인 상호작용은 성찰기능의 차단으로 야기된 단절된 상태로 처리되고 저장된다. 친밀과 의존에 대한 소망 그리고 학대적 관계에서 경험된 고통과 취약성은 구체적이고 비성찰적 도식으로 처리되며, 자기와 타인에 대한 통합된 성찰적–상징적 표상으로부터 분리된다. 이러한 비성찰적 도식은 학대적 상호작용의 정서적·지각적·운동적 정보 그리고 학대적 사건의 추이(Stern, 1995)를 포함한다. 이러한 시나리오에서는 인간적 느낌도 없고, 아동의 고통에 대해 동요도 없고, 두려워하고 무기력한 아동을 파괴하는 데 열중하는 사악한 타인의 존재만이 표상되어 있다.

이러한 도식이 지배적인 아동은 타인을 정신 상태를 의사소통함으로써 영향 받을 수 있는 존재로 여길 수 없다. 이곳은 정신화 이전의 세계 또는 성찰 이전의 세계이며, 행동은 성찰 또는 의미에 의해 얽매이지 않고, 수정되지도 않으며, 현실에 대한 하나 이상의 설명은 있을 수 없다. 이러한 아동은 다양한 관점을 고려하거나, 태도를 바꾸거나, 상황에 대한 공유된 이해를 만들어 나가는 것은 성취할 수 없으며, 상상도 못할 일이다. 이런 조건에서는 대인관계 상황에서 성찰기능에 의한 유연성과 상호조절은 이루어지지 못하고, 강압적 시도에 의한 경직되고, 비성찰적인 상호작용 패턴이 나타난다. 패터슨과 동료들은 강압적인 부모–자녀 상호작용의 악순환이 어떻게 품행장애와 폭력을 초래하는지 보여 주는 강력한 증거를 수립해 왔다(Patterson, 1982; Patterson et al., 1989).

이러한 부모-아동 간의 강압적인 순환의 상호작용적 본질은 가족 내에서 일관성 있는 부모양육 행동의 결여가 나타나고 있다는 것을 말한다(Holden & Miller, 1999). 부모-아동 간의 강압적인 순환은 부모나 아동이 가진 각 개인의 특성이기보다는 특정 부모-아동 간의 관계 측면이다. 부모는 아동의 잘못된 행동이 악의적이고 고의적으로 부모를 해하려는 목적을 가지고 있기에 신체적으로, 정서적으로 처벌해야 한다고 경험하기 때문에 아동에 대해 강압적 행동을 한다(Webster-Stratton & Herbert, 1994). 부모는 아동과 가족에 대해 부정적 기대를 품으며, 부모로서의 역할에서 통제권을 잃었다고 느낀다(Baden & Howe, 1992; Johnson, 1996; Sanders & Dadds, 1992).

부모는 성찰기능을 억제한 채 아동의 특별한 단서에 반응하는 경향이 있다. 이어지는 부모-아동 간의 강압적인 순환은 아동에게 관계모델을 제공한다. 이 관계모델은 높은 수준의 취약성을 알려 주는 내적 또는 대인관계 단서에 반응하면서 공격성과 강압적 대인관계 패턴을 강화한다.

아동은 양육자에게 애착을 갈구하고, 강압적인 양육자(거부적이고, 회피적이고, 위협적이고, 강압적이고, 예측할 수 없는 학대를 하고, 굴욕을 줌)와 상호작용을 하는 동안, 고통 받고, 의존적이고 취약한 자기의 측면을 형성한다. 이러한 아동은 자기와 타인에 대한 비성찰적 도식을 형성하게 된다. 이러한 도식은 성찰기능(암묵적-절차적 처리와 명시적-상징적 처리 간의 통합)을 활용하지 못하기 때문에 자서전적인 표상으로부터 분리된다. 그래서 삶, 경험 그리고 관계는 심적 공허감의 상태에서 일어나고, 자기감의 불연속성을 만들어 낸다. 그들이 성찰될 수 없거나 처리되지 못했기에 견딜 수 없는 공포의 상태에서 아동을 도발시키고, 점령하고, 가두겠다고 위협하는 외계인 혹은 유령을 경험하면서 자기감에서 불연속성이 형성된다. 이러한 자기경험을 포나기와 타깃(Fonagy & Target, 1995, 2000)은 4장에서 논의했듯이, '이질적인 자기'라고 설명하였다.

아동이 내적 괴로움으로부터 '탈출'하는 유일한 방법은 이러한 도식을 외재화 하기 위해 과정적으로 비성찰적 그리고 강압적 전략을 만들어 내면서 살아가는 것이다. 이들은 대인관계 세계에서 이러한 도식을 적극적으로 재연한다. 아동은 강압적 패턴의 활성화로 이러한 경향이 더 쉽다. 자기의 소유되지 않은 측면이나 해리된 측면을 외재화하는 것은 중증 성격장애로 가는 경로이다.

아주 어린 나이부터 자기애성-반사회성 성격장애로 발전하는 아동은 결코 실행될 수 없는 통제에 대한 과도한 요구를 한다(Egan & Kernberg, 1984). 심지어 그들은 요구가 만족될 때조차 감사함을 느끼지 못하고, 계속 지시하면서 가족의 분위기를 좌지우지한다. 노쉬피츠(Noshpitz, 1984)는 이런 아동은 자신의 뜻대로 되도록 고집부리며 부모도 자신을 다룰 수 없다고 여긴다고 했다. 이러한 아동은 모든 사람의 관심을 받기 위해 고군분투하며 모든 이의 관심을 받지 못해 좌절할 때, 갑자기 걷잡을 수 없는 큰 분노가 생긴다.

이러한 아동이 학교에 들어가면 자신의 취약함을 드러내지 못하기 때문에 학업상 문제를 겪는다. 자신의 한계점을 알 수 없고, 교사의 도움도 수용할 수 없기 때문에 단점을 인정하기보다는 공부하기를 거부하는 태도를 취한다. 결국 교사는 좌절한다. 언어적 재능과 매력이 있기 때문에 주변 사람은 이들의 학업 성취에 큰 기대를 갖게 된다. 그러나 언어적 명석함은 종종 기본적으로 텅 빈 주지화나 말장난으로 표현된다. 허풍과 거짓말은 계속해서 문제를 보이는 주의집중의 어려움과 실제 문제해결에서 이들의 어려움을 감추어 준다. 이들에게 언어는 과시와 조종의 도구가 되며, 수치심, 시기 그리고 취약성에 대한 방어이며, 사람을 통제하고, 겁먹게 하고, 사람과 거리를 유지하게 하는 방어일 뿐이다.

이러한 아동은 통제에 대한 환상을 가지고 있는데, 통제에 대한 환상은 자신의 견딜 수 없는 무력감과 취약성을 타인으로부터 이끌어 내는 능력에 의해 유지된다. 그들은 두려워하고 소유하지 못하는 자기경험을 타인에게 부과함으로써 두렵고 소유하지 못한 자기경험을 '제거'하며, 그들의 취약성은 수동적으로 고통을 받는 것보다 통제되고 이겨 낼 수 있다는 환상을 성취하게 된다. 그들은 타인을 통제하고 협박함으로써 그들의 힘과 불사신으로서의 자신을 확인한다.

그러나 이런 아동의 공격성과 강압적인 행동은 얼마나 고통스러운 감정에 적응적으로 반응하기가 어려운지를 잘 보여 준다. 고통스러운 감정은 정상적으로는 애착체계의 활성화를 이끈다. 하지만 이런 경우, 고통은 오히려 애착과 성찰기능의 철회를 초래한다. 이들은 편협하고 경직된 전략들만 사용하기 때문에 강력한 부정적 감정을 조절하지 못한다. 따라서 이러한 아동의 공격성과 강압적 행동은 또래 친구로부터 거부당할 가능성을 높이며, 대안적 애착을 발견하거나 초기 관계 문제의 부정적 영향을 상쇄시킬 능력을 손상시킨다. 곧 친구뿐만 아니라 교사 그리고 학교 체제에서의 다른 어른과 강압적인 관계를 순환한다. 이들은 종종 따돌림을 주도하는 가해자(Farrington, 1993)가 되고, 배척당하기도 하며, 정상에서 벗어난 또래 집단에 들어갈 가능성이 높다. 정상에서 벗어난 또래와 연합하는 것은 반사회성 행동을 강화하는 것이며, 물질남용과 비행의 길을 열어 주는 것이다(Dishion, Andrews, & Crosby, 1995).

조의 실례를 살펴보자. 조가 치료를 받기 시작할 때가 13세였으며, 한 부모와 살았는데, 부모는 그가 8살 때 이혼했다. 조가 4살 때 남동생이 태어났지만 선천성 심장기형으로 생후 10개월 만에 죽었다.

반사회성 행동이 감소되지 않아 조는 퇴원 후 몇 년 동안 거주형 치료를 받았다. 그는 마리화나, 코카인 그리고 알코올 등 다양한 약물을 남용했다. 그는 가게 물건을 슬쩍하거나 좀도둑질을 했다. 학교에서 그는 가해자이며 관심을 요구하는 과시적인 광대이며, 학교의 규율을 따르는 것을 거부했다. 약물을 사용할 수 없을 때에는 할아버지 컨트리 클럽에서 100달러 상당의 햄버거를 게걸스럽게 먹기도 했다.

부모의 결혼생활은 폭풍전야처럼 위태로웠으며, 조의 아버지는 폭음뿐만 아니라 가족(조와 그의 어머니)에게 야만적인 폭력을 가했다. 어릴 때, 조는 거의 매일 부모님이 싸우는 것을 목격했다. 때때로 아버지가 어머니를 때리는 것을 막기 위해서 아버지의 주의를 다른 곳으로 돌리려고 부단히 노력했다. 그가 아버지의 주의를 전환시키는 데 성공할 때면 아버지는 조에게 분노를 분출하거나 알코올 상태로 인사불성이 되어서 기절하곤 했다. 조는 아버지가 기절한 후에 아버지 손에 있는 담배를 뺏거나, 아버지가 만취해서 차바퀴 밑에서 목만 끄덕일 때 걱정스럽게 쳐다보기도 했다. 또한 조의 아버지는 조가 약물과 알코올을 하도록 부추겼다. 조의 어머니는 연극배우로서 자신의 경력에 많은 에너지를 쏟았지만 남편의 학대로 인해 정서적으로 고갈되었으며, 조를 거의 지원해 주지 않고 보호해 주지도 못했다.

조는 외모가 출중했고, 매력적인 소년으로 실제 나이보다 몇 년은 더 조숙해 보였다. 그의 날카로운 위트와 언어적 능수능란함은 매력을 발산하는 데 실수가 없었고, 대인관계적 뉘앙스에 굉장히 민감하고 다른 사람으로부터 원하는 반응을 얻어내는 방법을 민첩하게 알았기에 쉽게 반응을 유발해 냈다.

치료 초기부터 조는 회피적 자세를 취했다. 조는 내가 '동성애자'인지를 묻는 조롱 섞인 질문과 함께 조의 마음을 읽기 위해 안달하고 무기력해 하는 나의 모습에 경멸의 반응까지 보였다(조가 무엇을 말하고자 하는지 명료화하기 위해 부드럽게 시도한 것에 대한 그의 반응). 그러나 내가 조의 이면에 있는 무망감을 알아차리고 조가 학교에서 '체면을 세울' 수 있도록 도와준 이후로 나에게 좀 더 편안함을 느끼기 시작했고, 심지어 치료 시간에 대한 기대를 보이기까지 했다. 그러나 조는 친밀감에 대한 바람을 견디기 어려워했다. 따라서 나의 '실수'를 샅샅이 찾기 시작했다(예, 내가 그를 방해하거나 또는 그의 공간을 침해하는 경우). 내가 실수할 때 조는 계속해서 증오를 드러냈다. 그리고 나서 나에게 거주형 치료센터에서 도망쳐 내 집을 찾아가("당신이 알다시피, 나는 좋은 자원이 있어서 당신 집을 찾을 수 있어요."), 내 부인을 강간하고 아이들을 천천히 코카인 정맥 주사로 죽인 후에 집에 불을 지를 거라는 계획을 알려 주었다. 조는 내 생명을 살려서 내가 사랑하는 모든 것을 잃은 것에 대해 어떻게 고통스러워하는지 그 모습을 직접 지켜볼 것이라고 말했다.

장황한 열변은 조에게 친밀감이 어떤 것을 불러일으키는지에 관해 많은 것을 드러낸다. 조에게 친밀감은 그의 가정/신체가 침해되거나 파괴된다는 느낌, 전체적으로 황폐화를 이끄는 고통스럽고 끔찍한 느낌을 촉발시키는 침입받는 기분, 나의 소유물과 대인관계에 대한 시기심, 그 자신만 모든 것을 박탈된 것에 대한 적개심, 나의 사랑과 관심을 받는 모든 가능한 경쟁자를 제거하고자 하는 과도한 고투 그리고 동시에 나를 그와 같이 외롭고, 빈곤하고, 박탈된 채로 남기고 싶은 마음을 불러일으켰다.

이 책의 치료 영역에서 나는 아동과 치료자를 조력하는 개입모델에 대해 논의할 것이다. 이러한 아동이 타인을 신뢰하는 것을 고려하기 시작할 때 필수불가결하게 따르게 되는 환자의 역기능의 악화를 견딜 수 있도록 환자와 치료자를 도와주는 개입모델에 대해 논의할 것이다. 그러나 지금 명백한 점은 조가 스스로 강력한 반응이 일어나는 것처럼 사실 다른 사람으로부터 강렬한 반응을 불러일으킨다는 것이다. 치료자, 양육자, 친구, 교사 등은 이런 아동으로부터 비성찰적 사격에 시달림으로써 비성찰적 반응, 투쟁-도피 반응을 하기 쉽고, 이러한 아동의 조절되지 않은 형식에 '부합'하는 경향이 있다. 이러한 아동의 치료자, 교사, 보호 관찰관, 주변 사람들은 전형적으로 아동과 만나면서 공포를 경험하며, 바보가 된 것처럼 느끼게 되고, 모욕감을 느끼며, 아동을 복종시키고 싶고, 노골적으로 상처 주고 싶은 바람을 가지게 된다. 아동이 주변 사람을 협박하고, 모욕 주고, 복종시키는 것과 함께 상응하여 주변 사람도 이와 같은 경험을 하게 되는 것이다.

다른 사람은 이런 아동이 불러일으키는 내적 상태와 동일시할 수 있으며, 본능적 수준에서 무가치감, 무기력, 패배감을 경험하게 된다. 이러한 아동·청소년은 좀 더 파괴적인 미묘한 방법으로 타인을 조종하고, 자신의 취약성을 부인하며, 규칙을 어기면서 '취약성으로부터 회피하려는' 무의식적인 선망을 보이며, 암암리에 반사회성 행동을 한다. 이러한 반응을 클라인은 투사적 동일시(Klein, 1952a)로 설명했고, 스필리우스(Spillius, 1992)는 '불러일으키는 투사적 동일시'로 명명했으며, 가바드(Gabbard, 1995)는 정신분석문헌에서 대두되는 현대의 투사적 동일시의 관점을 정확하게 기술한 바 있다. 가바드(Gabbard, 1995)의 요약에 의하면, 투사적 동일시는 타인에게 자기의 측면을 '두고' 타인에게 투사한 부분을 동일시하도록 강요하는 대인관계적 압력을 행함으로써 자기의 측면을 부인하는 것이다.

나는 9장에서 환자의 투사적 노력의 치료적 함의에 대해서 논의할 것이다. 여기에서는 이러한 아동이 타인에게 불러일으키는 반응의 본질에 대해 주의를 기울이고자 한다. 치료자의 역전이는 이런 아동이 부적응을 형성하고 강화하는 환경을 어떻게 조성하는지에 관해서 이해하도록 한다. 이러한 아동·청소년은 일관성 있게 타인으로 하여금 처벌적, 복종적, 격분한, 공모적인 반응을 불러일으킨다. 그러나 이러한 다양한 반응의 공통요인은 타인이 아동·청소년의 비성찰적인 행동에 대해 비성찰적이고, 구체적이고, 절차적 반응을 하는 경향이 있다는 것이다. 더구나, 타인의 이러한 반응은 아동·청소년의 행동의 기저에 있는 정신 상태에 대한 어떠한 고려도 하지 않으면서 이루어진다는 점이다. 이렇게 타인과의 비성찰적 상호작용의 주고받음은 성찰기능의 상실을 강화하고 악화시킨다.

조의 사례를 통하여 이러한 아동이 냉담하고 타인의 느낌을 무시하는 것은 타인의 감정에 대한 자각의 결여를 반영함을 알 수 있다. 이러한 의견과 맥을 같이하며, 가바드(Gabbard, 1989)는 이러한 아동은 무감각형 자기애 유형(oblivious type of narcissist)으로, 오만함, 공격성 그리고 타인에 대한 철저한 무감각을 드러내는 자기몰두의 특징을 보인다고 언급했다.

조와 같은 아동은 평범하게 보일 수 있지만 자세히 살펴보면, 임박한 위험의 단서를 찾기 위해 환경을 주의 깊게 훑어보며 절묘하게 타인의 동기와 취약점을 알아차리는 것을 알 수 있다. 때때로, 툴리(Tooley, 1975)가 언급하는 것처럼 이런 아동은 "냉정하고 확신에 차 있고 매력적인 냉철한 현실 검증 능력과 대인관계 상황에 대해 약삭빠른 평가를 한다."(p. 307). 그들은 환경을 조정하기 위해서 '분노의 단추를 즉시 누르는' 것을 주저하지 않는다. 일반적으로, 타인과 친밀함을 경험할 수 있는 상황에서(즉, 의존성 또는 친밀성에 대한 바람을 유발할 수 있는 상황) 타인의 내적 상태에 대해 과민하고 지나치게 각성하게 되는데, 이런 상황에서 아동은 성찰능력을 방어적으로 억제한다. 그들은 자신이 취약성을 느끼는 것을 마비시킬 뿐만 아니라 타인의 정신 상태를 자각하지 않으려고 한다. 성찰기능의 분할 또는 분리는 대인관계적 단서에 대한 두드러진 민감성과 함께 타인을 사람으로 대하기보다는 사물로 대하는 능력이 공존하고 있음을 의미한다.

이러한 아동은 반복되는 사회적-인지적 기술의 결핍을 보인다. 이러한 결핍은 가능한 위험에 대한 과민성과 함께, 취약성 그리고/또는 애착에 대한 고양된 욕구를 알리는 단서에 대해 성찰기능의 억제가 나타나기 때문에 일어난다(Coie & Dodge, 1998; Matthys, Cuperus, & Van Engeland, 1999). 사회적 정보를 처리하는 데 있어서 겪게 되는 그들의 어려움으로 (1) 부호화하는 데 있어서의 결함, 즉 타인에게 과민하게 신경 쓰는 동안, 사회적 단서에 주의를 기울이는 데 실패함, (2) 귀인 편견, 즉 타인의 행동에 대해 자주 적대적 의도를 부여함, (3) 사회적 단서에 대한 잘못된 해석, 특히 타인의 감정에 대해 잘못된 판단을 함 그리고 (4) 사회적 문제해결력의 결여, 즉 대인관계 갈등에 대해 정서적이고 적응적인 해결을 하는 데 제한된 능력과 공격적 해결에 대한 선호를 보인다.

레빈슨과 포나기(Levinson & Fonagy, 1999)는 수감된 남성들의 연구에서 이상의 의견을 지지했다. 폭력 전과가 있는 남성들을 대상으로 애착 관련 면담을 한 결과, 애착관계 맥락에서의 정신 상태(자신 또는 양육자의 정신 상태)에 대해 말을 해야 할 때, 자동적으로 또는 면접자 질문에 대한 반응에서 두드러진 거부의사를 보였다.

포나기(Fonagy, 1999b)는 여자 친구를 잔인하게 폭행해 수감 중인 한 남자의 사례를 인용했다. 그 남자는 알코올 중독자인 아버지가 어떻게 그와 여동생에게 수시로 오줌을 싸대는지에 관해 자세하게 기술했다. 그 남자에게 아버지가 그렇게 행동하는 이유에 대해 물었을 때 그는 "당신이 나에게 말했잖아! 당신이 빌어먹을 심리학자라고!"라고 말했다. 이 남자는 이후의 면담 동안 다른 수감자들처럼 정신 상태에 관해서는 거의 말하지 않았다. 대신 교도

소장, 경찰관 또는 다른 전과자가 어떻게 느끼고 생각하는지에 관해서만 기술했다. 그는 여자 친구, 자녀, 부모에 대해 얘기할 때, 오직 구체적인 환경, 그들의 물리적 환경 또는 행동에 대해서만 말했다. 그는 애착 맥락에서 인간의 행동을 이해할 수 있는 정신 상태에 관한 단서는 아무 말도 할 수 없었다.

이런 개인에게 애착관계가 중요하지 않다고 추론해서는 안 된다. 이와 반대로, 조 사례에서 보았듯이 위협적이고 폭력적인 애착 파트너에 대한 반응은 이러한 무자비한 개인의 내적 각본의 결정적 구성요소라는 점이 중요하다. 이런 개인의 경우, 피해자의 눈에서 공포를 지각하면 오히려 안도감을 느낀다. 피해자의 고군분투, 애원, 고통은 이들의 상호작용의 중요한 구성요소이다. 이러한 상호작용의 관찰을 통해서 그들이 타인으로부터 공포 반응을 불러일으키는 것이 이들의 상호 교환의 기본적 목표 중 하나라는 것은 분명하다.

이러한 아동이 확립하는 관계의 핵심은 타인을 통제하고 있다는 느낌이다. 그들이 타인을 위협하고, 따돌리고, 노골적인 폭력행동을 하게 하는 촉발요인은 종종 친밀해지는 관계 맥락에서 타인이 그들과 다른 생각을 가졌을 때이다. 이런 아동 중 일부는 타인이 그들의 통제에서 벗어날 때 경험하는 분노를 말로 표현할 수 있으며 타인을 굴복시켜서 교훈을 가르치려 한다. '교훈'을 가르치는 목적은 타인을 포로나 이용할 수 있는 상대로 유지시키기 위함이다. 이런 아동·청소년은 타인이 그들과 구별된 의도를 지닌 존재라는 것을 상기시키는 어떠한 자극도 견디지 못한다. 왜냐하면 이런 경우, 그들을 파괴하거나 유기하기를 원하는 악의에 찬 타인과 직면하여 무언의 무력감과 취약성이 재개되는 위협을 느끼기 때문이다. 이런 아동에게 애착관계에서의 성찰적 자세는 어떠한 대가를 치르고서도 피해야 하는 재앙이다.

반면에, 이러한 아동은 비성찰적 도식의 경직된 각본을 실연하는 데 성공할 때, 오히려 안도감을 느끼고, 좀 더 현실적이고, 응집력 있고, 연결된 느낌을 받는다. 조처럼, 이런 아동은 그들이 부인했던 측면을 타인으로 하여금 하게 할 때까지 그들의 행동을 주의 깊게 검토하고 조정한다. 역설적으로,

그들은 자신의 내적 상태의 복사물을 타인에게서 인식할 때, 성찰기능의 실습을 통해서만 정상적으로 성취될 수 있는 주관적으로 타인과 하나가 되는 친밀한 경험에 가까이 가게 된다.

그러므로 겉으로 언뜻 보기에는 이러한 아동이 까닭도 없는 폭력과 위협을 분출하는 것처럼 보이지만, 이러한 아동은 폭력과 위협을 분출함으로써 평정심을 얻게 된다. 그들은 외부 세상에서 경험하는 견딜 수 없는 무력감과 외로움을 쫓아내고 억제함으로써 통제권을 얻는다. 그들은 타인으로 하여금 처벌과 보복을 유발시킨다. 그들은 무력해지지 않으려고 외상과 학대를 적극적으로 만들어 낸다. 결국, 그들의 폭력성과 위협성은 타인과의 친밀감과 관계 연결성으로 발전되지 못한다.

이러한 성격조직은 다양한 문제 수준으로 발전해 나간다. 중간 수준의 심각성을 가지고 비교적 다룰 수 있는 상태에서부터 극도의 치명적이고 다룰 수 없는 수준에 이르기까지 다양한 문제 수준으로 발전해 나간다. 스톤(Stone, 2000)은 반사회적인 행동을 보이는 성인의 치료 가능성과 위험성에 대한 평가를 위해 반사회성의 발전단계에 관한 도식을 제안했다.

스톤의 스펙트럼에서 가장 경한 쪽은 비교적 낮은 빈도로, 반사회성 행동을 보이는 다른 성격장애의 맥락에서 일어나는 경우이다. 스턴은 이 스펙트럼의 중간 수준에 폭력 없는 반사회성 성격을 배치했으며, 스펙트럼의 반대 끝부분인 가장 중증의 경우에는 치료하기 어려운 폭력적인 가학증과 살인이 포함된 정신병으로, 심지어 오랫동안 타인에게 고통을 주거나 살인까지 저지르기도 한다고 설명했다. 스턴의 단계들은 자기애성 성격장애와 반사회성 특성과 편집증적 특성이 혼합된 개인을 명명하는데, 이를 컨버그(Kernberg, 1992)는 '악의에 찬 자기애(malignant narcissism)'의 개념으로 설명했다. 컨버그의 이러한 개념은 발달에서 자기애적인 문제의 중요성과 반사회성 성격과 정신병적 조직의 중요성에 주의를 기울이게 한다. 클레클리(Cleckley, 1941)의 정신질환에 대한 고전적 연구에서도 유사하게 이러한 개인의 특성으로 자기중심성, 현란함, 피상적 매력, 반성의 결여 그리고 사회적 관습과 규칙의 거부를 기술했다.

스톤(Stone, 2000)은 반사회성 성격장애에 대한 개념이 다양하게 사용되고 있으며, 의견마다 중요한 차이가 있다고 주장했다. 정신장애 진단 및 통계편람(DSM-IV)의 경우, 주로 행동적 특성에 기반하여 정의한 반사회성 성격의 개념인 데 반해, 정신병리적 관점에서는 좀 더 좁은 개념으로 반사회성 성격을 기술했다. 헤어와 동료들(Hare, 1996; Hart, Hare, & Forth, 1994)은 관점에 따른 반사회성 성격장애의 개념의 차이를 명료화하기 위해서 정신병리 체크리스트(Psychopathy Checklist-Revised: PCL-R)를 개발했다. 이 검사 도구는 성격을 평가하며, 타인의 권리를 침해하는 자기애적 문제도 포함되어 있다.

성격기능을 토대로 한 개념으로 반사회성 성격을 정의하는 것은 (1) 반사회성 성격과 다른 성격장애(특히, B군의 극적 성격장애) 사이의 연관성을 고려하게 해 주며, (2) 반사회성 성격의 평가를 가능하게 해 준다(품행장애 집단과 반사회성 성격으로 발달하는 아동을 구별해 주는 차원적이고 발달적인 접근을 사용함).

스톤(Stone, 2000)은 정신병리적 성격을 차원적인 측면으로 보는 관점은 가장 경한 형태(PCL-R에서 소수의 항목만 해당. 예를 들면, 매력, 기만, 거대자기 항목)의 성격장애와 일반 집단과의 구별을 어렵게 한다고 주장했다. 사실 매력, 기만, 거대자기 같은 특징은 성공적인 적응과도 연관되며, 기업가, 정치가, 지도자, 개혁가의 필수적인 성격 요소가 될 수 있다. 모든 반사회성 성격이 성공적인 적응능력, 의미 있는 애착의 형성, 반성능력, 타인에 대한 관심 및 동정에서 결핍이 일어나는 것은 아니다. 적어도 이러한 능력이 있다면 치료 가능성을 예견할 수 있다(Stone, 2000). 정신병리적 성격의 극단의 형태는 악의적으로 남을 이용하는 자기애로, 기만, 병리적 거짓말, 교활, 타인의 조종, 반성의 결여, 냉담함, 동정의 결여, 타인의 느낌에 대한 모욕 또는 무시 그리고 타인에 대한 평가절하를 특징으로 하며, 치료에 대한 예후는 좋지 않다. 멜로이(Meloy, 1988)는 폭력적인 환자를 치료하는 데 있어서 다음과 같은 방해 요인에 대해서 기술했다. (1) 상해를 입히는 가학적 행동의 역사,

(2) 후회의 완벽한 부재, (3) 우월한 지능 또는 지체된 지능, (4) 애착능력의 결여 그리고 (5) 환자의 약탈적인 행동에 대한 치료자의 강렬한 역전이 공포가 그것이다.

치료 가능성은 애착을 형성하는 인간의 가장 기본적인 능력을 감소시키는 악의적인 자기애 정도에 달려 있다.

🐌 병리적인 자기애적 조절과 자기애성 장애

자기애성 병리의 극단적 형태로서 일부 아동이 보이는 잔혹성을 정의하기 위해서는 '자기애(narcissism)' '자기애적 조절(narcissistic regulation)' 그리고 '자기애성 병리(narcissistic pathology)'—중증 성격장애의 핵심 요인—의 개념에 대해서 명확히 해야 한다.

아름다운 이미지를 추구하는 데 치명적으로 매달리는 자기애는 자기몰두의 위험성을 상징하는 것으로 전환되었다. 자기애에 대해서 명료화하기 위해 자기애에 대한 문헌을 검토하는 것은 그렇게 험난한 것은 아니지만 여전히 곤란하고 혼란스러운 도전이다. 프로이트(Freud, 1914/1963)의 세미나 논문 〈자기애에 대한 소개(On Narcissism: An Introduction)〉 이후로 자기애에 부여된 다양한 의미는 어느 정도의 혼란을 야기했다. 프로이트는 다른 맥락에서 다양한 방식으로 자기애를 사용함으로써 자기애의 애매한 개념을 부채질했다.

펄버(Pulver, 1970)는 프로이트의 저서로부터 자기애의 네 가지 의미를 추론했다. 자기애는 임상적, 발달적, 경제적 그리고 대상관계 측면에서의 의미를 함축한다. 임상적으로, 자기애는 성적인 도착으로 간주되며, 신체를 성적 대상으로 선호하는 것이 특징이다. 발달적으로 자기애는 아주 초기의 정상적 발달단계, 즉 유아가 자기와 자기가 아닌 것을 구별할 수 없을 시기에 자기 자신에게만 리비도를 투여하는 것을 의미한다. 프로이트는 이러한 원시적 자기애 단계에서 유아는 무한한 전능감의 '대양적 느낌', 자기사랑을 느끼며 그들의 힘과 소망에 대한 과대평가를 경험한다고 가정했다. 경제적으로, 자기애는 자아에 리비도적 에너지를 투여하는 것을 의미하며 자기사랑과 같다. 대상관계 측면에서 자기애는 대상적 선택 유형과 관련된다. 리비도의 철수와 상실한 대상과의 동일시가 그것이다.

자기애적인 대상 선택은 현재의 자신, 과거의 자신, 미래의 되고 싶은 자신을 사랑해 주는 타인을 선택하는 것이다. 자기애성 사람의 경우, 타인을 오직 자신의 욕구를 만족시키는 수단으로만 간주하며 그들의 목적은 사랑받고 승인받는 것이다. 자녀에 대한 부모의 정상적인 정서적 관계에 대해 프로이트(Freud, 1914/1963)는 "부모 자신의 자기애의 재생이며 재생산"(p. 91) 임을 발견했다. 프로이트는 아동은 부모가 원하는 꿈의 저장소로 만들어진다고 주장했다. 아동이 고통 속에 있을 경우, 외부 세계에서부터 철수한 리비도가 자아로 투여되는 자기애적 형태로 환경과 관계하게 된다. 예를 들면, 고통을 겪는 개인은 외부 세상에 대한 그들의 관심과 집중을 포기한다. 대상 상실에 대한 퇴행적 반응에서 상실된 대상과의 동일시(자기애적 집중)는 대상에 대한 사랑을 대체한다. 치료적 지표와 관련해서 보면, 자기애성 신경증 개인은 자기몰두가 특징이기 때문에 전이를 발달할 수 없어서 정신분석에는 적절하지 않다고 한다. 자기몰두는 조현병, 주요 우울증, 건강염려증에서도 나타난다.

과거 30년 동안, 심리 및 정신분석적 문헌에서는 자기애를 추동과 정신적 에너지의 분배의 관점으로는 많이 보지 않았다. 혹은 지금 그렇듯이, 자기애를 타인에 대한 관심이 결여되어 있고 자기에게 더 집중하는 것으로 간주하며, 이러한 자기애가 정상적인 발달 상태라는 개념에 대해 이의를 제기하는 식으로도 보지 않았다. 자기는 개인의 의식적이고 무의식적인 정신적 자기표상의 발달(정상적이고 병리적 발달)에 관한 개념을 만들어 내는 결실 있는 개념으로 입증되어 왔다. 자기는 자기표상에 토대가 되는 정신적 과정, 통합, 지속성 그리고 그러한 정신적 표상의 응집성, 자율적 기능과 조절을 위한 개인적 능력, 자기존중 또는 자존감의 능력과 관련된 개념이다. 이러한 관점으로 보면, 스토롤로우(Stolorow, 1975)는 자기애적 정신 활동을 "구조적 응집성, 시간적 안정성 그리고 자기표상의 긍정적 정서의 색조를 유지하는 기능"이라고 정의했다(p. 179).

이전에도 주목했듯이, 유아는 자기조절을 추구하고 조직화를 창조하는 데 생물학적으로 준비되어 있다. 그러나 유아가 외상을 경험했을 때, 세상에 관해 예측할 수 없고, 자기에 대한 응집성과 활동성을 형성할 수 없게 된다. 유아의 자기조절 능력은 양육자와의 애착과 양육자와의 조화로운 상호작용에 달려 있다. 샌더(Sander, 1975), 아인스워드와 벨(Ainsworth & Bell, 1974)은 유아의 유능감과 자기조절은 기민하고 반응적인 양육자의 여부에 달려 있다고 언급했다. 놀라운 사실은 아니지만, 자기애적 조절 문제는 언제나 거부당하거나 또는 관심을 못 받는 문제와 자신이 타인에게 영향을 미치는 것과 또는 타인으로부터 반응을 유발시킬 수 있는 자신의 능력에 대한 의심과 관련된다.

성찰기능은 자기조절, 수반성, 숙달, 응집성을 추구하고, 다른 한편으로는 타인에게 애착을 추구하는 상호보완적인 타고난 욕구들 사이의 교량 역할을 한다. 앞서 언급했듯이, 생후 2세에서 4세 사이에 상징적 능력과 성찰능력의 성장은 이 시기 아동이 두 가지 목적을 성취하기 위해서 지침을 주는 특별한 도구를 제공한다. 자기조절을 성취하기 위해 그들의 노력을 안내하는 청사진으로서 '이상적 자기'(3장에서 기술) 그리고 더 효과적인 연결감을 성취하는 것이다.

제이콥슨(Jacobson, 1964)의 개념과 이후에 조페와 샌들러(Joffe & Sandler, 1967)에 의해 더 확장된 개념에 따르면, 자기애의 핵심적 특징은 겉으로 드러나거나 또는 잠재되어 있는 고통의 상태를 들 수 있으며, 자기애 성격장애는 "자기에 대한 정신적 표상과 자기에 대한 이상적인 상태 사이의 상당한 격차로 인해 유발된다."(p. 65)고 할 수 있다. 이런 격차로 인해 수많은 대처와 방어 책략을 동원하게 되는데, 이는 결국 부적응을 초래하게 한다. 두말할 나위 없이, 자기애적 손상은 정상적 그리고 병리적 발달 모두에서 필연적으로 나타나는 측면이다. 모든 아동은 개인적 정체성, 경계 그리고 자율성을 확립해 나감에 따라 자기애적인 손상과 마주한다. 자기애적 취약성은 정신병리의 전체 스펙트럼에 걸쳐 있고, 다양한 임상적·발달적 문제에서 핵심이다.

가바드(Gabbard, 1989)는 자기애성 성격장애의 연속선 상의 두 가지 극단을 기술하는 데 있어서 개인의 지배적인 상호작용 유형에 기반을 두고 무감각형 자기애(oblivious narcissist)와 과민한 자기애(hypervigilant narcissist)로 구별했다. 무감각형 자기애 유형은 타인의 반응에 대해 자각을 하지 않는다. 이러한 개인은 거만하고, 공격적이고, 자기몰두적이고, 계속해서 주목받기만을 추구한다. 그리고 겉으로 보기에는 상처 받은 느낌에 의해 영향 받지 않는 것처럼 보인다. 과민한 자기애 유형은 타인의 반응에 아주 민감하며, 억제되고, 부끄러움을 타며(때때로 자기겸손), 주목받는 것을 피하기 쉽다. 과민형 자기애 유형은 그들의 감정을 상하게 하거나 부끄러움이나 모욕감을 줄 수 있는 경시나 비판의 증거가 있는 환경인지 주의 깊게 검토한다. 가바드의 자기애 성격장애의 유형 분류체계는 베이트먼(Bateman, 1998)의 '두꺼운 피부를 가진(thick-skinned)' 유형과 '얇은 피부를 가진(thin-skinned)' 유형의 자기애로 분류한 것과 밀접하게 관련이 있다. 또한 자기애를 '약탈적인' 파괴성과 '감정적으로 이끌려진' 파괴성으로 분류하는 것과도 비슷하다.

자기애성 개인의 대인관계에서 겉으로 드러나는 모습에 대해서도 논쟁이 있지만, 그 근저가 되는 발달적 그리고 역동적 특성을 설명하는 부분에서 활발한 논쟁이 일어나고 있다. 이러한 논쟁에서 주요한 인물로는 컨버그(Kernberg, 1970, 1975)와 코헛(Kohut, 1971, 1972, 1977)이다. 가바드(Gabbard, 1994)는 컨버그와 코헛의 사상을 하나씩 비교했다.

코헛은 자기의 상위(supraordinate)이론에 개념적 틀을 두었으며, 자기를 활동성, 주도성, 자율성의 심리적 핵심으로 정의했다. 코헛에 의하면, 유아의 원시적 자기는 약하고 불안정하며, 견디는 구조와 응집성 및 연속성이 결여되었다. 오직 부모의 개입만이 최초의 자기 파편화를 막는다. 코헛은 양육자가 제공하는 '유아의 자기'에 대한 지원을 '자기대상(selfobject)'이라고 명명했다. 이 용어는 유아의 양육자에 대한 관점, 즉 유아가 수행할 수 없는 조절 기능에 대한 유일한 제공자가 양육자라는 관점을 내포한다.

코헛은 유아가 자기응집성과 자율성을 성취하기 위해 필요한 열쇠는 바로 부모의 공감이라고 강조했다. 특히, 코헛은 부모가 아동의 독특한 특성, 재능, 발전하고 있는 능력에 대해 수용하고 자랑스러워하면서 반응할 수 있는 능력뿐만 아니라 돌봄을 아동에게 전달할 수 있는 능력, 아동이 파편화되지 않도록 막아 주는 능력도 갖추고 있어야 함을 강조했다.

코헛은 부모의 공감이 유아가 자기조절을 할 수 있도록 응집력 있는 자기를 형성할 수 있는 맥락을 만들어 준다고 주장했다. 양육자로서의 조절 역할을 점진적으로 단호히 줄여 가면서, 유아가 내적인 유능감, 목표의식, 자기지향성을 발달시키며, 고유의 자신의 현실, 활동성, 정체성 그리고 자기가치에 대해 조금씩 확신을 가지면서 내면화할 수 있도록 허용한다.

이 모델에서는 자기애성 장애를 신경증 장애와 경계선 및 정신증 사이에 배치한다. 한편, 코헛은 신경증을 비교적 단단하고 응집성 있는 자기를 가지고 있으면서 갈등의 발현인 증상을 보이는 장애집단으로 정의했다. 이와는 반대로, 스펙트럼의 정신증 또는 경계선 쪽은 응집성 있는 자기를 결코 형성할 수 없다고 본다. 코헛과 동료들에 의하면, 자기애성 장애의 경우 분리되고 구조적 결함을 보이는 자기를 보인다. 유아의 발달적으로 적절한 욕구에 대해 양육자가 공감적으로 반응하는 데 실패함으로써 초래되는 발달 정지와 같다.

컨버그(Kernberg, 1970, 1975)는 정상적 자기애와 병리적 자기애를 구별했다. 컨버그는 자기애성 성격을 발달상의 특정 왜곡으로 개념화했다. 자기애성 성격은 이상적 자기, 이상적 대상 그리고 실제적 자기 간의 융합이다. 컨버그에 의하면, 병리적으로 형성된 거대자기(grandiose self)는 강렬한 초기 갈등에 대한 방어이며, 시기심, 공격성, 의존성이 관여되는 특별한 갈등이다. 방어된 자기 이미지(거대자기가 숨기려고 하는 자기의 어떤 측면)는 "허기지고, 분노하는 텅 빈 자기이며, 좌절에 대해 일어나는 무력한 분노, 환자 자신만큼이나 증오스럽고 복수로 가득해 보이는 세상에 대한 두려움이다"(Kernberg, 1975, p. 233).

컨버그 이론에서 공격성이 두드러진 핵심 역할을 하더라도 타고난 치명적인 과도한 공격성 또는 생후 첫 해 동안 일어나는 심각한 좌절에 의해 병리적 발달이 초래될 수 있다는 여지를 남겨 두었다. 컨버그의 경우, '자기애성 성격'을 경계선 성격조직의 특정 사례로 보는 데 반해, 코헛과 동료들은 '자기애성 성격'을 광범위한 범주의 장애로 간주했다. 컨버그의 자기애성 성격 개념을 확장하여 린슬리(Rinsley, 1989)와 애들러(Adler, 1985)는 정신장애의 스펙트럼을 통해 자기애성 성격이 '높은 수준'의 경계선 성격의 증후를 나타낸다고 제안하였다.

정신장애 진단 및 통계편람(DSM-IV)의 경우, 군집 B 성격장애는 자기애성 성격장애를 포함한다. 이러한 진단 준거는 컨버그의 병리적 자기애의 임상적 발현에 대한 기술과 상당히 유사하다. 하지만 코헛에 의해 확인된 그리고 '극도로 과민한 자기애'라고 표현한 가바드(Gabbard, 1989)의 생각에 의해 확인된 더 조용히 거대하고, 극도로 예민한 개인에게는 그다지 주의를 기울이지 못했다.

가바드(Gabbard, 1989)에 의하면, 코헛과 컨버그는 다른 유형의 환자를 관찰하여 각자의 이론을 구축했다. 컨버그는 좀 더 적응에 문제가 있는 사람들, 무감각한 자기애성 유형과 가까운 환자들과 작업한 데 반해, 코헛은 좀 더 기능 수준이 높은 사람들, 명확하게 자존감이 취약한 사람들과 작업했다. 나는 가바드가 자기애성 성격을 무감각형과 과민형으로 구별한 것은 유용하다고 믿지만, 군집 B의 극적 장애에서의 자기애성 문제와 다른 성격장애 유형에서의 자기애적 문제 사이를 구별하는 데 있어서는 추가적인 정교화 작업이 필요하다고 본다.

예를 들면, '무각감형' 자기애성 성격장애는 타인의 정신 상태에 대해 전반적으로 '무지無知(blindness)'(Baron-Cohen et al., 1995)하며, 심지어 전반적 발달장애나 아스퍼거스 증후군의 특징인 공감 결여를 보인다. 높은 수준의 강박적 특성을 보이는데, 이들의 경직된 완벽주의는 거대자기의 내적 인식을 드러나게 하며, 감정으로부터 만성적 격리는 타인과 정서적으로 연결하는 능력을 방해하며 너무 세세한 것에 얽매이고 통제하려고 한다.

반면에, '과민한' 유형의 자기애성 성격장애는 수치심과 모욕감에 의해 지속적으로 고통 받으며, 부끄러움을 타며, 서투르고, 불안한 아동이 해당된다. 그들은 친구나 타인의 원함과 기대에 순응하고자 절실히 노력하면서 점차적으로 그들 자신은 타인의 이익을 위해 희생하게 된다. 그들의 삶은 완벽한 이상적 기준을 충족하고자 은밀하게 노력할 뿐만 아니라 열등하고, 추하고 또는 부적절한 자신의 모습이 노출될까 봐 두려워하고(얼굴 빨개짐으로 드러남) 보기 싫은 자신의 모습이 드러나지 않기 위해 은밀하게 노력함으로써 힘들어 한다.

나는 군집 B의 성격장애 아동의 자기애적 문제와 다른 부적응의 특징인 자기애적 문제를 구별하는 두 가지 특성을 제안한다. 첫째, 중증 성격장애 아동은 경험의 불연속성 또는 분열의 패턴이라는 덫에 빠져 있다. 삶의 측면이나 자기와 타인에 대한 경험은 성찰기능에 의해 안내되는 통합된 암묵적-명시적 모델에 의해 조직화되지 않는다. 대신에, 그들은 비성찰적인 처리모델에 의해 조직화된다. 이러한 아동의 증가된 애착 욕구에 관련된 내적 상태 또는 외적 단서는 오히려 성찰기능의 방어적 억제와 비성찰적 모델의 활성화를 유발시킨다. 이러한 아동은 과민한 상태 속에서 살며, 그들을 취약하게 만드는 단서인 외적 환경과 내적 상태에 대해서 마음을 졸이며 살핀다.

비성찰적 모델은 자기애적 조절의 정상적 과정을 대체한다. 정상적 과정은 변증법적 과정이다. 한편에서 사람들은 이상적 자기에 부합하는 실제적 자기를 이루려고 고투하지만, 또 다른 한편으로는 주관적 상호교환에 기반을 두어 이상적 자기를 계속 수정하고 있다. 이러한 이중의 변증법적 처리는 고양된 숙달감과 대인관계적 적응을 보이는 자기조절 그리고 자기애적 심리적 안녕의 주관적 경험 또는 자존감으로 연결된다.

이와는 대조적으로, 비성찰적 모델은 무기력, 고통, 취약성을 자신의 것으로 인정하지 않기 위해 고안된 감정적-지각적-운동적 전략들을 제공하여 결과적으로 안정감, 통제감, 효율성에 관한 환상을 야기한다. 이러한 환상은 내적 그리고 외적 현실의 측면을 무시하는 희생을 치르게 된다.

중증 성격장애와 연관된 병리적 자기애적 조절에 대한 두 번째 중요한 특성은 비성찰적 모델이 아동의 대인관계 세상으로 외재화된다는 것이다. 성격장애로 발전해 나가는 아동은 극적인 요소를 보인다. 그들은 경직된 내적 모델과 비성찰적 각본에 따라 타인에게 반응하도록 강요하는 대처전략에 의존한다. 이러한 아동은 그들 주변에서 만들어지는 드라마 안에서만 유일하게 친밀감과 관계 연결감과 비슷한 것을 경험한다.

⚘ 거대자기와 거짓 자기

4장에서 기술했던 분열(splitting) 또는 분할(fractionation)로 인해 초래되는 결과 중 하나는 불연속적인 자기감이다. 자기의 연속성과 응집성에 대한 주관적 인식—에릭슨(Erikson, 1959)은 '나다움'이라고 기술함—은 유아가 타인의 마음에 반영되어 있는 그들의 내적 상태를 발견할 수 있는 상호주관적 교환에서 생긴다. 이러한 성찰 과정을 통하여 내적 상태는 암묵적이고 상징적인 특성에 의해 정교화되고 진화하는 자서전적 이야기로 통합된다.

위니컷(Winnicott, 1967)은 아동이 양육자의 마음에서 그 자신의 내적 상태를 발견하는 데 실패했을 때 겪게 되는 곤경에 대해 다음과 같이 아름답게 기술했다. "아기는 엄마의 얼굴에서 무엇을 보는가?… 보통의 경우, 엄마는 아기를 보고 있고, 엄마의 모습은 아기와 함께 있는 그곳에서 엄마가 보는 것(아기)과 관련 된다"(p. 29). 아기는 양육자의 얼굴과 행동에 반영된 자신을 발견한다. 그러나 위니컷은 다음의 말을 덧붙였다. "엄마의 얼굴과 행동에서 엄마 자신의 기분 또는 더 나쁘게, 경직된 방어기제를 반영한다면 어떻게 되는가? 아기는 엄마의 얼굴을 쳐다보지만 그 자신을 보지 못한다… 보이는 것은 엄마의 얼굴이다."(p. 29).

그러나 양육자의 성찰기능의 결여는 계속 일어나는지는 않는다. 앞서 살펴봤듯이, 자기애성-반사회성의 경우 아동의 애착에 대한 시도에 대해 양육자는 간헐적으로 성찰기능을 철회한다. 아동의 의존성과 취약성이 양육자를 압도시키면서 양육자는 그들 자신도 견딜 수 없음을 알아차리고, 오히려 아동을 학대하고, 아동의 다양한 취약성과 친밀감에 대한 소망을 조롱하고 회피한다. 그 결과, 아동은 의존성, 취약성, 애착 추구의 측면을 성찰 수준에서 조직화하지 못하며, 자기감에 통합하지도 못한다. 이 과정이 자기애성-반사회성 발달로 나아가게 하는 결정적 요인이 된다.

양육자는 자신의 취약성을 받아들이지 못하기 때문에 이러한 취약성을 아동에게 투사한다. 부모의 투사된 취약성을 아동이 짊어지게 되면서 아동은 이중의 모욕감을 느끼면서 고통스러워 한다. 양육자 자신의 거절된 자기의 측면을 자녀에게 주입하는 무자비한 시도와 함께 애착에 대한 아동의 욕구에 조율하지 않는다. 양육자가 부정하고 싶은 자기의 측면을 아동이 '소유' 하도록 강요하는 비성찰적 전략은 아동이 사용하는 분열 방어기제와 비성찰 모델 형성의 토대가 된다. 결국, 이러한 모델은 '보호되지 않는 순간'에 침입해 들어 오는 위협적인 '괴물'이며, 학대와 무감각의 세대 간 전수로 이어지게 된다.

양육자-아동 간의 강압적 상호작용의 순환은 또한 다른 함의점을 전달한다. 다음의 예에서 보듯이, 양육자는 아동을 오히려 양육자를 돌봐 주는 사람으로 바꾸는 미묘한(또는 미묘하지 않은) 방법을 사용하여 그들이 소유하지 못한 의존적 욕구를 드러낸다.

피터는 생후 6개월 때 입양되었다. 양모의 기억으로 피터는 처음에 자주 웃으며, 거의 울지 않았다고 한다. 피터는 아주 어린 나이임에도 불구하고, 스스로 우유병을 잡으면서 먹여 주는 것을 거부했다고 한다. 피터는 자라면서 자신과 모든 사람에 대해 요구사항이 많아졌다. 자신의 요구에 대해서 한계를 짓는 시도에 대해서는 끔찍이 짜증을 냈다.

2세경 양모가 여자 아기를 낳은 직후 그의 양부는 가정을 버렸다. 갓 태어난 아기는 선천성 심장 기형으로 고통스러워했고, 아기의 신체적 욕구와 돌봄에 대한 요구는 어머니를 기진맥진하게 만들고 소진시켰다. 반면에, 피터는 더 씩씩하고, 가족에게 도움을 주고, 더 잘 적응하는 것 같았다. 피터는 아기를 잘 보호해 주며 점차 어머니의 남자 친구가 되었다. 그러나 피터의 양모가 재혼을 하자 1년 반 정도 지속된 피터의 로맨스는 끝나 버리게 되었다. 피터는 한계가 주어질 때 격렬한 짜증을 보이기 시작했다. 몇 달 전만 해도 돌보고 보호할 것을 맹세한 여동생에게 점점 더 잔인하게 상처를 주었기 때문에 피터에게 한계 설정이 필요했다.

피터의 보육원 교사는 그를 도발적이고, 자기과시적으로 행동하며, 어른을 모방하는 아이로 묘사했다. 누군가의 취약성을 찾아내는 데 탁월한 피터는 대인관계의 미묘한 차이를 쉽게 알아차렸다. 흥미롭게도, 피터의 치료가 진행되면서 어머니가 공식적으로 피터를 '남자 친구'의 위치에서 '해고해 버리자' 그는 공황증세로 반응했다. 피터는 다른 아이의 옷을 훔칠 때만 편안함을 느꼈다. 그는 또래와 같은 옷을 입어야 하고, 다른 사람의 행동과 표현을 따라해야 한다고 격렬히 주장했다.

이런 사례는 중증 성격장애 아동의 자기애적 문제와 자기감에 관해서 다음과 같은 여러 가지 독특한 점을 시사한다. 이러한 아동은 자립적이 되는데 있어 내적·외적인 압박감을 느낀다. 그들은 고통과 취약성으로부터 멀리 도망치려 하며, 심리적으로 통합된 자기경험을 성취하지 못한다.

첫째, 반사회성 그리고 자기애성 성격장애에 속하는 아동의 경우, 환경을 조종하는 데 유능감을 발달시켜야 하고, 자기충족감의 외형을 갖춰야 된다는 압박감을 내적·외적으로 받는다. 이런 아동의 경우, 양육자로부터 당한 잔인한 폭행, 방임, 잘못된 조율, 초기 상실은 삶에서 공통적으로 겪는 경험이다. 이전에 살펴보았듯이, 이러한 열악한 환경은 아동으로 하여금 의존성을 외면하게 하고, 환경을 통제하고, 자기의존을 하게하며, 고통과 취약성에 대해 무감각하게 한다. 타고난 자원이 유일하게 가용한 대처반응이기에 자기의존과 가장된 성숙을 촉진한다. 이러한 아동의 생존은 피터의 양모처럼 사랑, 위로, 보호가 아동보다 더 필요한 결함 있는 양육자를 돌보면서 가능하다.

피터와 엘리어트(6장에서 기술) 같은 입양 아동은 서서히 전개되고 있는 자서전적 이야기에 그들의 입양 사실을 통합해야 한다. 그들은 생물학적 부모(친부모)가 '그들을 버렸다.'는 현실을 절대 무시할 수 없다. 이런 아동은 통제감을 얻기 위해서 비성찰적인 전략에 의지하는 경향이 있으며, 와해/회피형 애착으로 발전될 수 있으며, 취약성과 의존성을 회피할 가능성이 높다. 그들에게 무력감과 버려짐의 황폐화를 '통제'하는 것보다 더 중요한 것은 없다. 어떤 아동은 버려짐에 대한 단서에 과민하며, 그들의 고통인 거부를 오히려 타인으로 하여금 하도록 적극적으로 강요하는 데 능숙하다.

반면에, 입양을 하는 부모는 불임이라는 자기애적 손상, 아이에 대한 오랜 기다림, 부모로서 적절성을 검토하는 데 필요한 세밀한 평가와 씨름해야 한다. 입양이 종국에 이르기까지 부모와 아동은 '심사 중'에 있다고 종종 느끼기 때문에 오히려 순조로운 상호작용적인 발달, 상호 성찰적 교환을 방해 받는다. 아이에 대한 조율은 아기를 가져 본 경험이 없기 때문에 더 어려울 수 있다. 임신이 아기와 조율하는 정신능력에 얼마나 기여하는지는 알 수 없지만, 리브즈(Reeves, 1971)가 제안했듯이 양모는 "아기는 있으나 아기를 낳은 적은 없다는 것이다."(p. 167).

입양 아동은 부모의 부적절감과 자기애적 취약성으로 이루어진 거부의 끊임없는 소용돌이의 순환에서 비입양 아동보다 더 위험에 처할 수 있다. 양부모는 심지어 아동으로 인해 움츠러들 수 있으며, 이러한 양부모의 철회는 오히려 버려짐에 대한 아동의 예상을 더 부채질하며, 통제감을 얻기 위해 비성찰적 모델과 방어를 사용하도록 촉발한다. 그러나 입양된 아동의 경우, 성찰 기능의 발달 또한 내적으로 고통을 줄 수 있다. 브리니치(Brinich, 1980)가 언급했듯이, 입양 아동은 이미 버려짐을 실제로 경험했기 때문에 그들의 마음에서 새로운 부모를 찾고 또는 다른 가정에서 다른 정체감을 창조하는 과정에서 '마치 ~처럼'인 시나리오를 자유롭게 실험하는 것이 어려울 수 있다. 발달의 도전을 해결해 나가면서 이러한 환상은 아동으로 하여금 다양한 관점을 고려하게 하고, 정신적 표상을 좀 더 유연성 있게 조정하도록 해 준다. 하지만 입양된 아동은 자기와 타인에 대한 표상의 다양한 측면의 실제적 재조직화와 통합이 요구되는 청소년기 동안에 특히 이들을 괴롭히는 비성찰적 반응에 이끌린다(6장).

둘째, 중증 성격장애 아동은 종종 고통을 못 느낀다. 고통을 못 느끼는 것은 환상에 불과한 힘에 대한 느낌(거대자기)을 부채질한다. 아동은 감정과 환경을 통제하려고 하기 때문에 이러한 환상의 권력과 거대자기가 강화된다. 이러한 아동의 거대자기는 양육자를 돌보는 역할을 하도록 직접적 또는 간접적으로 강요받는 경험에 의해 더욱 강화된다. 심지어, 재능이 있는 청소년은 가족의 적응을 위해 특별한 역할(가족을 단결하도록 하는 역할, 양육자 중 한 사람에게 친구의 역할을 하거나 보호자 역할)을 하도록 요구받는다. 그리고 나서 그들은 이런 특별함과 함께 그들의 수행에 대해 보상을 받는다.

이러한 아동의 거대자기는 자신만의 주관적 욕구와 특성, 특히 돌봄과 의존에 대한 소망을 주장해야 된다는 모든 바람을 볼모로 삼는다. 린슬리(Rinsley, 1980a, 1984, 1989)에 의하면, 자기애성 성격장애로 발전해 나가는 아동의 경우, 어떠한 실제 분리도 제지당하면서 유능성, 자원, 자기의존—말러와 동료들(Mahler et al., 1975)에 의하면, 개별화—을 발달시키도록 하는 상호관계 패턴에 휘말려 있다고 한다. 아동과 양육자는 촘촘한 상호 강요의 망, 즉 상대방의 독립적 기능을 저해하는 절차적 순환의 곤경에 빠져 있으며, 우선적으로 양육자 그리고 이어서 아동 자신은 서로에게 자신의 소유하지 못한 측면을 투사하여 통제하는 덫에 빠지게 된다. 아동은 가족의 이러한 강압적 순환으로부터 도망가는 것은 재앙이 뒤따른다는 것을 알기 때문에 이런 덫을 말할 수 없는 공포로 경험한다.

중증 성격장애 아동의 세 번째 특성은 타인이 부정하고 싶은 경험 측면을 대신해서 구현하기 위한 내적 · 외적인 강요를 가차 없이 받는 것과 함께 자기경험의 측면에 대해서 심리적으로 허망감을 경험한다는 것이다. 이러한 아동은 마음의 황폐함을 물려받게 되는 것이며, 진정성과 완전함의 결여 그리고 무언가 잘못되거나 빠져 있거나 또는 진짜 내 마음이 아닌 것 같은 괴로움에 사로잡힌다. 이러한 느낌은 위니컷(Winnicott, 1965)의 개념인 '거짓자기'에 의해 가장 잘 설명된다. 이것은 방어적 목적(즉, 의존성, 무기력, 그리고 취약성의 부인)으로 작용하며, 환경적 요구와 기대(즉, 부모를 돌보는 역할하기, 또는 양육자의 소유되지 못한 취약성의 수령자)를 받아들인 자기감이다.

그러나 거짓 자기로 조직화된 정체감은 아무리 인상적이라고 해도, 심리적 외관일뿐이다. 왜냐하면 거짓자기는 내적으로 응집력 있게 단단히 고정된 것도 아니며, 상호주관적 교환에 여지가 있는 성찰 과정의 자기감도 아니기 때문이다. 이러한 거짓 정체감은 아동의 변화하는 정서와 인지적 상태를 고려하거나 통합하고, 타인의 마음을 계속해서 사정하는 것을 방해한다. 피터가 발달이 정지된 것처럼, 그런 구조는 깨지기 쉽다. 이러한 아동은 응집력 있는 자기로부터 나오는 목적 의식, 활력, 진정성 면에서의 결핍을 보인다. 대신에, 이러한 아동은 '가짜'처럼 느끼며, 타인을 속이며, 아직 외적 자원에 의존하며, 그들 자신을 정의하거나 자신이 가치롭고 안전하다는 느낌을 얻기 위해 타인을 통제한다.

제6장
연극성 및 경계선 아동과 청소년

　자기애성-반사회성 아동이 의존성 및 취약성과는 거리가 있는 반면, 다른 형태의 자기애적 혼란은 이러한 군집의 경계선 끝에 위치하는 자기애성-연극성 아동·청소년에게 영향을 미친다. 이러한 아동의 초기 애착을 평가해 보면 전반적으로 잘못된 조율이 두드러지지 않는다. 이러한 아동의 경우, 의존성과 취약성에 대한 양육자의 반응이 악의적이거나 학대적일 가능성은 낮다. 대신에, 양육자의 자기애적 이상에 적합하고 결과적으로 양육자의 자존감을 충족시키는 특성을 드러내야 하는 분명한 강요를 경험한다. 이러한 아동은 그들의 성취가 우선적으로 양육자의 자부심, 승인, 자기애적 조절의 중요한 근원임을 곧 알게 된다.

　양육자의 자존감을 충족시켜 주기 위해 아동은 특별한 역할을 부여받는다. 아동이 가진 남다른 아름다움, 조숙한 발달(특히, 언어발달), 비범한 예술적·지적·신체적 재능은 오히려 양육자의 자기애적 포부에 이용된다. 이러한 아동의 재능은 양육자로 하여금 성취하지 못한 자신의 환상과 야망을 실현시키는 좋은 통로라는 과도한 희망을 가지게 한다.

　출생 당시 주변의 환경은 아이가 특별한 의미가 있다고 양육자가 생각하도록 한다. 양육자는 아동의 재능과 그 재능에 특별한 의미를 부여한다. 아동을 자신의 부속물로, 자부심과 만족의 근원으로 보며, 자신의 것으로 누릴 자격이 있지만 부인되었던 선함과 감탄을 제공하는 사람으로 아동을 본다. 양육자의 과장된 조율과 반응 그리고 아동에게 '뛰어난' '완벽한' '아름다운' 측면을 보이라는 미묘한 압박을 통해 아동의 거대자기가 팽창되는 과정에서 이러한 양육자는 아이의 수행을 강하게 통제하게 된다. 양육자는 이러한 아동을 애지중지하지만, 아동은 감히 무언가를 실패하거나 양육자를 실망시키면 안 된다. 왜냐하면 양육자의 자존감은 아동의 웅장함에 복잡하게 얽혀 있기 때문이다. 동시에, 이러한 양육자는 아동이 자신의 이상에 부합하는 데 실패하면 무시하거나, 거부하거나 조롱한다. 엘리어트는 이러한 아동의 특징을 잘 보여 주는 전형적인 사례이다. 엘리어트는 10세로, 탁월한 재능을 타고났다. 엘리어트의 발달경로를 요약하면 다음과 같다.

엘리어트는 생후 1주에 입양되었다. 그의 양부 B씨는 성공한 주식 투자자이지만, 이미 두 딸의 양육으로 인해 삶이 지쳐 있었다. 그러나 엘리어트의 엄마, B부인은 사산아를 출산해서 아이를 잃었기 때문에 이 아이를 대체할 남자아이를 입양하기로 했다.

처음부터 엄마는 엘리어트가 총명하고 아주 기민한 아기라고 느꼈다. 그녀는 엘리어트가 사람들이 오가는 것을 기억하는 능력과 타인의 기분에 대해 민감하다는 점에 감탄했다. 그녀는 억지스럽고 공격적인 남편의 맹공격으로부터 민감한 아기를 세심하게 보호해야 된다고 느꼈다. 따라서 엘리어트의 엄마는 남편이 엘리어트에게 다가오지 못하도록 그녀의 품에 엘리어트를 불안하게 꽉 안고 있었다. 아버지가 그에게 가까이 다가오면 엘리어트는 울어 버렸다. 결국, 엄마는 나이보다는 빠른 아들의 성취와 독특한 관계에서 오는 자부심을 숨기기 어려웠다. 엄마는 아들이 그녀의 창조물이고, 심지어 이러한 만족감은 남편으로부터는 얻을 수 없는 것이라고 느꼈다.

엄마는 엘리어트가 생후 1세 때 언어검사를 받게 해서 18개월 때까지 언어치료를 받게 했다. 왜냐하면 엄마는 그녀가 기대하는 만큼 엘리어트의 언어가 유창하지 못할까 봐 걱정이 되었기 때문이다. 오래되지 않아서 엘리어 트는 유창하게 말하면서 모든 이의 감탄을 받았고, 이러한 엘리어트의 모습 은 엄마의 기쁨이었다.

엘리어트는 성장하면서 점점 더 통제적이고 요구적이 되었다. 특히, 엘리 어트는 끊임없이 사람들로부터 관심을 요구했으며, 가족과의 저녁식사에서 부터 영어 수업까지 모든 상황을 자기과시의 장으로 만들려고 했다. 특히, 한계를 설정하려는 아버지의 어떠한 시도에도 잔인하고, 조롱하는 식의 경 멸로 대응했다. 또한 그가 차분해졌을 때에는 연예인이나 유명인을 흉내 내 어 다른 사람에게 보여 주는 것을 즐겼다.

엘리어트가 10세 때 치료를 받으러 왔을 때, 그는 '미래에 살고 있는 것을 멈추기' 어렵다는 것을 인정했다. 엘리어트는 실제 10세인데, 마치 25세라 는 생각을 멈출 수 없다는 것이다. 내가 엘리어트에게 25세가 의미하는 것이 무엇인지 질문했을 때, 그는 무엇보다 엄마를 지키는 것이 필요하다고 말했 으며, 엄마가 진정제 과다복용으로 의식을 잃었을 때, 그가 엄마를 구했다고 빠르게 대답했다.

엘리어트는 자신을 좀 더 정리하는 데 도움이 된다면 치료를 받겠다고 마 지못해 동의했다. 엘리어트는 장난어린 미소로 걱정하면서 타인으로부터 관 심을 받지 못하는 일에는 오랫동안 집중하기 어려운데, 그것은 물리학자로 서 노벨상 수상, 세계 최고의 신경외과 의사 그리고 미래의 미국 대통령이 되고자 하는 거대한 계획을 방해할 수 있다고 말했다. 엘리어트는 그의 마음 이 마치 잘못 끼워진 퍼즐 같다고 말했다(나는 8장에서 엘리어트에게 치료에서 어디로 갈지 당혹스럽고 불확실한 느낌을 느끼게 했던 잘못된 질문을 어떻게 하게 되는지에 관해 좀 더 논의할 것이다.).

엘리어트는 나의 훌리오 이글레시아스 같은 말투에 관해 비꼬는 식으로 말을 하면서, 자신을 어떤 문제에 대해서도 마음을 통제하고자 전념을 다했 다고 경멸스럽게 대답했다. 고통과 마찬가지로, 당혹감도 그에게는 낯선 경 험이라고 자신만만하게 얘기했다. 엘리어트는 무표정하게 그러나 자신있게

"모든 사람이 알다시피, 아기들은 스스로 상처를 입은 후에 엄마가 걱정으로 제정신이 아닐 때라야 비로소 자신의 고통을 느끼고 우는 것을 배우며, 약하고 의존적일 수 있다."고 말했다. 엘리어트는 이러한 엄마의 호들갑스러운 행동이 없다면, 아기들은 고통을 느끼거나 또는 의존적이게 되는 것을 배우지 못한다고 생각했다. 엘리어트는 아기들이 자기 자신으로서 자란다면, 그가 가야 할 길과 어디로 향해 나아갈지에 관해 언제나 명확하게 생각하게 될 거라고 단언했다.

엘리어트는 다음의 한 일화가 그의 경험을 잘 요약해 준다고 생각했다. 그가 6세 때, 발을 베어 많은 피가 흘렀다. 그러나 그는 누나(그 후에 스위스 학교로 보내졌고 그곳에서 자살했다.)가 그의 상처에 대해 관심을 보여 줄 때까지 자신에게 무슨 일이 일어났는지 알아차리지 못했다. 엄마에게 무엇을 해야 되는지 물어보자, 엄마는 별일이 아니라는 듯이 "뭐? 양탄자에 얼룩을 묻히면 안돼!! 피는 잘 지워지지 않아. 길 건너 약국에 가 봐라. 약사가 너를 도울 수 있을 거야."라고 대답했다.

엘리어트는 엄마의 반응을 사실적으로 정확하게 설명했다. 엘리어트의 설명을 통해서 이러한 아동의 심리적이고 상호주관적인 발달의 중요한 특징을 잘 포착할 수 있다. 그들은 양육자를 자녀의 욕구에 주의를 기울이는 사람으로 보기보다는 자기몰두에 빠져 있는 사람으로 경험한다. 그들은 양육자의 얼굴과 행동에서 위니컷이 제안하였듯이, 자녀에 대한 반영이 아니라 양육자의 곤경에 빠진 모습을 발견한다. 엘리어트는 엄마가 그를 친한 친구, 자부심과 자존감의 근원, 우울과 절망으로부터 보호하는 자, 엄마 자신의 소중한 확장자, 빛나고 타인을 감동시키는 자 그리고 남편을 공격하는 무기로서 여긴다는 것을 알고 있다. 엘리어트는 엄마의 삶에서 특별한 역할을 부여받았고 그 역할의 요구에 충족하는지의 정도에 따라 사랑을 받았다. 엄마는 엘리어트의 독특성, 재능의 과시, 어른 같이 말하는 것을 보상하고 계속 요구했다. 그러나 엘리어트의 고통과 취약성은 엄마로 하여금 위축감과 혐오감을 느끼게 했고 결국 엘리어트는 자기의 혼란스럽고 지루한 모습을 스스로 돌보거나 또는 엄마가 아닌 다른 사람의 도움을 받아야 된다고 느꼈다.

이러한 아동은 대인관계 단서를 알아차리는 기술을 발전시키면서, 어떻게 하면 엄마와 가까이 하고, 어떤 것이 엄마로부터 멀어지게 하는지에 대해 알 뿐 아니라 자신이 완벽해야 된다는 것도 알게 된다. 결국, 만약 그가 엄마의 고통에 주의를 기울이지 못하고 엄마를 위로해 주는 방식으로 대응하지 못하거나, 엄마의 사기를 북돋아 주지 못하고 그녀의 좌절을 개선시키는 방식으로 대응하지 못한다면 엄마는 자살할 거라고 믿게 된다.

𝄞 경계선 아동·청소년의 곤경

경계선 성격장애(Borderline Personality Disorder: BPD)는 중증 성격장애의 전형이라고 할 수 있다. 반사회성, 자기애성, 연극성 성격장애는 중복되는 특징을 가지고 있으며, 경계선 성격장애와 비교해서 정의된다. 경계선 성격장애로 진단 받은 남녀의 비율은 여성이 75%로 높은 비율을 차지하는데(Gunderson, Zanarini, & Kisiel, 1991), 이는 문화적 편견에 기인한 것으로 볼 수 있다. 왜냐하면 비슷한 특성을 가진 남자 환자는 반사회성 또는 자기애성 성격장애로 진단 받기 때문이다. 한편으로 경계선 성격장애의 남녀 비율의 차이는 성적 학대와 같은 구체적 위험요인에서 기인할 수 있다. 또한 소년과 소녀의 다른 발달의 패턴과 각각에게 부과되는 다른 심리사회적 요구(예, 공격성 혹은 신체 이미지의 중요성에서의 차이)와 같은 환경적, 생물학적 위험요인의 상호작용으로부터 기인할 수 있다. 그러나 경계선 성격장애의 남녀 비율의 차이에 대한 어떠한 설명과 상관없이 학대와 생물학적 취약성은 경계선 성격장애의 발병과 발달에 중요하다는 사실이 점점 명확해지고 있다(Goldman, D'Angelo, Demaso, & Mezzacappa, 1992; Gunderson & Links, 1995; Siever & Davis, 1991; Zanarini et al., 1999).

자기애성-반사회성 아동은 노골적으로 거친 모습을 보이며 자기 충만감을 드러내는 반면에, 경계선 아동은 취약성을 드러낸다. 경계선 아동은 불안한 마음으로 타인이 그들을 버리는 아주 작은 단서를 찾기에 급급하며, 그들과 함께 있게 하기 위해서 타인을 유혹하고, 때때로 조정하면서 통렬하게 고군분투한다. 그러나 평범한 타인과의 교류는 그들에게 위안을 주지 못한다. 대신에 그들은 타인으로 하여금 마치 빽빽이 짜여진 춤안무처럼, 융통성 없는 각본대로 관계에 참여하도록 수단과 방법을 가리지 않고 강요한다.

예를 들면, 코리는 8세 소녀로, 타이완 출신이며, 생후 10개월에 미국 중부에 거주하는 백인 부부에게 입양되었다. 코리는 자라면서 분리불안이 점차 더 심해졌다. 코리의 양모가 하루 정도 집을 떠날 기미를 보이자 코리는 분노 분출과 학교에서 문제행동뿐만 아니라 현실 접촉에서도 문제를 보였다. 코리는 그녀를 괴롭히는 아픔과 고통을 엄마가 돌봐 주기를 애원했다. 만약 엄마가 코리와 함께 머물게 된다면, 코리가 좋아하는 게임을 즐길 수 있었다. 엄마는 아시아 여왕 역할을 하면서 사랑하는 코리 공주와 함께 역할놀이를 한다. 그러나 '충성'을 강요하는 코리의 지나친 요구는 엄마를 곧 지치게 만들었고, 결국 엄마는 종종 근처에 있는 친정집으로 쉬러 갔다.

코리에게 이러한 '버려짐'은 목가적인 여왕과 공주의 환상놀이를 못하는 것 그 이상의 사건이었다. (이러한 유기 동안) 사랑도 보호도 없고, '여왕'도 없이 코리는 스스로 '중국 악녀'로 변했다. 후에 치료에서 코리는 엄마와 분리될 때 얼마나 생생한 환상이 그려지는지에 대해 얘기할 수 있었다. 코리의 환상에서 나쁜 마녀는 백인과 아시안계의 혼혈이며, 코리를 조롱하며 지옥으로 끌어내린다.

코리는 스스로 변했던 중국 악녀를 증오했던 만큼 나쁜 마녀도 싫어했다. 코리는 자신을 압도하는 분노와 혐오감을 특히 싫어했다. 코리는 자기 안의 '악녀'를 처벌하기 위해서 스스로를 때리며, 피가 날 때까지 피부를 찔렀다. 코리는 다음과 같은 경계선 아동의 특징을 보여 준다. (1) 자기와 타인에 대한 불안정한 인식 그리고 (2) 주관적인 통제 불능감, 자기희생, 숨겨진 전능감이다.

✎ 자기와 타인에 대한 불안정한 인식

경계선 아동·청소년은 더할 나위 없는 행복감, 고양된 권력감과 즐거움을 느끼면서도, 다른 한편으로는 타인에 대한 완전한 절망감, 불안, 분노를 느끼는 경험을 번갈아 경험한다. 그들은 구체적 사람(또는 사람들)의 존재와 그들의 구체적 반응이 수반되어야 어쨌든 안전감과 안정감을 경험할 수 있다. 안정감과 안전함을 주는 사람의 부재는 극도의 공포와 분노를 일으킨다. 자기와 타인에 대한 극과 극의 경험은 다양한 모습과 형태를 취하게 한다. 예를 들면, 6세 된 제이(이후에 다루어질 것임)는 애착인물과 최소한의 갈등 단서에도 분리감을 경험하며, 이러한 분리 상황에서는 벽에 머리를 박고, 자신을 할퀴고, 머리카락을 잡아당기고, 손을 때릴 뿐만 아니라 소리 지르고, 침 뱉고, 발을 걷어차고, 옷을 찢는다. 한편으로는 대안적 정체성으로 '신데렐라'를 창조한다. 신데렐라는 동화의 주인공으로, 다른 소년이 '그녀'의 왕자님이 되어서 그녀와 결혼해서 아기를 만든다는 강렬한 소망을 포함한다. 경계선 아동의 핵심적 특징은 자기와 타인에 대해 파편화되고, 높은 수준의 불안정한 인식을 가지고 있다는 점이다. 그들은 자기에 대한 안정감, 연속성, 응집성이 결여되어 있다.

자기파편화는 해리성 성격장애의 특징인 구별된 정체감이나 성격 사이를 오가는 연속선 상에서 나타날 수 있다. 자기와 타인에 대한 정신도식의 하위 부분으로 조직화된 이러한 '성격적 상태'는 비성찰적으로 형성되며, 처음에는 필사적인 대처전략으로 발달한 것이다.

예를 들면, 클뤼프트(Kluft, 1998)는 5세 소녀인 루이스가 성추행에 대처하는 일련의 변화, 즉, 다양한 정체감으로 변화하는 부분에 대해서 기술했다. 다음은 루이스가 사용한 대처전략이다. 루이스는 "아무 일도 일어나지 않았어."라는 대처전략을 사용했다. 루이스는 성추행을 당한 사실을 알고 있는 루이스와 알지 못하는 루이스를 창조했다. 루이스가 사용하는 다른 전략은

'마땅히 성추행을 당할 만한 아이'로 '나쁜' 루이스를 창조하며, 자신이 나쁘기 때문에 처벌로 성추행을 당한 것으로 설명한다. 또 다른 전략은 "내가 감당한다면, 더 잘 통제할 수 있어."라고 생각하며 성적 변경(sexual alter)을 적극적으로 꾀하는 또 다른 루이스인 비키를 만들었다. 이외에도 루이스는 "내가 아기라면 안전할 거야."라는 전략을 사용했는데, 아무것도 느끼지 않으면서 견디는 루이스의 남자 '쌍둥이', 제시를 창조했다.

해리성 정체성 장애는 질적으로 다른 경계선 성격장애의 하위유형의 극단을 보여 주지만, 루이스의 사례는 경계선 아동과 청소년의 특징으로 자기와 타인에 대한 인식에서 불안정하고 변화무쌍한 특징을 잘 묘사하고 있다. 경계선 아동과 청소년의 경우, 자기와 타인의 도식은 비성찰적 방식으로 조직화되며, 초기-이야기 봉투(proto-narrative envelopes)(Stern, 1995)에 담겨진 도식과 비교할 만하다. 특정 내적·대인관계적 단서(고통을 느끼거나 대인관계 갈등)에 대한 반응으로 초기-이야기 봉투가 '열리거나' 활성화된다. 특정 내적·대인관계적 단서는 파편화를 초래할 수 있는 견딜 수 없는 경험의 구체적인 촉발인자를 의미한다.

비성찰적 모델이 활성화되면, 초기-이야기 봉투에 포함된 각본에 '부합'하도록 타인을 강요한다. 이미 제시한 사례로 본다면, 공주가 된 코리는 여왕의 보호적인 포옹을 불러일으키려고 노력하며, 루이스는 자신이 나쁘다는 것을 확증하기 위해 타인으로부터 처벌적 반응을 이끌어 내려고 한다. 아동은 이러한 강요를 통해 관계에서 상대방에게 강압적인 느낌을 주며, 타인으로부터의 거부를 피하고 싶지만 오히려 거부를 불가피하게 경험하게 된다. 그러나 이러한 아동이 실연하는 각본의 이야기, 강렬함, 통렬함은 강력하게 매혹적이다.

임상가(예, Leichtman & Nathan, 1983)들은 오랫동안 경계선 아동이 상호작용을 어떻게 강하게 통제하고, 생생한 각본을 어떻게 창출하고, 타인으로 하여금 각본에서 역할을 어떻게 강력하게 참여하게 하는지에 관해 기술했다. 아시아 공주 역할을 했던 코리는 심지어 치료자로 하여금 충성과 특권으로 가득한 마법의 세상에 동참하도록 강요했다. '중국 악녀'가 된 코리는 치료자로부터 본능적으로 증오의 반응을 불러일으키게 했으며, 코리를 벌 주고, 코리가 제거되기를 원하는 마음을 갖도록 불러일으켰다. 심지어, 코리를 포악한 동물을 대하듯 다루고 싶은 마음을 불러일으켰다. 마찬가지로, 제이도 치료자로 하여금 제이를 매력적으로 보도록 했으며, 상실이나 상처, 불공정이 가득한 세상으로부터 그를 구하려는 강렬한 소망을 불러일으켰다.

체틱와 패스트(Chethik & Fast, 1970)는 경계선 아동이 현실에 대처할 때 보이는 제멋대로인 점과 타인을 단지 자신이 미리 짠 드라마의 소품처럼 반응하도록 하는 것에 대해 언급했다. 이러한 아동의 제멋대로인 경향은 타인과 상호작용하는 데 있어서 '마치~처럼'의 특성을 제시한다. 상호작용에 참여하는 모든 이는 현실에 대한 공유된 왜곡을 완전히 믿는 것처럼 행동해야 된다는 것이다.

그러한 '마치 ~처럼'과 같은 특성의 근원 중 하나는 코아테스와 울프(Coates & Wolfe, 1995)가 성 정체감 장애의 기원에 관해 언급한 '지나치게 반응하는'(Kagan, 1994) 경향에서 발견할 수 있다. 이전에 고찰했듯이, 예측할 수 없는 환경의 변화(Kagan, 1994)에 대해 대뇌변연계 시상하부의 낮은 역치 수준의 각성을 가지고 태어난 아동이 높은 반응성도 타고났을 경우, 사회적 단서에 대해 특별히 민감할 뿐만 아니라 마음 읽기의 타고난 능력을 가지게 된다. 그들은 타인을 조종하는 데 감탄할 만한 기술을 대처전략으로 활용한다. 따라서 이러한 경계선 아동·청소년은 특히 삶의 초기부터 애착의 문제(예, 양육자로부터의 분리, 무심한 대우, 방임), 특히 양육자와 조율되지 못한 경험이 간헐적으로 발생할 때 더 취약해지며, 양육자와의 애착 갈등은 아동·청소년 자신의 내적 상태의 변화와 연관된다.

이러한 아동의 경우, 성찰적 양육자의 상실은 대참사와 같다. 왜냐하면 그들의 과민성은 조율된 양육자의 존재를 더 필요로 하기 때문이다(심지어, 보통 유아들 이상으로). 그러나 그들은 특별한 마음 읽기 능력을 통해서 양육자가 때때로 그들을 괴롭힐 수 있는 파괴적 내적 상태에 있음을 공포를 느끼면서 빠르게 알아차린다. 따라서 아동은 신속하게 양육자의 마음 읽는 것을 그만두어 버린다. 나는 다시 심사숙고하여 다음과 같이 제안한다. 성찰적 양육자의 상실에 대한 아동의 이러한 반응은 비성찰적 수단을 통해 잃어버린 관계의 대체를 회복하려는 필사적인 노력이다. 덜 공포스럽고 더 많이 그들의 통제 하에 있을 뿐만 아니라, 완벽한 조율이라는 환상을 창조하여 결과적으로 타인을 예정된 각본에 정확하게 맞추도록 강요하는 셈이 되어 버린다. 이러한 아동의 경우, 강요를 통한 '완벽한 수반성'의 관계를 회복하려는 노력은 양육자와의 특정한 상호작용 패턴에 의해 강력하게 강화된다. 이전에 논의했듯이, 미래의 경계선 아동의 양육자는 아동에게 방임과 학대 그리고 불안과 죄책감을 유발시킬 만큼 지나친 관여 사이를 오간다. 양육자의 이러한 패턴은 아동으로 하여금 자기-타인 경험에서 분열(splitting) 또는 분할(fractionation)을 강화시킨다. 이는 앨런(Allen, 2001)에 의해 기술된 '외상적 유대(traumatic bonding)'의 기반을 형성하게 한다. 이러한 외상적 유대에서는 희생화 또는 외상적 관계를 지속적 애착의 선결조건으로 본다.

경계선 아동은 자기와 양육자의 비성찰적·도구적 특성(이른바, 대인관계 단서를 포착하는 아동의 타고난 능력에 의지하는 선택적 모방) 위에 세워진 자기-타인 시나리오를 통해 양육자의 둔감함과 성찰기능에서 방어적으로 퇴각하면서 잃어버린 관계를 회복하려고 한다. 최종 각본은 심지어 배우처럼 느낀다. 왜냐하면 순수한 상호주관성은 통제되고 예측 가능한 형식으로 타인과의 관계에서 각본대로 흉내 내어 실연하기 때문이다. 양육자에 대한 이러한 기계적 모방은 후에 아이가 그들의 양육자를 과장되게 따라하거나 가정에서 유사 부모역할을 하는 것으로 나타난다.

프레더릭의 사례를 통해서 우리는 현실에 집중하는 대신 대안적이고, 좀 더 다룰 수 있고, 방어적으로 이끌린 방식으로 대체하는 과정을 살펴볼 수 있다. 현실 접촉에 대한 다소 통제된 이러한 보류를 케인(Cain, 1964)은 '미친 짓'라고 기술했는데, 경계선 아동이 현실을 검토하는 방식이다. 계부가 때렸다는 현실은 명확하게 자각하는 한편, 현실 접촉에 대해 보류하는 프레드릭은 구체적으로 무엇이 일어났는지 무시하고 자신의 왜곡대로 믿고 행동하려고 한다. 나는 8장에서 현실 왜곡으로 인해 생기는 치료적 문제에 대해 검토한다.

경계선 아동·청소년이 가지고 있는 자기와 타인에 대한 인식의 불안정성은 자기에 대한 가장 기본적인 측면, 즉 성정체감과 신체자기를 포함한다. 예를 제시하면 다음과 같다. 생후 13개월 된 제이는 건강하지만 변화에 천천히 적응하고, 우유를 소화시키는 데 문제를 가진 민감한 아이였다. 제이는 엄마가 뇌졸중으로 갑자기 사망했을 때 잔인한 변화에 직면했다. 엄마의 죽음은 또한 비행사인 제이의 아버지를 황폐화시켰으며, 제이의 아버지는 아이의 요구와 직장의 요구를 충족시키지 못하는 것에 압도당했다. 고심한 결과, 제이의 아버지는 제이를 조부모에게 맡기기로 했다.

제이의 할머니는 특별한 열정을 가지고 제이를 돌보았다. 제이의 할머니는 여전히 딸의 죽음에 슬퍼하며 외손자로부터 딸이 살아 있음을 느꼈고 딸의 기억을 연결시키고자 했다. 할머니는 제이에게 죽은 엄마의 옷을 입혔고, 예전에 엄마가 가지고 놀던 인형과 장난감으로 놀게 했다. 제이와 할머니는 각자의 독립성을 상당히 제한하는, 마치 탄탄하게 짜인 올가미에 함께 점점 더 빠져 들어가는 듯했다. 할머니에게 제이는 '유일하게 살아야 되는 이유'였고 가장 사랑하는 사람이었다. 제이는 집안의 지배자였고, 할머니의 가장 온화한 돌봄을 받는 사람이 되었다.

그러나 제이에게 새로운 상실이 생겼다. 제이가 3세 때 아버지가 재혼하는 일이 벌어졌다. 이 일로 제이는 할머니의 돌봄을 받지 못하게 되었고, 아버지에게 돌아가 지금의 새엄마와 함께 살게 되었다.

제이는 곧 분노와 고통을 표출했다. 계모의 애정에 대해 드러내 놓고 거부하고 계모가 가하는 모든 한계 설정을 무시했다. 누군가 통제하려는 제이의 시도를 좌절시킬 때, 제이는 울고불고 난리를 쳤다. 소리 지르기, 침 뱉기, 발로 차기, 옷 찢기, 가구 부수기 등의 격렬한 소동을 부렸다. 자기파괴적 측면 또한 점점 더 두드러졌다. 특히, 아버지로부터 버려질 것 같은 위협을 느낄 때 자기파괴적 행동은 더 심해졌다. 머리를 박고, 팔과 다리에 상처를 내고, 머리카락을 뜯고, 손을 물어뜯고, 먹기를 거부하기도 했다. 이뿐만 아니라 먹는 문제와 수면 부족이 주된 문제로 나타났으며, 자기를 증오한다고 말하며 친엄마와 함께하기 위해 죽고 싶다는 소망을 드러냈다.

유아원 교사의 말을 빌려 설명하자면, 5세 된 제이는 슬퍼 보이지만 남의 약점을 찾아내는 데 특별한 기술을 가지고 있었고, 도발적이고 파괴적인 아이였다고 한다. 제이는 강박적인 자위행위와 여성의 옷과 놀이에 대한 선호 그리고 스트레스를 받을 때마다 증가되는 문제행동을 보였다. 이러한 제이의 행동은 부모를 당황시켰다. 제이는 치료에 여러 번 실패하고 아동을 위한 거주형 치료기관의 허가를 받아야 되는 상황에까지 이르렀다. 부모는 소진되어 갔고, 제이도 이렇게 지친 부모의 모습을 보고 괴로워했다.

거주형 치료기관에서 제이는 지적이고, 매력 있는 아이로 각인되어 다가갔고 다른 사람으로부터 자신의 원하는 바를 잘 이끌어 냈다. 작고, 마르고, 장난꾸러기 같이 생긴 제이는 겉으로는 보통 6세 아이보다 더 어려 보인다. 그러나 제이는 연약한 외모와는 반대로, 언어를 사용하는 데 있어서 단어나 아이디어 면에서 손상이 없으며 어른처럼 표현하고 복잡한 언어를 사용하는 것이 마치 작은 모형의 어른처럼 보였다. 그러나 제이는 주로 기분이 가라앉아 있고, 생각에 잠겨 있고, 대부분 행복하지도 않고 식욕도 없었다.

제이는 대인관계적 뉘앙스를 잘 알아차렸고, 특별한 매력을 가지고 있었다. 제이의 이러한 부분은 타인을 효과적으로 조종했다. 그러나 자기 마음대로 되지 않을 때, 제이는 불안해하고, 도발적이고, 공격적으로 변했고, 소녀처럼 옷을 입고 행동하려고 고집했다.

제이가 2개월 동안 거주형 치료를 받는 동안, 분리에 대한 엄청난 취약성은 더 뚜렷해졌다. 제이는 유치원 교사에 대해 애착을 보였고, 유치원을 떠나서 초등학교에 입학해야 할 때 참을 수 없는 슬픔으로 힘들어 했다. 상실에 대해 예측할 만한 패턴을 보여 준 것이다. 제이는 의존하는 사람을 실제 상실하거나 또는 상실할 것 같은 위협적인 상황에서 두드러지는 행동의 악화, 부적응의 패턴을 보였다. 특히, 높은 구두를 신으면서 여자 흉내를 낸다든지, 손톱에 색을 칠하는 식의 화려한 유사 여성성을 보이는 행동과 다른 소년에게 결혼해서 임신을 하자고 필사적으로 요청했다.

제이의 사례는 소년이 성 정체감 장애(Gender Identity Disorder: GID)로 어떻게 발달하는지를 보여 준다. 코아테스와 울프(Coates & Wolfe, 1995)에 의하면, 성 정체감 장애를 가진 소년은 케이건(Kagan, 1994)에 의해 기술된 억제된 아이와 유사하다. 이러한 아동은 예측할 수 없는 환경적 변화 또는 위협에 대해 기질적으로 시상하부 각성에서 낮은 수준의 역치를 보이며 애착 유대의 초기 붕괴에 상당히 취약하다.

제이의 성 정체감 장애는 엄마의 상실의 맥락에서 야기되었다. 사라진 애착 인물에 대한 상실감은 아버지의 빈번한 부재로 인해 더 강화되었다. 제이의 경우, 엄마의 정서적 가용성과 제이의 심리생리적 과반응성을 조절할 능력이 손상된 점은 코아테스와 울프(Coates & Wolfe, 1995)가 지적하였듯이, 하나의 재앙인 것이다. 제이는 대안적 양육자 없이 그의 감정적 균형을 조절하기 위해 엄마의 조율에 지나치게 의존하게 되었다.

코아테스와 울프(Coates & Wolfe, 1995)가 주목하였듯이, 이러한 아동이 주요 애착 인물과 상호주관적 관계성을 상실하게 될 때, 그들은 한 사람의 대상 이상의 것을 잃게 되는 것이다. 그들은 고유의 자기와 자신의 감정적 핵심의 경험을 이해할 수 있는 성찰능력의 보유력을 상실하게 된다(Emde, 1983). 제이가 시도했던 '해결책'은 코아테스와 울프에 의해 다음과 같이 설명된다.

아동이 거대한 분리불안을 겪을 때 보상적인 엄마와의 자기융합적 환상이라는 방어로 불안에 대처하게 된다. 핵심은 아이가 대인관계를 맺는 대신, 엄마와 동일시를 한다는 것이다. 자기와 타인에 대한 내적 표상이 결여될 때 그리고 성별에 따른 역할 차이를 인지적으로 이해하는 데 미숙할 때 엄마가 되는 것과 엄마와 함께 있는 것을 혼동하는 현상이 일어난다(p. 9).

할머니가 소년인 제이를 할머니 자신과 죽은 딸 사이를 연결해 주는 역할을 하게 함으로써 제이는 여성과의 동일시가 크게 강화되었다. 제이는 죽은 엄마, 즉 할머니의 딸이 되어 줌으로써 할머니의 사랑을 받게 되었으며 할머니의 '살아야 하는 이유'가 된 것이다. 따라서 제이는 자신이 할머니를 살아가게 할 수 있고, 또 다른 양육자(할머니)의 상실을 막을 수 있을 정도로 힘을 가졌다는 환상을 가지게 되었다. 제이는 다른 성(여성)에 대한 동일시를 통하여 가용할 수 있는 애착 대상과 가짜로 연합할 수 있었고, 앞으로 있을 상실과 조절 불능감의 재앙적 상태에 대한 위안을 얻을 수 있었다.

제이는 상실한 엄마와의 동일시를 통해서 특별함, 힘, 자기의존감을 갖게 됨으로써 버려짐, 박탈감, 취약성, 무력감의 위협을 상쇄하게 되었다. 이러한 동일시에 대한 지나친 가치부여는 제이의 내면과 밖으로부터 발생했다. 프로이트(Freud, 1960)와 퍼먼(Furman, 1974)은 정상적인 애도 과정에서 이러한 상실 대상과의 동일시에 대한 지나친 가치부여는 사랑하는 사람의 상실을 받아들이는 하나의 노력이며, 애착 상실과 새로운 애착의 형성 사이를 연결시켜 주는 역할을 한다고 했다. 또한 상실 대상과의 동일시에 대한 지나친 가치부여는 제이로 하여금 힘과 통제감에 대한 환상을 토대로 자기감, 대처 기제, 대인관계를 조직화하게 하여 상실에 대한 부인과 거짓 정체감을 형성하게 한다. 다른 성(여성)의 정체감은 제이로 하여금 안정된 자기감과 내면에서 애착 인물(엄마)을 소생시키게 하는 것이다.

제이의 환상적 통제감과 할머니에 대한 애착은 제이가 3세 때 아버지의 재혼으로 인해 압박을 받게 되었다. 제이는 할머니를 상실하게 되었고, 그의 전능감과 다른 성(여성)과의 동일시를 지지해 주는 환경도 잃게 되었다. 그러나 통제감과 관계 연결성을 제공해 주는 하나의 대처전략, 즉 다른 성과의 동일시만은 계속 커졌다. 엄마와의 동일시는 새로운 방향을 취하게 되었다. 제이는 아버지의 사랑을 쟁취하기 위해서 아버지의 새 부인(제이의 계모)의 오이디푸스적인 경쟁자가 되었다. 아마도 우리는 제이가 친모로부터 버려짐에서 오는 견디기 어려운 큰 분노를 계모에게 보냈을 거라는 점은 쉽게 짐작할 수 있다.

코아테스와 울프(Coates & Wolfe, 1995)는 제이의 상황에 대해서 다음과 같이 진술했다.

다른 성과의 동일시는 아이로 하여금 불안을 관리하는 데 기여하며, 아이는 하나의 '해결책'으로 경험한다. 그러나 발달이 진행됨에 따라 다른 성과의 동일시의 반복적이고, 전형화된, 즐거움이 없는 거짓 자기의 실연으로 인해 아이의 창조성과 자발성은 점점 쇠퇴되어 가며, 계속되는 또래의 거부에 의해 사회 적응이 점차 위태로워진다(p. 9).

나는 6살 제이를 치료에서 만났다. 그때 제이는 성 정체감 장애와 경계선-자기애성 성격조직이 공고히 되어 가는 과정에 있었다. 역설적이지만, 제이의 경우 애착에서 붕괴로 제이를 취약하게 하는 과민성이 오히려 공감적으로 연결하거나 '마음 읽기'라는 높은 능력을 이끈다. 엠치(Emch, 1944)가 제안했듯이, 특별한 민감성과 연관된 지각적-정서적 공명은 동일시나 모방에서 사용될 수 있다. 엠치는 그렇지 않았다면 동화되지 않았을 경험에 대해 보이는 아동의 놀라운 모방능력을 언급했다.

경계선 아동의 경우, 자기와 타인에 대한 경험에 '마치~처럼'이 스며들어 있는 것처럼, 그들은 비성찰적 각본 중 하나가 충족되거나, 또는 타인을 조종해서 각본을 충족하게 만들 때, 역설적이지만 오히려 좀 더 실제적이고 살아 있는 듯한 느낌을 경험한다. 이와는 대조적으로, 다른 사람이 그들의 각본의 할당된 역할을 거절할 때, 경계선 아동은 공황발작 또는 분노를 보이며, 타인을 강요하는 시도가 커진다. 이 과정에서 아동은 내적 파편화가 일어나며, 자신에게 견디기 어려운 내적 상태를 없애기 위해서 그리고 외견상으로 자기와 타인에 대한 인식을 고정시키기 위한 비성찰적 각본의 실연에 얼마나 의지하는지 그 정도가 드러난다.

🐚 주관적 통제 불능감, 자기-희생화 그리고 숨겨진 전능감

이전에도 주목했듯이, 애착체계의 가장 우선적이고, 가장 기본적인 기능은 조절체계로서의 기능이다. 인간은 자율적인 심리생리적 조절능력을 타고 태어나지 못하며, 조절능력은 양자의 상호교류 체계를 통해서 성취될 수 있다. 정상적인 유아는 고통을 알리고, 양육자와의 상호관계를 형성하도록 생리적으로 준비되어 있다. 이러한 상호작용에서 양육자는 유아의 신호를 이해하고, 의미를 부여하고, 반응할 수 있어야 한다. 유아의 성찰능력의 발달은 양육자와 유아 간의 상호작용의 자연스러운 결과이다.

성찰기능은 타인의 행동을 예측할 수 없거나, 위협적으로 지각하거나, 또는 고통스런 내적 상태를 경험할 때 완충작용을 한다. 자신이나 타인의 반응을 이해하기 위해서는 불완전한 감정적-절차적 경험을 담아내고, 통합하고, 공유할 수 있도록 좀 더 조절된 경험으로 변화시키는 것이 필요하다. 예를 들면, 6세 아이는 엄마의 화는 엄마가 직장에서 힘들었고, 아버지와 싸웠고, 또는 누나와의 말다툼 때문에 생긴 짜증이라는 것을 직관적으로 파악한다. 중요한 것은 아이는 의식적으로 생각할 필요 없이 엄마의 현재 마음 상태가 엄마가 좀 더 휴식을 취하거나, 아버지와 화해하거나 또는 자신의 재롱으로 변할 수 있다고 이해한다.

경계선 아동은 성찰기능을 억제함으로써 그들이 가장 곤경에 처했을 때, 즉 위협감, 외로움, 취약성 또는 압도되는 느낌을 경험할 때 이러한 고통을 담아내고 조율하는 효과를 스스로 박탈한다. 경계선 아동이 비성찰적 모델을 활성화시킬 때, 세상은 대안이나 변화에 대한 가능성이 없는 것으로 간주된다. 예를 들면, 악의에 차 있고 공격적인 양육자의 행동은 변할 수 없다고 아동은 지각한다. 그들의 무력감과 취약성을 '전환'하거나, 그들의 경험에 대한 응집성 있고 통제감을 회복할 수 있는 현실적 가능성은 없다고 여기며 희망 없는 취약성 상태에 던져지는 것과 같다. 이런 상태에서 현실적인 자기복원 노력은 시도하기 어렵고, 오직 임의적으로 현실을 관리함으로써 유사 통제감을 얻게 된다. 구체적으로, 이런 상태에 있는 아동은 타인을 가차 없이 위협하고, 조종하고, 유혹함으로써 임의로 만든 각본에 순응시키는 시도를 한다.

경계선 아동은 비성찰적 조작 모드에서 극심한 고통을 겪으며, 자신의 정서 상태와 단절한다. 왜냐하면 경계선 아동은 심리적 형태로 내적 상태를 표상할 수 없기 때문이다. 그들은 자신의 표상적 세계와 타인과 공유하는 의미의 세계를 표상할 수 없다. 이러한 단절의 결과는 주관적인 통제 불능의 상태, 타인의 행동을 타인의 정신 상태에 대한 숙고 없이 단순히 발생하는 것으로 경험하는 심리적 공허 상태를 초래한다. 경계선 아동은 타인을 마음이 없이 자동적으로 행동하는 장치로 경험하는 것처럼, 그들 자신 또한 고유의 정서 상태와 행동도 그들에게 그저 '발생하는 것'으로 느낀다. 따라서 이러한 아동은 성찰기능의 억제로 인해 때때로 정서 경험에 의해 압도되거나 무력하게 된다. 경계선 아동은 이러한 주관적인 통제 불능감과 정서적 조절 곤란을 경험하기 때문에 타인에 의해 제공되는 위로와 조절에 의해 전적으로 휘둘리게 된다. 타인에게 지나치게 의존하는 것은 아마도 기질적인 과각성과 심리생리적인 조절 곤란에 기반을 둘 수도 있고, 또 한편으로는 아이를 무섭게 하는 잘못된 조율과 불안한 과잉관여를 번갈아 하는 부모의 양육패턴에 기인할 수 있다. 경계선 아동의 경우, 위협하는 내적 · 대인관계적 단서가 있을 때, 일관성 있게 자기위로와 자신을 편안하게 해 주지 못하고 감정을 조절하지 못한다. 이는 기질적 취약성, 외상, 양육자의 간헐적인 잘못된 조율 때문이다. 대신에 경계선 아동은 자신을 위로해 주거나 감정을 조절해 줄 어떤 것 또는 어떤 사람을 요구한다.

경계선 아동은 억제된 성찰기능의 상태에서 자기조절을 위해 구체적이고 도구적 존재로서의 타인에게 의존하게 된다. 왜냐하면 그들은 타인의 물리적 부재에서조차 정상적으로 심리적 연속성을 보장하는 관계의 성찰적-상징적 측면으로 접근할 수 없기 때문이다. 이러한 경계선 아동의 내적 · 대인 관계적 상태는 경계선 정신병리의 특징 중 하나인 분리에 대한 취약성을 보여 준다. 경계선 성격장애의 수많은 전형적인 특징은 주관적 통제 불능감의 상태와 분리에 대한 취약성에 대처하기 위해 발전된 전략으로 인해 초래된 것이다. 경계선 아동의 특징은 다음과 같다.

첫째, 경계선 아동은 샤피로(Shapiro, 1965)가 명명한 충동적 유형(impulsive style)으로 발전될 수 있다. 경계선 아동은 주의집중 문제 또는 각성을 조절하는 데 어려움을 겪을 수 있으며, 종종 기질적으로 성찰(예, 주어진 상황에 대한 가능한 의미, 특정 반응의 결과 또는 순간적인 욕구 상태의 함의, 장기적 관계나 목표에 대한 바람, 개인적 포부에 대한 고려)하는 것을 간과하기 쉽다. 그러나 이러한 기질적 경향은 견디기 어려운 정신 상태를 인식하지 않으려는 적극적인 방어 노력에 의해 강화된다.

성찰기능이 '차단되었을 때' 아동은 타인의 행동 이면에 있는 정신 상태에 대한 가정보다는 타인의 행동의 구체적인 결과에만 반응하게 된다. 이와 비슷하게, 그들 자신도 오직 신체적 또는 신체에 준하는 행동을 통해서만 타인에게 영향을 미칠 수 있다고 여길 수 있다. 포나기(Fonagy, 1999b)는 행동 지향적인 비성찰성의 극단적인 사례를 보여 주었다. 소년은 아버지에게 우연히 램프를 깨뜨렸다고 고백했다. 아버지는 소년에게 우연히 발생한 일이니 이해한다고 위로했다. 그러나 정작 아버지는 램프가 깨진 것을 보고 너무 화가 나서 소년에게 잔인하게 폭행을 가하자 소년은 방어하기 위해 손을 들었다. 그러자 아버지는 소년의 팔을 부러뜨렸다. 이 사례에서 아버지의 행동을 통해 성찰적 태도(소년의 행동이 악의적인 의도가 아님을 이해함)와 그 후에 따르는 잔인한 행동 사이의 무관함을 알 수 있다.

두 번째, 경계선 아동은 자신이 두려워하는 취약성, 통제 불능감 그리고 무력감을 타인으로 하여금 불러일으키게 한다. 임상가들은 그들을 제거하고 두들겨 패고픈 강한 본능적 바람을 타인에게 불러일으키는 그들의 무시무시한 괴력에 대해 증언한다. 이러한 경험은 경계선 아동의 주변에 있는 교사,

양육자, 보호감찰관, 보호서비스 종사자가 종종 보고하는데, 이들은 자신이 충동적이고, 배려하고 싶지 않고 또는 이러한 아동과의 고통스러운 치료 후에 '치료자답지 못했다는 점' 때문에 후회하는 마음을 경험한다.

　나는 노빅과 노빅(Novick & Novick, 1996)이 경계선 아동이 타인으로 하여금 파괴적 반응을 불러일으키게 하는 배후에는 '고정된 환상', 이 책에서 논의된 개념으로 저절로 일어나는 고통, 버려짐 그리고 희생화라는 경직되고, 비성찰적 각본이 있다고 보는 관점에 동의한다. 이러한 각본의 핵심은 '전능감의 망상'(p. 48)이며, 후에 프로이트가 '피학증의 핵심'이라고 얘기한 부분이다(Freud, 1919/1955, p. 189).

　경계선 아동의 경우, 자기-희생화 또는 다른 형태의 자기패배적 행동의 기저에 있는 '고정된 환상'에 의해 전능감이 드러난다. 경계선 아동에 있어서 전능감은 '자기복원'의 환상적인 형태이며, 불가능했던 실제 통제감, 안정된 애착, 경험의 성공적 통합에 대해 나름 대처하게 해 준다. 이러한 자기복원 각본은 자기애성 아동·청소년 그리고 자기애성-반사회성 아동·청소년이 보이는 전능감, 고통의 부인과 비슷하다. 그들은 버려짐, 고통, 취약성, 산산이 부서져 버린 안정감 그리고 심지어 그렇지 않았다면 일어나지 않을 수 있는 완전한 외상까지 자신이 적극적으로 생산해 내고 있다는 착각을 보인다. 그들에게 여전히 구타와 유기는 일어날 수 있지만, 그들 자신이 이러한 불행을 자초한다는 잘못된 생각을 통해 자신을 더 강화하게 된다.

　아동의 이러한 전능감을 통한 은밀한 통제감이 자기감에 얼마나 중요한지는 자기희생과 자기파괴 패턴을 그만두려고 할 때 더 명확히 드러난다. 예를 들면, 코리는 끈질기게 도발적이고, 자신에게 고통을 주는 행동을 고수하였으며, 심지어 그녀가 그토록 두려워하는 거부를 당했을 때조차도 자기희생적 행동을 멈추지 않았다. 이처럼 끈질긴 자기희생적 행동 패턴은 모순적이게도 발달과정에서 다양한 적응적 기능을 갖고 있다는 것을 뜻한다. 특히, 이러한 아동의 부적응적 행동패턴은 관계(이전에 논의했던 외상적 유대)의 주된 특징이 되며, 자기감의 핵심 조직자로 작용한다.

노빅과 노빅(Novick & Novick, 1996)은 아동의 자기-희생화, 특히 아동이 구타나 다른 형태의 학대를 유도하는 것에 대한 추가적인 근원적 원인으로 심각한 초기 애착문제에서 발생하는 양육자-유아 간의 관계 소통 통로의 결핍으로 보는 가설을 제기했다. 노빅과 노빅에 의하면, 피부 접촉은 정서적 조율이 수반(예, 눈맞춤, 말하기, 미소 짓기)되지 않고도 이루어질 수 있다.

유아의 고통과 마주하여 성찰기능을 '상실한' 양육자는 유아의 정신 상태에 대한 조율과 반응을 할 수 없지만, 기계적으로 신체를 만질 수는 있다. 노빅의 가정은 이러한 환경에서 유아는 양육자의 어떤 유형의 신체적 접촉에 대해, 심지어 고통스러운 접촉일지라도 이것을 양육자와의 유일한 애착 통로로 여기게 된다는 것이다.

이러한 아동의 경우, 일상적인 일련의 애착 사건을 통하여 고통스러운 신체적 감각과 애착 사이의 연결을 강화한다. 양육자는 유아의 고통에 대해 성찰기능이 '차단'된 채 반응하며 유아를 학대하거나 방임한다. 그러나 유아는 특히 신체적 고통이 증가되는데, 이때의 고통은 감정적 고통이 제거된 신체적 고통이다. 유아의 감정적 고통은 양육자로 하여금 자신의 과거 외상을 상기시키기 때문에 양육자는 유아를 대할 때 불안해하고, 죄책감에 쌓이게 되고, 지나치게 자극하는 형태로 반응하게 만든다. 이러한 아동의 경우, 적극적으로 고통을 추구하는 것이 오히려 양육자와의 연결을 유지하고 재수립하는 데 가장 효과적인 방법이 된다. 이러한 아동의 관계에서의 주요 특징은 고통 추구와 자기희생을 들 수 있는데, 이러한 특징은 학령기와 이후 청소년기 초기에 더 정교화된다. 이런 아동은 자라면서 그들을 위해서 타인을 희생시키거나 구원하도록 강요하는 능력이 점점 더 복잡해지고 효율적이게 된다.

그러나 그들에게 자기희생과 고통 추구는 통제감과 애착을 보장하는 단순한 적응 그 이상의 의미를 가진다. 아동기와 청소년기를 거치면서 자기희생, 자기파괴 그리고 고통 추구 행동은 자기와 타인에 대한 인식의 핵심적인 특성을 확립하는 데 추가적인 기능을 하게 된다.

자기희생의 기능 중 하나는 주장적 자기표현을 피하는 한편, 이것이 공격성을 표현하는 하나의 방식이라는 점이다. 공격성과 주장성에 대해 이러한 부적응적 패턴의 근원적인 원인은 틀림없이 초기 아동기와 학령 전 기간에서 찾을 수 있다. 정상적 발달의 경우, 유아기에 애착대상과 비교적 원활한 상호관계를 할 수 있다는 신뢰를 예상 할 수 있으며(Erikson, 1950), 핵심적인 자기감(주로 암묵적으로, 절차적으로 처리됨)을 형성할 수 있다. 아동의 느낌과 의도는 양육자와 나눠지고 조율되면서 함께 공유되는 의미로 창조된다.

아동은 명시적-상징적 능력과 함께 독립적으로 이동할 수 있는 능력 같은 수많은 성취 능력을 갖추게 되면서 자기-타인 표상의 결정적인 재조직을 할 수 있다. 이러한 영역에 대해 말러와 동료들(Mahler et al., 1975)은 분리-개별화 과정의 하위단계인 연습기라고 기술했다. 이러한 단계 동안("세상은 아장아장 걷는 유아의 손에 있다."), 말러와 동료들에 의하면, 아동은 애착체계 내에서 양육자와의 밀접한 교환으로부터 그들의 관심을 돌려서 탐색과 좀 더 자율적인 기능의 빠른 성장으로 변화한다. 자율성 면에서 이들의 의기양양함에 대해서 말러와 동료들은 "아동은 자신의 세계의 위대함과 자신의 능력에 흥분된 듯이 보인다. 자기애가 절정에 이른 것이다."(p. 71)라고 기술했다. 자기주장은 취약성을 부인하고 타인의 침해로부터 자기를 보호하는 면에서 어느 정도의 공격성과 관련된다.

아동의 취약성을 부인하려는 방어적 욕구, 더 큰 자율성을 향한 성숙된 심리사회적 압력은 청소년기 같은 강렬한 발달단계에서도 비슷하게 나타난다. 청소년기에서도 유아기와 비슷한 자기주장과 반항의 증가, 심오한 자기애적 취약성이 복합적으로 나타난다.

경계선 성격장애의 발달적 경로를 밟고 있는 아동의 경우, 발달관계에서 자기주장성과 공격성의 관리가 커다란 문제가 될 수 있다. 전형적으로, 그들은 공격성 또는 자기주장성을 성찰적 방식으로 처리할 수 없다. 왜냐하면 그들이 양육자로부터 경험한 적개심은 생생한 날 것의, 상징화되지 않은 형태로 느낀 것이며 양육자의 '상실'과 연관된 것이기 때문이다. 그들은 특히 학대 당하거나 버려짐으로 인해 분노와 자기주장성이 촉발될 때, 재앙적인 결과를 예상할 수 있다.

따라서 그들은 자신과 타인에 대한 강렬한 파괴적인 감정을 일부 통제하기 위해서 그들의 적개심을 더 필사적으로 계획된 타인을 강압하는 시도로 전환하게 된다. 전형적인 예로, 15세 주디는 남자 친구가 그녀에게 무관심하면 분노가 일어난다. 그녀의 분노는 불씨가 있는 성냥처럼 위태롭다. 주디는 곧 자기모욕과 자기증오에 휩싸이게 되고, 자신을 혐오하고, 투덜대고, 궁핍한 아이라고 느낀다. 또한 주디는 스스로 굴욕감과 비참함을 느낄 만하다고 생각한다. 주디의 신랄한 자기비난은 괴상한 삼목게임처럼 팔을 교차로 자해를 해서 낸 상처에 중독되는 지경까지 이르게 되었다. 결과적으로, 적개심은 자해적 고통과 학대로 표현된다. 경계선 아동·청소년은 자기학대와 자기희생을 통하여 자신의 경계를 보호하고 자기를 주장하면서 애착인물을 고문한다.

궁극적으로, 경계선 아동은 그들의 삶을 괴롭히는 과각성 상태와 정서적 통제 불능감을 임시방편적으로 조절하기 위한 방법을 발달시킨다. 이러한 조절의 모델은 기질적으로 취약하게 보이는 마비의 해리상태이다. 그러나 그들은 시간이 지나면서 다른 여러 가지 방법을 통해서 자기최면만으로 이룰 수 있었던 무감각을 '향상시킬 수' 있다는 점을 알게 된다. 음식, 약물, 알코올 그리고 난잡한 성관계는 과각성 상태와 통제 불능감의 내적 상태를 '조절해 주는 가장 좋은 요인'이 된다.

이전에 논의했듯이, 중독에 대한 유전적 중독 경향은 도파민 D_2 수용체의 감소와 연관되는 D_2A_1 대립형질과 관련되며, 소위 '보상결핍증후군(reward deficiency syndrome)'과 관련이 깊다. 보상을 경험하는 데 있어서의 결핍은 자기마비의 적극적인 시도로 인해 기인된 것이다. 자기마비는 해리와 자기최면에 의해서 그리고 변연계와 변연계피질 경로에서의 낮은 수준의 도파민 D_2 수용체에 의해 초래된다. 결과적으로 보면, 이러한 아동은 축 I 장애, 특히 약물남용과 폭식증 같은 중독패턴이 단독으로 또는 복합적으로 발생할 높은 위험에 처해 있다.

보상결핍증후군은 여러 가지 요인이 서로 강화하는 경로에 따라 부적응이 더욱 초래될 수 있다. 첫째, 중독과 철수로 인해서 심리생리적 조절 곤란의 문제가 증가된다. 폭식증 개인에게는 탄수화물 '중독'이 추정되고, 자해를 하는 동안은 엔도르핀에 대한 중독 등이 나타날 수 있다. 이러한 부적응 행동은 주관적인 통제 불능감과 외로움의 증가를 초래하며, 타인을 강요하고 조종하거나 스스로 마비시키고자 하는 욕구를 가속화시킨다.

둘째, 중독 행동, 특히 물질남용과 난잡한 성관계는 아동으로 하여금 또래 집단으로부터의 일탈을 가중시킨다(Fergusson & Horwood, 1999). 아동은 반사회적 또래 집단에 관여함으로써 잘 적응한 또래와 학교나 다른 친사회적 집단이 제공하는 적응적인 기회로부터 더 멀어지게 된다. 이러한 아동은 반사회적 행동이 증가되고, 권위자와의 갈등이 커지면서(Dishion et al., 1995), 일탈적인 또래와 연합하게 된다. 따라서 양육자는 아동에게 효율적인 돌봄과 통제를 못하게 된다(Solomon & George, 1996). 결과적으로, 이전에 기술했던 강압적 악순환이 악화된다.

따라서 이러한 아동의 부적응은 아동의 내면 또는 외부 환경에 의해 강화된다. 비극적 상호교류에서 아동은 외로움, 주관적 통제 불능감 그리고 불안정한 정체감에 대처하기 위한 노력을 한다. 그러나 이러한 아동의 노력에 대한 외부 환경, 양육자, 학교, 또래의 반응에 의해서 아동은 오히려 소외감을 느끼며 타인에게 매달리고자 하는 욕구, 심지어 집요하게 부적응을 하고자 하는 욕구가 증가된다. 자살과 유사 자살행위에 관해 간단한 언급을 하고자 한다. 아동의 부적응은 자기파괴라는 끊임없는 위협과 시도로서 그들 내적 고통의 명백한 지표를 보이며, 양육자와 임상가에게도 고통을 안겨 준다. 틀림없이, 자살과 유사 자살행위은 여러 요인에 영향을 미치는 현상이다.

첫째, 자살과 유사 자살행위은 종종 신체적 버려짐을 면하게 하고 타인과의 관계를 재정립하도록, 타인을 강요하기 위한 필사적인 노력을 뜻한다. 둘째, 보통 외상은 개인으로 하여금 수동적으로 고통 받는 것을 예상할 수 있다. 이에 반해, 자기파괴적 행동은 오히려 외상을 적극적으로 만들어 낸다.

자기파괴 행동은 비성찰적인 형태를 취하며, 학대자를 절차적으로 동일시하며, 자신의 신체와 자기를 다루는 데 있어서 학대자가 다루듯이 학대한다. 셋째, 자기파괴 행동을 통해 아동은 그들의 공격성을 숨긴 채 양육자를 괴롭히고, 공격하고, 무시하고, 앙갚음을 한다. 넷째, 어떤 경계선 아동은 유사 자살행위에 '중독'되는데, 이는 아마도 자해하는 동안 엔도르핀이 방출되기 때문이다. 임상가들이 오랫동안 주목해 왔듯이, 무감각에 의해 고통 받는 아동은 내면의 죽은 느낌의 상태를 종결시키고 다시 살아 있다는 느낌을 느끼기 위해서 자해한다. 다섯째, 자해와 자살행동은 정체감 성립에 있어 중요한 요인이 된다. 이러한 정체감 성립은 자기-희생화의 토대를 통해 만들어진다. 그들은 너무 고통스럽기 때문에 세상이 그들에게 분노와 절망감을 갖도록 권한을 부여했다고 여기며, 이러한 분노와 절망감을 토대로 자기가치감을 창출한다.

요약하자면, [그림 6-1]에서 보여 주듯이, 기질적 취약성과 외상이 경계선 성격을 초래한다.

기질적 취약성		경계선 성격의 대처전략
불안정한 자기와 타인에 대한 인식	→	분열(splitting): 자기-희생화로 정체감을 조직. 그리고 타인으로 하여금 학대와 구원을 불러일으키는 강압적인 노력
주관적 통제 불능감과 과각성		마비/해리/자기-희생화
외로움과 분리에 대한 취약성		버려짐을 불러일으키는 타인 조종과 애착 재확립
격노		분노를 가져도 된다는 권한 부여

[그림 6-1] 경계선 성격장애의 취약성과 대처전략

제1장

치료의 시작단계:
안전기지의 마련과 표상의 부조화

『'요가 수행자와 인민위원'과 기타 에세이(The Yogi and the commissar and other Essays)』라는 고전 소설에서 저자 코스틀러(Koestler, 1945)는 변화에 이르는 방법에 대해 두 가지 상반되는 견해를 기술했다. 요가 수행자의 접근은 내적 변화가 세상의 변혁을 이끈다는 생각에 기본을 두고 있다. 반면, 인민위원은 외적 현실의 변화 뒤에 내적 변화가 따른다고 믿는다.

중증 성격장애를 보이는 아동과 청소년의 도전에 직면한 치료자는 도움을 얻기 위해 요가 수행자와 인민위원 둘 다에게 의지하게 된다. 임상적 문헌 역시 이러한 상반된 입장을 반영해 주고 있다. '요가 수행자'는 대처전략과 관계패턴에서 변화를 위해 아동의 주관적 세계를 탐색하고 이해하는 데 관심을 두는 반면, '인민위원'은 약물처방이나 행동적 접근 혹은 가족개입을 통해 아동의 증상 혹은 환경의 변화를 목표로 삼는다. 이 장에서는 이 두 가지 접근을 통합한 치료모델을 제안하려고 한다. 이 모델은 통합의 원칙으로, 애착과 성찰기능의 발달을 사용하면서 아동의 대인관계적인 맥락에서 정신내적인 변화와 수정 둘 다를 성취하는 것이 목표이다. 우선, 통합모델을 설명하기 전에 중증 성격장애를 가진 아동·청소년에게 유능하게 돌봄을 제공하는 요가 수행자식 치료자의 현재 상태를 검토해 보고자 한다.

기본 원칙과 목표

중중 성격장애를 보이는 아동과 청소년의 주관적 경험과 내적 세계에 치료적 초점을 맞추는 것은 풍부하고 도움이 되는 문헌을 이끌었다(Bettelheim & Sylvester, 1948; Rinsley, 1980a, 1980b). 이러한 문헌은 감정적으로 혹은 극단적으로 객관적 평가나 통제된 연구를 거부하면서 사례보고서에 의존하는 것이 정당하다고 주장하는 정신분석적 전통에 뿌리를 두고 있다. 우스갯소리지만, 정신분석적 입장을 취하는 임상가들은 많은 사례가 곧 과학적 자료는 아니라는 것을 이해하는 것은 실패한 것 같다.

물론 이 우스갯소리는 성인 정신역동 치료의 평가에 방법론적인 엄격함을 적용해 온 지난 사반세기 동안의 엄청난 노력을 무시하는 발언일 수 있다(Crits-Cristoph et al., 1988; Hartley & Strupp, 1983; Luborsky, Crits-Cristoph, Mintz & Auerbach, 1981). 그럼에도 불구하고, 정신역동적 입장의 아동 정신치료 연구는 뒤처져 있다(Barrnett, Docherty, & Frommelt, 1991; Kazdin, 1993). 그들은 "어떤 치료 과정과 어떤 치료자가 어떤 문제를 가진, 어떤 종류의 환자에게 적용될 때 가장 효과적인가?"와 같이 최근 연구들이 가장 초점을 두고 있는 질문을 제기하는 대신 단지 "정신치료가 효과가 있는가?"라는 포괄적인 질문을 묻고 있다(Barrnett et al., 1991, p. 2).

여러 한계점으로 인해 정신분석적 개인 정신치료와 정신분석적 틀을 기초로 하는 장기 거주형 치료모델(Bettelheim & Sylvester, 1948; Noshpitz, 1962, 1975; Rinsley, 1980b)은 비실제적이고, 비과학적인 것으로 그리고 비생산적이 아니라면 비경제적 기업으로 평가되면서 더욱 취약한 상태가 되었다.

1. 기법에 대한 설명의 정확한 정의 부족
2. 특정 진단을 보이는 아동에게 필요한 적절한 기법에 관해 충분하지 못한 구체화
3. 효과에 대한 부족한 결과. 특히, 무선할당된, 통제된 연구의 부족
4. 정신병리학 이론(경험적 자료에 의한 지지가 부족함), 기법에 관한 이론과 임상 실제에서 수행된 기법 사이에 명확하지 못한 관계
5. 포괄적인 목표를 지향하는 장기치료—그래서 결과적으로 비싼 비용
6. 지속되는 임상 과정을 평가하는 데 신뢰할 만한 절차의 부족

이러한 한계점은 중증 성격장애를 보이는 아동과 청소년의 치료에 있어 장기 정신분석적 지향을 갖는 접근이 비싸고 효율적이지 않을 뿐만 아니라, 주장된 바에 의하면 이 접근은 퇴행과 의존을 조장하고, 학대와 희생에 대한 잘못된 기억을 유도하며, 일반적으로 아동과 그들 가족의 부적응을 더욱 악화시키기 때문에 실제적으로 매우 해롭다는 생각을 증가시켰다. 이러한 비난은 단기 개입, 단기 비용 절감에 초점을 두고 있는 관리 의료체계에서 강하게 반복적으로 거론되었다. 관리 의료가 보상에 대해 재제를 넓히면서 중증 성격장애를 가진 청소년에게 적용되는 정신분석적 접근은 사라질 위기에 놓여 있는 것 같다.

몇몇 아동 분석가는 경험적 연구가 분석적 혹은 분석적 입장에서 제공된 개입의 핵심과는 매우 상반되어 있다고 주장해 왔다. 그러나 계속되는 합의는 정신분석적 아동 정신치료 기법이 여러 형태의 임상적 혹은 발달적 혼란에 효과적인지를 체계적으로 연구하는 것이 가능하고 또한 매우 중요하다고 제안한다.

이러한 노력은 주로 안나 프로이트 센터에서 이루어졌는데, 정신분석 그리고 정신역동적 개입으로 진행된 아동과 청소년의 763 사례의 병원 기록지를 검토하고 상세한 조사를 실시하였다(Fonagy & Target, 1996). 예상대로 이러한 연구는 정신역동적 개입이 정서장애를 포함한 아동의 장애에 대해 특

히 효과적이라고 설명한다. 그러나 단지 한 가지의 정서장애와 상대적으로 높은 적응 수준을 보이는 아동의 경우에는 주 3~5회를 실시하는 집중적인 치료 이외에도 주 1회를 실시하는 비집중적인 치료만으로도 도움을 받는 것으로 나타났다. 그러나 놀라운 점은 집중적인 치료는 적어도 하나의 정서장애 진단(예, 불안장애, 기분부전장애)과 품행 문제를 동반하는 심각하고, 오래 지속된 복잡한 정신사회 문제를 가지고 있는 아동에게 매우 효과적이라는 것이다. 복잡한 정신병리를 가지고 있는 이러한 아동 집단은 비집중적인 주 1회 정신치료로부터는 별로 큰 도움을 받지 못하는 것 같다. 이들에게 가장 도움이 되는 개입은 앞서 기술된 정신분석적 접근의 핵심으로 기술된 것과는 구별된다. 특히, 정신분석적 기법의 핵심으로 알려져 온 통찰을 촉진시키려는 목적으로 이루어지는 무의식적 갈등의 해석은 이러한 청소년에게 제한적인 가치를 가지고 있는 것 같다. 반면, 정서장애를 가지고 있는 덜 심각한 혼란된 청소년은 이러한 해석적 접근으로 도움을 받는다. 주 1회만으로도 유사한 효과성을 보일 때 과연 집중적 그리고 고비용의 치료 프로그램이 계속 인정을 받을 수 있는지에 관한 의문이 있다.

회고적 특성으로 인해 연구자료가 갖는 한계가 있다고 하더라도, 이러한 결과는 정신분석적으로 지향된 아동 정신치료의 치료 요소의 특성과 적절한 지표에 대한 근본적인 질문을 일으켰다. 나의 기본 전제는 전통적인 정신분석에서 인정하지 않더라도, 중증 성격장애와 연관된 복잡한 문제를 가진 청소년에게 이루어지는 정신분석적 정신치료의 중요한 치료적 측면은 자신과 타인의 행동에서 의미를 발견하는 역량을 활성화시키는 능력에 있다는 것이다.

정신분석적으로 지향된 아동 정신치료는 항상 정신 상태를 인식하고 점검하는 아동의 능력을 강화하는 데 목표를 가지고 있다. 이러한 능력의 강화는 그들 자신의 행동을 관리하고 다른 사람의 느낌과 그들이 왜 그런 방식으로 행동하는지 그 이유를 이해하는 것을 도울 수 있다. 나는 중증 성격장애를 가지고 있는 청소년에게 이러한 능력을 위축시키는 내적인 그리고/혹은 외적인 단서에 맞서 그들이 성찰기능을 얻을 수 있도록 돕는 치료 프로그램을 제안한다. 이것은 성찰기능에 초점을 두면서 핵심 개입에 대한 분명한 정의와 평가를 실행하고, 중증 성격장애를 가진 아동과 청소년의 특별한 발달적 · 적응적 문제에 구체적으로 맞춰진 접근이다.

성찰기능을 강화하는 접근은 정신분석적으로 지향된 정신치료와 인지행동치료 그리고 대인관계 정신치료와 같은 경험적으로 지지된 치료와의 통합을 허용한다. 이러한 접근들은 아동의 구체적 증상을 완화하는 데 효과적인 결과를 제시하는 탄탄한 연구자료를 축적하고 있으며(예, Kendall, 2000), 심지어 치료 과정에서 진행된 뇌촬영법 연구에서 뇌기능의 정상화를 확인한 바 있다(Schwartz, Stoessel, Baxter, Martin, & Phelps, 1996).

인지행동치료, 대인관계치료 그리고 이 책에서 논의하는 정신치료 접근은 모두 인간이 자신의 경험을 구성하고 조직하는 것을 변화시키는 것을 목표로 하고 있다. 인지행동치료와 대인관계치료는 모두 적극적으로 지시적이며, 낮은 자기존중감의 이면에 있는 구체적인 사고와 같이 구체적인 부적응적 과정에 제한적으로 초점을 맞춘다. 구체적인 증상을 해결하는 것이 이러한 치료의 주된 특징이다. 반대로, 성찰기능을 강화하는 데 초점을 두는 모델은 전통적인 정신분석적 접근보다는 더 표적이 분명하고 적극적일지라도, 구체적 · 인지적 · 사회적 결함을 수정하려는 것보다는 경험하고, 적응하고, 관계하는 복잡한 패턴에 기저하는 광범위한 능력을 촉진하려고 한다.

근본적으로 살펴보면, 성찰기능의 강화에 초점을 맞추는 치료적 접근은 정신분석적 유산으로부터 크게 도움을 받았다. 아동 분석가들은 아동의 증상과 그들의 주관적 세계를 구성하는 방식은 내적 · 외적 현실의 요구에 대한 그들의 무의식적인 적응이라고 본다. 따라서 정신분석적으로 지향된 치료자는 치료적 개입에 저항하고, 변화에 맞서고, 때때로 그들을 위한 치료자의 노력을 방해하려는 아동을 예상할 수 있다. 이러한 견해는 중증 성격장애를 가진 청소년의 치료를 시작할 때 특히 중요하다. 잘 의도되었다 하더라도 변화는 힘겹게 이룬 적응을 위협할 수 있다. 아동 정신분석과 정신분석적으로 지향된 치료자들에 의해 축적된 임상적 경험은 아동의 불안을 이해하고 다루는 데 우수하다. 이러한 청소년의 경우, 성찰기능을 유지하는 데 불안이 일어난다. 불안은 아동 자신 그리고 그들에게 가장 가까운 사람에게 잠정적으로 견딜 수 없는 정신 상태를 일으킨다. 하지만 환자의 불안은 단순히 잠정적인 문제가 아니다. 따라서 훈련, 지도감독 그리고 치료자의 개인치료는 심각한 문제를 가진 청소년이 유발하는 경험과 관계에서 정신분석적으로 지향된 임상가가 스스로를 돌아보지 못하고 경직된 패턴으로 모래 구덩이에 갇히기보다 환자의 주관적 세상을 더 잘 이해하기 위해 자신의 정서적 반응을 민감하게 사용하도록 돕는다.

뚜렷한 통찰-지향적·갈등 해결적 모델로부터 성찰기능을 강화하는 데 기본을 두고 있는 접근으로 정신치료를 재구성하는 것은 위험요인과 보호요인 사이에 상호작용에 관심을 두고 있는 현대의 발달 연구의 중심에 더욱 다가가는 것이다. 이러한 재구성은 취약한 아동과 가족의 유연성을 촉진하려는 현대적 견해와 일치한다.

성찰기능의 강화에 초점을 두는 치료 프로그램은 대처하고 경험하는 주관적-정신내적 세계에 대한 관점과 개인의 주관성이 항상 깊숙이 박혀 있는 가족과 사회 상호작용 시스템의 관점을 통합한다. 미누친과 피쉬만(Minuchin & Fishman, 1981)에 따르면, 가족의 역기능이 청소년의 부적응을 형성하고, 변경하고, 강화하는 것과 똑같이 성격장애를 가진 청소년은 가족의 역기능을 형성하고, 수정하고, 강화한다. 내적 경험과 대인관계적 현실을 연결하는 기제로 성찰기능은 이 두 세계 사이에 개념적 그리고 임상적 다리를 제공한다. 신경생물학적, 심리학적 그리고 심리사회적 관점의 수렴적 입장에 서서 성찰기능과 그것이 생겨난 애착 시스템은 약물학적, 인지적 그리고 가족 시스템에 대한 개입이 일관성 있는 치료 프로그램으로 통합하도록 개념적인 다리 역할을 할 수 있다. 이러한 입장에서 아동의 주관적 경험에 목표를 두는 요가 수행자의 개입은 필연적으로 가족 관계 패턴에 영향을 미치는 반면, 가족 상호작용의 행동 혹은 패턴을 목표로 삼는 접근은 필연적으로 아동의 내적 조직을 변화시킨다.

이 치료모델에 기저하는 원칙은 다음과 같다.

1. 개념적 그리고 임상적 통합이 핵심이다.
2. 치료는 반드시 포괄적이어야 한다.
3. 집중적인 장기 과정은 안정애착의 발달을 위한 기본 전제이다.
4. 양육자는 상대 파트너로 치료에 관여해야 한다.
5. 치료 프로그램은 가족 문화의 전통에 맞춰 진행되어야 한다.
6. 치료자의 특성은 바람직한 결과를 위해 결정적이다.
7. 치료 프로그램의 전반적 목표는 아동과 양육자의 성찰기능을 강화하는 것이다.

개념적 그리고 임상적 통합

중중 성격장애를 가진 아동과 청소년의 치료는 통합적 초점이 필요하다. 비일관적인 경험 혹은 내적·외적 세계에서 일관성과 통합을 형성하지 못하는 것은 청소년의 부적응에 핵심이며, 이들의 정신병리를 유지하고 강화하는 대인관계 맥락의 전형적인 특징이다. 성찰기능을 강화하는 것의 목적은 정신치료, 약물개입, 교육 그리고 가족 개입이라는 일련의 과정을 안내하면서 이와 같은 통합적 초점을 제공하는 것이다. 치료를 계획하고 수행하는데 있어 개념적인 통합은 성찰기능의 보호적이고 치유적인 힘을 회복시키는데 매우 필요하다. 성찰기능은 의미 있는 인간관계의 맥락에서 상호주관적인 교환이 일어나는 그들의 경험과 세계에 대해 일관적인 이야기를 만들어 내는 능력을 청소년에게 제공한다. 그리하여 치료 개입의 스펙트럼 혹은 서비스에 있어 연속성의 유용함보다 더 중요한 것은 이해하기와 계획하기의 통합과 연속성이다.

🩺 포괄적인 치료

성찰기능과 그것을 유지하는 대인관계 맥락을 회복하기 위해서는 포괄적인 접근이 필요하다. 이러한 접근은 성찰기능을 어렵게 하고 악화시키는 악순환의 고리가 일어나는 환경과 아동 내에서의 다양한 요인을 확인한다. 그래서 이 치료 프로그램은 생물학적 취약성, 발달적 차원(인지적, 사회적, 정서적, 육체적, 도덕적/영적) 그리고 환경적 영역(학교, 또래 집단, 가족/확장된 가족)을 목표로 삼는다.

포괄적인 접근을 설정하는 것은 물론 만만치 않은 도전이다. 재정적 그리고 다른 실제적인 한계에 대한 타협을 넘어서서, 다양한 측면의 접근은 다양한 기관과 서비스 제공자를 필연적으로 포함시킨다. 미국에서 아동과 가족을 위한 기금 마련과 서비스 조직 사이의 분열된 특성을 고려해 보면, 빈약한 의사소통, 영역 간의 논쟁과 갈등 그리고 단지 안이하게 이루어지는 '균열된 곳에 쏟아붓기 식'의 개입은 중증 성격장애를 가진 청소년의 돌봄에 있어 큰 위기이다.

🩺 집중적 그리고 장기 과정

아동과 그의 가족에서 상호적으로 부적응을 강화하는 패턴을 변화시키는 것은 집중적 장기치료의 관여가 필요하다. 임상적 경험을 통해 우리는 단기 프로그램으로는 지속가능한 기능적인 변화를 이루기 어려우며, 덜 집중적인 피상적 프로그램(주 1회 정신치료) 역시 효과적이지 않다는 것을 알았다.

2장에서 검토된 발달적 연구들에서 분명히 밝혔듯이, 성찰기능은 안정애착의 맥락에서 형성되며 틀림없이 회복될 수 있다. 안정애착의 출현은 청소년의 가족과 치료관계 내에서 신뢰와 협력의 느낌이 자라나기 위한 충분한 개입의 강도와 기간이 필요하다. 정상 발달 과정과 유사하게 치료에서 안정 애착은 치료가 안전하고 안정적인 환경을 촉진하고, 불안과 과각성을 줄이기 위해 가족을 지지하는 것에 초점을 둘 때 생길 수 있다. 토대를 제공하고 정서 조절을 돕는 긍정적 애착에 양육자와 청소년 자녀 모두가 의지할 수 있는 맥락을 만드는 것이 변화를 향한 첫 번째 핵심적인 단계이다.

🐌 파트너로서 양육자

중증 성격장애를 가진 청소년의 경우, 양육자가 효과적인 한계 설정자로서 그리고 지지와 양육, 타당화의 유용한 근원으로서 기능하지 못하기 때문에 청소년의 부적응이 유지되고, 강화되고, 악화된다. 그러나 치료에서는 마음을 가지고 있는 의도적인 존재로 아동을 볼 수 있는 양육자의 능력이 점점 증가하면서 양육의 능력과 기술을 강화시킬 수 있다. 이를 통해 역기능적인 가족이어도 장점이 형성될 수 있다. 중증 성격장애를 가진 청소년(그리고 그의 가족)의 상호작용 문제를 다루어서 고통스럽고 부적응적인 악순환으로부터 발달적인 기회로 치료를 이용하도록 격려하고, 서로 간 연결감을 통해 제공되는 자연스러운 보호를 형성하는 선순환으로 변형하도록 한다. 동시에, 치료목표를 설정하고 이행하는 데 있어 치료자와 양육자 사이에 동반자적인 관계를 형성하는 것은 저항의 주된 원천을 다루는 방법이다. 청소년은 만약 그들이 변화한다면, 모두에게 재앙적인 결과를 초래하면서 가족을 불안정하게 만들 것이라고 믿는 무언의 확신감이 있다.

🐌 치료와 가족의 문화적 전통

청소년 가족의 구체적인 문화적 전통에 맞추어진 치료 프로그램으로부터 더 좋은 결과를 기대할 수 있다고 하지만, 현실적으로 윤리적으로나 문화적으로 초점이 맞춰진 구체적인 예방 혹은 치료적 개입이 이루어지는 것은 턱없이 부족하다. 비행의 통계치에서 소수자의 특성을 가진 청소년이 지나치게 높게 기술된 것을 감안하면, 심각하게 가난한 청소년 그리고 보험에 가입되어 있지 않거나 혹은 충분한 보험이 보장되지 않는 소수 청소년의 부적응에 대한 사회의 주된 반응은 치료적 개입을 하기보다는 청소년 법적 시스템에 따라 책임을 묻거나 처벌하거나 구금하는 형태이다.

치료진의 특성

임상적 경험을 통해 우리는 치료 프로그램의 다양한 효과성이 입원 병동에서 일하는 임상가나 다른 치료진의 개인적 특성에 달려 있다는 것을 알았다. 대부분의 임상가는 그들이 '경계선 환자에게 좋은 치료자'가 아니라는 것을 잘 알고 있다(Gunderson, 2000). 하지만 많은 치료자는 이러한 도전적인 청소년과 그의 가족과 작업을 하는 데 있어 치료자 자신이 한계점을 가지고 있다는 것을 잘 알지 못한다.

건더슨(Gunderson, 2000)이 지적하였듯이, 도전적인 청소년과 효과적으로 치료를 수행하기 위해 치료자는 많은 경험과 개인적 특성이 필요하다. 1~3년 동안의 정신치료를 수행하면서 입원과 거주형과 같은 다양한 치료 환경 속에서 수행하는 약물치료, 가족과 함께 작업하는 포괄적이고 바람직한 치료 환경 그리고 이러한 환경에서 2~3년 동안 지도감독을 받는 경험은 환자에 대한 편안함과 유능함을 향상시키는 데 매우 중요하다.

건더슨(Gunderson, 2000)에 따르면, 중증 성격장애를 가진 환자와 성공적으로 작업을 하기 위해 필요한 치료자의 개인적인 태도는 다음과 같다. 환자가 무언가에 흥미를 가지며, 영향을 받을 수 있고, 도전할 만한 것을 발견할 수 있다고 믿고, 그들이 개선될 수 있다는 것을 믿고, 환자의 복지를 위해 치료에서 누군가의 개인적인 중요성을 수용하고, 환자와 부모를 공감적으로 대해야 한다. 또한 그들의 행동이 의미를 가지고 있다고 믿고, 누군가 도움이 된다는 것을 신뢰하며, 좌절의 징후에도 인내할 준비가 되어 있어야 하며, 지도감독 혹은 자문에 대한 필요를 수용하는 태도가 필요하다.

덧붙여, 이 밖에 치료자의 다른 특성이 효과와 연관되어 있다. 뛰어난 의사소통 기술, 따뜻함과 공감, 개방성, 유머 그리고 유연성, 행동하려는 성향, 위험을 감수하고, 새로운 것을 추구하려는 성향 등이다.

✌ 성찰기능을 강화하는 목표

중증 성격장애를 가진 청소년을 위한 치료 프로그램은 다음과 같은 핵심 목표를 얻기 위해 다양한 조합과 단계로 이루어진 여러 기법을 사용한다.

- 자기와 타인의 표상에 의해 드러나는 정신 과정을 확인한다.
- 내적 상태를 말로 표현하고 공유한다.
- 다룰 수 없었던 경험을 다룰 수 있는 경험으로 분해해서 청소년과 그의 가족이 익히고 터득할 수 있도록 한다.
- 느낌을 잘 다루도록 이끌면서 감정의 내적 표상을 형성하고 발전시킨다.
- 불안을 감소시키고 사고 과정의 다른 측면을 연결시키면서 사고를 촉진한다.
- 애착 관계의 맥락에서 행동의 의미와 의도를 이해하도록 촉진시킨다.
- 다른 사람의 정서 상태를 자각하고 '주어진대로의 세계' 대 '다양한 사람이 관련된 의미의 세계' 사이의 차이를 자각한다.
- 충동적, 비반영적인, 강압적인, 그렇지 않으면 파괴적이고, 비적응적인 행동에 한계를 설정한다.

- 세대 간 경계를 보호하고, 개인 사이에 연결감과 개인차 간의 균형을 잘 이루는 개인 간의 거리를 확인한다.
- 수치심, 통제 상실 그리고 위험을 알리는 단서에 의해 촉발된 방어기제를 포기하는 반면, 스트레스를 예측하는 적응적 대처전략을 발전시킨다.
- 놀이, 환상, 유연성 그리고 유머를 촉진하는 '마치 ~처럼'이라는 태도를 격려한다.
- 과거와 현재의 좌절 경험을 훈습한다.
- 현실적 자기 가치감에 근거를 둔 실제 재능과 성취를 보장하는 기회를 연결시키면서 성취 가능한 미래의 계획을 발전시킨다.

이러한 목표들은 부담스러울 수도 있고, 심지어 위협적일 수도 있다. 그러나 이어지는 장에서 논의하듯이, 가장 강력하고 보호적인 그리고 치유적인 기제로 작용할 수 있도록 마련된 구조화된 치료 프로그램의 맥락에서 이러한 목표들은 성취 가능하고 이용 가능하다. 다시 말해, 이 프로그램은 서로 악화시키는 절망의 고리로부터 벗어나도록 하기 위해 아동과 그의 양육자에게 성장을 격려하는 안내를 제공한다.

☙ 표상의 부조화를 촉진하기

역기능적 대인관계 패턴을 강화하는 방어적인 정신내적모델의 악순환적 고리를 끊어 내고 그 반대로 진행하기 위해 요가 수행자와 인민위원의 견해를 어떻게 통합할 수 있을까? 임상 경험에서는 호로비츠(Horowitz, 1987)가 언급한 '표상의 부조화'를 창조하는 방향으로 아동의 대인관계적 맥락이 움직이지 않는다면, 치료에서 의미 있는 개입이 가능하지 않다고 설명한다. 사랑하는 사람의 상실에 이어 나타나는 상실감을 기술하기 위해 사용된 호로

비츠의 설명에서, 표상의 부조화는 외적 현실이 내적 모델에 의해 만들어진 예상을 도전하거나 직면할 때 일어난다.

중증 성격장애를 가지고 있는 청소년의 경우, 표상의 부조화는 양육자나 치료자가 한계 설정자로서 효과적으로 지속적으로 대할 때, 세대 간 경계를 잘 유지하고, 유능하게 아이를 양육하고 지지할 때 그리고 역기능적인 가족에서 청소년이 수행한 구체적 역할로부터 그 청소년을 분리시키려고 노력할 때 일어난다. 청소년이 가족에서 수행한 구체적 역할은 다른 구성원에 대한 양육자의 적개심의 방향을 본인으로 틀도록 하는 것, 부모의 결혼을 함께 지탱하고 있는 것, 양육자의 자존감을 세워 주는 것, 양육자의 경멸할 만한 면을 받아 주는 것, 부모의 자살을 막는 것, 양육자의 성적 파트너로서 기능하는 것이 해당된다.

자기애성 그리고 자기애성-반사회성 아동에 대해서 표상의 불일치는 다른 사람이 가치 없고, 약하고, 무능하다는 그들의 주장과 전능성에 도전하는 것이다. 경계선 청소년에게 표상의 부조화는 이제까지 청소년에게 일치적인 행복감, 통제감 그리고 사람과의 연결감을 주었던 부적응적 행동(예, 성행위, 약물, 음식)으로부터 분리하여 양육자가 보호를 제공하면서 일어난다. 양육자가 이러한 아이의 자기패배적 그리고 자기파괴적 행동을 무산시키는 것은 이전에 양육자에 대해 갖고 있던 이해할 수 없고, 무관심한 그리고 좋게 말해 잔인하고, 나쁘게 말하면 야만적이고 약탈적인 사람으로 보는 견해에 도전하는 것이다. 그러한 표상의 부조화가 없다면, 아무리 강력한 요가 수행자라도 현실의 부정적인 강화를 거스를 수 없다.

입원 환자 혹은 거주형 치료 환경은 중증 성격장애를 가지고 있는 청소년에게는 최상의 선택이 될 수 있다. 경제적 문제를 잠시 접어 두고, 입원 혹은 거주형 치료 조치가 필요한지를 결정하는 데 있어 임상적 고려는 다음과 같다. (1) 치료자의 지지를 통해 청소년의 양육자가 그들 자신의 파괴적 행동—학대와 같은—을 멈출 수 있는 능력, 그리고 더 유능한, 더 효과적인 한계 설정, 더 나은 세대 간 경계 유지를 할 수 있는 방향으로 움직이는 능력,

(2) 양육자의 능력을 지지하기 위해 동원될 수 있는 회사 혹은 가정 기반의 가족치료, 가정 내 위기 안정화 서비스, 학교 내 지지 서비스와 같은 지역 내 자원과 서비스의 활용 가능성 그리고 (3) 청소년이 자기 혹은 타인에게 위험한 행동을 막기 위한 통제와 구조가 필요하다고 느끼는 정도이다.

중증 성격장애를 가지고 있는 청소년은 부모의 무능력, 비일관성, 비신뢰성이라는 맥락을 재창조하기 위해 필사적인 그리고 종종 파괴적인 노력으로 환경에서의 변화에 대응한다. 표상의 부조화는 그동안 고통스럽고 부적응을 보였지만 종종 구조된 기분을 느꼈고, 안전감, 긴밀함, 통제, 애착의 수단을 제공한다고 느꼈던 경험과 관계의 패턴에 도전하기 때문에 불안을 일으킨다. 다시 말해, 불안의 증가는 부정적으로 현실을 재확립하기 위해 마련된 병리적 방어기제와 강압적인 대인관계패턴을 동원하는 비성찰적인 모델의 강력한 촉발인자이다. 이러한 기제는 너무 파괴적이어서 심지어 효과적인 통제가 잘 기능하는 양육자의 '붙잡아 주는'(Winnicott, 1965) 능력을 넘어선다. 외래환자와 입원 환자 돌봄 사이에 중간의 서비스 범위는 비용-효과성 그리고 임상적 효과성의 최상의 조합을 제공할 수 있다. 가족으로부터 청소년이 분리되지 않고도 집중적인 혹은 중간 정도의 관리에 참여하는 주간 치료 형태는 때때로 학교-기반을 둔 그리고 방과 후 서비스를 결합하여 제공될 수 있는데, 효과적으로 표상의 불일치를 일으킬 수 있다. 하지만 불행하게도 보험 체계는 이러한 중간 정도의 서비스에 대한 보상을 제한한다.

특별하게 거주형 치료는 심각한 외상의 역사와 해리 혹은 반사회적인 경향이 두드러지면서 학습장애, ADHD, 약물남용, 기분장애가 복잡하게 얽혀 있는 아동이나 청소년에게 적합하다. 단기 입원은 청소년이 본인 자신 혹은 타인을 해롭게 하는 급성 위기 상황일 때 필요하다. 마지막으로, 그룹홈 혹은 특별한 형태의 돌봄 환경은 심각하게 혼란스럽거나 혹은 파괴적인 가정환경으로부터 벗어날 필요가 있는 청소년 혹은 그들의 지칠 대로 지친 양육자에게 지지가 필요할 때 고려할 수 있다(입원 환자 그리고 거주형 치료를 받는 아동과 청소년에 대한 논의점은 10장을 보라.).

입원 환자, 중간 수준의 환자 혹은 외래 환자 여부와 관계없이 표상의 불일치에 대한 반응으로 대처와 관계의 부정적인 이전 패턴을 복구하기 위해서 청소년과 양육자 모두로부터 나타나는 노골적인 혹은 미묘한 방식의 맹공격을 예상할 수 있다. 다음과 같은 일화는 중중 성격장애 청소년과 그의 가족에게 양육자와 치료자가 더 유능하고 민감하게 통제하는 방식을 소개할 때 원칙과 잠재적 문제점을 선명하게 잘 보여 주고 있다.

재능이 많고 논란이 많았던 청소년 전문 정신과 의사인 고(故) 도널드 린슬리는 그가 처방한 장기 거주 형태로 막 들어온 자기애적 그리고 경계선적인 특성을 보이는 16살 소녀와 첫 만남을 다음과 같이 기술한 바 있다(린슬리 박사와 개인적 서신 교환, 1980년 2월 25일). 소녀는 린슬리의 사무실에 들어오자마자 분통을 터뜨리며 그의 인사를 받았다. "재수 없는 정신과 의사! 빌어먹을! 당신이 뭐라고!? … 당신 얘기를 들을 이유가 없어요!" 침착하게, 할 수 있는 만큼 침착하게 린슬리는 자신의 주머니에서 근사해 보이는 금으로 된 펜을 꺼냈다. "이 펜을 한번 볼래?" 그 소녀에게 말했다. "당신의 그 거지같은 펜 따위에는 관심도 없어요. 당신이 하려는 말 어떤 것에도 관심이 없어요!" 소녀는 말했다. 린슬리는 그가 환자의 주의를 포착할 때까지 지속했다. "좋아요. 그 거지같은 펜이 뭐 어쨌다는 거죠?" 그녀가 마침내 물었다. "글쎄……" 린슬리는 "이 펜을 가지고 나는 너를 1시간 동안, 3시간 동안, 24시간 동안 방으로 보낼 수 있어. 이 펜을 가지고 나는 오늘 당장 혹은 다음 주 내내 너에게 약물을 처방할 수 있어. 이 펜을 가지고 나는 지금부터 2주 후에 혹은 월요일에 네가 학교를 다시 갈 수 있다고 지시를 할 수도 있어. 이 펜을 가지고 나는 네가 이번 주 혹은 지금부터 한 달 후에 부모님을 방문할 수 있다고 서명할 수 있어. 이 펜을 가지고… 나는 너를 오늘 이 센터에서 내 보낼 수도 있어… 혹은 내년에 보낼 수도 있지." 펜을 천천히 다시 포켓으로 집어 넣으면서 린슬리는 당황하여 한동안 말을 잃은 소녀를 남겨 두고 사무실을 화려하게 떠났다.

2년 후, 그 소녀가 그곳에서 나갈 때 소녀와 린슬리는 그간의 치료와 가장 도움이 되었던 부분에 대해 회상했다. 그녀는 밝게 웃으면서 "린슬리 박사님! 당신의 펜을 기억하세요? 방금 그 펜이 무엇을 했는지 생각했어요."

이 일화는 심각한 문제를 보이는 청소년과 접촉하는 상당한 능력을 가진 창조적인 임상가의 치료적 스타일의 완벽한 예이다. 이것은 체스로 비유하자면, 치료의 전개와 최종 결과에 너무 중요한 치료 초기의 한수로서 미묘함과 잠재적 위험이 있음을 보여 준다.

화를 유발하고 상대방을 폄하하는 소녀의 '인사'에 대해 린슬리의 반응은 확고하게 그녀의 적개심, 허세, 충동성을 통제하는 능력을 분명히 보여 주었다. 틀림없이 붙잡아 주기(holding)(Winnicott, 1965)와 담아내기(containing)(Bion, 1962)를 할 수 있는 '강력한' 양육자의 존재는 유아가 애정 어린 양육과 조절에 대한 필요에 양육자가 효과적으로 반응해 줄 것이라는 신뢰에 근거하여 이루어지는 안정애착의 전제조건이다. 붙잡아 주고 통제할 수 있는 양육자와의 이러한 경험은 자기조절 기능을 위한 청사진을 제공한다. 붙잡아 주고 통제하는 양육자의 정신적 표상을 사용하면서 아동은 자기모델에 근접하게 되고, 결국 양육자의 자기조절 기능을 '내면화'하게 된다(Kohut, 1971).

하지만 린슬리는 통제의 힘에 대해 말하는 것 그 이상을 했다. 그는 힘이 그 자신에게 있는 것이 아닌, 의사라는 구체적인 사람과 규칙, 사상, 가치의 상징적 영역 사이에 정면으로 서 있는 한 사물(펜)에게로 돌렸다. 그 펜은 물론 상징을 통해 그러한 능력이 나오는 도구에 불과하다. 린슬리는 그 청소년 환자에게 순수한 힘과 영향력이라는 것이 텅 빈 허세 그리고 단지 하나의 설명만이 타당하다고 주장하는 세계로 들어가도록 강요하는 것이 아니라는 것을 알려 준 셈이다. 대신 힘과 영향력은 상호작용을 통해, 얻어진 정보를 통해서 '오늘' 혹은 '다음 달'이 될 수 있는 가능성과 환자 스스로 선택을 할 수 있는 삶으로 문을 여는 성찰적-상징적 능력의 사용에서 나온다는 것을 알려 줬다. 린슬리가 주는 메시지의 의미는 환자 자신에게 선택의 여지가 없는 것이 아니라는 점이다. 그녀가 그에게 반응하려고 선택하는 방법에 따라 결국 '그 펜'이 그녀에게 어떻게 반응할 것인지를 결정하게 된다.

표상의 부조화를 소개하는 데 있어 중요한 점은 붙잡아 주기, 지지를 전달하기와 다른 한편으로는 파괴적이고 자기파괴적인 행동을 통제하는 것 사이에 균형을 유지하면서 청소년과 양육자가 직면한 선택에 대한 통제감을 갖도록 돕는 것이다. 치료는 청소년의 비성찰적인 맹공격에 의해 치료자가 위협당하고 혹은 마비될 때 무너진다. 또한 치료의 실패는 치료자가 중증 성격장애를 가지고 있는 청소년의 거만한 '인사'로 인해 생기는 무기력감, 취약함 혹은 절망감이라는 압력에 맞서기 위해 방어적인 반응으로 대할 때에도 역시 일어난다. 그러한 환경 하에서 치료자는 청소년만큼 철저하게 텅 빈 가짜–통제의 전능한 입장을 취하려고 한다. 치료자의 '전능감'은 단지 환자의 비성찰적인 전략을 강화할 뿐이다. 8장과 9장에서는 예측할 만한 전이와 역전이의 패턴에 관한 장을 마련하였는데, 중증 성격장애를 가진 청소년과 대면하는 임상적 상황 곳곳에 산재해 있는 비성찰적 지뢰를 점검한다.

린슬리의 개입은 몇 가지 점에서 방어적인 개입과 구별된다. 첫째, 그의 메시지는 성찰적 의사소통의 특징을 담고 있다. 농담조의 분위기로 전달되었지만 린슬리는 소녀의 순간순간 나타나는 언어적·비언어적 반응을 예리하게 주목하였다. 왜곡된 통제감에 대한 치료자의 압력에 대해 소녀가 느끼는 불편함을 공감하면서 엄격함과 투명함 사이의 균형을 신중하게 유지하였다. 둘째, 첫 만남에서 린슬리는 그가 강조하고자 한 모든 가능성에 대해 전달할 수 있었다. 그는 중증 성격장애를 가지고 있는 아동과 청소년을 위한 치료적 선택은 정상적인 발달 경로를 회복하는 데 초점을 두는 지속적이고 집중적인 주거형 보호가 필요하다고 확신했다. 한편, 덜 집중적인 접근은 진통제 혹은 항생제가 맹장염 치료에서 그런 것처럼 효과적이지 않다고 보았다. '이 펜을 가지고' 그는 주 1회 혹은 월 1회로 부모를 방문하도록 지시할 수 있다는 것을 명확히 하는 것을 주저하지 않았다. 앞으로 하게 될 몇 년 동안의 부모의 기능을 그녀에게 제공할 수 있고, 그럴 준비가 충분히 되었기 때문이다.

요즈음, 임상가들은 린슬리가 누렸던 치료 과정처럼 그 정도의 통제를 시도하는 것에 부담감을 느끼고 있다. 분명하게, 관리 의료라는 빠른 흐름에 앞서 일어난 입원 청소년 서비스의 폭발적인 증가, 정신과적 그리고 약물남용 치료 서비스의 엄청난 증가라는 견지에서 보면, 문제를 가지고 있는 아동·청소년에 대한 정신과적 서비스 비용을 꼼꼼히 따져 봐야 한다는 필요에 반하는 주장을 하는 것이 쉽지 않다.

그러기에 덜 집중적인 접근이 비효과적이거나 혹은 실제적으로는 역효과인 아동에게 확장된 거주형 치료를 수행하기 위해서는 철저한 경험적 자료에 근거하여 확립되는 것이 필요하다. 하지만 중증 성격장애를 가지고 있는 대부분의 아동과 청소년(입원 혹은 거주형 치료가 필요한 경우를 포함)에게 있어 치료를 위한 최적의 환경을 만드는 가장 효과적인(그리고 비용-효율적인) 방식에는 지지적인 양육자의 능력과 양육자의 웰빙이 수반되어야 한다 (Liddle & Hogue, 2000). 표상의 부조화는 똑똑한 임상가의 불꽃같은 언어에 의해서가 아니라, 양육자에게 아동을 지지하고 양육하고 보호하는 더 효과적인 방법을 제공하기 위해 상호존중의 협력적인 모습으로 치료자와 양육자가 지속적으로 서로 노력하는 과정에서 일어난다. 이런 방식에서 양육자는 아이의 실패에 대한 비난의 책임감으로부터 손상을 입지 않아도 된다. 그리고 스스로를 환자의 역할로 두지 않을 수 있다.

암묵적인 표상의 부조화

리 컴브릭크-그레햄(Lee Combrinck-Graham, 1990)은 만약 치료자로서 우리가 어린 환자를 입양할 준비가 되어 있지 않다면(그녀가 강하게 좌절하는 현실이다.) 아동을 지지하고 돌보도록 그의 가족을 돕는 것에 개입을 집중시키는 것이 가장 현명한 일이라고 지적했다. 다시 말해, 우리는 양육자의 무기력을 강화하기보다는 양육자의 유능함을 강화하려고 노력해야 한다. 그러한 접근은 환자가 부모를 방문하는 빈도를 지시하는 린슬리의 펜의 능력에 대한 또 다른 응대로 이해될 수 있다. 이러한 개입은 치료개념이 점점 더 세련되어 가면서 상호작용의 갈등을 가지고 있는 가족에 대해 더 연민어린 입장을 가져야 한다는 실제적인 필요로부터 나왔다. 이러한 개입을 통해 치료 중단을 줄일 수 있고, 전반적으로 효과를 높이기 위한 협동적인 치료 과정에 양육자를 참여하도록 하는 더 효과적인—더 경제적인—개입의 기초를 제공할 수 있다.

애착이론과 애착의 역기능과 연관된 성찰기능의 붕괴를 양육자가 이해하는 것은 아동의 문제에 대해 비난받는 기분과 수치심, 죄책감을 줄이며 치료자와 양육자의 동맹을 촉진시킬 수 있다. 이러한 입장에서 치료자는 우선 청소년의 문제에 대한 평가를 양육자와 논의해야 한다. 이 평가는 애착의 지속성과 안정성에 대해 청소년이 느끼는 위협감의 맥락에서 문제를 검토하는 것이다. 이러한 위협감은 성찰기능으로부터 후퇴를 초래한다. 치료자는 성찰기능의 억제가 부적응적인 대처전략이라는 점을 부모에게 소개해야 한다. 비록 아이가 통제와 연결감을 유지하려는 노력을 하더라도, 억제된 성찰기능은 자기와 세상에 대한 고집스러운 비성찰적 도식과 강압적인 행동의 패턴을 낳기 마련이다.

자기와 타인에 대한 비성찰적인 모델에 의해 형성된 행동의 강압적인 패턴에 대한 이해는 자녀 행동의—그리고 양육자 자신의—상호 교류적 맥락을 이해하도록 돕는다. 이러한 조망을 통해서 관리되거나 혹은 제거될 필요가 있는 행동으로부터 의미 있고, 공유할 수 있다면 변경될 수 있는 관계와 내적 상태로 논의를 이동하는 것이 핵심이다. 양육자는 비성찰적인 행동의 강압적 고리를 유지하고 강화시키는 그들 자신의 역할을 고려하도록 암묵적으로 초대된다. 첫째, 양육자가 치료에서 굉장히 중요하다는 점을 분명하게 전달함으로써 치료자는 양육자가 자신의 행복과 능력, 효과적인 의사소통과 자녀의 적응 사이에 관계를 이해하도록 돕는다. 분명하게 양육자 자신의 역기능적인 측면을 직면시키지 않고, 양육자가 방어를 크게 보이지 않으며 이러한 상황을 이해하도록 도우면서 결과적으로 어떻게 치료 과정이 진정으로 도움이 될 수 있는지를 이해하도록 돕는다. 양육자는 그들의 관계 혹은 생존에 위협이 되는 단서가 존재할지라도 모든 가족(양육자뿐만 아니라 아이도)이 서로를 향해 의도를 가지고 있는 존재라는 생각을 유지할 수 있도록 이 과정을 경험할 때 비로소 치료의 동반자가 된다.

이러한 관점에서 치료자는 아동의 비성찰적인 행동이 전반적인 가족의 맥락을 형성하는 데 적극적인 역할을 한다는 것을 지적할 수 있다. 양육자는 가족의 정서적·대인관계적 상호작용의 패턴을 형성하는 아이의 생물학적인 취약성(예, 주의력결핍과잉행동장애, 기분장애, 만성적인 육체적 질병) 그리고 다른 위험 요인(예, 입양한 아동에게 나타나는 애착의 초기 붕괴)을 이해할 수 있다.

더 상세하게 다가가기 위해 질문을 사용하는 것은 이야기를 구성하는 것(Liddle & Hogue, 2000) 혹은 대안적으로 양육자가 제시하는 이야기의 일관성이 깨지는 지점들을 확인하는 것에 도움이 된다. 이 지점은 성찰기능의 붕괴가 촉발되는 경험과 상호작용을 이해하는 데 중요한 단서를 제공한다.

리들과 호그(Liddle & Hogue, 2000)가 제안하였듯이, 이야기 구성에서 질문을 하는 것은 가족 구성원 간에 개인적 혹은 역사적 연결을 통해 자서전적 설명을 이끌어내려는 것이다. 예를 들어, 다음과 같다.

> "당신이 아이를 낳아 처음 안았을 때, 장래의 청소년 혹은 어른으로 아이에게 가졌던 꿈은 무엇이었나요?"
> "가족과 함께 보낸 시간 중에 가장 행복했던 그리고 가장 힘들었던 점을 이야기해 주세요."
> "부모님이 당신을 자랑스럽게 여긴다는 것을 어떻게 알았나요?"
> "당신이 아이를 자랑스럽게 여긴다는 것을 아이가 어떻게 알도록 했나요?"
> "아이를 양육한다는 것이 기대했던 것과 어떻게 달랐나요?"
> (p. 271)

　이러한 질문은 가족 구성원이 가족과의 관계 그리고 서로의 관계에 대해
어떻게 생각하는지에 대한 탐색을 도울 수 있고, 기저하는 의미의 맥락에서
행동을 이해하는 관점을 소개할 수 있다.

　양육자가 자녀의 삶에 대한 생각을 평가하는 것도 중요하다. 이러한 질문
들은―"아이의 가장 친한 친구는 누구인가요?" "아이와 함께 주로 무엇을 하
나요?" "학교에서는 어떤가요?"―아이에 대한 양육자의 이해를 평가할 수 있
을 뿐만 아니라 아이의 삶의 넓은 맥락으로 주의를 돌리고, 이를 통해 아이
의 행동을 더 잘 이해할 수 있도록 돕는다.

　이렇게 부적응적인 애착과 성찰기능에서 아동의 어려움을 보도록 양육자
를 돕는 것은 중요한 두 가지 단계로 구성된다. 첫째, 치료자는 비성찰적인
경험과 강압적인 행동이 서로를 강화함으로써 양육자와 아동 모두를 가두는
분노와 절망의 해로운 악순환의 핵심이라는 것을 알도록 한다. 핵심적인 치
료 과제는 강압적인 비성찰적인 상호교환에서―예를 들어, '통제력을 잃은'
아이의 행동에 대해 양육자가 개탄하고, 아이는 신경을 곤두세우면서 계속
해서 통제하려는 양육자의 노력을 거절하는 이 둘 사이의 대화를 '귀머거리
대화'라고 할 수 있다―가족이 서로 다른 사람의 입장을 확인하고 자신의 경
험을 전달할 수 있는 진실하고 성찰적인 대화로 변화를 촉진하는 것이다. 둘
째, 치료자와 양육자는 가족의 발달적 역사에서 특별한 경험 혹은 대인관계
적 교환이 어떻게 위험의 신호가 되고 성찰능력으로부터 방어적으로 퇴각하
는 촉발인자가 되는지를 함께 검토할 수 있다. 이러한 경험은 전형적으로 안
전감, 신뢰, 관여, 충의, 보호, 사랑 그리고 오래 지속된 배반, 학대, 유기, 무
시, 비조율이라는 문제와 관련이 있다. 경험과 상호교환의 비성찰적인 방식
은 특별한 과민증을 낳고, 인식된 위협에 대해 독특한 방식으로 경직되어 비
성찰적으로 반응하게 하는 강압적 패턴이 된다. 그러한 패턴―순환적이며
자기강화적 방식으로 다른 가족 구성원에게 비성찰적인 반응을 일으키는 경
험과 행동의 비성찰적인 양식―은 가족이 변화를 위한 발달적 압력에 적응
적으로 반응할 수 없도록 한다. 이러한 패턴은 또한 가족의 상호행동으로 이

어져서 한 세대에서 다음 세대로 전수된다. 하지만 상호교환적 문제의 다세대 맥락을 검토하는 것은 치료의 중간 단계의 과제이다. 왜냐하면 양육자와 치료자 사이에 합리적인 협력모델이 우선적으로 필요하기 때문이다.

비성찰적인 고리를 단절하는 것은 아동과 양육자에게 공감, 상호성 그리고 주체감에 대한 주제를 불러일으킨다. 하지만 공감을 한다는 것이 곧 한계 설정을 배제하는 것은 아니다. 애착이론은 성찰기능이 효과적이고 반응적인 양육에 기초해서 형성된다고 설명한다. 다이아몬드와 리들(Diamond & Liddle, 1999)이 지적했듯이, "가족 구성원은 서로 지지적으로 문제를 해결하고 의사소통 기술을 기꺼이 배우기 전에 신뢰와 애착의 근본적인 바탕"을 가지고 있어야 한다고 했다(pp. 7-8). 다시 말해, 그러한 신뢰감은 아이의 흥분을 조절하고, 그들을 양육하고 안전감을 보장할 수 있는 강하고 신뢰로운 반응적인 양육자와의 반복적인 경험을 통해 성장한다. 중중 성격장애를 가지고 있는 아동과 청소년에게 있어 그러한 양육은 파괴적, 자기파괴적 혹은 부적응적인 행동에 대한 적절한 통제와 동시에 지속적인 연결감과 지지를 결합하는 수행을 수반해야 한다. 이러한 결합은 청소년의 일탈과 약물남용의 감소와 관련이 깊다(Fletcher, Darling, & Steinberg, 1995; Schmidt, Liddle, & Dakof, 1996).

이제까지 치료 과정은 성찰기능으로부터 후퇴를 알렸던 내적 혹은 대인관계 단서들을 마주할 때조차도 평온과 통제감을 유지할 수 있는 기술을 성취하도록 양육자를 조력하는 것으로 이루어졌다. 8장에서 나는 양육자-아동의 관계에서 성찰기능을 유지하는 데 필요한 양육자의 능력을 강화하려는 개입에 대해 논의할 것이다.

하지만 치료가 시작되기 전에 양육자는 아이의 문제에 대한 개념화와 치료의 목표가 그들에게 이해할 만한 것인지에 대해서 동의하는—혹은 동의하지 않는—기회가 필요하다. 이러한 동의는 변화가 필요한 문제에 대한 철저한 검토를 통해 이루어진다. 엘리어트의 부모에 대한 나의 접근(상세한 사례에 대한 기술은 6장을 보라.)은 이 과정에 대한 예를 제공할 것이다.

엘리어트의 아버지 B씨는 능력 있는 기업의 간부로, 버릇없는 아이의 행동과 이를 제대로 훈육하지 못하는 아내의 무능력에 대해 심한 비난을 늘어놓으면서 첫 만남을 가졌다. 각본처럼, 부인은 아이의 격렬한 방어에 대해 관심을 보이는 데 시간을 쓰지 않았다. 그녀는 아이가 공격적이고 처벌적인 아버지에 의해 비인간적으로 대접받고 있는 감수성이 예민하고 재능이 많은 아이라고 보았다. 엘리어트에 대한 이전의 치료적 노력에서는 항상 한 부모가 아이의 문제에 대해 비난을 받았고, 다른 한쪽 부모가 이를 입증하는 식으로 돌아갔는데, 이때 치료의 붕괴가 일어났다. 예를 들어, B씨는 치료자가 아들의 문제의 원인으로 만성적으로 갈등을 보이는 아버지-아들과의 관계와 아버지의 역할을 제대로 하지 못하는 자신에게 원인을 돌린다고 믿었다. 놀랍지 않게, 다른 경우에 부인은 남편이 고른 치료자가 유능하지도 못할뿐더러 남편 편만 드는 도구로, 아이와 자신을 비난하기 위해 고용되었다고 말했다. 그녀는 이렇게 고용된 치료자가 그녀와 아들과의 친밀한 유대를 붕괴시키려 한다고 했다.

이 가족에 영향을 미치고 그들의 상호작용을 형성하도록 돕는 치료적인 힘은 엘리어트 그리고 그의 부모와 수개월 동안 지속된 치료 작업 후에야 비로소 작용할 수 있었다. 이 가족은 세상을 적대적인 정글로 인식했다. 그들은 직계가족에게 충성을 기대했고, 심지어 친밀함과 부드러움의 징후가 나타날 때에는 의심을 보냈다.

나치에 의한 유대인 대학살 시기를 겪은 가난한 가족의 장남을 대신해서, B씨는 미국으로 이민을 왔고 생계를 위한 새 삶을 구축해 왔다. 끔직한 탈출의 주제인 생존이라는 것은 끝없는 경계가 필요하다는 강한 확신이 B씨 안에 깊게 흐르게 했다. 또한 죄책감이라는 색채가 세상에 대한 그의 견해를 물들였다. 그는 생존했지만 가족은 파괴되어 왔다.

B씨의 부인은 비록 한 세대가 미국에서 정착했지만 번영과 안정이라는 이주민의 꿈을 성취하지 못한 가족에서 성장했다. 그녀는 아버지를 약하고 무능력하게 경험했다. 아버지의 무능력은 청소년 시기에 아버지의 술 취한 친

구에게 성적으로 추행을 당한 경험으로 그녀 마음에 더욱 각인되어 있었다.

죄책감, 두려움, 불신 그리고 야망은 안정과 소속감에 대한 절망적인 욕구와 함께 B씨 부부와 늘 함께했다. 그들은 어느 면에서는 상상 이상으로 성공했고, 힘이 있고, 부유했다. 하지만 그들은 느낌이 위협받고 혹은 취약할 때 그리고 특히 실패, 슬픔, 약함을 경험할 때 서로 지지할 수 있는 능력에서 절름발이가 되어 있었다. 결국 이들에게 약함은 죽음 혹은 희생당하는 것을 뜻한다.

분리와 자율성이라는 발달적 압력이 이 가족을 뒤흔들었고, 특히 19살 딸 제시카가 대학 진학을 위해 유학을 가겠다는 주제로 가족과 극심한 갈등을 겪으며 스스로 목숨을 끊었을 때 비극적으로 가족의 취약함이 드러났다. 제시카의 자살은 가족을 위기로 내몰았고 촉발시켰다. 부부갈등은 감당할 수 없었다. B씨가 정서적으로 더 거리를 두면서 부인은 바람을 피웠다. 이 일로 인해 B씨의 부인은 자살시도를 했는데, 엘리어트의 발견으로 실패했다. 이 사건으로 엘리어트는 그가 10살 소년이 아닌 25살처럼 행동해야 한다고 확신했다.

집에서 보이는 엘리어트의 위세, 도발적인 행동 그리고 학교에서 보이는 짜증과 바보 같은 행동, 과시적이고 파괴적인 행동으로 인해 부모가 치료를 받도록 이끌었고, 동시에 부부가 서로 이야기를 하도록 만들었다. 애착에서 초기 파괴는 엘리어트가 의존과 취약한 상태로부터 도망가는 것을 더 예민하게 만들었을지도 모른다. 하지만 그가 가지고 있는 힘과 통제에 대한 왜곡된 욕구는 어머니의 자살을 막았던 이후에 크게 강화를 받았다. 그의 전능감은 어머니를 자살에서 구한 사건, 어머니를 세심하게 조율할 수 있다는 것, 그리고 자신의 잘못된 행동으로 부모를 단결시킴으로써 부모를 연결시키는 분명한 능력으로 인해 더욱 가열되었다.

엘리어트의 부적응을 지속시키고 악화시키는 데 부모의 역할을 지적하는 것은 가족 이외의 외부인이―특히 임상가와 같은 권위 인물―자신을 학대하고, 수치심을 느끼게 하며 상처에 노출시킬지도 모른다는 강한 의심을 부추졌다. 중증 성격장애를 가지고 있는 아동의 대부분의 부모와 같이, B씨와 부인 둘 다에게 있어 일반적으로 세상, 특히 치료자는 적대적이고 위협적일 것이라는 인상을 주었다. 때문에 그들은 지속적인 경계를 유지했고, 이를 낮추지 않았다.

우선 나는 부모는 치료팀의 일원이며, 치료진과 서로 협력해야 한다고 제안하며 그들을 치료에 초대하였다. 나는 부모 모두 엘리어트의 어떤 모습과 강하게 연결되어 있다고 말했다. 아버지는 훈육이나 한계가 필요한 상황에서 화가 나 있고 요구적이라는 걸 스스로 인정했다. 어머니도 무시당하거나, 버려지거나, 체면이 깎이는 것에 대한 두려움 그리고 통제력을 잃는 느낌을 필사적으로 피하기 위해 날카롭게 예민해진 아들을 이해할 수 있었다. 엘리어트와 부모 각자는 상대방의 내적 상태에 대한 반영을 차단했던 생각들을 지속적으로 강화시키는 악순환의 고리에 갇혀 있었다. 이러한 방식에 갇혀 있으면서 엘리어트는 자신의 계속되는 문제를 통해서만 아버지와 연결될 수 있다는 확신이 커졌다. 또한 어머니의 자랑스러운 아들이 되고, 그녀의 기분이 우울해지지 않도록 개입하고 아버지와 어머니가 서로 싸우게 해야 어머니와 애착을 유지할 수 있다는 신념을 확고하게 갖게 되었다.

이 시점에서 치료자는 논의의 방향을 '문제가 있는 행동'으로부터 내적 상태와 관련된 관계에 대한 주제로 돌렸다. 예를 들어, 나는 B씨에게 엘리어트가 아버지에게 화 내고 권위에 분개하는 대신에 아버지가 제시한 규칙을 수용하는 것이 그토록 어려운 이유가 무엇이라고 생각하는지를 물었다. 치료자는 종종 양육자의 내적 상태를 위해 아직은 유용하지 못한 성찰기능을 '빌려 준다'(Minuchin & Fishman, 1981). 치료자는 왜 아이가 자신의 약함과 의존심을 드러내지 못하는지 아버지에게 물었다. 그리고 만약 누군가가 자신의 취약함을 드러내는 것이 조롱거리가 되고, 더 큰 위험이 따를 것이라고 믿는다면 어떤 면을 노출하는 것이 두려울 수 있다는 점을 설명하였다. 몇 달 후에 B씨는 마침내 의존에 대한 자신의 채워지지 못했던 욕구와 자신의 취약함을 노출하는 것에 대한 거부감에 대해 솔직하게 이야기할 수 있었다.

부모 둘 다는 엘리어트를 통해 그들이 문제를 해결하기 위해 상호작용하고 노력하는 대안적 방식을 탐색하는 초석을 마련할 수 있었다는 견해에 어렵게 도달할 수 있었다. 그들은 서로의 견해를 지지하고 타당화하면서 도움을 받았다. 그들은 강력하고 문제가 있는 애착을 형성했던 엘리어트의 모습을 정확하게 이해하였다. 또한 자신이 결혼에서 중압감을 많이 경험할수록 아들을 바라보는 생각에서 서로를 더 많이 인정하지 않았다는 점을 수용했다. 엘리어트의 치료는 그의 문제와 그를 돕기 위해 필요한 전략을 충분하게 부모가 서로 공유하고 지지할 수 있을 때 비로소 시작될 수 있었다. 비록 그들이 도달한 '동의'가 무엇이었든지 간에 계속해서 서로 방해하고 반대하려는 하는 면이 있을 수 있다. 하지만 한편으로 대부분의 양육자가 아이에게 느끼는 관심과 사랑이 있고, 대부분 자신보다는 아이가 더 자유롭고 덜 고통스러운 삶이 되도록 도와야 한다는 바람ㅡ청소년과 양육자가 스스로 덫에 걸려 있는 비성찰적인 순환 때문에 현실화되지 못한 바람ㅡ이 크다는 점을 치료자가 인정할 때 양육자는 그러한 공유된 관점에 더 잘 도달할 수 있다.

엘리어트의 부모는 아이가 스스로 자신의 경험ㅡ아이의 취약함, 의존심, 분노, 그리고 연결을 유지하려는 욕구ㅡ을 통합하려는 분투를 인정하였다. 그들은 지속적이고 안정된 규칙과 기대를 아이에게 제시하면서 (기본 원칙과 목표에 관한 부분을 보라.) 비성찰적 태도로부터 엘리어트가 떨어져 나오는 것을 어떻게 하면 도울 수 있는지 이해하였다.

일관성을 소개하는 것은 아동에 대한 양육자의 인식, 기대 그리고 반응 속에서 가능하다. 아동에 대한 부모의 기대감과 아동의 힘과 약함을 함께 고려하는 것을 도움으로써 이 과정이 시작된다. 엘리어트의 의존심과 취약성을 타당화하는 것은 현실적인 한계점과 제한점을 수용해야 한다는 생각을 무시하는 것이 아니다. 특히, 이 가족에 대한 초기 개입에서는 가족관계에서 특별한 역할을 했다는 엘리어트의 확신으로 무모하게 강화되었던 강압적인 순환으로부터 벗어나도록 돕기 위해 가족 내 건강한 경계의 개념을 소개하였다. 그래서 처음에 가족의 안전에 대한 책임감이 컸던 엘리어트의 시도에서 알 수 있듯이, 부모의 어려움을 해결하려는 엘리어트의 노력을 차단하는 데 치료의 초점을 맞추었다.

엘리어트의 부모는 아들 없이 부부치료를 하는 것에 대해 의문을 제기했고, 걱정했고, 종종 동의하지 않았기에 다시 우리가 동의한 부분에 대해 상기시키는 것이 필요했다. 치료자는 암묵적인 메시지를 통해 양육자 사이에 갈등은 그들 자신의 문제이고, 해결할 사람도 그들뿐이라는 것을 전달했다.

만델바움(Mandelbaum, 1971)이 관찰하였듯이, 치료자는 가족 구성원에게 다음과 같은 방식을 지시하였다. "서로가 서로를 분명하고 진실하게 대하며, 서로에게 개인적 공간을 보호하고, 공감을 해 주고, 감정을 표현하고, 나쁜 것을 담고 있는 좋은 것과 좋은 것을 담고 있는 나쁜 것 사이에 균형을 맞추면서 서로가 믿을 수 있는 일관적이고 의존할 만한 개인이 되라."(p. 437). 다시 말해, 양육자와의 협력적인 관계는 성찰적인 자세를 사용하도록 초대하면서 이루어진다. 그렇게 함으로써, 양육자와 치료자는 암묵적으로 아이가 경험하고, 대처하고, 관계하는 비성찰적인 방식을 도전하는 새로운 대인관계적 맥락을 창조한다. 암묵적인 표상의 불일치를 만들어 냄으로써 양육자와 치료자 사이의 동맹은 미누친과 피쉬맨(Minuchin & Fishman, 1981)이 말했듯이, "발달적 소용돌이 속의 고립된 상태에서 성장의 방향으로 가족을 움직이도록 한다."(p. 26).

요약하자면, 중증 성격장애를 가지고 있는 아이의 치료는 양육자와 치료자 사이의 협력적 관계라는 '안전기지'(Bowlby, 1980)가 필요하다. 그러한 동맹은 다음과 같은 방식에서 최적으로 얻어질 수 있다.

1. 양육자가 경험하는 수치심, 비난, 죄책감, 무력감 그리고 무능감을 줄이기
2. 양육자와 청소년을 가로막는 비성찰적인 상호교류 혹은 순환에 초점 맞추기

3. 안정애착과 지속적인 성찰적 입장을 방해하는 강압적인 순환을 중단시키는 중요한 치료적 과제를 정의하기

4. 양육자의 성찰기능을 높이기 위해 내적 상태와 관련이 있는 행동적 문제부터 관계 문제까지 논의의 방향을 다양하게 하기

5. 아동이 성찰기능을 가질 수 있도록 돕기 위한 선제조건으로 양육자의 유능감과 통제감을 세우기

6. 문제, 치료목표 그리고 이러한 목표를 성취하기 위한 접근에 대해서 양육자 간 그리고 양육자와 치료자 간에 서로 동의할 때에만 치료가 진행될 수 있다는 것을 이해하도록 돕기

7. 치료가 통제력을 빼앗아 가며 가족 구성원 사이의 연결을 위협할 거라는 양육자의 두려움과 같이 치료에서 문제가 되는 부분을 치료자가 미리 예상하기. 이러한 걱정과 달리, 치료는 양육자의 개인적 공간을 보호하는 것과 서로 애착을 지속하고 유지하는 것 사이에 최적의 거리를 발견하기

제 **8** 장

치료의 초기단계:
동맹을 형성하고 성찰기능을 강화하기

치료동맹

　중중 성격장애를 가지고 있는 아동과의 개인치료에서 협력을 성취하는 것은 간단한 문제가 아니다. 치료자는 전형적으로 무자비한 폭정, 무관심, 의심 혹은 회기를 통제하려고 하거나 치료자의 역할을 치밀한 공연에 사로잡힌 청중으로 줄이려는 이들의 시도가 두드러지는 시작단계와 씨름을 하게 된다.

　중중 성격장애를 가지고 있는 청소년은 치료자와 양육자 사이에 협력적인 분위기에 맞서 전형적으로, 노골적으로 혹은 미묘하게 성인의 능력을 방해하거나 그들의 협력을 악화시키려고 노력한다. 그렇게 함으로써 그들은 양육자가 서툴고, 비일관적이고, 신뢰할 수 없는 사람으로 드러나는 대인관계 맥락을 재창조하려고 한다. 즉, 이것은 통제와 애착에 대한 왜곡된 생각을 유지시키면서 자기 자신만 의지할 수 있는 세상을 창조하는 것이다. 드러난 반항과 경멸, 위협, 공격 혹은 도망가려는 시도는 청소년이 자신의 환경을 혼란스럽게 만드는 가장 뚜렷한 표현이며, 궁극적으로 현재의 상황을 고수하려는 것이다.

양육자와 치료자 사이에 협력의 조짐[예, 치료 계획에 대한 지지를 표현하거나 혹은 양육자가 아이에게 한계를 설정하고, 구조(structure)를 제공하고, 서로를 지지하고, 더 바람직한 세대 간 경계를 유지하기 위해 양육자가 집중적으로 노력]은 양육자의 무능과 불확실함에 대한 청소년의 기대나 확신과 크게 부조화를 일으킨다. 이러한 부조화는 다음과 같은 초기 목표를 성취하기 위한 길을 조성한다. (1) 안정애착과 성찰기능을 위한 필수조건으로 '안전기지'를 형성하는 데 도움이 되는 위치로 성인을, 특히 양육자를 세우는 것, (2) 협력적인 관계로 들어가는 능력을 촉진하고, 경험을 공유하고, 다른 사람과의 관계를 통해 도움을 받을 수 있다는 것을 알도록 하기 위해 청소년의 부적응적인 대처기제에 도전하는 것—이것은 그들이 자신의 내적 상태를 더 잘 이해하는 것을 통해서 이루어진다. 그리고 (3) 더 적응적인, 덜 해로운 방식으로 자기의 통제를 강화하는 것이다.

자기애성 그리고 자기애성-반사회성 환자는 종종 치료자를 비하하면서 허세와 가식적인 자만심을 보이며 충만한 사람으로 자신을 드러낸다. 지적인 통찰이 뛰어나거나 매력적으로 치료자와 의사소통을 하는 이들은 겉으로 보기에는 감사하며 순응적인 듯 보여서 치료자는 이들이 특별히 민감하고, 똑똑하고, 매력적인 환자라고 생각한다. 경계선 청소년은 치료자와 강렬하게 사랑에 빠질 수 있고, 심지어 사랑하기에—그리고 치료자에 의해 사랑받기에—완벽한 사람을 만난 것이 행운이라며 열광적인 찬사를 보낸다. 예를 들어, 장난이 심한 6세 샘은 레고를 가지고 심혈을 기울여 만든 요새화된 성벽이 쳐져 있는 도시에 대해 치료자가 말없는 찬사를 보낼 것을 요구했다. 아이의 조립물은 세세하고 대단히 인상적이었다. 하지만 치료자가 찬사를 보내는 관중에서 적극적인 참여자로 역할을 바꾸려고 할 때마다 샘은 즉각적으로 악취가 진동하는 냄새로 사람들을 쫓아 보내는 스컹크처럼 굴었다.

치료 초기의 행동은 성찰기능을 억제하는 단서이며, 대인관계적 경험과 내적 상태로 들어가는 창을 제공한다. 샘의 경우에 자연적인 주고받음이 일어나면 성찰이나 변화에 열려 있지 않은, 즉각적으로 거리를 두는 행동이 나타났다. 감탄하고 찬사를 보내는 정형화된 역할로 치료자를 강요하는 이러한 비성찰적인 모델로는 악취가 나는 손상된 그의 모습을 좀처럼 감출 수 없었다.

초기단계의 근본적인 목표는 강압적이고 비성찰적인 상호교환의 척박함을 적어도 평범한 상호작용으로 변형하는 것이다. 이 단계에서는 주관적인 경험이 안전하게 공유되고 관계뿐만 아니라 개인적인 부분도 면밀히 이해될 수 있다는 것을 알 수 있다.

혼란된 애착을 안정애착으로 변형하는 것은 치료동맹의 개념 안에 함축되어 있다. 나중에 형성된 동맹과 달리, 초기에 긍정적 동맹을 형성하는 것이 좋은 결과의 예측인자라는 점은 경험적 연구를 통해 충분히 확인되어 왔다(Horvath, Gaston, & Luborsky, 1993; Horvath & Symonds, 1991; Safran & Murna, 2000). 동맹을 형성할 수 있거나 혹은 할 수 없는 것은 치료에서 이득을 얻을 수 있는 개인과 반대로 개선이 일어나지 않는 자기애성-반사회성 특성을 가지고 있는 개인 사이를 구별하는 결정적인 특징으로 보인다(Gerstley et al., 1989; Woody, McLellan, Luborsky, & O'Brien, 1985). 틀림없이, 이러한 발견은 정신치료를 포함하는 포괄적인 치료가 유용할 수 있는 중증 성격장애를 가지고 있는 청소년을 구별하는 역할을 한다. 건더슨(Gunderson, 2000)은 불안정과 혼란에서 안정과 성찰기능으로 애착이 진행되기 위한 핵심을 강조했다. 건더슨은 임상적 경험과 몇몇 연구 문헌들은 치료동맹이 치료 진행을 평가하는 틀을 제공한다는 점을 강조했다.

건더슨(Gunderson, 2000)은 순차적으로 치료에서 일어나는 치료 동맹의 세 가지 형태를 구분하였다. 계약적 동맹, 관계적 동맹 그리고 작업동맹이 그것이다. 계약적 동맹은 환자, 환자의 양육자 그리고 치료자 사이에서 치료 목표와 이를 성취하는 데 필요한 각각의 역할에 대한 초기 합의를 말한다. 관계적 동맹은 돌보고 이해하는 치료자와의 경험을 말한다. 작업동맹은 환자 자신 그리고 다른 사람의 행동을 이해하는 데 있어 성찰기능을 이해하고 혹은 효율적으로 이것을 사용하는 과제를 위해 환자가 신뢰가 가는 협력자로서 치료자와의 작업에 합류하는 단계이다.

계약적 동맹은 앞서 기술하였듯이, 치료 목표, 계획 그리고 치료 진행에서 치료자 그리고 양육자의 역할에 대한 합의를 말한다. 이 합의는 치료비, 출석, 비밀보장, 청소년과 그들의 안전을 보장하는 양육자의 책임 그리고 안전을 보장하는 수단에 대한 합의를 포함한다. 건더슨(Gunderson, 2000)에 따르면, 이 동맹은 치료자의 전문성과 경계와 같은 치료에 대한 틀을 확립하며 향후 작업이 규칙, 기대, 한계를 가지고 있다는 의미를 담고 있다.

성인 경계선 환자에 대해 많은 경험이 있는 치료자들(Akhtar, 1992; Clarkin, Yeomans, & Kernberg, 1999; Yeomans, Selzer, & Clarkin, 1992)은 환자와 치료자의 역할과 책임에 대해 분명히 하는 것과 치료를 진행하기 위한 최소한의 조건을 확립하는 것과 관련해서 환자와 '계약'을 맺을 것을 제안했다. 치료 과정에서 문제가 일어났을 때 적용될 수 있는 틀로서 계약을 사용하는 것은 치료자가 치료에서 자기 마음대로이며, 문제가 생겼을 때 즉흥적으로 반응한다거나, 심지어 처벌적이라는 인상을 줄일 수 있다. 또한 리네한, 허드 그리고 암스트롱(Linehan, Heard, & Armstrong, 1993, 1994)은 경계선 환자를 위한 변증법적 행동치료를 시작하기 전에 계약을 수립하는 것을 강조하였다. 계약은 핵심 문제들에 대한 분명한 목표를 설정하기 그리고 규칙적으로 회기에 참석하려고 노력하는 것에 초점을 둔다. 요맨스와 동료들(Yeomans et al., 1992)은 회기 밖에서 일어나는 환자의 삶에 대한 치료자의 관여가 빈번하게 치료 실패의 원인이라는 확신에 따라 치료자가 갖게 되는 책임의 한계를 분명하게 하며, 환자의 이전 역사(예, 술이나 마약에 취해서 회기에 오거나 치료를 잠시 쉬는 동안 위기 상황을 만든다거나, 몇 회기만 참여하고 바로 치료를 중단한다거나)에 근거해서 예상되는 문제를 논의하기 위해 환자를 초대했다.

나는 환자와 양육자와의 '계약'이 치료에 도움이 된다고 믿는다. 물론 그것은 분명한 한계점을 가지고 있다. 중증 성격장애를 가진 대부분의 청소년은 물론이고 대부분의 양육자는 의미 있는 계약을 맺을 입장이 아니다. 치료를 끝낼 수 있는 상황을 사전에 정의하는 계약은 그 계약이 파기되었다는 것을 치료자가 공표할 때까지를 기다리기 위해서가 아니라 한계와 치료를 파괴하려는 환자의 노골적인 시도를 사전에 확인하기 위함이다.

나는 치료비, 회기 빈도와 같은 실제적인 문제에 대한 동의와 치료자의 역할과 치료 과정의 특성에 관한 '계약적' 동맹을 맺는 것이 더 유용하다는 건더슨(Gunderson, 2000)의 입장에 동의한다. 치료자는 이러한 계약 회기를 통해 무엇이 그들을 괴롭히고, 문제를 일으키게 하는지를 이해하기 위해서 그리고 변화하도록 돕기 위해서 청소년과 이야기하고 생각하기 위한 시간을 확보한다. 이러한 '계약을 위한 회기'의 목적은 치료가 목표가 있다는 것 그리고 이러한 특별한 형태의 치료에서 문제를 해결하는 길은 행동에 기저하는 것을 '이해하는 것'에 있다는 점을 명확하게 하는 것이다. 나는 평가 회기에서 나타났던 문제가 되는 주제, 특히 그 환자에게 어려워 보이는 문제를 강조한다. 그리고 나서 현재의 문제가 변화할 수 있다는 점을 언급한다. 또한 치료 시간에 말한 부분에 대해서는 비밀보장을 지킬 것이며, 양육자에게는 진행의 전반적인 보고를 제공할 수 있다는 점을 강조한다. 이 규칙은 만약 환자의 행동이 그들 자신과 타인 혹은 치료를 지속하는 것을 위험하게 한다면 유일하게 예외를 갖게 된다고 알려 준다. 하지만 심지어 그러한 상황에서도 치료자는 양육자와 논의할 수 있는 어떤 것이라도 그들과 공유할 것이라고 강조한다.

임상적 경험에 기초해서 보면, 혼란스러운 애착으로부터 성찰기능을 통해 갈등과 스트레스를 다룰 수 있는 안정된 관계로 전환하도록 돕기 위해서는 주 2회 혹은 그 이상 이루어지는 개인치료 회기가 필요하다. 그러나 이러한 전제는 아직 경험적으로 검증되지 못했다. 임상 경험에서는 일주일에 한 번씩 혹은 그보다 적은 횟수로 진행된 정신치료 과정을 통해서는 아동과 청소년이 안정애착과 성찰기능을 위한 능력을 얻을 수 있는 조건을 만들어 내기보다는 지시, 조언, 교육, 한계 설정 그리고 위기관리를 제공하는 것을 중심으로 돌아간다는 점을 알려 준다.

최적의 회기 빈도에서조차도 그러한 조건(애착과 성찰기능)을 형성하는 데 어려움은 만만치 않다. 로버트의 사례는 그러한 어려움을 잘 보여 주고 있다.

거주형 치료 기관에 머물고 있는 15세 로버트는 문제를 해결하는 데 피상적인 열의를 가지고 치료를 시작했다. 그러한 치료적 열의는 곧 거주형 센터, 그 센터의 직원 그리고 치료자를 향한 대담한 경멸로 나타났다. '유명한 클리닉'만이 자신을 위한 완벽한 치료자—'완벽한 조화'를 제공해 줄 것이라고 기대했다. 로버트가 나를 만났을 때, 우리 모두 금발에 파란 눈을 가졌다는 것을 알아보고 어떤 희망을 가졌다. 하지만 나의 외국인 말투를 알아채고 나서 로버트는 빠르게 실망했다. 그는 자신이 왜 '스페인어를 쓰는' 치료자에게 치료를 받는 모욕을 당해야 하는지 이해할 수 없다고 했다.

나는—만약 내가 그의 말을 제대로 들었다면—경멸스러운 나의 억양으로 그를 당황스럽게 한 것 같다고 말했다. "스페인어가 나쁜 것은 아니고요." 로버트는 '스페인어를 구사하는 사람'이 북유럽 혈통을 가진 사람의 어려움을 얼마나 잘 이해할 수 있을지에 대한 의심으로 빠르게 관심을 돌렸다. 나는 다시 '내가 그의 말을 정확하게 들었다면', 외모뿐만 아니라 배경마저도 같지 않다면 내가 그를 이해하고 인정할 수 없을 것이라고 말하는 것 같다고 이야기했다. 다시 그는 "스페인어를 쓰는 것이 그렇게 나쁜 것은 아니고요."라고 말했다. 하지만 나는 그의 조롱 섞인 찬사에서 싹트는 어떤 관계를 감지할 수 있었다.

그러한 관계는 물론 잠정적이었다. 그럼에도 불구하고, 계속되는 회기에서 로버트는 만약 그가 나를 신뢰한다면, 끔찍한 켄사스에서 썩어 가는 대신에 아름다운 북부로 기꺼이 돌아갈 의향이 있다는 점을 부모와 치료팀에게 설득시키기 위해서 겉으로만 '적절하게 행동하고 긍정적 태도'를 유지하려는 자신의 계획을 방해하는 방법을 내가 찾아낼지도 모른다고 털어놓았다. 또한 그는 켄사스가 그에게 어떤 것을 제공해야만 하며, 치료자의 고향이 얼마나 형편없는지 뿐만 아니라 자신이 얼마나 똑똑하고 잘 조절하고 있는지를 보여 주려고 했다. 그러나, 이러한 통제와 '~체하는' 태도는 어떻게 효과적으로 그 자신의 문제를 해결할 수 있을지에 대한 그 자신의 내면의 질문과는 위배되는 것이다. 나는 이러한 내용을 지적하지 않았으며, 대신 '만약 내가 그의 말을 제대로 들은 것이라면' '그가 진심으로 내가 그에게 말한 것을 제대로 듣게 된다면' 그리고 '그럼으로써 그가 나를 조금이라고 신뢰하게 된다면' 어떤 일이 벌어질 것인지에 대해서 걱정을 하고 있는 것 같다고 말했다. 이러한 반응이 그를 도울 것인가? 혹은 그의 계획을 망치게 할 것인가? 아니면 그가 통제를 잃도록 할 것인가?

이 사례는 순간순간에 의도된 의사소통, 인식 그리고 느낌을 구체화하는 것에 초기 개입의 초점을 맞추면서("만약 내가 당신이 말한 것을 이해한다면" 혹은 "내가 당신 말을 정확히 이해했다면") 안전한 맥락을 형성하는(아동과 청소년이 그들의 주관적 경험의 어떤 측면을 공유할 수 있는 맥락) 원칙을 보여 주고 있다. 이러한 자세는 환자의 모든 행동이 의사소통의 목적을 가지고 있으며, 행동에 의도를 부여하는 내적 상태에 근거하여 의미를 전달한다는 치료자의 가정을 더욱 분명하게 한다. 그렇게 함으로써 치료자는 압도되는 경험을 하게 되는 '너무 많은' 공감(너무 많은 공감은 그들의 숨겨진 취약한 부분뿐만 아니라 그들 스스로를 노출하라는 압박으로 느껴지기 때문에 아동은 압도되는 경험을 할 수 있다.)과 '너무 적은' 공감(이것은 절망을 촉진하고 관계는 결국 좌절, 상처, 그리고 불쾌함을 줄 뿐이라는 신념을 강화시키게 된다.) 사이에 균형을 유지하려고 한다.

치료자가 무언가를 하려는 것을 피하는 것은 매우 중요하다. 초기단계 중어떤 지점에서도 치료자는 환자의 질투, 슬픔, 취약함, 분노뿐만 아니라 거대성, 해리, 부정 혹은 투사적 동일시와 같은 관련 기제를 지적하지 않는다. 환자의 현재 느낌과 생각을 과거 사건 혹은 느낌과 연결시키는 것은 취약함혹은 방어에 대한 '때 이른 직면'에서 일어나는 것과 유사한 반응을 반드시불러일으킨다. 부적응적인 방어, 거리 두기, 통제 혹은 치료와 치료자를 비하하려는 움직임의 증가가 일어난다.

임시로 애착이 형성되고 있다는 신호는 아동이 적극적으로 치료자를 청중으로서 사용할 때 일어난다. 예를 들어, 로버트는 항해 역사, 고급요리(로버트는 상당한 요리 기술에 자부심이 있었고 유명한 요리사가 되고자 했다.), 옛날 영화배우(그는 자신이 고전 영화 전문가가 되는 상상을 하곤 했다.)와 같이 깊은 관심을 갖고 있는 다양한 주제에 대한 긴 이야기로 치료시간을 가득 채웠다. 그는 조심스럽게 자신의 삶의 부분을 나누는 데 나를 초대하는 것 같았다.

자신의 경험을 공유하기 위해 치료자를 찾는다는 것은 치료 관계가 건더슨(Gunderson, 2000)이 언급한 '계약'이라고 부르는 단계에서 '동맹 관계'로 진행되고 있다는 신호인데, 이는 초기 1개월부터 3개월 사이에 언제라도 일어날 수 있는 과정이다.

6장에서 보고했던 엘리어트의 역사는 치료자가 취약한 부분을 성급하게 이야기할 때 발생하는 문제를 보여준 바 있다. 그는 나의 질문에 슬픔 혹은 상실감을 보였다. 돌이켜 보면, 그 질문은 극도의 불쾌한 경험과 자신의 취약한 부분을 부정하면서 치료자를 경멸하는 오만한 태도로 인한 나의 짜증에 의해 촉발된 것이었다. 그는 '아기들이 베이고 할퀴어지고 난 후, 어머니들이 크게 걱정을 하는 것을 보고서야 비로소 어떻게 자신의 고통을 느낄 수 있는지'를 설명하면서 치료자를 비난하기 시작했다. 엄마의 그러한 호들갑 없이는 아기들은 자신의 상처를 알 수 없고 고통을 느끼지 못한다고 주장했다. 너무 절망적이었는지 그는 현실 접촉에 대한 중요한 통제를 잃기 시작했다. 그는 자신의 힘이 정신을 통제하는 데 몰두하는 것에서 나온다는 것을 나에게 설득시키려 했다. 청소년기에 날 수 있기를 간절히 바라면서 잠이 들었던 때를 이야기하면서 힘을 과시하려고 했다. 그는 아침에 마루에서 잠이 깼지만 어떻게 침대에서 떨어졌는지 기억하지 못했다. 이러한 일이 의식 없이 일어난 것임은 분명하다. 그가 설명하기를, 날기를 바랐던 자신의 소망이 너무나도 강력했기에 그의 마음은 중력의 힘을 극복할 수 있었을 것이라고 했다. 이렇게 말한 후에 그는 불안해했으며, 전능감의 환상을 유지하기 위해서는 현실을 독단적으로 처리해야 한다는 것을 분명히 알고 있는 듯했다.

이 시점에서 치료자는 엘리어트를 돕는 것에서 큰 갈등이 있었다. 준비되기도 전에 그의 취약한 부분을 건드린 나의 실수를 인정하는 것은 취약함의 노출을 다루기에는 아직 그가 충분히 강하지 않다는 것을 뜻하면서 오히려 상처에 모욕을 보태는 꼴이 될 수 있었다. 타협점으로, 나는 "네가 어떤 것에 전심을 다할 때, 그것이 얼마나 어려워 보이는지 상관없이 그것을 성취할 수 있을 것이라고 믿는다고 말하는 거니?"라고 물었다. 그는 처음에는 이 가설을 부인했지만("아니요. 그렇지는 않아요."), 곧 그것에 동의했다. "내가 어떤 것에 전심을 다할 때 나는 성취할 수 있다고 생각해요. 심지어 비행기를 날게 하는 것도 배울 수 있어요." 이런 개입으로 엘리어트는 다시 체면을 세울 수 있었고, 현실감을 회복했으며, 전능감에 도전을 받지 않으면서 이것을 유지할 수 있었고, 나의 도움을 인정하지 않으면서도 이것을 얻었다.

🐌 성찰기능과 충동 조절을 강화하고 타인의 정신 상태를 자각하는 개입

청소년의 체면을 유지하도록 돕는 개입은 치료적 혹은 작업동맹을 조성할 수 있다. 그들은 치료자와의 관계와 치료 과정이라는 공동 작업으로부터 어떤 확신을 얻는다. 체면을 유지하는 개입은 한계를 설정하는 양육자가 아이를 위축시키는 '타격'을 보일 때조차 심각한 성격병리를 가진 청소년이 통제감과 연결감을 가질 수 있도록 돕는다. 환자가 치료를 시작할 때 일어나는 은연중의 창피함과 커지는 취약성뿐만 아니라 표상의 부조화에 의해 일어난 불안에서도 '생존'하도록 돕는다.

엘리어트의 사례에서 보여 주듯이, 치료적 체면 유지는—힘과 통제에 대한 환상을 유지하려고 하는 청소년의 일상적인 부적응적인 노력과는 달리— 통제의 모습을 유지하면서 사회적 요구에 좀 더 적응적으로 반응하도록 하는 것과 감당할 수 있는 한계 내에서 불안과 수치감을 유지하는 것 사이에 세심한 균형을 잡도록 한다. 예를 들어, 치료자는 양육자의 한계 설정에 어떻게 반응하는지를 이해하도록 돕는다. 이 단계에서 세 가지 중복되는 개입이 특히 중요하다. (1) 전반적으로 성찰기능을 강화하는 개입, (2) 아동의 충동 통제를 키우고 자기조절을 강화하도록 돕는 개입 그리고 (3) 아동이 다른 사람의 마음을 자각하도록 돕는 개입이다. 이 개입만큼 중요한 것은 역전이를 자각하고, 유지하고, 이용하는 치료자의 능력이다. 성찰기능을 강화하고, 충동 통제와 자기조절을 강화하고, 타인의 마음 상태를 자각하는 개입은 서로 긍정적으로 영향을 주면서 초기 치료단계 동안 사용될 수 있다.

성찰기능을 증진하기

어떻게 아동의 정신화 능력을 키울 수 있는가? 초기에는 성찰기능에서 후퇴하게 하는 위협적인 내적 상태에 직면하지 않으면서 자신의 정서를 관찰하는 것을 학습할 필요가 있다. 치료자는 후퇴하는 오래된 규칙을 따르지 않더라도 통제감을 여전히 유지할 수 있다고 제안할 수 있다. 자신의 행동과 내적 상태, 예를 들어 좌절과 불안 사이에 관계를 이해함으로써 그렇게 할 수 있다.

이 과정에서 치료자는 아동이 생리적·감정적 단서를 포함해서 정서적 상태를 관찰하고 명명하고 이해하도록 돕는다. 아동에게 중요한 사람의 정신 상태 뿐만 아니라 자신의 마음에 초점을 맞추는 정신화 혹은 성찰적 관점을 소개한다.

알바레스(Alvarez, 1992)는 천식으로 고생하는 경계선 소녀의 치료를 기술하였다. 어느 날 소녀는 숨을 몰아쉬면서 치료시간에 왔다. 천식 발작이 일어나고 있다며 불안한 표정으로 이야기했다. 알바레스는 자신의 개입을 다음과 같이 기술했다. "나는 그 소녀에게 마치 죽을 것 같은 생각이 드는 것처럼, 매우 두려워 보인다는 것을 전하려고 노력했다."(p. 115). 이러한 치료자의 반응 이후에 소녀의 공포와 거친 숨은 더욱 악화되었다. 의사는 자신의 개입이 소녀의 불안을 더욱 가중시킨다는 것을 알았고, 마침내 그 소녀에게 "강한 천식 발작과 약한 천식 발작의 차이를 잘 구별할 수 없는 것 같다."라고 말했다(p. 115). 곧 닥칠 것만 같은 죽음에 대한 공포에 대해 치료자의 반응을 들으면서 소녀는 성찰기능이 상실되면서 불안으로 반응하였다. 동일한 소녀에게 알바레스는 분리 동안 어떤 끔찍한 것이 일어난다고 말하는 대신, 생각을 돌려 치료자와 소녀 둘 다 이러한 분리를 잘 통과할 수 있을 거라는 믿음이 부족하다는 것을 이야기했다.

치료의 초기단계 동안, 강한 치료동맹이 형성되기 전에 치료자는 갈등 혹은 양가감정과 같은 더 복잡한 것에 초점을 맞추는 대신 신념과 바람과 같은 단순한 정신 상태에 초점을 맞추어야 한다. 마찬가지로 초기 과정에서 치료자는 해리된, 억압된 자료 혹은 과거 경험과 아동의 느낌을 연결시키는 것을 자제해야 한다. 순간순간 현재 일어나는 아동의 정신 상태에서의 변화를 다루면서 치료자는 아동이 다른 사람에게 오해받고, 차단당하고, 혼란스럽고, 불안한 느낌을 느끼는 상황, 즉 공격성이 커지는 환경에 대해 초점을 맞출 수 있다. 동시에 치료자는 자동적으로 일어나는 반응에 통제력을 갖는 것이 자신의 삶과 행동에 대한 더 많은 책임감을 느끼도록 한다는 것을 안내할 수 있다.

이러한 면에서 정신치료의 초기단계 동안에 제안된 접근은 고전적 정신분석 기법과는 반대이다. 전통적인 아동—그리고 성인—분석은 거부된 감정을 경험하도록 길을 열어 준다. 반대로, 중증 성격장애를 가진 아동은 성찰기능을 억제하는 경향이 있기에 그와는 반대 방향의 도움이 필요하다. 정서적 경험을 조율하며 표상하는 능력을 배우는 것이다. 이러한 아동은 사고, 사상 그리고 내적 · 외적 환경이 그들에게 어떤 식으로 느끼도록 압력을 가한다는 것을 이해하도록 돕는다. 비슷하게, 그들 스스로에게 하는 말 중 정서적 경험을 악화시키거나 조율하는 것을 이해하는 것이 필요하다. 이런 시점에서 아동을 위해 인지적 치료 기법을 병행하는 것이 필요하다.

이 장의 초반에 기술되었던 로버트는 나와, 나의 국적, 메닝거 클리닉 그리고 켄사스에 대해 폄하하는 자신의 발언에 대한 나의 명료화(내가 당신이 말한 것을 제대로 들었다면) 뒤에 촌뜨기 동네 토피카에서 통제력과 존엄이 상실된 채 감금되어 있는 비참한 상태로 품위가 손상되어 있다는 것을 인정하였다. 아이는 고향에 있는 친구가 그를 어떻게 볼 것인지에 대해 상상할 수 있었다. 그는 이것을 말하면서 얼굴이 붉어졌다.

이 과정에서 로버트는 우리가 행동을 통해 정신 상태를 의사소통하며, 의도를 가진 존재라는 것을 인식하도록 돕는 치료적 입장에 자신이 반응할 수 있다는 것을 보여 주는 것 같았다. 나는 이야기를 이어 갔다. 만약 내가 바로 들었다면, 로버트의 마음을 친구가 인정해 주지 않고, 놀리는 것을 상상하자 자신 안에서 고통스러운 분노가 일어나는 것 같다고 했다.

성찰기능이 억제되면 아동은 사고와 느낌에 대한 자신의 경험을 신체적 상태와 유사한 것으로 인식한다(McDougall, 1989; Sifneos, Apfel-Savitz, & Frankel, 1977). 8세 소녀 메건은 어머니가 떠났을 때 경험한 분노와 불안에 완전히 압도되었다. 메건과 초기 회기에서 그녀의 홍조 띤 얼굴과 휘둥그레진 눈이 나의 관심을 끌었다. 나는 내가 그녀를 위협한다고 느끼고 있는 것은 아닌지 물었다.

여러 회기 후에 간단한 정신 상태를 더 편안하게 말할 수 있었다. 그는 엄마가 없었을 때 엄마가 유괴되었거나 혹은 끔찍한 차 차고로 사지가 절단되었을지도 모른다는 생각으로 강한 분노와 두려움에 사로잡혔었다고 고백했다. 나는 메건이 어머니를 통제할 수 없다는 것에 대한 분노 그리고 어머니에게 일어나는 끔찍한 사고에 대한 두려움 사이에 어떤 연결을 시도하지 않았다. 대신 우리는 그녀가 분명하게 생각하고 자신의 마음을 통제할 수 있다고 느끼는 능력을 잃게 되는 지점을 확인하기 위해 걱정 그리고 분노를 도표로 그려 구분하는 기법을 사용했다. 메건은 냉장고 문에 메모지를 붙여 이 과제를 수행하는 방법을 생각해 냈다. 냉동실과 냉장실 각각에 그녀의 분노감 혹은 걱정 사고의 정도를 기록할 수 있는 '걱정 도표'와 '분노 온도계'를 붙이면서 이 과제를 수행했다.

요약하면, 치료자는 아동이 신체적·심리적 경험을 관찰하고 이름 붙이도록 격려하면서 성찰 과정을 높이는 목표를 세웠다. 치료 상황에서 즉각적으로 느껴지는 상태에 아동이 초점을 맞추도록 도왔고, 통제감을 높이고, 취약한 느낌과 수치심을 줄이는 방법으로서 말로 표현하는 것을 격려하는 것이 이 개입의 핵심적 측면이다.

충동통제를 높이고 자기조절을 강화하기

중증 성격장애, 특히 경계선 성격장애를 보이는 아동은 그들의 충동성을 억제하는 데 상당한 도움이 필요하다. 로젠필드와 스프린스(Rosenfield & Sprince, 1963)는 6세의 경계선 아이인 페드로를 기술했다. 페드로는 자주 치료자나 치료자의 소지품에 소변을 보곤 했다. 다른 행동을 종합해 보면, 치료자는 페트로가 '희생자-희생시키는 사람' 사이의 상호작용의 형태로 치료자와의 연결을 유지하면서 치료자를 강요하려는 투박한 시도로 소변 보기를 한다고 이해했다. 해석 혹은 어떤 신체적 제재도 이러한 품행을 줄이는 데 성공하지 못했다. 치료자는 연결된 상태를 유지하려는(그리고 애착 붕괴를 피하려는) 페드로의 욕구를 설명하고자 했다. 치료자는 페드로가 화장실에 가 있는 동안 그들이 함께 참여하는 활동을 계속할 것이라고 말했다. 그리고 화장실에 있는 동안 치료자가 무엇을 하고 있는지 계속해서 이야기를 해 주겠다고 말했다. 목소리를 통해 치료자와 계속해서 연결을 유지할 수 있다고 느낀 후부터 페드로는 치료실에서 오줌을 누지 않았다.

메이스와 코헨(Mayes & Cohen, 1993)은 어떤 아동을 위해서는 상상적인 놀이—혹은 환상, '~인 체하기' 그리고 청소년과는 농담—를 발달시키는 과정이 결정적인 치료적 개입이라고 지적했다. 상상할 수 있는 세상으로 들어가는 것을 막는 문제를 아동이 표현하도록 돕는 것에 많은 치료 시간이 집중되어 있다고 했다. 3장에서 주목하였듯이, 주관적인 정신세계와 직접적으로 인식하는 경험 사이의 차이를 이해하는 것은 상상하기, 추측하기, 희망하기, 실험하기, 계획하기, 교정하기 그리고 훈습하기와 함께 상징적 사고를 높이기 위한 길을 마련하게 된다.

장난치고, 농담을 할 수 있고, 혹은 '마치 ~인 것 같은'의 자세를 가질 수 있는 능력은 성찰능력의 발달—혹은 유지할 수 있는 능력—에서 매우 중요한 단계이다. 왜냐하면 그것(성찰능력)은 다른 사람의 마음 상태를 순간순간 읽는 것과 동시에 가상과 실제라는 두 가지 현실을 마음에 수용하는 것이 필요하기 때문이다. 치료자는 종종 가장하는 '마치 ~인 것 같은' 태도 혹은 유머가 가능한 맥락을 창조할 필요가 있다. 예를 들어, 그들은 상호작용에서 '마치 ~인 것 같은' 특성을 아동에게 강조하기 위해 그들의 행동을 과장할 수도 있다. 혹은 양육자가 아동의 내적 상태에 조율된 반응을 '강조하기' 위해 행하는 방법과 유사하게 의도적 입장을 취할 수 없는 대상(예, 간단한 장난감)을 선택할 수도 있다. 다른 사람의 입장을 취해 보려고 진실로 노력했을 때 참을 수 없는 불안과 마주한 아동은 나무 조각(혹은 손가락 사람 인형)이 생각하고 느끼는 것을 상상하면서 그것을 받아들일 수 있다. 다른 사람의 정신 상태를 자각하는 점에서 나는 대상 그리고 사람과 노는 것을 배우는 것의 의미(충동 통제를 강화하는 것 이상으로)를 설명하고자 한다. 그러나 치료 초기 동안, 중심적인 메시지는 놀고 상상하고 유머를 활용하는 것이 압도되는 혹은 다룰 수 없는 경험으로부터 일단 '후퇴할 수 있는' 방법을 제공하고, 아동이 통제할 수 있는 혹은 다룰 수 있는 것으로 경험을 잘게 쪼개는 방법을 제시하는 것이다.

툴리(Tooley, 1973)의 '치료적으로 잘 놀기'는 치료자가 현실적 제약을 가지고 있는 충동적인 아동의 행동과 놀이를 어떻게 다룰 수 있는지에 대해 잘 설명하고 있다. 아동은 그들의 놀이 혹은 행동에서 점진적으로 변하게 된다. 이를 통해 현실의 복잡함, 한계 그리고 좌절을 더 잘 포용할 수 있다. 특히, 경계선 청소년(종종 그들의 치료자)은 환상과 현실 사이를 더 이상 구분할 수 없는 생생한 그리고 빠져드는 놀이 주제를 만들어 낸다. 놀이와 환상의 삶에서 이러한 아동·청소년은 문자 그대로 삶을 얻게 되고, 환상에서 그들은 삶과 관계에 그들이 부과한 임의성을 침범하고 의문을 제기하는 현실에 대항해서 힘 있게 싸운다. 놀이의 마술에서—그리고 그가 거주하는 환상의 세계에서—이 아동은 자기와 타인의 위협적인 측면으로부터는 안전하게 멀어져 있는 반면, 완벽한 관계의 환상을 만들어 낸다.

'치료적으로 잘 놀기'를 통해 치료자는 아동에게 통제의 생각을 소개할 수 있다. 페드로는 강력하지만 통제 불능의 기계, 즉 세상에서 가장 놀라운 기관차의 역할을 했다. 창틀을 기어오르거나 뛰면서, 기차같이 휘파람을 불면서, 커튼을 아래로 잡아당기면서, 창문 밖으로 뛰어내리겠다고 위협하면서 힘을 보여 주려고 했다. 치료자는 진실로 강력한 차량은 제동장치를 가지고 있으며, 힘이 있다는 진정한 증거는 바로 의지대로 출발하고 멈출 수 있는 능력이 있는 것이라고 했다. 페드로는 치료자가 말을 좀 더 많이 할 수 있도록 허용하면서 멈추고 출발하는 놀이에 집중했다. 계속해서 치료자는 매우 똑똑한 정비사에 대해 소개했다. 그 정비사는 기관차가 어떻게 작동하는지 알고 있고, 문제가 생겼을 때 원인을 알고 있고 고장이 나거나 파손되는 것을 어떻게 하면 방지할 수 있는지를 잘 이해하고 있다. 페드로는 느낌을 더 잘 이해하고 통제할 수 있도록 심리적 그리고 육체적 현실 사이에 연결고리를 이용할 수 있었다.

나는 놀이, 환상 그리고 유머가 어떻게 이행기 공간(transitional space)(Winnicott, 1953)을 제공할 수 있는지를 기술하고자 한다. 치료 중기 동안, 아동은 이행기 공간에서 새로운 정체성을 시험해 볼 수 있고, 상상을 통해 삶의 갈등에 대한 해결책을 연습해 볼 수 있고, 세상에서 자신이 존재로서 그리고 다른 사람과 관계를 맺는 데 있어 새로운 방식을 탐험해 볼 수 있으며, 더 능숙한, 더 효과적인 대처 그리고 커다란 기쁨과 적응을 보장하는 행동을 검증할 수 있다. 놀이, 환상 그리고 농담은 자동적이며 비성찰적이고 강압적인 자기와 타인에 대한 모델과 성찰적인 상호주관성의 세계 사이를 연결하는 다리를 제공한다. 하지만 이러한 다리가 세워지기 전 치료자에 대한 청소년의 애착이 형성되면서, 적어도 치료 회기 동안은 그들의 충동성이 실제로 증가한다는 것을 주목해야 한다. 왜냐하면 애착 관계가 그들을 성찰 기능으로부터 퇴각하도록 촉발하는 취약성, 유기공포, 의존이라는 내적 상태를 야기하기 때문이다.

비성찰적 모델의 고통스러운 상황에서 경계선 청소년은 종종 자살, 유사 자살 그리고 약물남용 혹은 폭식과 같이 자기파괴적인 행동을 관리하기 위한 도움이 필요하다. 이러한 집단을 위해서 중독치료모델 그리고 심리교육이 도움이 되며 효과적이다(Chu, 1998). 이러한 접근은 9장에서 논의할 거주형 그리고 낮 치료 프로그램에서 제공되는 포괄적인 치료와 연결된다.

개선된 자기돌봄과 증상의 통제는 심리교육과 '기초적인' 치료 전략을 사용한 개인 회기를 통해 가능하다(Chu, 1998). 심리교육은 통제를 잃어버리고, 상처 받은, 완전히 덮치는 충동적인 반응을 유발하는 플래시백, 무서운 기분 상태, 압도적인 불안 혹은 공포와 같은 증상이 통제될 수 있다는 것을 환자에게 전달하는 것이 초점이다. 자기통제를 개선하도록 돕는 것은 치료의 핵심 목표이다. 육체적 혹은 성적 학대의 역사를 가진 청소년은 치료 초기단계 동안, 통제를 유지하고 애착을 유지하려는 중요한 시도로 증상의 적응적 기능을 포함해서 초기 외상의 영향을 이해하는 것이 매우 도움이 된다. 하지만 이 과정에서 외상 사건 혹은 그와 연관된 기분을 상세하게 탐색하는 것은 아니다.

이러한 아동·청소년이 회기 동안 안전감을 느끼지 못하는 순간과 불안전한 느낌을 직면하기 위해 할 수 있는 것(예, 시선 접촉을 유지)을 구체적으로 확인하는 것이 가장 기본이다. 또한 치료자는 그들이 지쳐 있을 때 혹은 밤에 혼자 있을 때와 같이 기분에 압도되기 쉬운 구체적인 상황을 확인한다. 그래서 치료자는 불안감을 느끼거나 통제를 잃었다고 느끼는 순간을 다루기 위한 '위기 계획'을 수립하도록 돕는다.

치료자가 양육자와 접촉하는 것은 파괴적 가능성이 큰 사건에 다가갈 수 있게 한다(예, 이혼, 입원, 실직). 양육자가 스스로 어떻게 느끼는지를 이해하는 것은 성찰적 입장을 촉진할 수 있으며, 구체적인 내적 혹은 환경적 사건에서 어떻게 그들이 성찰기능을 보유하고 스스로를 통제할 수 있는 능력을 잃게 된다는 것을 알게 된다.

신경정신의학적 취약성에 대한 정보를 공유하는 것(예, 주의력결핍과잉행동장애, 기분 혹은 읽기 장애)은 자기통제의 문제를 설명할 수 있고, 이러한 취약성을 다루는 치료적 반응을 계획하는 데 가능성을 열어 준다. 집중 혹은 통합에 대한 주의력결핍을 보완하기 위해서는 약물 처방, 교육적 교정 그리고 인지전략을 활용한다. 또한 그러한 논의는 아동이 그들의 결핍과 이것이 그들의 삶, 정체성, 적응 그리고 자존감에 미치는 영향을 어떻게 경험하는지를 검토하게 한다는 점에서 중요하다. 이러한 논의는 일반적으로 치료의 중반단계를 위해 남겨진다. 왜냐하면 치료자에 대한 더 안정적으로 형성된 애착을 보호해야 하며, 개인적 취약성을 탐색할 수 있을 만큼 환자가 충분히 준비가 되어야 하기 때문이다.

요약하면, 초기단계 동안에 치료자는 아이가 행동으로 느낌을 드러내는 것에 대해 통제력을 높이면서 충동적인 행동을 사회적으로 수용 가능한 형태로 드러내는 것을 배울 수 있는 전략을 찾는다. 나중에 치료자는 치료자와 환자 사이의 애착관계에서 충동성을 증가시키는 구체적인 단서를 검토하게 된다.

타인의 정신 상태에 대한 자각을 일으키기

치료상황에서 아동은 다른 사람의 정신 상태를 자각하게 된다. 모든 사람이 보이는 대로가 아닐 수 있다는 것을 이들에게 알려 주는 것이 목표이다. 그래서 아동은 그들의 습관적인 사고나 느낌이 세상을 보는 유일한 방식이 아닐 수 있다는 것을 배우기 시작한다. 심지어는 다른 사람들이 세상을 보는 필연적인 방식이 있다는 것을 배운다.

그러나 중증 성격장애를 가진 아동은 적극적으로 이러한 자각에 저항한다. 그들은 어른의 정신 상태는 혼란스럽고 혹은 두렵게 하는 무엇이며, 종 종 내적 상태를 위협하거나 혹은 압도하는 방아쇠라고 본다. 이러한 아동은 자기반영의 전조로서, 치료자의 정신 상태에 대한 그들의 인식에 초점을 맞추는 개입을 통해 도움을 받을 수 있다. 치료자는 타인을 의도적 존재로 파악하면서 성찰기능과 자기감 그리고 타인감이 생긴다는 정상적 발달과정을 알려 주면서 다른 사람에게 그들이 어떻게 보여지는지 알도록 하는, 상대적으로 안전한 환경을 만들어 낸다. 물론 치료자는 그들이 구체적으로 경험한 것을 반드시 아동에게 드러내야 하는 것은 아니다. 대신, 치료자는 아동이 치료자의 마음 상태를 어떻게 예상하고, 경험하고 있을 것이라는 인식을 공유할 수 있다. 어떤 치료자는 이 입장에 따라 추론 게임을 활용한다. 재능 있는 치료자 모런(Moran, 1984)은 전통적인 해석 기법의 한계점을 제시하면서 이 접근의 예를 제시하였다.

10번째 생일이 지난 며칠 후, 데이비드는 아침을 먹지 않았을 때 찾아오는 고통스러운 저혈당으로 학교에서 의식을 잃었다. 7세경, 당뇨병 진단을 받은 후에 다양한 저혈당증 에피소드로 인해 12번이나 입원을 했다. 데이비드는 당뇨병을 통제하는 것이 어려울 뿐 아니라 가족과 또래에 대한 폭력과 도발로 인해 모런 박사에게 의뢰되었다. 데이비드는 어머니의 메마른 정서로 고통을 당해 왔다. 어머니는 출산 후 그에게 수유를 할 수 없었고, 심한 우울증으로 인해 첫 2주 동안에는 심지어 아이를 돌볼 수도 없었다. 데이비드가 3살 무렵에 어머니는 우울증으로 입원을 했다. 공격성은 그의 가정에서 용인되는 모습이었다. 데이비드와 싸울 때 엄마는 "내가 할 수 있는 한 최선을 다했다."라고 했지만 그녀는 종종 데이비드를 억지로 앉혀 머리를 때리고 머리카락을 잡아당겼다. 데이비드의 아버지는 양심적인 양육자로 퇴근 후 집에 오면 방관자로 물러나 아내가 세 아이를 거칠게 다루는 방식을 내버려 두고, 아내가 아이들을 통제하는 것을 실패할 때 그녀를 비웃었다.

치료가 시작된 후에 데이비드는 치료자를 도발하고, 치료자를 해롭게 공격하는 것에 시간을 지체하지 않았다. 데이비드는 또한 자신이 발명한 보드

게임을 하자고 요구했다. 그 게임은 탁월한 육체적·지적인 힘을 가진 기이한 문화를 묘사하는 것이었다. 치료자는 데이비드에게 치료시간 동안 치료자를 무섭게 겁 주고 정말 기이한 기분이 들도록 할 것이기 때문에 그 게임을 하는 동안 데이비드는 유능감을 느낄 수 있을 것이라고 해석했다. 하지만 그러한 개입은 소년의 행동을 변화시키지는 못했다. 데이비드가 치료자를 어떻게 두렵게 하고, 잠재적으로 폭력적으로 인식하는지에 대한 계속되는 해석은 직접적인 육체적 제재에 의해서나 겨우 억제될 수 있는 그의 공격을 감소시키지 못했다. 치료자는 데이비드가 화 내고 누군가를 위협하거나, 싸울 때 육체적 접촉에서 얻는 은밀한 기쁨, 권위에 대한 반항, 질병의 불인정, 혹은 이와 유사한 다른 주제가 없을 때에는 본인이 누구인지에 대해서 불확실한 기분을 가지고 있다고 말했다. 그러한 해석은 단지 더 폭력적인 행동을 야기했다. 데이비드는 치료자가 멍청이이고 자신과 상관이 없기 때문에 치료자를 배려하지 않을 것이라고 말했다. 치료자가 데이비드의 마음을 연결하려고 노력하면 할수록 그 소년은 적대적이 되어 더욱 물러나게 되었다.

데이비드가 정확히 이해 받았다고 느꼈을 때, 그런 순간이 있다면 그 결과는 더욱 심각했을 것이다. 치료 1년경, 특히 활기가 있던 회기에 데이비드는 어머니, 당뇨병 그리고 치료에 노예가 된 기분을 느낀다고 했다. 하지만 치료적으로 솔직하고 신뢰의 순간은 짧게 유지되었다. 얼마 후에 데이비드는 케토산증으로 입원을 했다. 치료에 다시 돌아왔을 때, 그는 더 적대적이고 철수되어 보였다.

데이비드는 종종 치료자가 다스 베이더 가면을 썼다고 비난했다. 종종 그는 치료자를 보고 물었다. "어때! 싸울래요?" 치료자에 대한 높은 두려움을 보이는 것 이상으로 이러한 말은 전통적인 해석으로부터는 어떤 도움을 받을 수 없는 이유를 알려 주었다. 누군가를 바라보면—특히, 어떠한 내적 상태를 경험할 때 혹은 치료자와 아주 특별한 상호작용을 하는 동안—그는 다른 사람의 정신 상태에 대해 어떤 것도 생각하지 못했다. 그는 단지 잔인하고 앙심을 품은 사람들에 대한 고정된 비성찰적 이미지에 의존하고 있었다.

이러한 순간에 데이비드는 치료자를 자신을 잘 이해하려고 애쓰는 사람으로 생각을 할 수가 없다. 사실, 돌보고, 관심을 가져 주고, 공감적으로 치료자를 인식하는 것은 오히려 틀림없이 애착에 대한 데이비드의 높은 바람을 촉발하게 되고, 결국 성찰기능을 억제하게 된다. 그러나 모런은 매우 창의적인 치료자였다. 그는 "오늘 내가 너에 대해 생각한 것이 뭐라고 생각하니?"라는 노트를 치료자와 환자 함께 쓰는 게임을 했다. 데이비드는 이 게임을 수개월 동안 계속해서 반복했다.

계속해서, 데이비드는 그 회기 동안 불안이 높아질 때마다 게임을 한 판 더 하자고 요구했다. 치료자는 그의 과거 그리고 현재 관계에 대한 무의식적인 느낌에 대해 어떠한 설명을 제공하기보다는 데이비드로부터 단서를 확인하면서 현재의 정신 상태를, 특히 데이비드와의 관계에 대해서 집중하였다.

회기에 대한 모런의 설명은 아동을 돕고자 계획한 개입에서 치료자의 내적 상태를 자각하는 것이 매우 유용하다는 것을 보여 준다. 그러한 자각은 관계에서 원인과 결과의 이해를 촉진시키고 치료관계에서 상호관계가 형성하도록 하는 한 가지 방식이다.

또한 모런은 한 회기 동안 그와 데이비드가 책상 위에서 박진감 넘치는 '테니스' 게임에 어떻게 참여하였는지 설명했다. 데이비드가 승리한 후, 그는 그러한 경우에 자주 보였던 죄책감을 보였다. 데이비드는 불편해하면서 유명한 테니스 선수들의 이름을 큰 소리로 말하며 소파에 몸을 던졌다. 치료자는 "혹시 지금 내가 '유명한 테니스 선수에게 졌다는 걸 알았다면 덜 낙담할 텐데'라고 생각하고 있는 건 아닌지 모르겠네. 그렇다면 네가 그렇게 미안해하고 불편한 감정을 느낄 필요가 없을 텐데." 이 말에 대답을 하지 않고, 데이비드는 소파에 올라가서 테니스 라켓을 가지고 치료자를 때리려고 했다. 위험한 상황에서 겨우 벗어났지만 치료자는 데이비드를 제재하지는 않았다. 그리고 계속해서 데이비드는 "당신은 나를 알지 못해."라고 소리쳤다. 치료자는 그때 "너는 내가 너를 아는 것을 원치 않는구나. 그러면 내가 크고 강한 너를 좋아하지 않을 거라고 생각하니까 말이야." 데이비드는 발꿈치를 계속

돌려서 어지럽게 만들더니 결국 마루로 넘어졌다. 그러고는 심각한 저혈당이 온 것 같다고 말하면서 머리가 아프다고 했다.

치료자는 데이비드가 음식이 급히 필요할 때 느끼는 혼란함을 반영하면서 다음과 같이 말했다. "누군가 다른 사람이 느끼는 것이 무엇인지 알지 못하면 매우 무력할 거야. 하지만 누군가 자신이 무엇을 느끼는지 스스로 모른다면 그건 더 심각한 거야. 내가 생각하기에 너는 강하고 힘이 있다면, 내가 더 이상 너를 도와주지 않고 아마 네가 죽도록 내버려 둘지도 모른다는 것 때문에 매우 두려워하고 있는 것 같아." 데이비드는 한마디 말도 없이 호주머니 속에 있는 모든 것을 카펫 위에 꺼내기 시작했다. 그리고 나서 다시 그것들을 아무렇게나 호주머니로 구겨 넣어서 그가 꺼낸 것들은 자리를 잡지 못했다.

데이비드는 "그만 그 입 좀 다무시지요?"라고 쏘아붙였다. 치료자는 "나에게 소리치고 나를 괴롭히면서 네가 느끼기에 우리가 대처할 수 없을 거라는 생각이나 느낌을 없애고 싶은 것 같아." 데이비드는 처음으로 부드럽게 치료자를 쳐다보았다. 그리고 '당신이 ~라고 생각한다고 내가 생각해.' 놀이를 하자고 했다. '데이비드가 생각한다고 치료자가 생각하는 것'에 대한 첫 추측으로 데이비드는 '공포스럽다.'를 썼고, '길을 잃었다.'를 추가했다. 치료자는 데이비드가 게임에서 이겼을 때 그 성공이 치료자를 파괴시킬 것이고, 그래서 치료자 없이는 데이비드가 길을 잃을 것이라고 느낄 것이기 때문에 데이비드가 두려울 것이라고 분명히 생각했다.

이 일화는 치료의 초기 그리고 더 진전된 단계에서 적용할 수 있는 적절한 개입이 섞여 있다. 치료 시작 1년 후에 일어난 회기를 보여 주고 있다. 데이비드가 자신과 치료자의 생각, 두려움, 바람을 심사숙고하는 능력을 촉진시키는 데 있어서 치료자는 그 소년의 나쁜 경험과 취약함에 대해 설명하지 말아야 한다. 단지 성찰기능을 위축시키는 역할을 할 뿐이다. 대신 치료자는 데이비드가 성찰적 관점을 유지하는 더 큰 능력을 얻도록 돕는 수단으로 자신의 힘에 대해 갖는 소년의 걱정에 대해 주목했다. 치료자는 저혈당 위기,

두통 그리고 어지러움이 나쁜 느낌과 취약성을 표현하기 위해, 욕구를 인정하지 않고 도움을 요구하기 위해, 협박하고 유혹하는 치료자에게 복수하기 위해 그리고 고통과 부적절감의 경험과 재연결하기 위해 사용하는 수단이라는 해석을 피했다. 대신 치료자는 그러한 느낌을 인정하지 않아도 되는 가능성을 열어 놓았다.

공격적인 청소년은 사회기술 그리고 분노 대처 기술 훈련(Bierman, 1989; Lochman & Wells, 1996), 특히 문제해결 기술 훈련으로부터 도움을 받는다(Spivak & Shure, 1978). 문제해결 기술 훈련(Problem-Solving Skills Training: PSST)은 품행문제에 대한 행동적 개입으로 가장 체계적으로 연구된 접근으로, 특히 부모훈련과 통합하여 엄격하게 수행된 연구에서 그 효과성이 검증되었다(Kazdin, 1996a; Kazdin, Siegel, & Bass, 1992; Webster-Stratton & Hammond, 1997). 이 프로그램에서 치료자는 아동이 대인관계 상황에 대처하는 습관적인 방식을 검토하고, 대인관계 문제를 해결하는 단계적 접근을 격려했다. 효과적이고 적응적인 해결을 이끌 수 있는 문제의 어떤 측면에 대해 직접 집중하는 '자기대화'를 포함한다. 친사회적인 행동의 시범을 보이고 강화하는 것은 현실 생활에 근거를 둔 구조화된 과제의 맥락에서 이루어지는 연습, 피드백, 숙제 제시 그리고 역할연습이 그러하듯이 매우 유용하다.

PSST는 품행문제나 중증 성격장애를 가진 공격적인 청소년의 외래 치료나 주거형 치료에서 핵심요소이다(10장을 보라.). 개인치료에서도 또한 이러한 접근을 활용할 수 있으며, 사회적 사건과 다른 사람의 내적 상태에 대한 그들의 왜곡된 평가에 초점을 두는 맥락에서 이 접근을 적용할 수 있다. 개인과 청소년 그리고 양육자가 함께하는 가족 작업에서 형성되는 애착은, 효과성은 알려졌지만 조기 종결이 높은 인지-행동 프로그램의 중요한 한계를 해결하려고 한다(Kazdin, 1996b).

✥ 역전이를 활용하기

환자의 반응만이 세심한 주의가 필요한 것만은 아니다. 중증 성격장애를 치료할 때, 임상가가 직면하는 가장 커다란 도전은 아마 그들 자신의 정서적 반응일 것이다. 전이-역전이 관계가 환자의 투사만으로 일어나기보다 환자와 치료자가 함께 참여하는 구성물이라는 것은 정신분석 문헌들에서 이제까지 중요하게 합의된 주제이다(Gabbard, 1995; Ogden, 1994). 특히, 중증 성격장애를 가진 청소년에 의해서 유발된 역전이 반응은 정서적 자원, 기법적 기술, 경계, 전문적 윤리 그리고 치료자의 개인적 통합이 요구된다.

치료자는 관계에 대한 성찰적 그리고 비성찰적 사이를 반복적으로 오가며 긴장하게 된다. 치료자로서 우리는 말할 수 없는 절망과 공포가 뚜렷한 삶으로 들어간다. 이러한 청소년이 풍기는 무엇가로부터 생존하기 위해 치료자는 강력한 투지로 반응한다. 또한 애착이 발전되는 과정은 성찰기능으로부터 환자를 철수하도록 하며, 강압적이고 비성찰적인 경험과 관계의 활성화를 촉발시킨다.

가바드(Gabbard, 1995)가 지적했듯이, 역전이에 대한 현재 정신분석적 사고에서 공통적인 줄기는 환자의 정신내용이 어쨌든 환자로부터 임상가에게 신비스럽게 전송되는 것은 아니라는 것이다. 가바드가 주장했듯이, 그보다는 "구체적인 환자의 행동이 어떤 특정 임상가의 반응을 유발하면서 치료관계에서 압력이 나타난다."(p. 7). 중증 성격장애를 가진 청소년에 의해 일어나는 대인관계적 압력은 저항하기 어려울 뿐만 아니라 치료자를 포함하는 모든 사람에게 예측할 수 있는 반응을 유발한다. 바로 성찰기능을 유지하는 능력의 순간적 상실이다.

이처럼 치료자에게 일어나는 비성찰적인 상태의 활성화는 자기와 타인에 대한 인식을 파괴시키는 어떤 기이한 힘으로 경험된다. 치료자는 이러한 '이상한' 존재를 통제하고 그에 맞서 방어하려고 하거나 혹은 이들의 강압적 압력에 의해 '압도'되거나 비성찰적 상태로 반응하는 모습을 보이게 된다.

치료자는 그들의 치료에 가장 기초를 구성하고 있는 핵심적인 개인적 · 전문적 속성을 '잃게 되는 것'을 예상하면서 종종 그들과의 회기를 두려워하게 된다. 환자를 공감적으로 집중하는 능력 그리고 유연하고, 사려 깊게, 윤리적으로 반응하는 대신, 치료자는 관계에 대한 간청과 강압적인 통제 사이를 오가는 경계선 청소년 앞에서 '바보'가 된 기분을 느낀다. 자기애성 그리고 반사회성 청소년이 치료자에게 무력감과 취약함을 일으키면서 의존을 거부하거나 치료자를 찬양하는 청중으로 밀어 넣을 때 치료자는 지루함, 짜증 혹은 분노감을 느낀다. 이렇게 예속시키고 희생시키는 것에 대항하여 치료자는 화를 드러내거나 혹은 힘과 통제를 보여 주어야 한다는 압력으로 인해 투쟁-도피 반응으로 이끌어지면서 방어적 반응을 보인다. 아니면, 경계선 그리고 반사회성 청소년에 의해서 나타나는 계속되는 평가절하 그리고 애착에 대한 경멸은 이 환자가 방어적으로 위대함이나 타인에게 투사된 취약함이 없을 때 느끼는 것과 유사하게 치료자가 마비되는 기분을 느끼게 하고, 진이 빠지고, 패배감, 무가치한 그리고 무력감을 느끼게 한다.

경계선 그리고 연극성 청소년은 완벽한 공감, 예외적인 힘 혹은 대단한 지혜를 귀인하면서 치료자를 유혹한다. 치료자는 이상적인 구원자가 되어야 한다는 강압적인 압력을 경험하는 것에 매우 취약하다(즉, 환자의 상처를 치유할 수 있는 사람). 그러한 비성찰적인 모델의 강요는 전문적 영역을 위반하는 파괴적인 결과로 이끌 수 있다. 치료자는 환자와 사랑에 빠졌다고 하거나 혹은 성적인 관계에 참여하는 것을 포함하여 결과적으로 관여된 모든 사람에 대해 비극적인 결과를 초래한다.

자살로 협박하고, 실제로 죽으려는 의도가 없이 빈번하게 스스로를 자해하는 그리고 때때로 심각한 자살시도를 하는 경계선 청소년은 그들을 치료하는 치료자에게 강력한 반응을 일으킨다. 이 환자는 종종 암묵적인 메시지로 치료자를 위협한다. "만약 내가 죽으면 바로 그건 당신이 실패했기 때문일 겁니다."이다. '실패'에 대해 의문을 갖는 것은 바로 치료자가 경험하도록 압박을 당해 온 느낌이다. 치료자는 전형적으로 이 기분에 대항해서 투쟁하는 기분을 경험한다. 더 이상 신경 쓰고 싶지 않은 마음, 미움, 희망의 상실 그리고 은밀하게—혹은 은밀하지 않게—환자가 죽기를 바라는 마음까지 경험한다.

이러한 경험의 강압적인 패턴과 대항해서 투쟁하면서 치료자는 많은 문제를 경험할 수 있다.

1. 치료자는 환자 혹은 양육자보다도 환자의 생존에 더 책임감을 느낀다 (Hendin, 1981). 자살위협의 빈도와 잠재적 치명성이 증가하면서 치료자는 숙고 없이 비성찰적인 방식으로 구조를 하려고 서두른다. 그렇게 할 때, 그들은 환자 그리고 환자의 가족 둘 다로부터 청소년의 삶 혹은 죽음에 대한—그리고 그 혹은 그녀 자신의 파괴성에 대한 책임을 박탈하는 셈이다.

2. 치료자는 환자의 심리적 그리고 육체적 생존에 책임을 떠안으려는 필사적인 노력과 환자를 거부하고 심지어 치명적인 자살에 이르도록 하는 교묘한 노력 사이를 오간다.

3. 치료자는 거리 두기, 거부하기 그리고 분명하게 가학적인 패턴의 완전한 활성화로 빠진다. 말츠버거(Maltsberger, 1999)는 환자가 유발하는 거절 그리고 그 거절과 거절을 유도하는 행동을 서로 강화하는 순환의 치명적 결과의 예를 보고하였다.

한 경계선 환자가 자신의 팔을 깊지 않게 그었을 때 '한계 설정'을 했던, 피곤하고 업무가 과도한 레지던트에게 배정이 되었다. 치료자는 환자에게 손목을 긋는 것을 더 이상 참을 수 없으며, 만약 한 번 더 시도를 한다면 치료는 종결될 것이라고 말했다. 환자는 그 치료가 끝난 후 몇 시간 만에 다시 그었고, 이것을 다음 약속 시간에 보고했다. 치료자는 곧바로 치료를 종결했고, 그 환자는 자살했다(Maltsberger, 1999, p. 36.).

중증 성격장애를 가진 청소년에 대한 역전이 반응은 치료자-환자 상호작용에 의해서만 형성되지 않는다. 치료자의 반응은 환자의 삶 그리고 치료관계와 연관이 깊은 가족 상호작용을 형성하고, 또한 이것들에 의해 형성된다. 그래서 치료자는 양육자의 치료 경험에 대한 환자의 반응뿐만 아니라, 환자와 치료자 자신을 향해 반응하는 부모의 행동에 반응하는 자신을 발견한다. 역전이라는 덫에는 여러 공통적인 패턴이 있다. (1) 아동이 부모에게 행한 잔인한 행동과 혼란으로부터 경솔하게 양육자를 구조하려는 치료자 그리고 (2) 부모와 경쟁하고, 공공연하게 혹은 미묘한 방식으로 양육자를 평가절하하고, 환자를 '입양'하거나, 학대적인, 냉정한, 착취적인 혹은 자기중심적인 양육자로부터 그들을 구해야 할 것 같다고 느끼는 치료자이다.

비록 이러한 역전이의 비성찰적인 패턴 중 어떤 하나의 재연이 치료를 궤도에서 벗어나도록 할지라도, 이것의 출현에 대해 예측하는 것은 또한 치료적 개입에 대한 새로운 기회를 열어 준다. 카피(Carpy, 1989)는 치료 관계에서 경험되는 강렬한 느낌을 보유하고, 인내하고 그리고 반영하는 치료자의 능력을 환자가 관찰하면서 변화하게 되는데 이러한 과정은 매우 자연스러운 것이라고 주장했다. 틀림없이, 성찰적인 방식으로 환자의 강압적인 메시지나 느낌을 다루는 치료자의 능력은 환자에게 느낌 그 자체가 어쩌면 다룰 만한 것임을 전달한다. 결과적으로, 치료자는 환자에게 강압적인 그리고 비성찰적인 순환을 중단하는 방법에 대한 모델을 제공한다. 강압적이고 비성찰적인 이러한 순환은 치료자가 환자의 내적 관계를 진단하는 것에 초점을 맞출 뿐만 아니라, 자기점검과 내적 감독을 수행하면서 환자의 내적인 활동을 따라가고 이에 대해 언급할 때 생생하게 드러날 수 있다.

환자의 내적 대상관계의 진단

이 단계는 임상가에게 불러일으킨 정서에 반영되어 있는 환자의 내적 세계에 대한 평가를 말한다. 자기를 관찰하는 치료자는 성찰기능을 억제하게 하는 특별한 단서로 들어가는 기회를 얻는다. 그리고 청소년과의 회기에서 어느 순간에, 무엇이 버튼을 누르게 하는지 그리고 치료자가 어떻게 순간적으로 환자가 생각하는 것을 고려하고, 이해하는 능력을 잃게 되는지를 공유할 수 있다.

자기점검 그리고 내적 감독

물론 강압적 장벽에 직면해서 성찰적 공간을 회복한다는 것은 만만치 않은 일이다. 정신분석적 훈련의 한 가지 장점은 치료자에게 길게 지속되는 집중적인 개인치료 그리고 지도감독을 요구한다는 것이다. 이러한 훈련은 경직되고, 경솔한 관계 패턴과 경험이라는 늪에 갇히기보다 치료자가 자신의 정서 반응에 민감하게 관찰하고, 관리하도록 준비시킨다.

다시 말해, 중중 성격장애를 가지고 있는 아동과 청소년과의 초기단계 동안 목표는 작업동맹을 발전시키는 것이다. 아이는 치료자에게 협력하고 관계를 형성하는 것을 통해 결국 자기통제와 적응을 높일 수 있을 것이라고 확신하게 된다.

1. 치료자는 과거와 현재를 연결하면서 취약성이나 방어를 직면하거나 억압된 혹은 해리된 경험을 다루는 것을 피해야 한다. 퇴행을 최소화하면서 치료자는 '너무 많은' 공감과 '너무 적은' 공감 사이에 균형을 유지해야 한다.

2. 치료자는 내적 상태와 느낌의 차이를 말로 표현하도록 촉진할 수 있다.―그리고 아동의 의사소통을 명료화하면서 암묵적으로 아동을 의도적인 존재로 보고 있다는 치료자의 지각을 전달할 수 있다("내가 너의 이야기를 제대로 들었는지 보자.").

3. 치료자는 환자가 '체면을 유지하도록' 도움으로써 작업동맹을 형성할 수 있다. 환자가 체면을 세우도록 돕는 개입은 수치심을 느끼거나, 통

제를 잃거나, 타인과 분리된 경험을 최소화할 수 있다. 이러한 모든 것은 환경적 조정과 양육자의 변화에 의해 형성된 표상 부조화에 의해서 일어난다(7장을 보라.).

4. 치료자는 성찰기능을 강화하고, 충동 통제와 자기조절을 높이고, 타인에 대한 자각을 증가시키고, 역전이를 활용하여 환자가 체면을 유지하고, 통제를 회복하고, 더 큰 안전감과 연결감을 확립할 수 있도록 도울 수 있다.

　a. 성찰기능을 강화하는 것은 아동이 자신의 내적 상태를 관찰하고, 명명하고, 이해하도록 도우면서 성취할 수 있다. 초기에는 회기에서 매 순간에 일어난 상대적으로 간단한 상태와 행동에 책임을 더 많이 느끼도록 하기 위해 자동적인 반응을 이끄는 상황을 이해하도록 돕는다.

　b. 충동 통제와 자기조절을 돕는 것은 압도되거나 처리하기 힘든 경험으로부터 한 걸음 물러나는 방식으로서 즐거운, 유머러스한 혹은 '마치 ～처럼' 관점을 소개함으로써 이루어질 수 있다. 그러한 거리두기는 경험을 분해해서 아동이 제어할 수 있는 더 처리 가능한 작은 부분으로 나누는 것이다. '치료적으로 잘 놀기'는 행동에서 느낌의 표현에 대한 통제를 높이면서 환자의 충동적인 행동을 사회적으로 수용할 수 있는 행동으로 조율하기 위한 한 가지 전략이다. 필요한 경우, 심리교육적 접근, '기본적인' 전략 그리고 신경정신의학적 취약성에 대해 논의하는 것은 심각하게 충동적인 청소년의 자기통제를 강화시킬 수 있다.

　c. 타인에 대한 환자의 자각을 증가시키는 것은 그들이 치료자와 다른 사람의 정신 상태를 이해하는 데 초점을 맞추도록 도우면서 얻을 수 있다. 치료자는 원인과 결과의 관계를 촉진시키고, 치료관계에서 상호성에 이르는 내적 상태를 환자가 이해하도록 돕는다. 상호성을 이해하는 것은 위협적인 내적 단서에 직면해서 성찰적 입장에 대한 기

초를 마련하는 것이다. 이러한 접근은 문제해결을 강화하도록 고안된 구조화된 프로그램을 지지한다.

d. 역전이를 사용하는 것은 치료자가 내적 그리고 상호주관적 상태로 들어가는 기회로, 자신의 비성찰성을 경험할 때 가능하다. 환자의 성찰기능을 억제하도록 유발하고, 결과적으로 관계성의 강압적인 모델을 활성화시킨다.

제9장
치료의 중간 그리고 마지막 단계:
연결을 통해 통합으로 나아가기

　　청소년은 환경적 도전에 더 적응적인 반응을 하도록 돕는 시험적 방안으로 치료적 관계를 사용하면서 더 진전된 치료단계로 들어갈 준비가 되었다는 신호를 보여 준다. 이 능력은 청소년이 자기돌봄을 개선하고, 자기파괴적인 충동을 줄이고, 더 나아가 체면을 유지하면서 부적응적인 방어기제의 악화 없이 양육자의 강화된 한계 설정―바로, 표상 부조화―에 반응하면서 확인된다. 치료자에게 완전히 경직된 각본에 항복하는 것을 요구하지 않고, 가상놀이로 들어갈 수 있는 능력은 치료자에 대한 안정애착이 커지고 있다는 것을 알려 준다. 애착 안정성은 또한 청소년 환자가 농담과 놀이를 주고받을 수 있는 능력을 통해서도 알 수 있다. 이러한 애착 안정의 지표는 미묘하지만, 치료자와 가까워지려는 바람을 알려 준다. 또한 학대받고, 종속되고, 포기되고, 파괴되고 혹은 모욕을 당하는 것에 대한 불확실성과 두려움에 맞서며 협력적인 관계로부터 도움과 희망이 나올 수 있다는 확신이 시작되었음을 뜻한다. 치료자는 이 장에서 소개될 단계들을 통해 치료의 중반단계에 진입할 수 있다는 아동의 준비도를 확인할 수 있다. 임상적 경험으로는 이 단계에 도달하기 전에 대략 3~12개월의 치료가 필요하다고 한다.

초기 협력을 통해 치료자는 천천히 청소년이 '나눌 만한' 경험의 범위를 넓히도록 격려한다. 자기애성 청소년 역시 취약함의 경험을 나누도록 초대 받는다. 경계선 청소년은 자신의 연속성을 파괴한 외상 사건의 경험을 개방하는 것을 포함해서 관계에서 자기의 일관성에 대한 생각을 드러낸다.

예를 들어, 열 살 난 소년 지미는 점진적으로 치료시간에 철저하게 통제를 행사하려는 처음의 모습에서 변화하여 다양한 관심을 치료 안으로 가져오기 시작했다. 큰 가슴을 가진 여성을 점토로 만들어 치료자의 입에 가득 넣으려고 했다. 또한 치료자에게 잡아 죽이라고 지시한, 사악한 '조직의 대모'가 이끄는 집단을 배경으로 하는 게임을 벌였다.

언제나 박해자인 치료자는 그들의 가상 놀이에서 모든 사람은 원하는 것을 결코 얻을 수 없다고 했다. 심지어 어머니들은 아이들에게 절도를 강요했다. 이런 이야기가 지속되면서 지미는 아버지와 관련된 주제로 놀이를 만들었는데, 그가 치료자에게 부여한 역할인 아버지는 미국의 대통령이었다. 그러나 이 '대통령'은 지미의 지시가 없이는 거의 기능을 할 수 없는 다소 불쌍한 인물임이 드러났다. 그 소년은 나라를 위해 외치면서 그의 아버지인—치료자—대통령에게 이래라저래라 지시하는 것을 매우 기뻐했다. 치료자는 이 놀이가 강력하지만 은밀하게 감소하는 통치자의 힘을 지미가 가질 수 있는 기회를 주었다고 지적했다. 또한 만약 그가 대통령을 뒤에서 지시하는 진짜 힘을 가지고 있다면, 그에게 작고 취약하다고 하는 혹은 그의 힘을 부러워하는 사람이 그를 공격할지도 모른다는 두려움을 느낄 필요가 없을 것이라고 했다. 치료자는 의문스럽게 지미가 결국 비밀스러운 지배자로 자신을 놓으려는 것은 그가 얼마나 취약함을 느끼는지를 드러내고 있다고 언급하였다.

이러한 개입은 데이비드의 치료에서 모런에 의해 사용되었던 개입과 유사하다. 치료자는 치료자와 더 친밀한 접촉을 하면서 형성된 불안과 방어기제를 지적했다(즉, 데이비드의 경우, 그의 성공이 관계를 파괴할지 모른다는 두려움, 지미 사례에서는 취약함을 드러내는 것이 굴욕적일 수 있거나 혹은 더 취약해

질 수 있다는 염려). 이후, 더 단단한 치료동맹과 더욱 안전한 애착의 기반에서 아이는 그 자신과 치료자 그리고 삶에서 중요한 사람과의 관계에서 일어나는 공포, 사고, 느낌 그리고 소망에 대해 더 풍부하게 숙고하도록 초대될 수 있다.

비록 환자와 치료자 사이에 관계가 분명하게 치료의 중심적인 무대에 있다고 하더라도, 이러한 아동·청소년과의 작업은 고전적 의미에서 기대되듯이, 전이를 해석하거나 양육자에 대한 사고, 느낌, 소망 그리고 갈등이 어떻게 치료자에게 옮겨지는지에 대해 언급하지는 않는다. 대신, 치료자와의 관계는 중요한 애착의 맥락으로서 성찰능력을 얻고 유지하는 가장 효과적인 길로 작용하는 면에서 매우 중요하다.

하지만 커지는 애착은 또한 불안과 방어를 촉발한다. 지미는 실제로 자신의 취약성이 드러나는 것에 대한 두려움을 덮으려는 방어적인 욕구를 치료자가 지적했을 때 극도로 불안해했다. 유사하게, 알코올 중독인 아버지의 손에 잔인한 신체적·성적 학대의 역사를 가지고 있는 열한 살 난 조는 치료자와 친밀해지려는 욕망을 경험하는 것이 얼마나 견딜 수 없는 것인지를 극적으로 보여 주었다. 조의 이러한 두려움에도 불구하고, 그는 어려운 수학 숙제를 치료자가 친절하게 도와준 것이 계기가 되어 회기에서 더 편안함을 느끼기 시작했다. 하지만 그는 치료자인 나를 좋아하는 자신을 못마땅해 했다. 그는 설사 내가 안다고 해도, 현실에 대해서 거의 아는 것이 없는 '깐깐한 잘난 척쟁이'라고 비난했고 이를 증명하기 위해서 나의 '실수'를 찾아내려고 했다. 조에 따르면, 나는 잔인한 거리에서 삶을 힘겹게 살아온 누군가를 도와주기는커녕, 그러한 거리에서 분명하게 생존하지도 못할 지식인, 즉 '빌어먹을 부자 정신과 의사'이며, 내가 가진 모든 것을 책에서 배웠다고 비난했다. 더 이상 나를 견딜 수 없기 때문에 조는 당장 거주형 치료시설을 나가서 내 집 옆에 자리를 잡고는 나의 아내를 강간하고, 내 아이들에게 코카인 주사를 놓아서 살해한 후 불을 지르겠다고 했다.

그의 장광설은 나에 대해 커지는 애착이 그에게 어떤 파문을 일으키는지를 큰소리로 말하는 것 같았다. 몸에 대한 고통스러운 침입이 있을지 모른다는 강한 두려움, 이것이 결국 죽음에 대한 내적 느낌으로 이어지면서 치밀어 오르는 흥분이 자기 자신, 몸, 혈관 속으로 침입하는 공포심을 드러냈다. 또한, 내가 자신과 같이 모든 것을 잃어 함께 공유할 수 있는 증오심, 외로움, 박탈로 단단하게 엮이면, 그리고 그러기 위해서 우선 그가 나의 애정을 위해 모든 경쟁 상대를 제거한다면, 결국 나와 더 쉽게 애착을 형성할 수 있을 것이라는 희망을 품는 것 같았다. 또한, 나의 소유물과 나의 관계에 대한 질투와 나에게 모든 것을 빼앗고 싶은 갈망을 드러냈다.

역전이 부분에서 지적하였듯이, 그들의 경험을 의사소통하는 비성찰적 방식은—일단 그들은 성찰기능이 '꺼져' 있다—그들의 입장에 대해 성찰적으로 생각하고 기능하는 것이 극도로 어려운 지점까지 치료자의 표상 능력을 방해한다. 하지만 누군가에 대한 정서적 반응을 '확인'하는 것은 개입을 안내하는 데 좋은 단서를 제공할 수 있다. 조의 위협이라는 폭풍을 견디려고 노력하면서 나는 조절되지 않는 위협 앞에서 숨길 수 없는 신호로 활성화되는 투쟁-도피 반응에 대해 위협감이나 단절된 느낌은 느끼지 않았다. 나는 우리의 관계가 그가 다룰 수 있는 그 이상이라는 것을 내가 알기를 원하는 것은 아닌지 의문이 들었다. 그가 친밀해지는 것을 방해하면서 그에게 더 익숙한 영역으로 우리의 상호작용을 변화시키려는 것으로 보였다.

분명히 관계를 단절하려 하지만 한편 나와 관계를 유지하려는 그의 바람을 감지하면서 나는 우리 중 누군가에 대해 혹은 우리의 관계에 대해서 언급하지 않으면서 그의 상상 속에서의 비열함과 잔인함에 대해 이야기했다. 그는 경멸과 흥미로움, 조롱이 섞인 표정으로 나를 바라보았다. 그리고 거칠게, 아주 과장된 방식으로 그가 살았던 곳에서의 거친 이웃과 잔인한 폭력 조직의 싸움에 대해 설명하기 시작했다. 나같이 소심하고 멍청한 사람은 그런 거친 환경으로부터 피신해 살아왔으며, 그런 환경에서 살았다면 몇 분 안에 죽었을 것이라고 했다.

비록 그의 이야기가 경멸과 평가절하로 범벅이 되어 있더라도, 나는 분명하게 폭력 조직의 모험이라는 그의 이야기 속에서 그가 함께하자고 조르는, 장난기 가득한 초대를 감지했다. 사실상, 나는 그가 뉴 잉글랜드에서 중상 층으로 훨씬 더 조용한 환경에서 성장했다는 것을 알고 있었다. 그리고 그는 내가 아는 것을 알았다. 폭력 조직에 대한 관심과 지식은 대부분 많은 책을 통해 얻은 것이다. 치료 초기에 조가 폭력배를 미화하는 잡지나 테이프를 가지고 온 적이 있었다.

나는, 확신보다는 희망에 가까운데, 은연중에 조르는 것을 알아차렸고, 폭력조직의 중심인물로서 나 자신의 영웅적 전투의 환상적인 이야기(기만적으로 평범한 외모 뒤에 감춰진 비밀스런 정체)로 응답해 주었다. 조는 이러한 이야기를 즐기는 것처럼 보였고, 나를 조롱했다. 다음 몇 회기에 걸쳐 우리는 그의 조직과 나의 조직의 상대적인 장점에 대해 재미난 농담을 많이 했다. 2주동안 진행된 이러한 농담 후에—중간에 그는 나의 라틴 킹에 대해 맹렬히 비난했다—폭력조직이 어떻게 소속감과 강력한 보호를 제공하는지에 대한 심각한 논의를 그가 주도할 수 있었다. 그는 나에게 물었다. "당신은 화가 날때 어떻게 하나요?" 나는 그것이 매우 좋은 질문이고, 대답을 주기가 참 어렵다고 말했다. 나는 단지 내가 하는 몇 가지를 그에게 말해 줄 수 있다고 했다. 나는 화가 날 때 좋은 기억을 떠올리려고 노력하는데, 내가 더 잘 조절했던 방식 그리고 나를 달래고 위로를 해 주었던 사람들을 떠올리려고 노력한다고 했다.

조는 내 대답에 어리둥절한 표정을 지었다. 그리고 약간 주저한 후에 "하지만 나는 그런 기억이 전혀 없어요." 그러나 잠시 후에 생각하더니, 자신의 말을 고쳤다. "아뇨, 기다려 봐요……." 그는 말했다. 처음으로, 그가 6세 혹은 7세경에 어찌하여 부드러운 록 음악의 선율에 맞춰 아버지와 춤을 췄다는 것을 이야기하기 시작했다. 이런 경험은 그가 성적으로 학대 당하고 있던 당시에 여러 번 있었다.

이러한 일화는 중증 성격장애를 가진 아동·청소년과의 치료 중반단계에서 치료개입을 안내하는 몇 가지 원칙을 나타낸다. 즉, 외상적 애착관계를 직면하고 대안적인 관계를 탐색하는 과도기적인 경험을 향해 천천히 움직여야 하며 정화반응이 중요하다는 원칙을 보여 준다. 중증 성격장애를 가진 아동·청소년은 관계에 대한 느낌이 조각 나 있다. 그들은 육체적, 성적으로 학대 당하는 맥락에서 혹은 학대 이후에 학대자의 지나친 죄책감 속에서 정서적으로 매우 강렬하고, 친밀한 관계와 관련이 있는 상호작용 고리의 내적 모델을 가지고 있다. 이러한 강렬한 관계는 고통스러운 방임과 정서적 단절의 순간이 수반된다. 상냥한, 조율된, 돌보는 관계에 대한 기대는 그들을 공포로 가득 채운다. 조의 예에서 볼 수 있듯이, 연결은 단지 강렬하고, 폭력적이며, 학대적인 관계에서만 일어났다. 하지만 그러한 학대는 이용 가능한 유일한 애착모델에 매달리는 욕구를 높이면서 편안함, 안정감, 그리고 달램에 대한 욕구를 증가시킨다.

이러한 청소년에게서 애착과 연관된 내적 상태는 양육자로부터 경험한 외상 경험이 초래하는 두려운 혹은 두렵게 하는 반응을 불러일으키는 것을 뜻하기 때문에 위험을 뜻한다. 그래서 청소년은 성찰기능으로부터, 즉 자신과 양육자의 내적 상태에 대해 자각하는 것으로부터 퇴각하고 대신 자기-타인 상호작용의 강압적이고, 완고한 모델에 비성찰적으로 집착한다.

치료자는 환자가 얼마나 많이 학대당해 왔는지에 대해 단순히 이해하는 것보다는 학대적인 관계 모델에 집착하게 되는 이유에 대해 구체화하는 것을 서서히 도울 수 있다. 성적 혹은 신체적 학대와 같은 외상적 경험을 논의하는 것은 그런 나눔이 관계의 맥락에서 일어날 때 도움이 된다. 그러한 맥락에서 환자는 고통과 부적응을 야기하는 대처와 관계의 패턴을 포기하는 것을 당연히 거부한다. 아직은 해로운 관계 맥락이 유일하게 안전감과 연결감의 근원이기 때문이다.

외상 경험의 정화는 치료자에 대해 청소년이 애착 안정성을 보이는 능력 그리고 자신을 희생자 혹은 가해자 이외에 다른 누군가로 그릴 수 있는 능력을 주의 깊게 지속적으로 평가하는 것이 필요하다. 그러한 능력이 없이 이러한 청소년이 외상과 분리(detachment)에서 형성된 관계모델을 포기하는 것을 기대할 수 없다. 정체성, 안전감 그리고 애착의 유일한 근원 없이 그들은 완전한 공허함 속으로 빠져드는 것을 경험한다. 치료자는 환자에게 분명하게 자기파괴적이고 부적응적인 대처와 관계 그리고 경험을 포기하도록 회유하고 싶은 강한 충동과 씨름하는 스스로를 발견하게 된다. 치료자의 이러한 입장은 환자의 불안, 치료자에 대한 의심을 증가시키게 되고, 치료를 망치고자 하는 욕구를 높인다.

청소년은 치료에서 안정애착, 상호성 그리고 성찰기능의 가능성을 시험하기 위한 안정한 장소로, 위니컷(Winnicott, 1953)의 이행기적 경험과 유사한 관계의 과도기적 영역이 종종 필요하다. 놀이, 환상 그리고 유머는 이행기적 공간을 제공한다. 조의 사례에서 '우리의 조직 폭력배'에 대해 주고받았던 믿기 힘든 이야기는 조가 의존, 소속, 안전감 그리고 취약성에 대한 느낌을 담은 가상의 이야기를 함께 꾸밀 수 있는 기회를 제공했다. 동시에, 그는 자기의 취약함과 애착 추구에 대한 치료자의 조율, 존중 그리고 반응을 시험할 수 있었다.

지미와 같은 자기애적 아동은 과도기적 관계로 상상에만 존재하는 쌍둥이를 소개하였다. '쌍둥이'는 전형적으로 참을 수 없는 약하고 무기력한 의존적인 경험을 가지고 있다. 데이비드가 거짓으로 꾸몄던 신체적 호소 혹은 신체적 위기는 취약한 느낌을 분명하게 인정하지 않으며 도움을 요청하지만 동시에 고통과 취약함의 느낌을 공유하는 과도기적 경험의 다른 형태이다.

게임으로 구성된 놀이, 환상 혹은 유머의 과도기적 영역[예, 모런(Moran, 1984)의 '당신에 대해 내가 생각하는 것에 관해 당신이 생각하는 것, 그것에 대한 나의 생각']은 치료자와 가상적인 안전한 애착을 창조하는 편안한 무대를 제공한다. 동시에, 자기와 타인의 위협적인 측면 그리고 현실적 한계라는 위협으로부터 안전한 거리를 유지할 수 있도록 한다.

앞서 언급했듯이, 툴리(Tooley, 1973)의 '치료적으로 잘 놀기'는 아동이 현실, 그 자신 그리고 그의 관계에 대한 복잡성, 한계, 갈등 그리고 좌절을 점진적으로 인정하고 직면하도록 하는 방식으로 놀이를 사용하는 과정을 기술한다. 놀이, 유머 혹은 환상을 공유하는 과도기적 공간은 세상에서 새로운 존재를 탐색하는 무대를 제공한다. 그것은 환자가 사람들과 관계하도록 돕는다.―조의 경우, 이러한 관계에서 그는 충고와 도움을 솔직하게 구할 수 있었다. 그것을 통해 더 큰 숙달, 기쁨 그리고 적응을 위한 행동을 시험했다. 그리고 조의 내적 세계의 분열 혹은 분리된 측면의 통합을 탐색하였다. 그래서 조는 '조직 폭력배' 세상이라는 우리의 공유된 구조물에 의해 제공된 공간에서 안전과 소속에 대한 자신의 바람을 검토할 수 있었다. 과도기적 공간에 의해 제공된 익명성이라는 마술은 마치 그들이 실제인 것처럼 이러한 구성물을 다룰 수 있도록 암묵적으로 동의하는 역할을 한다. 분명히 그들은 모두 혹은 거의 모두가 가상이라는 것을 잘 알고 있다. 그래서 과도기적 공간에서 아동은 그들의 전체 경험이 살아 있는 것은 아니며, 실제를 뜻하지는 않는다고 생각하도록 초대받는다(즉, 공유와 주체성 그리고 통합을 고려하는 성찰 상태로 진행되지 않아도 된다.). 컨버그와 동료들(Kernberg et al., 2000)은 7살 경계선 소년을 보고했는데, 치료자가 그에게 월요일과 수요일에는 다정하고 친근하게 보이지만 토요일(유모가 아닌 부모와 함께 치료에 올 때)에는 투덜대고 몹시 화가 나 있는 것 같아 보인다고 말했을 때, 아이는 씩 웃으며 다음과 같이 말했다. "당신은 내가 화요일, 목요일도 (다른 식으로) 비슷하다는 것을 모르는군요."(p. 171). 그러한 상호작용은 다른 맥락에서 경험하고, 대처하고, 관계하는 분열 혹은 분리된 방식의 단점과 장점을 탐색할 기회를 제공한다.

요약하면 다음과 같다.

1. 더 진전된 단계로 진입하기 위한 준비 여부는 환자와 치료자 사이에 생기는 협력적 관계의 표시에 의해 알 수 있다. 이 지점에서 아동은 적응을 위해 치료자의 도움을 이용할 수 있음을 보여 준다.

2. 치료의 중반단계에서 첫 번째 개입은 치료자와 더 친밀한 애착에 대항하면서 그들이 동원하는 불안과 방어를 확인하는 것이다. 친밀한 애착의 가능성은 불안을 강화시키고 부적응적 방어기제의 악화를 촉발시킨

다—특별히 치료자와의 관계에서 분명하게 나타난다.

3. 치료자는 환자가 부적응적인 방어와 애착패턴을 포기하도록 설득하고 싶은 마음을 견디어야 한다. 대신 이것이 청소년에게는 유일한 정체성, 안전감의 근원이며, 이용할 수 있는 유일한 관계라는 것을 인식해야 한다.

4. 환자는 공유된 놀이, 환상 그리고 유머를 통해 제공된 과도기적 공간으로부터 도움을 받을 수 있다. 이 공간에서 그들은 더 안전하게 애착의 문제를 다룰 수 있고, 분리된 내적 세계를 통합할 수 있으며, 대처와 관계의 대안적 방법을 탐색할 수 있다.

🐾 치료 개입과 치료 계약을 촉진시키기

과도기적 공간은 청소년의 부적응적인 대처와 관계 패턴뿐만 아니라 그러한 패턴의 영속화에 기저하는 동기를 체계적으로 검토하기 위한 상대적으로 안전한 피난처를 제공한다. 조의 사례에서 보여 주었듯이, 강렬한 불안과 부적응적인 대처기제에 대한 높아진 의존이 치료 과정의 모든 움직임에 수반된다. 성인 경계선 환자의 참여로 이루어진 변화에 대한 메닝거 연구(Allen, Gabbard, Newsom, & Coyne, 1990)와 경계선 성인에 대한 성공적 치료의 상세한 연구(Waldinger & Gunderson, 1984)는 중증 성격장애를 가진 환자가 협력적인 태도와 강압적이고, 비성찰적인 행동 사이를 각 회기 내에서 그리고 회기와 회기 사이에서 얼마나 빠르게 번갈아 오가는지를 잘 보여 준다. 아동과 청소년의 치료에서 이러한 변경은 훨씬 더 극적이다.

그들을 뒤흔드는 정서적 폭풍우를 막기 위한 환자의 노력에서 치료자는 과도기적 대상(Winnicott, 1953)으로 작용할 수 있다. 건더슨(Gunderson, 1996)은 치료에서 그리고 치료자와의 애착 관계에서 일어나는 극심한 공포, 분노 그리고 조절장애를 잘 다루도록 돕기 위해 중증 성격장애를 보이는 환자에게 치료자가 제공할 수 있는 다양한 과도기적 역할의 위계를 제안하였다. 위계의 끝에서 치료자는 필요할 때 혹은 사전에 정해진 일정에 따라 환자에게 전화를 걸 수 있다. 위계의 중간 지점에서 치료자는 '치료자와 관련된 과도기 대상'을 제공한다. 환자가 위안과 안심을 위해 사용할 수 있는 손으로 쓴 치료자의 메모, 고통스러운 시간에 적용할 수 있는 인지적인 지시 혹은 치료자의 지지가 떠오를 수 있는 치료자 사무실의 물품들과 같은 것이다.

15세의 경계선 소녀는, 예를 들어 '분리 노트'를 간직함으로써 결렬되는 것에 극도로 두려워하고 자신의 의존심에 대해 혐오스러워하는 무기력한 아기와 같이 느끼지 않으면서 치료의 중단을 견딜 수 있었다. 그녀는 치료 중단 전 마지막 회기에서 그녀가 외롭고 불안할 때 읽을 수 있도록 그녀의 수첩에 몇 줄의 글을 써 달라고 요청했다. 16세의 자기애적 소년은 그가 모든 대답을 가지고 있고, 통제감을 느끼는 것이 얼마나 중요한지에 대한 나의 '해석'을 조용히 반복해 읽으면서 반항적이 되거나 모욕적으로 느끼지 않으면서 교사의 도움을 받아들일 수 있었다.

알바레스(Alvarez, 1992)는 조의 '조직 폭력배'와 같은 자기성찰적인 입장을 촉진시키는 과도기적 공간으로서 극적인 이야기를 사용하는 예를 보여 주었다. 예로, 치료자는 케롤이라는 소녀의 엉뚱한 행동을 통해 그녀를 이해할 수 있었다.

부모가 케롤을 보살필 수 있는 능력이 없다고 말한 후에 (의지처를) 발견할 수 없었던 캐롤은 어느 날 그녀가 관계를 유지하는 '삼촌'이라고 하면서 그와 찍은 사진을 가지고 왔다. 치료자는 이 사람이 케롤을 학대해 온 수양 가족 중 한 명임을 한번에 알았다. 그리고 다음과 같이 말했다. "내가 생각하기에 너는 내가 그 사람이 너의 삼촌이라고 생각했으면 하는 것 같아. 하지만 우리는 그가 수양 가족 중 한 사람이라는 것을 알고 있고, 나는 이것이 너의 슬픈 현실이라는 것을 알고 있어." (p. 181).

알바레스는 이 소녀의 이야기 이면에는 친밀한 가족을 가진 누군가로 치료자에게 보이고 싶은 바람이 있다고 설명했다. 치료자는 다음과 같이 말할 수 있다고 제안했다. "나는 오늘 친밀한 가족을 가질 수 있는 한 사람으로 너를 보고 싶어." 혹은 "너와 내가 가족과 같이 서로를 알아 가고 있다고 느끼고 있구나." (p. 181).

이러한 과도기적 활동은 투쟁 혹은 도피로 들어가지 않고, 성찰기능을 억제하지 않고, 결과적으로 청소년이 자신의 내적 세계의 적극적인 탐색을 허용하면서 내적 그리고 대인관계적 경험을 인내하는 완충장치의 역할을 한다. 환자가 자기-타인의 관계에 대한 탐색되지 않은 영역에 들어가면서 느끼는 커다란 공포심을 치료자가 이해하는 것은 치료의 교착 상태를 방지하는 데 매우 유용할 수 있다. 이 시점에서 환자의 의견을 촉진하는 것은 치료에서 필요한 격려를 제공한다. 이후 치료단계에서 치료자는 스트레스와 취약함을 예측하고 대처하는 더 적응적인 방식으로서, 치료자가 없이도 친구와 만나는 계획을 세우거나 혹은 다른 지지적인 사람과 접촉하도록 하는 것과 같은, 이름 하여 과도기적 활동의 위계에서 자기주도적이며 덜 현실 왜곡적인 개입을 사용할 수 있다.

익숙하지 않은 영역을 더 깊게 모험할 때 필요한 용기를 격려하는 것—예를 들어, 고통을 어떻게 다루는지에 대한 조의 질문—은 치료자가 환자의 '발달의 근접 영역'에 조율하는 것이다(Vygotsky, 1962, 1978). 즉, 프리드먼(Friedman, 1982)이 언급한 '그가 막 되려고 하는 사람'에 조율하는 것이다.

앞서 언급했듯이, 실제로 그러한 조율은 아이가 정체성, 안전, 통제 그리고 애착의 유일한 근원으로 보아 왔던 부적응적인 기제를 포기하는 것의 대가(상당히 높은 불안과 익숙하지 않은 위험과 취약성에 노출되는 것)를 지적할 때 일반적으로 더 효과적이다. 그래서 조가 학대의 경험을 이야기할 때, 나는 나와 같은 '빌어먹을 돈 많은 겁쟁이'를 포함해서 누군가와 친밀해지는 가능성을 철회하고 싶을 것이고, 친밀함을 탐색하는 모험을 한다는 것이 얼마나 힘든 일인지에 대해서 이해할 만하다고 언급했다. 반면, 사람들이 그로부터 거리를 유지하고, 그를 두려워하는 것을 통해 조는 안전함과 통제감을 느껴 왔을 것이라고 지적하였다.

이러한 태도는 청소년으로 하여금 그가 대처하고, 경험하고, 관계하는 데 부적응적인 패턴에 의존하면서 지불해야만 했던 대가를 자유롭게 검토할 수 있도록 했다. 이 지점에서 치료자는 더 명확한 형태로 환자에게 치료적 거래를 제시할 수 있다. 환자는 그들이 할 수 있다면 병리적, 부적응적인 방어와 강압적인 관계 패턴을 포기하는 것을 선택할 수 있다. 즉, 그것으로부터 나온 왜곡, 통제감, 안전감 그리고 연결감을 포기하는 것을 선택할 수 있다. 하지만 그러한 포기는 진실한 숙달과 의미 있는 관계를 시도하는 데 있어서 고단하고 종종 고통스런 과정을 요구한다. 청소년은 이러한 치료적 거래의 '제공'에 대해 강한 보완적 기제를 보일 수 있다. 만약, 치료자와 환자 둘 다 이어지는 비성찰적인 강압의 공격을 견딜 수 있다면, 의존성, 안전, 자율성, 취약함, 신체의 통합, 질투, 경쟁의 주제가 탐색될 수 있다. 이 주제와 함께 자기 자신과 타인을 진실한 존재로 인식하는 능력이 커지면서 청소년은 진실한 기쁨, 재개된 희망 그리고 생생한 자부심을 경험한다. 이 단계의 치료에서 중요한 사건은 다음과 같다. (1) 환자는 제삼자의 관점에서 다른 사람을 향한 그들의 사고, 느낌 그리고 의도를 자각할 수 있는 능력을 보인다. 즉, 동시에 여러 가지 정신적 현실을 통합하는 성찰적인 입장을 유지한다. (2) 환자는 억압에 기반을 둔 적응적인 방어의 발달을 통해 스트레스, 불안 그리고 갈등에 반응할 수 있다. 성찰기능이 중지될 필요가 없고, 동시에 다양한 의미의 수준을 고려하는 능력이 손실될 필요가 없다. 그리고 (3) 환자는 회복된 희망—혹은 '사기 증진'을 보인다(Bateman & Fonagy, 1999)—이것은 불안하거나 갈등의 순간에 도움을 받는 것을 거부하지 않으면서 더욱 분명해진다.

이러한 획기적인 사건은 그들의 삶의 이야기와 의미와 정체성을 제공하는 경험을 구성할 준비, 더 정확하게 말하면 치료자가 참여하는 공동의 구성을 할 준비가 되었다는 것을 뜻한다.

로버트의 치료 과정은 이 주제의 전개를 보여 주고 있다. 치료 9개월경에 로버트는 항해, 요리, 영화 분야에 전문적인 지식을 과시하느라 많은 시간을 쓰고 있었다. 그는 내가 자신에게 흥미로워하는지 신경을 썼고, 스스로를 좋은 환자라고 생각했다. 그는 나에게 치료를 열심히 받을 것을 약속했고, 내가 동료에게 자신을 치료에 열심히 참여하고 아주 흥미로운 환자라고 자랑하는 환상을 가지고 있었다.

의심의 구름은 이러한 햇살 가득한 시나리오를 어둡게 만든다. 로버트는 내 기대를 만족시키지 못할까 봐 그리고 내가 자신을 싫어할지도 모른다면서 두려워했다. 이제까지 경험하지 못했던 취약함 그리고 애착에 대한 간청이 거절을 불러오거나 혹은 더 악화될 것이라는 걱정에 다가갈 수 있는 첫 번째 기회였다. 실제로, 친밀함에 대한 바람은 성찰기능이 정지되는 신호였다. 그러한 억제로 인해 나는 파괴적 힘으로 변했고, 무기력하고 두려움에 떠는 아이로 자신을 변화시키는 비성찰적인 각본을 활성화하였다.

여러 회기에 걸쳐 나는 로버트에게 그에 대한 나의 생각에 관한 그의 걱정이 그를 평범한 아이로 보는 사람으로 나를 생각할 수 있는 능력을 정지시키는 것 같다고 지적했다. 그는 그의 체중에 큰 관심을 보이면서 이러한 개입에 반응했다. 그는 체중 감소를 도울 수 있는 방법을 생각해 냈다. 로버트는 매주 첫 회기에 4파운드를 감소하는 목표를 성취했는지를 나에게 보고하는 것이다. 만약 그가 그 목표를 성취했다면, 나는 성공을 칭찬하고 계속할 것을 격려할 것이다. 중요한 것은 일반적으로 치료자가 예민하게 지각하는, 우리가 따라야 하는 각본에 대해서는 어떤 종류의 질문도 하지 않아야 한다. 무의식적 각본에서 그는 나를 잔인하고, 냉정하게 거절하며, 그의 계획을 확인하는 사람으로 경험했다. 나는 그에 대해 아랑곳하지 않는다. 그의 각본에서 나는 그가 비만을 정복하고 소녀들에게 매력적이 되게 하는 힘을 가지고 있었다. 하지만 나는 냉정하게 그가 과체중이 되도록 만드는 사람이다. 그는 먹는 것에 완전하게 통제력을 상실한 기분을 느낀다. 특히, 그를 통제하는 나의 무능력함이 드러나는 회기로, 게걸스럽게 배고픈 기분을 느끼게 하고 나서 감자 스낵과 도넛을 사도록 부추기는 시간 이후에 더욱 그러하다.

그래서 나는 그의 신체와 소녀들에게 매력적으로 보이려는 행동에 대한 통제를 내가 가지고 있다고 느끼는 것이 얼마나 좌절스럽고 두려운 것인지에 대해 언급하였다. 그도 그럴 것이, 그는 내가 실제로는 그를 멈추게 할 능력이 없다는 것을 보여 주고 싶어 했다. 심지어 그가 느꼈던 것을 스스로에게 행동으로 옮기면서 상처를 주었다. 스스로를 다치게 하는 것은 그에게는 적어도 어떤 통제감을 주었다. 그리고 내가 그를 돌보지 않은 점에 대해 불평을 드러내기 시작했다.

내가 얼마나 많은 힘을 가지고 있는지에 대해 우리가 길게 이야기하면서, 사실 내가 그에 의해 엄격하게 쓰여진 각본을 따르는 한에서는 그가 체중을 줄이는 것을 도울 수 있다고 지적했다. 또한, 나를 통제 불능한 인간이라고 보는 것이 그에 대한 생각과 반응을 갖고 있는 사람으로 나를 보는 것보다 더 편안할 것이라고 설명했다. 이 설명에 대해 로버트는 어린 시절에 그가 가장 좋아했던 놀이에 대한 기억을 떠올렸다. 무엇보다 그는 혼자 노는 것을 좋아했다. 그는 그의 모든 명령에 맹목적으로 따르는 어마어마한 병사의 군대를 배열했다. 자기 마음대로 병사들을 움직이게 하는 인형 조종자처럼 자신을 생각했다. 그는 상상하는 것을 좋아해서 영화같은 삶을 만들어 낼 수 있었기 때문에 영화에 더 매력을 느꼈다. 그러나 현실의 삶에서 사람들은 그의 이러한 사랑스러운 각본에 응해 주지 않았다.

우리가 여러 주에 걸쳐 이 문제에 대해 점검했을 때, 그는 우리가 체중 감소 계획을 시행할 것을 요청했다. 8주 후에 우리는 4파운드 체중 감량이라는 목표를 이뤘다는 것에 자부심을 표현하면서 치료를 시작했다. 이 의식(ritual)은 그의 힘과 통제를 표현하려는 그의 노력을 안전하게 탐색하지만 나의 도움과 조절을 받아들이는 상호작용적인 공간을 제공했다. 우리가 그렇게 하면서 그는 자발적으로 어머니와의 사이에서 아이로서 어떻게 통제감을 잃었는지에 대해 이야기하기 시작했다. 계속해서 자신의 결혼에 대해 절망했던 어머니는 로버트가 5세경부터 그에게 동료애와 위안을 바랐다. 로버트는 침대에서 반나체로 반쯤 취해 있던 엄마를 기억했다. 그녀가 나가떨어질 때까지 그녀를 이해하는 로버트를 칭찬하고, 아버지의 무심함에 대해 통렬히 비판하면서 그와 함께 침대에 누워 있었다. 그러한 접촉은 로버트에게 혼란스러운 느낌을 갖게 했다. 성적인 흥분, 어머니에게 위안을 주고 아버지를 '이길 수' 있는 자신의 힘에 대한 자부심, 어머니가 그를 휘저을 때 느끼는 각성과 혼란에 대한 화, 그녀를 깨우지 않으면 죽을지도 모른다는 두려움, 아버지의 보복에 대한 두려움, 성적인 쾌감 그리고 어머니의 삶에서 중요한 역할을 한 것에 대한 죄책감, 자신의 성적 각성에 대한 당혹스러움과 통제력을 잃을지도 모른다는 느낌이다. 아버지는 로버트를 가치 있는 경쟁자라기보다는 그를 무시하면서 상처에 모욕을 더했다. 신체나 유능함에 대한 비하와 뒤섞인 무관심으로 로버트는 굴욕감, 화, 혼란스러움을 느꼈고, 그를 안내하고 보호하는 누군가를 강렬하게 갈망했다. 이러한 상황에 대한 그의 '해결'은 비밀스러운 그의 전능감으로부터 나온 자기파괴와 자기양육의 패턴이었다. 그는 고안한 각본에 따르도록 누군가를 패배시키고 강요하는 힘을 발휘했다. 부모 중 누군가의 앞에서 자신의 남성성을 건강하게 주장하거나 소녀들에게 매력적이 되는 것을 감히 하지 못했다. 하지만 그는 확실하게 그의 뚱뚱한 몸, 통제를 잃고 먹는 것 그리고 불쾌한 자기파괴적인 행동을 반항적으로 보이곤 했다.

로버트가 양자 관계에서 성찰기능을 얻도록 돕는 노력은 제삼자의 관점으로부터(예, 아버지) 다른 존재를 향한(예, 어머니를 향한) 느낌, 사고, 의도에 대한 의미를 고려하도록 길을 열었다. 이러한 능력을 통해 로버트는 자기자각, 자신과 타인의 정신 기능에 대한 자각 그리고 더 복잡하게 성찰적-상징적 형태로 자기와 타인을 표상하는 능력에서 근본적인 변화를 보였다. 그러한 변화는 치료가 억제되고 있는 경험을 처리하는 방식(성찰기능)을 촉진하는 것에서 더 나아가 특정 정신 상태를 처리해 온 방어기제(예, 억압, 부정, 반동형성)를 검토하는 것으로 변화할 수 있다는 것을 뜻한다.

예를 들어, 로버트의 비만은 로버트가 아버지와의 성적인 경쟁으로부터 퇴각하고 있다는 것을 아버지에게 상징적으로 알리는 방식이다. 그의 아버지를 짜증나게 한 그리고 아버지가 통제할 수 없는 그의 뚱뚱한 몸은 또한 아버지에 대한 반항심을 나타내는 것이다. 즉, 안전하게 반항심을 표시할 수 있는 그의 거대한 페니스, 심지어 더 깊은 방어 수준에서 로버트는 또한 아버지를 갈망했다. 그를 통제하고, 위로하고, 그에게 힘, 권력, 현실 감각을 주는 아버지, '자제력을 잃은' 그의 행동은 아버지가 그를 조절하고 달래고 편안하게 해 달라는 지속적인 도전과 초대였다. 마치 그가 나에게 체중 감소 계획에 대해 통제하도록 요청했던 것과 같다.

요약하면, 촉진하는 개입은 치료자가 다음과 같은 방식으로 적응하고, 경험하고 그리고 관계하는 부적응적인 패턴 뒤에 동기를 탐색하도록 돕는다.

1. 변화와 관련된 공포 그리고 변화하지 않으면서 얻어지는 이점을 이해한다. 그리고 환상 속에서의 통제를 진정한 통제와 진정한 애착을 성취하려는 노력으로 대체하는 '치료적 계약'을 따르는 데 필요한 용기를 이해한다.

2. 청소년이 대처하고, 관계하고, 경험하는 부적응적인 패턴에 의존하는 것에 따른 대가를 허심탄회하게 인정하도록 한다. 그러한 이해는 부적응적 대처의 근원에 있는 핵심 신념과 경험을 더욱 체계적으로 탐색하도록 문을 열어 준다. 다시 말해, 이러한 탐색은 성찰기능을 촉진하려고 고안된 개입으로부터 성찰적으로 처리된 정신 상태에 가해지는 방어적 책략을 탐색하는 것으로 변화하게 한다.

🐌 가족치료: 양육자의 유능함과 민감성을 증진시키기

성찰능력에서 변화 그리고 완고하게 유지되어 온 대처와 관계패턴을 포기하려는 의지를 지속할 수 있는 것은 대인관계 맥락에서의 변화와 함께 일어나지 않는다면 어렵다. 개인 치료와 가족 치료의 연결 없이 치료자에 의해 제공된 '치료적 계약'은 거의 흥미를 끌기가 어렵다.

이러한 개입은 위험한 신호에 맞서 아동의 성찰능력을 지지하고 촉진하는 양육자의 능력과 함께 시작된다. 양육자와 아동이 일으키는 정서적·행동적 혼란에 의해 뒤흔들리는 느낌이 아닌 더 유능하고, 더 통제감을 느끼도록 돕는 도움을 양육자가 받아들이는 것이다. 7장에서 기술되었듯이, 양육자와의 첫 번째 작업은 그들이 한계 설정에 더 효과적이고 일관적이도록, 세대 간 경계를 더 잘 유지하도록, 가족과 아동의 부적응을 영속화시키는 데 그들이 기여한 역할로부터 아동을 해방시키도록 조력하는 것이다. 아동의 역할로는 한 양육자가 다른 양육자(배우자)를 향해 갖고 있는 적개심의 방향을 자신에게 돌리는 것, 양육자의 관계를 붙잡아 주는 것 혹은 양육자 자신의 외상적 기억에서 고통, 취약함, 무기력을 해결하면서 부모의 자존감을 유지시키는 것을 포함한다.

양육자가 부모로서 효율적이 되도록 돕는 많은 구조화된 접근이 실제로 아동과 청소년의 파괴적 그리고 자기파괴적 행동을 변화시킨다는 강력한 경험적 증거가 있다. 그러나 포나기(Ponagy, 2000b)가 품행장애의 치료에 대한 검토에서 지적했듯이, 부모훈련 프로그램의 가장 강력한 효과는 다음과 같은 조건이 있을 때 얻어질 수 있다. 가족에서 아동의 나이가 어릴수록, 공병이 적을수록, 아동의 품행장애가 덜 심각할수록, 사회경제적 어려움이 적을수록, 함께 거주하는 부모 그리고 부부의 불화가 적을수록, 가족에 대한 높은 사회적 지지가 많을수록 그리고 부모의 반사회적 성격의 역사가 없을수록 그러하다.

이러한 결과는 확실하게 치료 접근에서 '부(富)는 더 큰 부를 가져온다.'는 견해를 지지하게 된다. 비록 부모교육의 효과성에 대한 문헌의 결과가 이러한 많은 가족(특히, 매우 적은 자원과 커다란 어려움을 가진 역기능적인 가족)을 위협하고 있다고 해도, 구조화된 부모교육에 대한 요구는 압도적이다. 이러한 요구는 회기에 참여하는 것 외에 교육자료를 보는 것, 체계적으로 아동의 행동을 관찰하는 것, 강화체계를 수행하는 것 그리고 치료자와 전화로 접촉하는 것 등을 포함한다. 놀랄 것 없이 많은 수의 가족이 조기에 치료를 그만둔다.

확실한 것은 치료자가 우선 협력적인 관계를 형성한다면 치료 중단은 감소될 수 있다는 것이다. 그러한 협력은 치료자와 양육자가 함께 치료의 모든 측면을 양육자가 이해했는지 평가하면서 양육자의 편안함을 유지시키는 것이다. 또한, 양육자의 통제감을 훼손하거나 그가 치료의 어떤 부분을 이해하지 못하는 것이 아동·청소년의 치료에서 변화에 득이 되지 않는다는 치료자의 일관적인 태도가 유지될 때 촉진될 수 있다.

구조화된 부모교육은 양육자가 그들의 양육 능력을 높이도록 돕는 치료와 통합될 수 있다. 경험적 자료를 통해 효과성이 지지된 접근 중에 몇몇을 언급하면 다음과 같다.

- '순응하지 않는 아이 돕기'(Forehand & Long, 1988; Forehand et al., 1979; Long, Forehand, Wierson, & Morgan, 1994)는 일방경 뒤에서 피드백을 제공하는 치료자와 함께 교육, 역할극 시범 그리고 기술 실습을 포함한다. 구조화된 실습은 임상적 환경을 넘어서 일상에서 적용되도록 설계되었다. 이 프로그램의 초기단계는 사회적으로 적절한 아동의 행동에 양육자의 집중을 높이고, 유관체계로 사회적 관심을 사용하면서 아동의 순응성을 높이는 방법을 양육자에게 교육함으로써 억압적인 상호작용 고리를 단절한다. 두 번째 단계에서 양육자는 지시와 한계를 어떻게 주고받으며 관찰할 것인지 그리고 불순응에 대한 결과로 타임아웃을 어떻게

사용할 것인지를 배운다.

- 비디오 모델링에 대한 집단 논의(Webster-Stratton, 1996). 이것은 9∼10주 프로그램이며, 아동과 '적절하게' 혹은 '적절하지 않게' 상호작용하는 부모의 사례를 담은 비디오 테이프를 부모 집단에 제시하는 것이다. 각 사례를 제시한 후, 치료자가 관련 상호작용을 지적하고 부모로부터 의견을 구하면서 논의를 이끌어 간다. 부모는 다른 비폭력적인 훈육 그리고 문제해결 기법뿐만 아니라 놀아 주는 방법과 한계 설정을 위해 강화를 사용하는 것을 배운다.

- 오레건 사회학습센터 프로그램(Patterson & Chamberlin, 1988; Patterson & Forgatch, 1995; Patterson, Reid, Jones, & Conger, 1975). 이것은 넓은 연령 범위의 아동을 목표로 한다(앞서 기술한 프로그램은 3∼8세이지만 본 프로그램은 3∼12세이다.). 프로그램의 초기단계 동안, 부모는 2∼3가지의 비순응적인 공격 행동을 확인하고 추적하는 것을 배운다. 그들은 바람직한 행동을 높이기 위해서는 점수, 대우, 특권, 칭찬 그리고 관심과 같은 긍정적 강화를 제시하고, 공격성과 불순응을 낮추기 위해서는 타임아웃, 반응에 대한 대가(특권 상실) 그리고 약한 처벌(집안일)을 사용하는 것을 배운다. 또한, 프로그램은 결혼 갈등, 가족 위기 그리고 양육자의 개인적인 적응 문제를 다루기 위한 문제해결과 타협 기술을 가르친다.

- 부모-아이 상호작용 치료(Eyberg, Boggs, & Algina, 1995). 이것은 아동과 따뜻하고 반응적인 관계를 만들기 위해 부모를 교육하도록 구성되어 있다. 첫 번째 단계에서 부모는 놀이 치료자가 사용하는 것과 유사한 비지시적인 놀이 기술을 배운다. 두 번째 단계에서 양육자는 분명한, 연령에 적합한 지시를 아이에게 주는 것, 순응에 대해 칭찬하는 것 그리고 비순응에 대해 타임아웃을 적용하는 것을 배운다. 치료자는 일방경 뒤에서 상호작용을 관찰하고 이어폰을 통해 현장에서 가르친다.

- 오레건 모델의 수정(Bank, Marlowe, Reid, Ratterson, & Weinrott, 1991). 품행문제를 보이는 청소년에게 적용하기 위해 오레건 모델을 지속적으로

수정하여 왔다. 수정사항은 비행의 위험을 높이는 행동을 표적으로 삼기, 부모가 할 수 있는 관찰을 증가하기, 강력한 과정으로 타임아웃을 대체하기(예, 자유 시간을 제한하거나 혹은 훔친 물건을 배상하도록 함)가 있다. 부모는 청소년 관련 당국에 아동의 반항적인 행동을 보고해야 하며, 법정에서 보호자로 행동한다. 청소년은 행동 협약을 설정하는 데 참여한다.

문헌에 기술된 많은 부가적인 접근은 부모교육의 효과성을 개선하려고 시도했다. 이러한 접근은 양육자의 부부 문제에 대해 지원(Griest et al., 1982) 그리고 양육자를 위한 사회적 문제해결 기술 훈련(Webster-Stratton, 1996)을 포함한다. 대부분의 부모훈련 프로그램에 의해 설명되지 않고 남겨진 중요한 문제는 양육 스타일과 방법에 있어 나타나는 문화적 특수성이다. 예외적으로 스트레이혼과 위드먼(Strayhorn & Weidman, 1989)의 연구가 있는데, 이들은 문화적으로 많은 스트레스를 보이는 낮은 경제적 수준(대부분 아프리카계 미국인)의 부모를 위해 문화적으로 민감하게 구성된 부모교육을 제공하는 시도를 기술했다. 이 연구에서 치료는 지역사회에서 모집된 아프리카계 미국인 준전문가에 의해 실시되었다.

아동과 청소년의 역기능에 관여하는 문화적-생태학적 결정요인에 대한 더 포괄적인 이해는 다중체계치료(Multi-Systemic Therapy: MST)에 담겨 있다(Hawkins et al., 1992; Henggeler et al., 1999; Offord et al., 1992). 이 구조화된 접근은 심각한 청소년 범죄자를 위한 가장 전망 있는 개입으로 부상하고 있다. 이 프로그램은 본 저서에서 강조하고 있는 유연한, 포괄적인, 통합된 그리고 개인화된 접근과 일괄적인 방식으로 다양한 개입을 활용하면서 단순한 부모교육을 넘어서고 있다.

MST는 사례관리뿐만 아니라 체계적 그리고 구조적 가족치료(예, 참여하기, 재구성하기, 구체적 과제를 부여하기), 인지행동치료, 부모훈련, 부부치료, 지지치료 그리고 사회기술 훈련으로부터 기법을 활용한다. 외부 기관에서 그

가족의 지지자로서 역할을 하는 치료자는 하루 24시간, 주 7일 동안 가용적이다. 청소년보다는 가족이 치료의 초점이며, 회기는 가족의 집이나 지역사회 환경에서 이루어진다.

MST의 중요한 목표는 가족 안과 밖에서 일어나는 적응적인 도전에 청소년이 대처하도록 도움을 주면서 품행문제를 보이는 청소년을 양육하는 부담감을 대처하기 위해 필요한 기술과 자원을 제공함으로써 부모에게 힘을 실어 주는 것이다. 치료는 청소년과 가족에게 영향을 주는 다양한 접근의 강점을 확인하고, 동원하는 것이며 모든 가족 구성원에게 책임 있는 행동을 촉진하는 것이다.

MST는 다양한 치료접근에서 많은 기법을 활용하였으며, 강점으로는 체계들 사이의 상호관계에 초점을 둔 점 그리고 개입에 대한 분명한 정의를 한 것이다. 이러한 개입은 치료 매뉴얼에 기술되어 있는데, 유연하고 상당히 개별화된 접근을 허용한다.

이러한 구조화된 부모훈련 접근은 중증 성격장애 치료의 효과성을 강력하게 높일 수 있다. 어떤 접근법의 요구(치료자에 대한 MST의 요구)는 매우 강력한데, 치료 프로그램 요소의 유연한 사용이 필요하다.

그러나 양육자가 그들의 양육능력을 증진시키도록 돕는 것이 그렇게 간단한 문제는 아니다. 치료를 받는다는 사실 그리고 도움을 받는다는 사실은 종종 확인된 환자만큼 양육자 그리고 다른 가족 구성원에게도 커다란 위험의 신호가 된다. 그래서 치료자와 협력적인 관계를 형성하려는 아동 · 청소년의 치료 참여는 의식적이지는 않지만, 치료에 참여하는 청소년을 방해하려는 양육자의 움직임으로 이어질 수 있다. 치료적 관여의 단서에 의해 촉발된 비성찰적인 상호작용 패턴은 강압적이며 가장 강한 감정적 부담으로 작용한다. 죄책감, 불안, 수치심과 모호하지만 조소, 추방, 저주, 유기에 대한 압도적인 두려움 그리고 자기와 가족의 파괴를 포함한다.

치료자는 역기능적인 상호작용 패턴이 나타난 역사적 그리고 다세대적인 맥락을 탐색함으로써 성찰적인 자세를 유지하도록 양육자를 도울 수 있다.

여러 달에 걸친 엘리어트의 치료 동안, 부모만 있는 회기에서 이러한 탐색을 통해 그들에게 '어떻게 이해되었는지' 신중하게 판단하였다. 그 이후에야 비로소 여러 세대에 걸쳐 '나약함'이나 취약함을 표현하는 것이 받아들여지지 않아서 가족 내 정서적 지지가 어떻게 직접적으로 요구될 수 없었는지 그 역사를 양육자와 함께 검토하는 것이 가능했다. 또한, 취약성은 무시되고 조롱당해야 했고, 외부인들은 상처를 주고, 수치감을 주고 혹은 학대만 가져온다는 기대를 발전시켰다는 것을 알게 되었다. 양육자 둘 다 더 직접적으로 그들 자신의 관심을 표현하는 방법을 배우는 데 관심을 가졌고, 어떻게 지지를 주고받는지를 배우는 데 관심을 가졌다. 왜냐하면 이러한 능력을 얻는 것이 정체성이라는 '퍼즐 조각'을 맞추어가는 투쟁 속에 있는 엘리어트가 더 직접적으로 자신의 취약성을 표현하도록 돕는 것이기 때문이다. 간접적으로는, 엘리어트를 대신해서 걱정을 표현하는 것을 배우는 것을 통해 부모가 그들 자신의 드러나지 않은 그리고 인식되지 않은 소진 그리고 고갈의 느낌을 드러내도록 도왔다.

양육자의 성찰기능을 촉진시키는 동시에 그들이 다양한 이유로 인해 상당한 부담을 갖고 있다는 것을 인식할 필요가 있다. 많은 경우, 환자 이외에 다른 자녀가 있는 편부모가 많으며 배우자와 고통스러운 투쟁에 있고 그 혹은 그녀의 유기로 깊게 분노해 있다. 다른 경우도 관계 갈등이 극심하며, 그들 자체가 우울증에 걸려 있거나 절망감, 약물남용 그리고/혹은 재정적 어려움으로 삶의 덫에 걸려 있다. 양육자가 가지고 있는 이와 같은 스트레스 요인은 가족 내의 억압적인 고리와 아동·청소년의 성찰기능의 억제로 생긴 증상을 더욱 촉발한다.

그래서 양육자와의 작업에서 중요한 초점은 리들과 호그(Liddle & Hogue, 2000)가 제안한 다음과 같은 부분이다. (1) 이러한 스트레스가 양육능력 그리고 가족 내의 양육환경에 어떤 영향을 주는지 확인하기, (2) 아동이 이러한 문제의 영향으로부터 어떻게 더 잘 보호받을 수 있는지를 확인하기 그리고 (3) 그들 자신 그리고 다른 가족 구성원을 위한 정신과적인 조력을 포함하여 양육자가 지지적인 자원에 접근하도록 돕기이다.

이러한 문제에 초점을 두며 양육자가 다양한 스트레스에 대처하면서 그들이 문제가 있는 청소년을 양육하기 위해 어떤 시도를 하였는지 그 역사를 검토하는 것이 도움이 된다. 이러한 문제로 인해 아동에게 효과적이고 도움이 되는 양육자의 최선의 노력이 어떻게 손상되고 성찰기능(이야기에서의 응집성)이 사라지는지를 지적한다. 양육자는 종종 자발적으로 치료자의 조력을 통해 그들이 원가족에서 받았던 양육의 배경과는 정 반대로 움직인다.

이러한 이야기를 통해 그들의 양육에 기저하는 양육자의 말하지 않은 혹은 완전하게 의식적이지 않은 속성에 대한 상세한 논의를 고려할 수 있다. 즉, 이것은 규칙을 어떻게 설정하고 실시하는지, 행동을 어떻게 관찰하는지, 지지와 안내 그리고 아동의 개별성에 대한 인식을 어떻게 제공하는지에 관련된 양육하기의 실제에 초점을 맞추는 것이다.

양육자와 이러한 논의는 단독으로 이루어진다. 대개 가족이 동기와 기술을 발전시키는 상호작용적인 맥락을 창조하고, 강압적인 고리를 끊고, 애착 안정성을 촉진하고 그리고 성찰적인 방식으로 상호작용하도록 고안된 양육자와 아동과의 회기—그리고 아동만의 회기—이전에 이루어진다. 리들과 호그(Liddle & Hogue, 2000)가 제안했듯이, 양육자와 아동에게 "그들의 애착 유대 그리고 자율성과 연결감 사이에 균형을 평가" 하도록 요구한다(p. 273). 치료자의 중대한 목표는 구체적인 가족 구성원이 각자 그들 스스로가 되는 것 그리고 서로 연결감을 느끼도록 하는 최적인 지점을 발견하는 것이다.

이 목표를 성취하기 위한 주된 접근은 회기 중에 자발적으로 일어나거나 혹은 치료자나 가족에 의해 촉발되는 상호작용을 검토하는 것이다—구체적인 돌봄의 주제들이다. 치료자는 우선 양육자와 아동이 어떻게 상호작용하는지, 그들이 서로의 개별성 그리고 의도성을 어떻게 인식하고 무시하는지 관찰할 필요가 있다. 치료자는 그때 악순환의 고리를 끊고 성찰적 입장을 촉진하려는 시도에서 새로운 형태의 상호작용을 제안한다. 이것이 펼쳐지면서 상호작용의 의미를 설명할 수 있다. 특히, 구체적인 상호작용이 성찰기능의 손실을 촉발할 때를 지적하거나, 논의의 강도를 높이거나 낮추면서 한 사람의 의미를 다른 사람에게 '번역하는' 역할을 수행한다.

종종, 청소년과 양육자는 정서적으로 부과된 혹은 갈등적 주제에 관해 성찰적 상호작용에 참여하기 전에 상당한 개인적인 코칭이 필요하다. 코칭은 "말하는 내용과 스타일에 대해 가족 구성원을—양육자 혹은 아동·청소년—돕고, 다른 참여자에게 잠재적 반응을 준비시키고, 일단 상호작용이 시작되면 계획된 대로 따르도록 하는 작은 계약을 공고히 하는 것을 목표로 수행된다."(Liddle & Hogue, 2000, p. 274).

사전 코칭은 종종 가족 구성원이 다른 사람의 입장을 이해하고 그들 자신의 입장과 동기를 더 분명하게 하도록 하는 데 초점을 맞춘다. 이것은(준비시키는 코칭) 덜 극단적이고, 덜 엄격한 입장을 격려한다. 습관적으로 성찰기능의 상실을 가져왔던 앞선 상호작용을 다루면서 가족 구성원은 그것을 회복하는 방향으로 움직이는 첫 번째 단계를 맞이할 수 있다. 치료자는 성찰적 상호작용이 자발적이든 혹은 계획된 상호작용이든지 간에 일어나는 순간을 지적함으로써 성찰적 상호작용에서 무엇을 느끼는지를 알도록 돕는다.

양육자의 성찰적 자세를 촉진하는 유용한 접근은 한 부모 혹은 부모 둘 다 아동이 지금 직면한 것과 비교할 만한 고통을 느꼈던 그들의 상황을 떠올리고 그러한 고통을 어떻게 처리했는지를 아동에게 드러내도록 격려하는 것이다. 예를 들어, 별거 몇 년 후에 조의 아버지는 아들과 다시 연결되면서 그가 알코올 중독을 어떻게 극복했는지 이야기를 나눴다. 삶을 변화시킨 성공에 대한 이야기를 그와 나누려는 바람을 보일 때, 치료자는 조의 이야기를 아버지와 나누었다. 조가 고통, 아픔, 취약성에 직면하여 남자로 어떻게 성장하였는지를 알지 못하기 때문에 "화가 났을 때 당신은 어떻게 하나요?"라고 용기 있게 치료자에게 물었다는 것을 아버지에게 알려 주었다. 조의 아버지가 성공에 대해서뿐만 아니라 그의 투쟁에 대한 이야기를 나눔으로써 도울 수 있을까? 부모가 자신의 이야기를 하는 것은 아동을 도울 뿐만 아니라 '환자' 역할을 피하는 방식으로 치료자와 협력하는 과정에서 부모가 자신의 취약성과 연결되도록 할 수 있다.

역설적으로, 양육자가 성찰적 자세를 얻도록 그리고 아동뿐만 아니라 그들 자신을 공감하도록 돕는 개입은 그동안 가족의 '평형'을 유지하기 위해 수행한 역할로부터 아동을 '해고시키며' 자유를 주는 것이다. 그래서 엘리어트의 어머니는 아이가 스스로 정한, 하지만 거대하게 강화된 역할로부터 그를 '해방시켰다'. 어머니의 자존감의 조절자, 그녀를 자살로부터 막는 자살 방지자 그리고 그의 비행 행동을 통해 그의 부모가 파경을 맞지 않도록 하는 구원자로서의 역할을 해 왔다. 이러한 문제를 검토하면서 부모는 소년의 전능감을 강화했던 모-아동 연합의 강도를 최소화하면서, 다른 편 부모와 관계를 다시 형성하기 위해 분명한 격려를 서로 제공하도록 했다. 동시에, 엘리어트의 아버지는 처음에는 개방적으로 만나지 못했던 자신의 의존심 그리고 이전에 표현하지 못했던 취약한 느낌을 말할 수 있었다. 참혹했던 미국에서의 이민생활과 유럽에서 그의 가족이 무너졌을 때 느꼈던 무기력감을 아이와 나눌 수 있었다.

물론 아동은 양육자에 의해 제공되는 격려와 확신을 관찰하고, 의심하고, 검증한다. 하지만 가족 상호작용 패턴에서의 변화와 양육자가 성찰적 입장을 유지하는 증가된 능력을 통해 모든 가족 구성원이 이전에는 제한되었던 행동이나 관계의 형태를 실험할 수 있도록 한다. 아동이 가족생활의 내포된 규칙에 대한 충성과 염려에 묶여 있는 것으로부터 자유를 얻으면서 커다란 발달적인 기회를 발견하는 것뿐만 아니라 많은 중요한 문제를 개인치료에 가져오는 것이 또한 '허락'된다.

요약하면, 가족치료에 관여하는 치료자는 다음과 같이 양육자의 유능성과 민감함을 높인다.

1. 아동·청소년의 대인관계 맥락과 개인 심리치료를 함께 연결하기. 양육자가 성찰기능을 얻도록 하는 첫 번째 단계는 부모의 유능감을 강화시키는 것이다. 부모의 유능감을 높이는 여러 구조화된 부모훈련은 취

약한 가족에게 매우 필요함.

2. 치료에서 아동과 자신의 관여에 대해 양육자가 악순환적인 패턴을 동원할 것이라는 것을 예상하고 이해하기

3. 성찰기능의 억제와 관련이 있는 역사적 그리고 다세대 간의 상호작용 패턴을 탐색하고, 이를 통해 성찰적 입장을 보유할 수 있는 양육자의 능력을 촉진시키기

4. 양육자에게 부과되는 스트레스를 이해하고, 이러한 스트레스가 양육환경에 어떻게 영향을 미치는지를 확인하기

5. 양육자에게 영향을 미치는 스트레스의 영향으로부터 아동을 보호하는 방법을 고려하기

6. 양육자가 치료자에게 지지를 구하도록 돕고, 필요하다면 그들 자신을 위한 그리고 다른 가족 구성원을 위해 치료를 받도록 돕기

7. 규율 정하기, 행동 관찰하기, 지지, 조언, 개별성에 대한 인식을 제공하기에 중점을 두는 부모실습에 초점을 맞추기

8. 분명하게 가족의 애착유대 그리고 자율성과 연결감 사이에 균형을 평가하기

9. 구체적인 핵심 주제 주변의 상호작용을 검토하고, 악순환 고리를 중단하고, 성찰기능을 촉진하기 위해 고안된 새로운 형태의 상호작용을 계획하기. 이 상호작용이 일어나기 전에 개인적인 코치가 필요함.

10. 양육자가 자신의 취약함에 대한 이야기를 공유하도록 격려함으로써 성찰능력을 강화하기

11. 청소년이 가족의 역기능에서 하고 있는 특별한 역할로부터 환자를 '해고'시킬 수 있도록 양육자의 공감력을 높이고 청소년이 소원했던 다른 부모와 연결될 수 있도록 하기

🐚 종결을 향해: 애도하고 발달을 재개하기

종결의 조짐은 치료 과정의 안과 밖 둘 다에서 발견된다. 자연적으로, 부적응적인 증상 행동이 지속적으로 완화되는 것이 중요한 신호이다. 아마 가장 중요한 것은 비행을 하지 않으면서 또래관계를 형성하고 그들에 대한 관심을 갖는 것이다. 가족 상호작용과 학교에서 변화 또한 특히 중요하다. 아동이 보호, 위안 그리고 조절의 근원으로서, 동일시의 모델로서 양육자 그리고 비행하지 않는 성인을 사용할 수 있는 능력은 치료 과정의 끝을 알려 준다. 청소년이 현실 문제를 해결하기 위한 도움을 얻기 위해 양육자와 교사에게 다가갈 때, 종결의 시작을 알 수 있다.

치료 과정 내에서 치료자는 종결이 임박했다는 다른 단서를 알게 된다. 치료 중단이나 치료자의 휴가 기간 동안에 일어나는 치료자의 부재를 개방적으로 이해, 받은 도움에 대한 감사의 표현, 치료에서 배운 것을 회기 밖에서 어떻게 그들이 사용하는지 설명 그리고—아마도 가장 민감한 단서인데—놓친 기회에 대한 상실감을 치료에서 보고하는 것이다.

치료의 마지막 단계는 일반적으로 치료가 시작된 지 1~3년 후이며, 병리적 기제를 포기할 아동의 준비 정도를 확인할 기회를 제공한다. 하지만 환자와 부모에게 가능한 종결 날짜를 논의하는 것은 불안을 부채질하게 되고, 환자에게서는 증상이 재활성화되고 부모에게서는 역기능적인 상호작용 패턴이 부활될 수 있다.

거주형 치료에 있는 10세 소녀 질이 공립학교에 다니기 시작했는데, 그 변화는 거주형 치료센터에서 나가는 것이고 바로 치료의 종결이 임박했다는 것을 의미하였다. 종결이 임박해 오자 이 자기애적인 소녀는 치료를 시작하기 전에 보였던 무례함과 조작, 뛰어난 업적에 대한 과장된 이야기 그리고 모든 사람의 관심의 중심에 서려는 요구로 그녀의 반 친구와 멀어지게 되었다. 이렇게 오래된 패턴으로 되돌아가려고 했지만 질은 거주형 치료센터 밖의 세상에서 일어나는 자신의 적응을 무조건 핑크빛으로 묘사하려고 했다. 그녀가 말하기를 친구들이 자신을 좋아하며, 놀이 친구는 열렬히 자신을 환영한다고 했다. 가장 친한 남자 친구도 2~3명이나 있다고 했다.

학교는 그 소녀의 실제적인 투쟁의 모습을 기관으로 알려 왔다. 이러한 불일치에 직면해서 질은 치료자, 거주형 치료에서 다른 스텝들 그리고 부모를 실망시킬지도 모른다는 두려움을 마침내 말할 수 있었다. 그녀의 변화가 완벽하게 치료 그리고 치료진의 지지에 달려 있었던 것은 아닌지 걱정했다. 그리고 그녀가 보호공간 없이 그것을 유지할 수 있는지에 대해 걱정했다. 부모와 내가 완벽하지 못한 성공이라도 정말로 그녀를 인정할 수 있는지 의심을 보였다. 만약 완벽하지 않은 평범한 소녀라면 사랑받을 수 있을까? 많은 추가적인 치료 작업 후에 다른 차원의 퇴행이 일어났는데, 종결에 대한 슬픔과 상실감을 처리하지 못했던 질의 어려움이 드러났다.

종결을 통해 예상되는 치료와 치료자의 상실을 애도하는 것은 종결단계에서 중요한 과제이다. 그들 자신의 결점, 그들의 기대를 만족시키지 못하는 어른들, 그들이 치료에서 성취할 수 없는 모든 것 그리고 치료자의 한계에 대한 실망감을 아이가 훈습할 수 있는 기회를 갖는 것은 역시 중요하다.

분명한 퇴행과 증상의 재발에도 불구하고, 종결 국면은 지도감독이 줄고, 스스로 자신의 행동에 책임감을 부여하고, 커지는 특권의 제공이 필요하다. 이러한 종결의 과정에 위험이 없는 것은 아니다. 다음의 예는 종결 동안 직면할 수 있는 우여곡절의 예를 잘 보여 준다.

아담은 12세 소년인데, 엄마가 그를 반복적으로 버렸기 때문에 주가 양육권을 갖고 있었다. 끊임없는 파괴성과 반항성은 그를 거주형 치료센터에 오게 했다. 치료자와의 놀이에서 아담의 증오의 이유가 나타났다. 놀이에서 치료자는 '이슬람'의 리더이고, 아담의 어머니를 납치했다(그 당시 테헤란 대사관의 인질 사태에서 일어났다.). 아담은 당연히 복수에 불타올랐고, 세계 모든 은행을 털 것이고, 그의 어머니가 풀려날 때까지 사람들을 죽이려고 했다. 치료자는 이 놀이의 주제를 천천히 돌려 유기의 가능성, 어머니에 대한 분노, 그리고 그의 나쁨, 탐욕, 욕구가 어머니를 손상시켰고, 그녀를 멀리 떠나게 만들었다는 생각이 드러낼 때까지 진행하였다.

집단에서 집으로 보내는 것이 현실로 거론되었을 때, 아담은 치료시설에서 달아났다. 그러나 며칠 후에 스스로 다시 돌아왔다. 그는 100마일 이상 여행을 했고, 어머니를 찾았다(아동 보호 서비스의 수사를 교묘히 피했다.). 그가 말하기를 그녀를 발견한 후에 제정신이 아닌 다소 한계가 있는 여성과 화해했다고 한다. 아담은 맨정신으로 그녀의 어머니에게 "당신이 했던 것을 알고 있다."라고 말했다. 그리고 그들 사이에 일어났던 것이 무엇이든지 그는 여전히 그녀를 사랑하고, 그의 삶을 살아갈 것이라고 말했다. 안나 프로이트는 종결의 기준에 대해 다음과 같이 멋지게 표현하였는데, 그 기준은 바로 "아이가 성장과 발달의 경로를 회복하는 경험"이다.

제 10 장
거주형 치료 그리고 서비스의 연속체

개인과 가족 치료의 통합된 접근이 건강한 적응과 안정적 관계를 위한 장기 발달적 목표를 이루는 데 초석이라고 할지라도, 중증 성격장애를 가진 대부분의 아동 · 청소년은 다른 형태의 치료가 필요한 것이 사실이다. 이 개입은 위급한 임상적 필요에 반응하기 위해, 환자와 가족의 고통과 부적응을 강화하는 고리를 단절하기 위해 혹은 아동 · 청소년 문제의 어떤 심각한 측면을 목표로 삼기 위해서 마련된 치료 프로그램이다. 예를 들어, 사회 재활(예, 분노 관리, 피드백 주고받기, 대인관계 갈등 해결하기, 집중 유지하기)은 체계적인 교육, 안내된 또래 상호작용 그리고 사회적 상황을 제공할 수 있는 부분 입원 치료 혹은 거주형 치료에 의해 더 효과적으로 다루어질 수 있다. 변증법적 행동치료와 같은 행동치료 접근은 자기파괴적 그리고 유사 자살행위를 억제하는 데 더 효과적이다. 약물은 특질과 상태의 취약성을 반영하는 성격 차원뿐만 아니라 ADHD 혹은 기분장애와 같은 구체적 증상 혹은 관련된 축 I 장애를 개선할 수 있다. 급성 자살 경향성과 같이 삶을 위협하는 위기는 응급 입원을 위한 지표가 될 수 있다. 마침내, 더 심각한 형태의 성격장애 특히 자기애성 그리고 반사회성 장애는 불길한 예후를 가진 발달적 궤적을 피하기 위해 거주형 치료가 필요할 수도 있다.

문제가 복잡하고 생리적, 심리적 그리고 가족 체계 요인이 그들의 정신병리를 발생시키고 강화시키기 위해 얽혀 있기에 중증 성격장애를 가진 아동을 위한 다양한 치료가 필요하다. 아동·청소년의 문제의 복잡성과 많은 요인의 결합은 다양한 치료에 대한 필요성을 높였지만, 이러한 특성으로 인해 평가연구를 위한 최적의 기준인 무선 통제된 시도(Randomized Controlled Trials: RCTs)를 통한 치료모델의 검증을 어렵게 한다. 객관적으로, 치료 접근의 효과성을 평가하기 위해 RCTs의 우월성은 공격할 수가 없다. RCTs는 의료 서비스의 납부자들과 '증거-기반 의료'에 대한 의료 관리의 조절자들의 요구에 대한 최선의 방안으로 간주된다(Sackett, Rosenberg, Gray, Haynes, & Richardson, 1996). 따라서 증거-기반 의료는 치료 결정을 위한 이상적 근거로 수용되어 왔다. 반면, 증거가 없는 임상적 판단은 더 이상 치료 권유를 위한 적절한 판단으로서 수용되지 않고 있다.

검증된 효과성이라는 렌즈를 통해 의료 관리를 조사하려는 움직임 뒤에는 질적인 관리에는 관심이 없으면서 인상되는 비용을 줄이고자 하는 건강 서비스의 납부자와 구매자의 바람이 존재하는 것 같다. 이러한 자연적인 검토는 가용한 재정적 자원의 균형잡히지 못한 분배를 유도하는 서비스(즉, 입원 환자 서비스)와 환자 집단(즉, 이상치)이 집중적인 대상이 된다. 나중에 논의하겠지만, 중증 성격장애를 가진 아동·청소년 그리고 초기 성인을 두드러진 이상치로 보는데, 지속적인 자살 경향성, 약물남용, 삶을 위협하는 섭식장애 혹은 파괴적 그리고 무모한 행동은 그 결과로서 반복된 그리고/혹은 연장된 입원이 필요하다. 이 집단의 환자 관리를 위해 증가하는 비용에 직면하여 납부자들은 자연스럽게 임상가나 임상 조직에게 더 많은 책임감을 부과한다. 이런 점에서 '증거-기반 효과'를 강조하는 것은 일반적으로 건강관리서비스, 정신건강 그리고 특별히 약물남용 서비스에서 요구하는 엄청난 비용 증가에 따른 이해할 만한 사회적 반응이기도 하다.

1970년과 1980년 사이에 18세 이하의 아동·청소년이 정신과에 입원한 횟수는 두 배 이상이었다(Thompson, Rosenstein, Milazzo-Sayre, & MacAskill, 1986). 1980년과 1986년 사이에 400%나 추가 증가된 청소년의 입원 일수 (Weithorn, 1988)는 만연하는 정신 이상이 미국의 청소년을 습격한 것은 아닌지 의구심을 보이는 냉소로 이어졌다. 그러한 폭발적 증가에 대한 설득력 있는 설명은 다른 곳에 있었다. 1980년대의 10년 동안에는 청소년을 위한 입원 시설이 급증하였는데, 이윤을 추구하는 투자자 소유의 시설이 폭발적으로 증가하였다. 이러한 시설은 마케팅 전략과 병상을 채우려는 의심할 만한, 종종 불법적인 책략까지 사용하였지만 통합적이고 유능한 치료는 이루어지지 못했다. 한 가지 예를 들면, 당시 충격적인 TV 광고로 아이의 무덤 옆에서 흐느끼는 부모를 그렸다. 광고 속 성우는 만약 부모가 단지 아이를 특별한 등록을 마친 병원에 빨리 데리고 갔다면 그러한 비극적인 결과는 피할 수 있었다는 것을 강조했다. 그들의 보험금은 담당 의사에게 제공된 뇌물 그리고 청소년을 특정 입원 시설로 연결해 주는 중개업자에게 주어진 '보너스'로 모두 소진되고 있었다. 폐쇄시설에 있는 아동·청소년의 이야기가 널리 알려지면서 대중의 분노, 납부자의 의심 그리고 이윤 추구 행위를 단속하려고 하는 당국의 의도를 더욱 부채질했다. 잉글랜드와 고프(England & Goff, 1993)가 강조하였듯이, 틀림없이 정당하지 않은 심지어 해로운 입원은 나쁜 상업 홍보 때문이었다.

이윤추구를 향한 기업 정신의 폭발은 관리된 행동건강 서비스의 발전을 자극했던 정신건강과 약물남용의 비용에서 가파른 증가에 기여했다. 하지만 입원 환자 서비스의 지나친 이용은 1970년대, 1980년대에 만연해 있던 보상의 독특한 형태에 뿌리를 갖고 있었다. 당시 일반적으로 입원은 공적 기금과 사적인 지급자 둘 다에 의해서 해결되었다. 그러나 낮 치료, 위기 해결 서비스 그리고 방과 후 혹은 학교 내 프로그램과 같이 입원을 대체할 수 있는 서비스에는 일반적으로 지원되지 않았다. 중간 범위의 서비스가 유용하지 않거나 금액이 지원되지 않았기 때문에 혹은 관리 후 서비스의 부족으로 인해 당시 아동·청소년들은 필요 이상으로 더 오래 입원을 해야 했다. 비싼 서비스의 공급을 늘리려는 잘못된 장려책 그리고 덜 비싼 대안을 발전시키고 이용하는 것을 억제하려는 것은 70, 80년대 동안 건강관리 비용의 놀라운 상승을 유도하는 데 중요한 역할을 했다.

실제로 1980년대에 건강관리의 팽창은 소비자 물가 지수가 상승하는 비율에 2배로 올랐다. 정신건강 그리고 물질남용 치료의 비용은 더 충격적인 속도로 상승했다. 1986년부터 1990년 사이에 미국에서 정신건강과 약물남용에 대한 지출은 50% 가량 증가했다(Iglehart, 1996). 1990년경, 미국인들은 정신과적인 그리고 약물남용 문제를 치료하기 위해 전체 건강관리비 9천억 달러 중 대략 10%인 851억 달러라는 놀라운 금액을 사용하였다(Iglehart, 1996). 이러한 실태로 인해 비용을 통제하려는 압력이 커졌다. 그래서 한편으로는 개인의 건강을 최대화하고 관리의 제공자를 보상해 주려는 가치와 장려책을 가진 건강관리 시스템과 다른 한편으로는 성장하고 나이가 들어가는 집단을 위한 관리에 유용한 자원을 보호하기 위한 가치나 장려책을 가진 납부자 시스템을 자극했다. 사적·공적 영역에서 납부자에게 주어지는 건강관리 비용을 줄임으로써 많은 이득을 얻을 수 있다는 생각은 위험한 투자가나 사업가들을 정신의학적 입원 사업에서 관리 의료 사업으로 이끌었다.

건강관리 비용을 줄이는 기제로서 관리 의료는 굉장한 성공처럼 보인다―비록 1999년부터 2000년까지 두 자리 수치로 건강관리 비용의 팽창이 다시 부활되면서 그러한 비용 감소가 과연 유지될 수 있을 것인지에 대한 의문을 일으켰다고 하더라도 말이다. 그럼에도 불구하고, 많은 사람은 정신과 치료를 위해 유용한 재원이 어떻게 침식되었는지에 대한 이야기를 한다. 건강관리 계획 설계 그리고 비용 추세(1988~1998)에 관한 연구에서(Hay Group, 1999), 헤이즈 자문 집단의 전문가들은 고정 달러에서 고용주가 제공하는 의료보험 보조금의 전체 수치는 1988년과 1998년 사이에 14% 감소하였다고 보고하였다. 중간급 이상으로 규모가 큰 미국 회사에 대해 각 고용인당 건강관리에 대한 평균 보험료와 동등한 통일된 보험금을 사용한 헤이즈 자문 집단은 1988년에 평균 예치금은 각 고용인마다 2,526.49달러였다고 보고하였다. 이 금액에서 154.48(6.1%)달러는 행동적 혹은 약물남용 치료를 위해 사용되었다. 1998년경, 보험금은 2,168.55달러로, 14.2%가 내려갔다. 그러나 같은 기간 동안, 행동건강 그리고 물질남용 관리에 대한 비용은 69.87(전체의 3.2%)달러로 54% 감소하였다. 물론 이 수치는 치료를 위한 자금의 손실을 더 적게 추산한 것이다. 왜냐하면 마켓팅과 일반 관리비를 처리하기 위해 사용된 비용뿐만 아니라 이윤으로 관리된 행동건강 관리 조직에 의해 얻어진 자금을 고려하지 못했기 때문이다.

이러한 감소의 결과로, 대부분의 기업은 극적으로 그들의 정신건강 비용 절감을 보았다. 바타글리올라(Battagliola, 1994)는 관리된 행동건강 서비스의 도입으로 IBM의 정신건강 비용을 1992년에 9,740만 달러에서 1993년에는 5,920만 달러로 줄였다고 보고했다. 이러한 감소의 대부분은 입원 환자 서비스 접근을 제한시키면서, 입원 기간의 한계를 지으면서 그리고 입원을 대체하는 서비스에 지불하는 보험금을 융통적으로 운영하면서 이루어졌다. 1987년과 1994년 사이에 제록스 회사 근로자 사이에 각 1,000명의 고용인의 입원 허가는 9.7명에서 6.1명으로 줄었다. 각 1,000명의 고용인의 입원일이 327일으로부터 61일로 줄었다. 정신과 입원 삽화별로 머문 기간은 33.7일에서 9.9일로 떨어졌다. 정신과적 삽화당 그리고 약물남용 서비스 치료에서 평균 비용은 337달러에서 214달러로 줄었다(Iglehart, 1996).

이러한 재정의 감소에 맞춰 입원 기간, 전체 입원 일수 그리고 입원일에 대한 보상액이 제록스에서는 모두 곤두박질쳤다. 그리고 어디에서든 관리된 행동건강 서비스는 비용 감소를 위해 입원 환자 서비스를 표적으로 삼았다. 관리 의료 조직은 입원 일수를 감소시키는 데 성공했을 뿐만 아니라, 일일 비용 그리고 모든 형태의 서비스를 위한 보상에서 대폭 할인을 협상하기 위해 수많은 생명의 관리자로서 영향력을 행사하게 되었다.

정신과적 그리고 약물남용 서비스를 위한 공적 기금은 사적 영역의 방식을 따랐다. 군인 지원 민간 보건 및 의료 프로그램(Civilian Health and Medical Program of the Uniformed Services: CHAMPUS)으로 관리된 군인들의 (약물)

의존 치료는 관리된 행동건강 서비스 회사(managed behavioral health care company)의 통제 하에 있었다. 1995년의 균형 있는 예산사업은 국민건강보험 보상에 의존해 있는 병원, 특히 대학병원들에 심각한 영향을 미쳤다. 공적 정책의 변화는 보상 감소 그 이상으로 넘어갔다. 국민건강보험의 미래 지불 불능에 대한 우려 그리고 부패한 공급자들에 의해 만연되어 있는 남용에 대한 인식은 건강보험 재정관리국(Health Care Financing Administration: HCFA) 그리고 건강관리 공급자들 사이에 사기 행위를 확인하고 고소하기 위해 마련된 일반 감찰관실(Office of the Inspector General)을 설립하게 했다. 이 기관들이 보여 준 열정과 공격성은 공급자들이 국민건강보험의 복잡한 규칙과 충돌하는 것을 피하기 위해 값비싼 그리고 시간만 버리는 준수 조건에 관여하도록 촉진시켰다.

정신과 치료를 이끌어 가는 '유능함의 핵심'이 수익 손실이라는 맹공격과 계속되는 조절 압력의 결합으로 인해 힘겨운 타격을 입었다. 국가적으로 인정된 치료 기관 중 하나는 1989년에 33일의 평균 입원 기간이 1994년 9일로 변화했음을 보고했다. 이 기관에서 예산 점유율은 1989년에 92%에서 1994년에는 55%로 감소되었다(Sharfstein & Kent, 1997). 메닝거 클리닉에서 입원 기간, 전체 입원 일수 그리고 점유율에서의 감소는 매우 중요하다. 중증 성격장애를 가진 환자들의 치료에 특화된 메닝거에서 확장된 하나의 돌봄 기관은 1984년 134일의 입원 기간에서 1999년 21일로 감소를 보였다. 비록 1984년 564명으로부터 1999년에는 2,238명으로 입원에서 증가를 보이고 있지만, 체류 기간에서 감소의 최종적인 결론은 1984년에 75,081일에서 1999년에 45,597일로 전체 입원 기간의 감소였다. 일별 보상액 또한 40~50% 감소되었다.

기금 감소는 전통적으로 중증 성격장애를 가진 환자들에게 특화되었던 병원에 커다란 타격을 입혔다. 하지만 관리의료라는 도전에 성공적으로 반응할 수 있는 조직들은 밝은 희망을 보기도 했다. 비록 비용 절감에 대한 압력이 약해지지 않았다고 해도, 관리의 양과 수준에서 커다란 감소에 대해 공적 저항이 커지고, 정신건강 서비스와 의학적 서비스 사이에 공평함의 부족에 대한 정부와 조절자들의 우려 그리고 환자의 요구, 특히 이상치들의 요구를 무시하면서 비용 절감을 요구하는 관리의료에 대한 우려도 늘어났다. 비용 절감의 초점은 재정 자원의 불균형적 분배를 소모하는 사람들을 만족시키기 보다는 이들을 피하는 데 관심을 집중시켰기 때문이다.

이러한 힘의 수렴의 결과로서, 관리의료에서 진화가 일어나기 시작했다. 변화된 관리의료 조직은 그들의 강조점을 입원 환자의 서비스의 이용을 제한하는 것에서 벗어나 서비스를 적절한 수준으로 개선하면서 중증 성격장애를 가지고 있는 환자를 포함하여 복잡한 문제를 가진 환자를 위한 서비스의 전체 연속체의 발전을 촉진시켰다(Sharfstein & Kent, 1997).

이러한 발전에서 다음 단계의 과제는 부족한 재정 자원을 보존해야 하는 경제적 절박함과 복잡한 문제를 가진 사람들뿐만 아니라 모두를 위한 고품질의 돌봄에 대한 사회적 임상적 기대 사이에 갈등을 해결하는 것이다. 핵심은 오로지 비용만을 절감하는 것에서 벗어나 임상적 효과성이라는 엄격한 증거와 양립할 수 있는 돌봄을 가장 낮은 비용으로 전달하는 것을 탐색하는 것이다.

서비스의 전체 연속체의 도입은 자연적 형태에서 효과를 포착하도록 고안된 돌봄 체계의 탄생을 가능하게 했다(Fonagy, 1999a). 엄격한 효과 측정, 돌봄의 질에 대한 주의 깊은 관찰 그리고 치료와 서비스 전달에 있어 새로운 방법의 도입을 관찰하는 실험적 전략은 자연적 접근의 내적 타당성을 개선할 수 있었다. 서비스 전달에서 다양성이 자연적으로 일어나는 것과 함께 엄격하게 효과를 측정하는 것은 돌봄의 효과적 그리고 비효과적 요소에 대한 가설을 확인할 수 있다. 개인 환자의 강점과 약점을 전체적으로 평가하고, 중증 성격장애를 가진 아동과 같은 구체적인 환자 집단을 기술하기 위한 표준화된 검사 도구들(Clifford 1999; Graham, 1999)은 어떤 임상가에 의해 수행되더라도, 구체적 비용으로, 구체적 문제를 가진, 구체적 환자에게, 구체적 결과를 효과적으로 산출할 수 있는 상황을 만들어 낼 수 있다(Barrnett et al., 1991).

이 장에서 나는 이러한 다양한 접근의 지표와 서비스의 연속체의 한 부분으로 중증 성격장애를 가진 아동·청소년을 위한 입원 치료와 거주형 치료의 요소와 전략을 검토할 것이다.

거주형 치료에 대한 필요

중증 성격장애를 가지고 있는 많은 청소년은 입원 치료의 수용 기준을 일반적으로 충족시킨다. 약물남용, 자살시도, 삶을 위협하고 통제를 상실한 섭식문제, 가출 행위 그리고 다른 유발적, 파괴적, 자기손상적인 행동을 포함하는 증상이 외래 환자를 위한 개입으로는 통제되지 않는다. 그들의 문제가 너무 복잡하고, 다차원적이고, 변동이 심해서 통제된 환경에서 집중적인 진단평가가 필요하다. 그들의 공격성, 착취 그리고 조종은 부담이 되고, 환경으로부터 파괴적인 반응을 유발한다. 입원은 교사나 양육자에게 정말 필요한 휴식을 제공하기 위해 이루어질 수도 있다(Strauss, Chassin, & Lock, 1995).

그러나 아동과 청소년의 입원 치료는 제3의 지급자로부터 심한 공격을 받았다. 앞서 기술되었듯이, 타당성 평가자는 일반적으로 입원의 필요에 대해 의문을 제기하였으며, 24시간 내에 위협적인 혹은 시도된 자살과 같이 자기 그리고/혹은 타인에 대한 급성적인 그리고 즉각적인 위험이 확인되는 경우를 제외하고는 퇴원을 시키려고 한다.

더 길게 입원이 필요하다고 주장하는 임상가는 강한, 종종 적대적인 조사를 받아야 하며 전화나 기록 검토는 입원 환경에서 일하는 사람을 압박한다. 설상가상으로, 일체를 포함하는 금액의 인하는 임상가들에게 그들의 노력을 보상하는 유용한 재정적 자원을 감소시켰다.

아동과 청소년을 위한 입원 환자 시설은 자금 감소와 높아진 규제의 영향에 특히 취약하다. 이들의 정신과적 입원은 항상 논쟁이 되어 왔다. 입원 비용, 특히 연장되는 입원은 더욱 어렵다. 아동과 청소년의 정신과 입원 치료를 타당화하는 연구는 실제적으로 존재하지 않는 형편이다. 재제를 외치는 입장에서 나온 경험적으로 타당화된 연구들은 아동과 청소년을 위한 정신 역동적-발달적으로 지향된 입원이나 거주형 치료에 헌신하는, 주목하지 않을 수 없는 그리고 포괄적 문헌들(Bettelheim & Sylvester, 1948; Noshpitz, 1962, 1975; Rinsley, 1980a, 1980b)과는 크게 대조적인 입장이다. 결과적으로, 정신 역동적-발달적 입장에 따라 조직된 프로그램은 특히 관리 의료 서비스의 도전에 의해 지속적으로 검증되어 왔다.

이러한 정신역동적-발달적 프로그램의 경험을 반영하는 문헌들은 중증 성격장애를 가진 아동의 이해, 평가 그리고 치료에 개념적 기초를 제공했다. 이 문헌에서 가장 기본적인 가정은 중증 성격장애를 가지고 있고, 정신증적 정신병리를 가지고 있는 청소년은 역기능적인 가족 시스템에서 형성된 근원적인 원인으로 인해 복잡한 문제를 갖게 된다는 것이다. 이러한 정신병리의 기저에는 심각한 정신과적인 혼란이 심리적 원인에서 설명되어야 한다는 기본 가정이 있다. 과거 경험의 표상, 그것의 해석과 의미, 무의식과 의식 모두가 환경에 대한 반응이며 환경에 적응하는 그들의 능력(무능력)을 결정한다고 믿었다. 심리적 원인에 대한 이러한 강조는 생물학적인 혹은 가족 상호작용과 같은 또 다른 개입에는 관심을 두지 않는다는 의미가 아니다. 그럼에도 불구하고, 아동의 입원 거주형 치료에 대한 정신역동적-발달적 접근은 중증 성격장애를 가진 아동의 의식적 그리고 무의식적 신념, 사고, 느낌 그리고 대처, 방어 전략에 대해 지속적으로 발전하는 의미 있는 부분이라고 보았다. 이렇게 발전하는 병리적 조직은 단기, 증상-초점적인 프로그램에 의해 크게 개선될 가능성이 적은 것으로 본다(Rinsley, 1980b).

중증 성격장애를 가진 청소년의 입원 거주형 치료에 관한 정신역동적-발달적 문헌은 동일한 치료모델을 제시하지 않는다. 그럼에도, 그것은 여러 가지 공통점을 강조한다.

1. 청소년 삶의 모든 면이-신경생물학적, 신체적, 교육적, 심리적, 오락

적, 사회적 그리고 가족적—주의 깊게 전체 치료 환경으로 통합되어야
한다고 믿는다.

2. 삶에서 숙달이라는 도전을 촉진시키고 발달 과제의 성취를 촉진시키면
서 더 건강한 그리고 더 적응적인 발달 경로로 아동·청소년을 회복시
키기 위해 고안된 관계 맥락과 개입으로 환경을 정의한다.

3. 환경에서 중요한 요소는 치료팀과의 관계 확립으로 개념화할 수 있다.
치료 팀의 구성원은 다양한 상호 보완적인 역할을 하고, 지지적, 공감
적, 관심 있는, 비착취적인 관계를 제공한다. 치료팀은 안정적인 '붙잡
아 주는 환경'(Winnicott, 1953)을 청소년에게 제공하면서 효과를 추구한
다. 이것은 (a) 고통과 심리적 분열에 대항하여 보호하는, (b) 아동·청
소년이 자신 혹은 타인에게 해를 입히지 않도록 하는 한계-설정 맥락
을 제공하는, (c) 청소년의 내적 경험과 개별성을 존중하고 인정하는 조
율된 환경을 창조하는 그리고 (d) 더 큰 숙달과 적응의 방향으로 아동이
나아가도록 촉진하는 환경(Winnicott, 1965)을 제공한다.

4. 치료는 다음과 같은 과정으로 진행된다. (a) 초기단계에서는 치료동맹
을 만들고, 치료에 참여하기를 거부하는 청소년의 저항을 마주한다.
(b) 중간단계에서는 갈등이 확인되고 환경의 적응적·조절적 기능이
내면화된다. 그리고 (c) 종결단계에서는 치료자와의 예견되어 있는 분
리를 다루고 퇴원을 위한 청소년의 준비를 확인한다.

이러한 주거형 치료모델은 전형적으로 몇 개월로 확장되고 심지어 몇 년
씩 걸리기도 한다. 의미의 해석보다는 비용 감소와 행동 관리에 더 초점을
두고 있는 관리 행동 의료 조직과의 불가피한 충돌은 정신역동적-발달 지
향적인 거주형 센터에 대해 '더 열심히 일하고 빠르게 움직이지만 현상을 유
지하거나 심지어 뒤로 퇴보하는 형태'라는 추락하는 평가를 내렸다(Plakun,
1999, p. 246). 이러한 많은 센터는 관리의료의 도전을 견딜 수 없었다. 어떤
경우에는 그들의 치료 프로그램을 행동적으로 초점을 맞추어 관리의료 요구

에 더 부합하는 것으로 완전하게 변환하면서 적응하였다. 그러나 몇몇 거주형 프로그램은 관리 의료의 변화를 효과적인 서비스 연속체의 발달을 촉진하기 위한 기회로 삼았다.

앞서 논의하였듯이 관리의료는 효과를 강조하고 서비스의 전체 연속선에 따라 의료의 적절한 수준으로 최적의 접근을 촉진하는 시스템으로 발전하는 잠재력을 가지고 있다. 이 연속선에서 입원 환자 서비스는 급성 위기 개입으로 마련되어 있다. 이것은 파괴적 그리고 자기파괴적 행동에 즉각적인 통제를 제공하고, 예측되는 위기를 해결하고, 가족과 지역사회 내에서 지지 자원을 확인하고, 장기적인 사후 치료를 준비한다. 중증 성격장애를 가지고 있는 아동은 자살의 임박한 위험, 가출, 공격 행동 혹은 섭식문제가 통제할 수 없는 정도로 삶을 위협하는 의학적인 응급상황일 때 응급 입원이 필요하다. 이러한 위기는 전형적으로 청소년과 그 가족의 위태로운 애착을 위협함으로써 촉발된다. 그러나 일반적인 입원 환자의 위기 개입은 위기에 기저하는 심리적 혹은 가족의 상호작용 요인을 설명하지 않고, 지역사회에 기반한 프로그램으로 되돌려 보내거나 혹은 필요하다면 그들이 거주형 치료에 의뢰되는 것에 초점을 둔다.

거주형 프로그램은 만약 그들이 여러 가지 근본적인 문제를 다룰 수 있다면, 재정 긴축과 증명된 효과성을 요구하는 환경에서 중요한 역할을 할 수 있다. (1) 통제된 실험실 상황이 아닌 자연적인 형태에서 확인된 효과에 대한 증거를 제공하는 것이다. 즉, 이를 위해 어떤 종류의 중증 성격장애를 가지고 있는 청소년이 외래 환자 개입으로는 충분하지 않고 거주형 돌봄이 필요하다는 입증된 기록이 필요하다. (2) 중증 성격장애를 가진 특별한 청소년에게 거주형 치료에서 어떤 구체적 접근으로 진행이 효과적일 것인지 돌봄의 구성요소를 구체화한다(예, 약학적, 심리치료적, 교육적). (3) 거주형 치료 노력을 유지하고 거주 기간을 줄이기 위해서 서비스의 연속선에서 어떤 구성요소가 필요한지를 확인한다. 그리고 (4) 돌봄, 계획, 관계의 지속성이 서비스의 연속체에서 거주형과 다른 서비스가 어떻게 다르게 진행되는지 기술한다.

다음 단락에서 나는 중증 성격장애를 가진 청소년을 위한 서비스가 연속체로 통합되기 위해 마련된 초점화된 거주형 치료의 모델을 기술할 것이다.

중증 성격장애를 가진 아동·청소년을 위한 거주형 치료모델

거주형 치료의 지표

거주형 치료의 정신역동적-발달지향적 모델은 보상 감소라는 압력과 경쟁적인 과학적·임상적 모델에 의해 도전을 받아 왔다. 효과적인 약물 개입과 정신병리에 대한 정교한 신경생물학적인 이해를 포함하는 신경생물학적 패러다임은 하나의 도전이다. 또 다른 도전은 경험적으로 지지된 심리사회적 치료 개입과 적응과 부적응의 발달 경로에 기저하고 있는 위험요인과 보호요인의 더 분명한 이해를 포함하는 발달적 그리고 심리사회적 접근이다.

그러나 이러한 도전은 더 짧은 거주형 치료라는 새로운 패러다임의 발전을 촉진하는 창의적인 긴장 상태를 가져왔다. 그러한 패러다임을 또 다른 치료로 이해하기보다는 전체 서비스의 연속선 내에서 거주형 돌봄을 통합하는 것이다. 즉, 이러한 패러다임은 정신역동적 전통과 신경생물학적, 발달적 그리고 가족 체계 모델과 접근을 통합하는 것이다(Leichtman & Leichtman, 1996a, 1996b, 1996c).

하지만 거주형 치료의 새로운 모델은 중증 성격장애를 가지고 있는 청소년에게는 덜 제한적인 접근이 효과적이지 않거나 역효과를 낳기 때문에 거주형 돌봄의 형태가 필요하다는 것을 뒷받침하는 증거-기반을 둔 타당화가 필요하다. 그러한 타당화가 필요한 이유는 여기서 제시하는 더 짧은, 더 초점화된 형태가 돌봄의 매 회기마다 많은 비용을 감당해야 하기 때문이다. 동일하게 중요한 점은 바로 아동·청소년과 그의 가족이 갖게 되는 정서적 부담이다. 아이와 가족의 위태로운 평형 상태, 미약한 개인적 연결감 그리고 융통성 없는 대처전략은 따라야만 하는 분리 그리고 치료가 가족에게 새로운 '생태계'를 제시할 거라는 암묵적인 도전에 의해 악화될 수 있다(Liddle & Hogue, 2000). 다음과 같은 사례의 예는 이러한 갈등을 잘 보여 준다.

에디는 경계선 성격장애를 가진 13세 소년이다. 어머니인 D씨가 그를 매닝거 거주 시설로 데리고 왔을 때, 이미 4번의 입원 경력이 있었다. 남편은 에디가 어렸을 때 집을 나갔기 때문에 그녀 혼자 힘으로 에디를 돌봤다.

그녀는 다른 주에 있는 잘 알려진 거주형 프로그램에만 에디에게 필요한 치료가 있다고 말했다. 또한 D씨는 그녀와 아들이 다양한 병원에서 지배당해 왔다고 하면서 이전의 '형편없는' 치료들에 대해 폄하했다. 에디의 치료에 대한 불만족을 이전 치료 상황에서 치료자에게 이야기했을 때, 그녀는 아이가 치료에 참여하는 것에 "저항을 하고 있다."는 말만 들었다. 그러한 '해석'을 들은 후에 그녀는 퇴원을 요구했고, 에디에게 '적합한' 치료를 위해 새로운 치료를 찾았던 것이다.

메닝거에서 D씨는 무턱대고 치료진의 유능함과 민감성을 칭찬했다. 치료진은 그녀와 에디에게 딱 필요한 바로 그 프로그램을 너무 훌륭하게 제공한다고 말했다. 그녀를 면접한 임상가는 유능한 실무 치료진인 만큼, 그 '좋은' 프로그램이란 것은 그녀가 보기에 그녀와 아이에게 적합한 프로그램이라고 보았다. 그래서 주기적으로 아들이 받는 치료에 대한 만족도를 평가하여 만약 그녀가 생각하기에 그들이 원하는 것을 다른 곳에서 더 잘 제공한다고 느낀다면 옮기는 것을 고려하는 것이 필요하다고 평가했다.

메닝거 시설에서 에디가 지낸 한 달 후 당연히 D씨는 치료에 불만이 생겼다. 치료진은 그녀에게 초기 논의를 상기시켰고, 아들을 위한 가장 효과적인 그리고 가장 적합한 치료가 다른 시설의 치료일 수 있다고 알려 줬다. 이 과정은 충분하게 그녀에게 한숨 돌릴 여유와 그녀가 힘을 회복할 기회를 줌으로써 진행되었다. 지금은 그녀와 아들이 혼란스럽거나 위기의 상태가 아니었기에 차분히 그녀가 오랫동안 선호해 온 다른 장소를 결정하고 새로운 도움을 구할 수 있는 순간이었다.

의사의 도움을 받아 '이상적인' 거주 시설로 에디의 이전이 이루어질 예정이었다. 그러나 예정일을 3일 앞두고 D씨는 그녀가 가르쳤던 학교의 교장실에 찾아가서 교장을 죽이겠다고 위협했다. 그녀를 죽이려는 교장의 계획을 알았기에 그에게 주먹을 날리겠다고 했다. 보안요원이 D씨를 정신병원으로 끌어낼 때 다른 시설로 계획된 에디의 이전은 무효가 되었다.

에디와 그의 어머니 사이에 애착은 누군가 달래 주고, 편안하게 해 주고 혹은 도움을 주는 능력에 대한 깊은 불신이 있었던 것 같았다. 이러한 불신감에 대한 확신은 '좋은' 애착(신성시되는, 안전한 낙원)은 영원히 도달할 수 없는 상태로 있다는 D씨의 가정에 의해 더욱 강화되었다. 그녀가 오랫동안 소망해온 바람이 가능해지는 상황에서 누군가가 그녀를 살해할 것이라는 신념은 융통성 없고 비성찰적인 애착의 패턴을 단절한다면, 결국 그녀 자신이 파괴될 뿐만 아니라 그녀의 아들까지도 무너질 수 있다는 신념이 드러난 것이다.

종종 스트레스와 취약성으로 인한 성찰기능의 억제는 상호작용, 대처 그리고 경험에 있어서 강압적인 패턴을 야기한다. 비성찰성은 극단적인 엄격함을 부과하게 된다. 경험하기, 대처하기 그리고 관계하기의 패턴을 변화시키는데 커다란 취약함 그리고 상호작용의 부적응적인 암묵적 규칙을 변화시키고 교정하려는 것을 막으려는 강력한 힘이다. 그래서 이러한 가족에게 분리는 재앙으로 경험된다.

거주형 치료는 재정적으로 비싸고 정서적으로 고통스러울 뿐만 아니라, 또한 아동이 여러 달 동안 거주 프로그램에 있을 때 정상적인 사회적-발달적 기회가 상실된다는 점에서도 손실이 크다. 또한 의존, 퇴행, 시설로 보내지는 것 그리고 아동을 심각하게 혼란된 정신과 환자로 낙인찍는 면에서 강력하다. 이러한 대가를 인정하기에 치료자는 그러한 개입을 추천하기 전에 신중한 손익분석을 따져 봐야 한다.

경험적 결과에 근거한 기준이 없는 상태에서 임상적 문헌은 중증 성격장애를 가진 청소년이 거주형 치료로 배정되어야 하는지를 결정하는 일반적인 지침을 제공한다. 린슬리(Rinsley, 1980a, 1980b)는 다음과 같은 기준을 제공했다. (1) 외래 환자 치료에서 배제될 정도로 청소년의 행동이 너무 파괴적인 경우, (2) 적대적인 상황이 만성적으로 심각하고 혹은 너무 혼란스러워서 거주형 조치가 가족의 긴장감을 완화하는 데 필요한 경우, (3) 아동의 행동이 만성적으로 자신 혹은 타인을 위험에 처하게 하는 경우 혹은 기괴하거나 일반적으로 사회적 통제에 반응하지 못해서 비임상 상황에서 수용될 수 없는 경우 그리고 (4) 수용되지 못하는 것이 대인관계에 손상을 야기하고, 미래의 회복을 위한 노력을 더욱 어렵게 하면서 불가능할 정도까지 점진적으로 심리사회적 퇴보가 나타나는 경우이다. 레이흐트만과 레이흐트만(Leichtman & Leichtman, 1996a, 1996b, 1996c)은 더 단순하게 외래 치료의 적당한 시도에 반응하지 않는 중증 성격장애를 가진 청소년에게 거주형 치료가 적절하다고 주장했다.

궁극적으로, 거주형 치료를 추천하는 임상적 결정은 위험요인과 보호요인 사이에서 균형 있는 평가에 기반을 두고 있다. 강점과 심리사회적 지지는 아동과 가족 둘 다의 약점과 심리사회적 요구와 함께 검토되어야 한다.

7장에서 논의되었듯이, 외래 환자와 거주형 치료 환경 사이에서 치료를 결정하는 데 중요한 요인은 (1) 치료자의 지지를 받으며 치료를 유지할 수 있고, 아동·청소년의 파괴적 그리고 자기파괴적인 행동을 통제할 수 있는 안전하고 일관적인 환경을 제공하는 양육자의 능력 그리고 학대를 포함하여 자신의 파괴적인 행동을 중단할 수 있는 양육자의 능력, (2) 양육자 자신과 청소년을 위한 안전한 환경을 제공하는 데 필요한 재정적 자원을 포함한 필요한 자원과 서비스의 활용 가능성 그리고 (3) 정상적으로 유능한 양육자가 청소년이 자기 그리고/혹은 타인을 위험에 처하게 하는 것을 못하도록 막기 위해 제공할 수 있는 일반적인 수준보다 더 많은 지지, 구조 그리고 통제의 정도이다.

다음과 같은 임상적 고려는 거주형 치료를 위한 공통적인 지표이다.

1. 주의력 결핍/과잉행동장애, 기분장애 그리고 학습장애와 같이 신경정
   신과적 취약성과 스트레스에 해리적, 자기파괴적 반응을 우세하게 보
   이는 외상적 역사 그리고/혹은 현재 학대의 복잡한 결합을 보이는 경계
   선 아동 · 청소년
2. 심각한 중독문제 그리고/혹은 통제를 잃은 섭식문제를 가진 경계선 아
   동 · 청소년
3. 그들의 과대성 혹은 관계를 통제하려는 노력이 도전을 받을 때 혼란스
   러운, 충동적 그리고 파괴적으로 되는 경계선-자기애성 청소년
4. 타락, 불신, 냉정함 그리고 염려와 후회에 대한 결여가 너무 심각해서
   치료 가능성에 대해 회의감을 일으키는 자기애성-반사회성 청소년

이러한 아동들은 그들의 반사회적 동료 그리고 불법적인 약물에 의존을
부추기는 타인으로부터 파괴적이고 기이한 반응을 불러일으킨다. 이들에 대
한 임상적 개입으로는 2~6개월의 거주형 치료가 필요한데, 이 기간 동안 정
신병리가 환경으로부터 파괴적인 반응을 일으키고 다시 그들의 부적응을 강
화하는 해로운 고리를 차단할 수 있다.

거주형 치료 환경의 특성과 요소

전체 치료적 개입으로서 '환경'은 거주형 치료의 기본이다. 거주형 프로
그램의 환경은 고전적으로, 특히 베텔하임 그리고 실베스터(Bettelheim &
Sylvester, 1948), 노쉬피츠(Noshpitz, 1962, 1975) 그리고 린슬리(Rinsley, 1980a,
1980b)에 의해 기술되었다. 이러한 저자들은 포괄적이고 일관적인 치료 프
로그램에서 아동의 모든 삶의 측면의 통합을 환경으로 정의하고 있다. 그들
이 제시하는 이상적인 형태에서 정신치료, 가족치료, 약물개입, 교육 프로그
램, 오락 활동, 특화된 집단 및 개인적인 개입(이어지는 논의를 보라.)이 아동
발달과 기능의 심리적, 인지적, 사회적 그리고 신체적 측면을 포함하는 돌

봄, 타당화, 붙잡아 주기, 지지하기 그리고 담아내기와 통합된다.

이러한 통합은 구별된 역할과 전문적인 영역을 가진 전문가로 이루어진 팀의 협력적인 노력으로 이루어진다. 일반적으로 팀은 아동·청소년 정신과 의사, 심리치료자, 사회 복지사, 특수 교육 교사, 간호사 그리고 아동 돌봄이로 구성된다. 팀의 리더는 진단적 개념화를 정교하게 하고, 치료 계획을 개념화하고, 그것의 실행을 감독한다. 진단적 개념화는 다음을 포함한다.

1. 인지적-지적인 평가(발달적 학습장애의 심리교육적 평가를 포함)
2. 발화 그리고 청취 평가
3. 신체적·신경학적 검사(진단적 도구들, EEG, 기타 필요한 도구)
4. 가족사(정신과적 장애 그리고 약물에 대한 반응과 관련이 있는 유전적 문제를 포함)
5. 교육적 측면에 대한 평가와 학교생활의 역사
6. 물질남용의 역사와 평가(약물남용에 대한 가족사적·개인적 위험요인의 평가. 물질남용을 촉발시키고 혹은 악화시키는 또래와 가족 요인의 평가를 포함)
7. 심리사회적 평가(위험과 보호 요인 그리고 지지와 스트레스 자원을 포함)
8. 발달적 평가(발달적 성취 평가 그리고 발달 과제를 통과하지 못하는 것에 대한 평가를 포함)
9. 가족 평가(애착 유형, 가족 대처전략에 대한 평가 그리고 강압적인 고리를 촉발하는 상호작용 패턴을 평가)
10. 아동의 관계 패턴과 대처기제의 평가(성찰기능의 억제를 촉발하는 구체적 경험을 포함)

이러한 개념화는 구체적인 환경 구조에 관한 치료 계획을 설계하는 데 기초자료로 활용되는데, 다음과 같은 요소들을 포함한다. (1) 환경치료, (2) 심리치료, (3) 약물치료, (4) 집단치료, (5) 학교 그리고 직업 프로그램, (6) 오락 그리고 삶의 기술 프로그램, (7) 종교적 그리고 영적인 활동, (8) 약물남용 프로그램 그리고 (9) 섭식장애 프로그램이다.

환경치료

환경은 또래와 치료진과 상호작용에서 예측 가능성 그리고 일관성을 제공하는 분명한 규칙과 기대로 정의된 매일매일의 삶으로 이루어진다. 감독 수준 혹은 각각의 청소년이 즐기는 자율성의 정도는 적응 기능, 특히 자기 그리고/혹은 타인에게 위험한 행동을 조절할 수 있는 능력에 따라 정해진다.

심리치료

거주형 치료에 있는 청소년은 통합된 개인 및 가족치료 개입에 참여한다(7장, 8장, 9장에서 기술하였다.). 보유하고, 조절하고, 타당화하는 환경의 능력(이어지는 다음의 논의를 보라.)은 애착을 위한 안전기지와 '표상 부조화'를 만든다(7장에서 기술하였다.). 이것은 심리치료를 시작하는 데 필요한 성찰기능의 부적응적인 억제에 도전을 제공한다. 담아내기, 조절하기, 타당화하기는 치료자와 다른 성인을 도움과 편안함의 강력한 자원으로 수용하면서 애착을 촉진하고 작업동맹을 발전시키는 핵심적인 조건이 된다.

거주형 치료는 양육자의 권위와 그들의 참여적인 위치에 특별한 주의가 필요하다. 개방적인 치료와는 대조적으로 초점화된 거주형 치료는 부모 기능을 치료자가 인수하는 것이 아니며 대신 양육자가 자신의 아이에게 한계를 설정하고, 지지와 타당화를 제공하도록 부모의 유능성과 능력을 지지하는 것이다. 초점화된 거주형 치료의 접근을 이행하기 위해서는 전통적인 정신분석적 발달모델에서 제시하는 거주형 치료의 가족을 향한 태도에서 변화가 필요하다.

중요한 변화를 위해서는 (1) 혼란스러운 애착의 맥락 내에서 아동의 문제를 가족에게 이해시킴, (2) 부모를 적, 혹은 아동의 문제의 원인 제공자, 혹은 기여자로서만 보는 것이 아니라 파트너로서 보는 입장, (3) 정신병리에만 배

타적으로 초점을 두기보다 가족 자원을 이해하고 동원하도록 강점에 대한 강조, (4) 훈육, 규칙 그리고 정서의 표현과 관련된 문화적 차이를 인식하여서 문화적 맥락에서 가족과 아동에 대한 초점 그리고 (5) 교회, 학교, 직업 훈련 프로그램, 그리고 자조모임과 같은 이웃과 지역공동체 내에 있는 자원과 지지 체계를 소개하고 이용하는 것에 대한 준비(Cafferty & Leichtman, 1999)가 필요하다.

그래서 집중적으로 가족을 다루는 초점화된 거주형 치료는 우선적으로 상담, 수업, 지지집단 혹은 교육자료를 통해서 양육자를 교육시키는 것에 특별히 집중을 하며(Jenson & Whittaker, 1989), 아동이 집으로 돌아갈 수 있는 필요한 조건을 우선 확인하고 구체화하도록 돕는다. 또한, 그러한 조건을 만족시키기 위해 필요한 기술과 지지를 발전시키는 것에 주의를 집중한다 (Cafferty & Leichtman, 1999). 부모-자녀 상호작용 치료(Eyberg et al., 1995) 혹은 오레건 사회 학습 모델(Patterson & Forgatch, 1995)과 같은 (9장에서 기술한) 양육자의 양육 능력을 높이는 구조화된 접근은 그들의 청소년에게 돌봄, 양육, 보호 그리고 담아내는 양육을 제공하는 부모의 능력을 높이기 위한 가족 치료로 통합된다.

일차적인 목표가 청소년이 가능한 한 빠르게 그의 가족과 공동체로 돌아가는 것을 돕는 것일 때, 치료는 변화에 초점을 둔다. 예를 들어, 집을 잠깐 다녀오거나 오래 머무는 것은 행동에 대한 보상으로 처치되는 것이 아니라 지지적이고 반영적인 방식으로 상호작용하는 데 필요한 기술을 발전시키기 위해 청소년과 그의 양육자의 능력을 강화하는 근본적인 기회로 처방된다.

약물치료

중증 성격장애를 가지고 있는 아동은 종종 그들의 적응을 손상시키는 증상 혹은 특질, 특히 성찰기능에 부정적 영향을 주는 증상을 표적으로 하는 약물치료가 필요하다. 11장에서 기술하였듯이, 약물치료는 이러한 청소년의 부적응을 유지하고, 강화하고, 악화시키는 그리고 성찰기능의 억제를 부추기는 환경으로부터 파괴적 행동을 일으키는 각성, 인지, 감정 그리고 충동의 역기능을 다룬다.

집단치료

집단 개입에서는 청소년이 또래나 치료진과 그들의 문제 그리고 문제에 대처하는 방식을 공유하는 것을 격려한다. 공동체 만남은 거주하는 집단 구성원 간에 감정, 자율성의 지지 혹은 박탈, 대인관계 경계, 의사소통, 경쟁, 협력, 갈등의 표현과 해결(혹은 회피), 의사결정, 목표 설정, 힘과 권위의 분배 그리고 거주형 공동체의 하루하루의 삶에서 나타나는 중요한 사회적 기능과 관련하여 상호작용의 형태를 검토하는 장을 제공한다.

학교 그리고 직업 프로그램

청소년의 진로탐색을 방해하는 구체적인 인지적, 심리적 그리고 대인관계적 문제를 확인한다. 이 프로그램의 목적은 청소년이 지역사회에서 학교 혹은 직업 훈련을 활용하도록 돕는 것이다. 아동의 발달적인 학습장애 그리고 주의력 문제를 다루는 한편, 학습 기술과 지식 축적에서의 결핍을 상세하게 이해하도록 한다. 이 프로그램은 청소년이 거주형 프로그램에서 나간 후에도 그들이 교육을 잘 받을 수 있도록 치료자가 지역사회 내의 학교를 조력할 수 있는 치료 계획까지 포함하고 있다. 학교 그리고 직업적 훈련 기관에서 제공하는 프로그램에서는 실패에 대한 두려움, 모멸감, 취약성을 드러내는 것에 대한 공포 그리고 대부분 반사회성-자기애성 청소년의 사례에서 흔히 나타나는 도움이 필요한 상태에 대한 무지함 혹은 도움에 대한 욕구를 인정하지 않는 것을 다룬다.

오락 그리고 삶의 기술 프로그램

거주형 치료의 중요한 요소는 중증 성격장애를 가지고 있는 청소년이 학교에서, 일터에서 그들의 성공을 돕는 적응적인 여가와 다양한 삶의 기술을 발전시키는 것이다. 여가 활동(예, 운동 혹은 공예에 참여하기, 연극 혹은 영화에 참여하기)은 청소년의 고립과 공허감을 완화하도록 도우며 또래 문화의 적응적인 측면을 공유하는 기회를 제공한다. 또한, 분노 조절과 갈등 해결 같은 문제뿐만 아니라 지출 관리와 용돈 관리, 컴퓨터 기술, 요리 그리고 집안일과 같은 구체적인 삶의 기술 교육에 의해서 적응 수준을 높일 수 있다. 청소년의 구체적 관심과 재능(음악, 예술, 혹은 운동)을 인식하고 촉진시키는 것은 그들 자신의 개별성, 즉 청소년이 그들 자신의 특성에 따른 자기감을 형성하기 위해 사용할 수 있다.

종교적 그리고 영적인 활동

중증 성격장애를 가진 청소년에게 자신의 신념에 따른 영적인 안내 그리고 소속 집단과 종교 단체를 선택할 기회를 제공한다. 이것은 소속감, 정체성, 의미를 찾을 수 있도록 하고 반사회적인 무리의 압력을 거절하도록 돕는다.

약물남용 프로그램

불법적인 약물과 알코올 남용은 중증 성격장애의 부적응을 유지하고, 강화하고, 악화시키는 데 중요한 요인이다. 중독의 가족사 그리고 강박적인 절도, 섭식장애, 성적 난잡함과 같은 중독과 유사한 행동을 포함하는 중독 행동의 역사 그리고 약물을 남용하는 또래와의 유대에 관한 역사를 이해하는 약물남용의 신중한 평가는 치료 개입을 계획하는 데 기초가 된다. 심각한 약물남용 문제를 보이지 않는 청소년에게는 약물남용 교육을 제공하고 잘못된 약물 사용으로 이끄는 또래 압력을 효과적으로 대처하는 방법을 돕는 계획된 거주형 치료의 일반적 요소가 필요하다. 심각한 약물중독 문제를 가지고 있는 청소년 혹은 약물을 남용하는 고위험을 가지고 있는 경우, 더 목표지향적이고 포괄적인 접근이 필요하다.

거주형 치료의 약물남용의 개입 방향으로는 (1) 일차적인 대처전략, 또래와의 유대의 도구 그리고 편안함과 정체성의 근원으로서의 약물에 대한 의존을 단절하는 것, (2) 청소년과 그의 부모가 지역 공동체의 기반인 약물남용 프로그램을 이용할 수 있도록 준비시키는 것 그리고 (3) 재발 방지 계획을 세우는 것을 목표로 삼는다. 이러한 단계는 약물 의존 상담으로 이행되는데, 약물남용을 대하는 태도와 행동, 약물남용을 유지하고 강화하는 가족과 또래의 상호작용 그리고 약물남용을 촉진하는 태도나 상호작용을 다루는 전략에 초점을 둔다. 재발 방지 계획은 자기주도적 공부와 숙제를 포함하는데, 과제로 부여된 독서를 하고 청소년이 자신의 약물남용의 역사와 자신과 그의 가족에게 미치는 영향에 대한 이야기를 상세하게 표현하도록 안내하는 워크북을 완성하도록 한다. 또한, 양육자가 약물남용의 가족 패턴을 더 효과적으로 개입할 수 있도록 가족 구성원을 대상으로 하는 교육을 포함한다. 이 계획은 오리엔테이션을 포함하여 12단계 프로그램과 같은 지역사회 기반으로 이루어지는 자조 약물남용 프로그램으로 연결된다. 이러한 프로그램은 거주형 시설 내에서 초기에 제공하고, 이후에는 지역사회 내에서 청소년과 그의 가족에게 소개된다.

섭식장애 프로그램

섭식장애는 중증 성격장애를 가진 청소년의 기능에서 손상을 더욱 악화시키는 중요한 요소이다. 거식증과 폭식증의 치료에서 첫 번째 단계는 영양실조를 치료한다. 기아와 대사 비정상이 삶을 위협하기 때문에 영양실조의 교정은 의무적이다. 영양실조는 또한 손상된 성찰기능과 상징을 처리하는 제한된 능력으로 인해 생기는 투쟁-도피 상태를 만들어 낸다(Fahy & Russell, 1993). 삶을 위협하는 상황에서 신진대사와 심장 건강을 확인하고 세심한 영양섭취를 할 수 있는 전문적인 섭식장애 프로그램이 필요하다.

중증 성격장애를 가지고 있으면서 섭식장애를 가진 청소년은 종종 일반 병원에서 입원 환자의 위기 개입을 받은 후 퇴원한 상태에서 거주형 치료에 온다(Fahy, Eisler, & Russell, 1993). 섭식장애 치료방향을 가진 거주형 치료는 부적응의 중요한 측면에 초점을 두면서 성격과 가족문제의 전체 범위를 다루도록 한다.

진정한 자율성, 자기조절 그리고 타인과의 건강한 연결을 가능하도록 하는 중재 기제로서 성찰기능에 치료적 초점을 두는 것은 섭식장애를 가진 환자에 대한 중심적인 개입이다. 성찰기능에 대한 그들의 능력을 마련하는 것은 섭식장애 치료의 구체적인 요소와 통합된다. 거주형 실무진은 그들의 건강이 위태롭지 않고 안전할 때까지 체중 증가를 관리한다. 치료자가 가족의 방식으로 음식을 제공하는 것은 양육자가 비강압적인 수단을 사용해서 청소년의 섭식을 통제할 수 있는 것을 돕기 위해 계획된다. 양육자의 과제는 긴장과 혼란을 줄이면서 건강한 신체로 아이를 돌려놓는 것이 기본이다. 더 나이가 든 청소년에게 양육자는 아이가 신체적 건강을 회복할 때까지 비강압적인 방식으로 아이의 섭식을 통제하거나 혹은 일관적으로 아이의 섭식이 양육자의 관심사가 아니라는 것을 알리고, 목표는 오직 아이의 전반적인 건강 그리고 아이 자신이 선택할 수 있는 능력과 자유가 있다는 것을 일관적으로 의사소통하는 것이다(Russell, Treasure, & Eisler, 1998).

섭식 프로그램의 구체적인 요소는 혼란스러운 섭식행동 그리고 그러한 행동이 양육자에게 일으키는 강압적인 반응의 패턴에 개입하는 것이다. 섭식장애 프로그램의 요소는 (1) 심리교육 기법, (2) 자기감찰, (3) 영양 그리고 운동치료, (4) 단서와 반응, (5) 신체 이미지에 대한 사고를 재구성 그리고 (6) 재발 방지를 포함한다.

- **심리교육기법** 거식증, 폭식증 그리고 관련 장애의 신체적·심리사회적 결과에 대한 정보를 제공한다.
- **자기감찰하기** 환자는 섭식행동 그리고 섭식과 관련된 신체적·정서적 상태를 관찰하도록 배운다. 자기통제를 얻고 내적 상태와 외적 행동 사이에 연결을 확인할 수 있는 중요한 단계이다(Agras, Schneider, Arnow, Raeburn, & Telch, 1989). 음식 일기는 이러한 과제에서 유용한 도구이다.

- 영양과 운동치료 　영양과 운동의 건강한 패턴을 발전시키는 목표를 소개한다. 사전에 식단과 운동을 계획해서 취약함을 알리는 내적 혹은 대인관계적 단서에 의해 촉발되는 반응적인 폭식, 음식 제한 혹은 강박적인 운동하기를 피할 수 있다.

- 단서 그리고 반응 　중증 성격장애를 가진 청소년이 섭식장애를 가지고 있는 경우에는 사고와 행동을 촉발하는 내적 단서를 인식하도록 돕는 것이 필요하다. 성찰기능의 억제는 폭식하기, 토하기 혹은 운동하기에 의해서만 완화될 수 있는, 신체적 고통으로 경험되는 초기 내적 상태를 촉발한다. 청소년의 섭식 행동에 관련된 사회적, 상황적, 정신적 그리고 생리적 단서에 집중하도록 하는 것은 그것으로부터 발생하는 결과를 검토하는 서곡이다. 앞서 제안하였듯이, 이러한 논의의 목표는 증상이 갖고 있는 '도움이 되는' 측면—고통, 스트레스, 외로움, 공허감, 통제감의 완화와 힘의 제공—과 장기적인 부적응적 영향 모두를 강조하는 것이다. 섭식행동이 이러한 이해할 만한 이득을 제공하는 방식을 아는 것과 함께 그러한 부적응적인 행동에 의존하면서 지불하는 대가를 검토하도록 한다. 환자가 그들의 섭식 증상을 포기하기를 선택할 때, 내적 혹은 대인관계적 단서가 폭식으로 이어지는 반응을 지연시키고 그러한 단서에 대해 대안적인 반응을 발전시키도록 돕는다.

- 신체 이미지에 대한 사고를 재구성 　인지행동적 기법은 체중과 신체 이미지에 대한 비성찰적 사고를 이해하고 도전하는 데 도움이 된다(Mitchell, Raymond, & Specker, 1993).

- 재발 방지 　거주형 치료의 중요한 목표는 청소년과 양육자가 거주형 프로그램에서 퇴원한 후에 지역사회 자원을 활용하도록 돕고 재발을 방지하는 계획을 발전시키도록 돕는다. 거주형 치료에 있는 동안, 고위험 음식과 상황에 노출함으로써 청소년에게 외상과 유사 자살시도에 대해 새롭게 획득한 대처 접근을 시험하는 기회가 될 수 있다.

학대, 특히 신체적 그리고/혹은 성적인 학대는 중증 성격장애의 중요한 선행사건이다. 7장, 8장 그리고 9장에서 기술한 개인 그리고 가족치료는 우선적으로 청소년이 그 취약함과 외상을 처리하면서 발전시킨 병리적 해결책을 극복하도록 마련된 것이다. 이러한 개입은 또한 거주형 환경에서 외상의 영향에 대한 안내를 제공하고, 청소년이 외상에 어떻게 대처해 왔는지를 공유할 기회를 제공하는 '심리교육적 외상 집단'에서 이루어질 수 있다. '교육적 외상 집단'은 청소년이 서로 그들의 조각난 경험을 공유하면서 고립감을 극복하도록 돕는다.

여러 가지 접근이 신체적·성적 학대의 역사를 가진 청소년이 보이는 가장 악명 높은 저항 증상(지속적인 유사 자살 혹은 자해 행동)을 대처하는 데 도움이 될 수 있다. 안구 움직임 둔감화 그리고 재처리(Eye Movement Desensitization and Reprocessing: EMDR)(Shapiro, 1995; Shapiro & Forrest, 1997)는 최면 암시와 인지행동적 치료의 요소를 통합하는 것처럼 보이는데, 임상적 설명에 따르면 효과적이다. 하지만 EMDR의 효과성에 대한 경험적 증거의 부재 그리고 그것의 효과성의 신경생리학적인 기초에 대해 의문을 제기하는 설명은 중증 성격장애를 가진 청소년에게 이 개입을 사용하는 것이 타당한지에 대해 논란을 일으키고 있다. 논란이 적은 개입은 변증법적 행동치료(Linehan, 1993; Linehan, Armstrong, Suarez, Allmon, & Heard, 1991)인데, 구조적인 인지행동적 접근에 의존한다. 처음에는 유사 자살행위 그리고 자기파괴적인 행동에 개입하도록 마련되었지만, 지금은 약물남용, 위험이 큰, 성적 행위, 정서적 취약성 그리고 다른 경계선 성격장애의 증후를 다루는 것으로 확장되었다. 개인치료, 생체(in vivo) 코칭, 전화 그리고 기술훈련 집단을 통해 기술을 획득하는 것을 강조한다. 변증법적 행동치료가 지향하는 목표—마음챙김, 고통 감내, 수용, 정서 조절 그리고 대인관계적인 효과성—는 이 책에서 제안하는 성찰기능에 초점을 두는 것과 상당히 일관적이다.

하지만 포괄적인 치료 요소의 배열이라는 유용성 그 이상으로, 청소년을 위한 거주형 모델을 가장 잘 정의하는 것은 치료의 모든 측면에 있어 개념적 그리고 실제적 통합이다. 중증 성격장애를 내적·대인관계적 단서로 인한 성찰기능의 선별적인 억제로 정의하는 것에 초점을 둔다. 치료팀은 치료 계획과 목표의 일관성 있는 틀을 공유한다. 이러한 관점의 통합은 청소년—그리고 가족—의 분열된 경험에 대한 강력한 개입이다.

그러나 청소년과 양육자가 치료자를 포함한 다른 사람에게 일으키는 느낌이나 투쟁-도피 반응으로 치료자의 이러한 일관성은 시험을 당하게 된다. 역전이 반응은 치료진의 반응이 다른 누군가의 반응을 상기시키면서 거주형 프로그램에서 강력하게 증폭된다. 그래서 8장에서 기술하였듯이, 중증 성격장애를 가지고 있는 청소년의 개인 그리고 가족치료에서 임상가가 경험하는 전형적인 반응은 거주형 시설이라는 뜨거운 집을 쉽게 끊는점에 도달하게한다.

각 치료진의 구체적인 취약함을 감지하는 묘한 능력을 가지고 있는 중증 성격장애 청소년은 그들의 강압적이고, 비성찰적인 드라마에서 특별한 역할을 수행하는 개인을 '선택한다'. 어떤 치료진은 환자가 거주형 시설을 나가버리거나 사라지거나 혹은 자살 하기를 바라면서 매우 분노하고 몹시 화가 나 있는 자신을 발견하게 된다. 종종, 이러한 역전이 반응은 너무 강요적이어서 어떤 치료진은 미묘하게 혹은 미묘하지 않은 방식으로 환자의 자기파괴적인 행동을 부추긴다. 교대로, 이러한 느낌은 치료자에게 죄책감이나 회개를 불러오고 과장된 헌신과 염려로 환자에게 보상하려고 한다.

종종 치료진의 거절과 불신은 다른 치료진의 구원 환상을 유발한다. 치료를 정지 상태까지 가져가도록 위협할 수 있는 치료진 사이에 오가는 갈등은 전체 치료 집단의 비성찰을 유발하면서 강압적인 관계패턴의 힘을 보여 준다. 종종 치료진 내에 파벌이 형성되는데, 어떤 치료진은 학대당하고 이해받지 못한 환자의 고통에 대해 동정이나 염려를 많이 보인다. 이들은 다른 편에 있는 치료진을 향해 비공감적이며, 문제가 있고, 두려워하고 있는 아이와 연결감을 갖지 않는다고 비난한다. 반면, 다른 집단은 환자를 통해 만족을 얻도록 하고 치료를 방해하려는 노력과 결탁하도록 치료자를 유혹하는 교활한 조종자라고 환자를 불신한다.

치료 실패는—그리고 완전한 치료적 재앙은—치료진이 강압적이고 비성찰적인 경험과 관계의 패턴에 복잡하게 연루되기 때문이다. 치료진은 어떤 청소년에 의해 전문적 영역을 모호하게 하도록 유혹을 받을 수 있다. 치료자의 자기노출 그리고 누구만을 위한 특별한 치료는 성적인 관계로 더 악화된다. 어떤 치료진은 외상 경험과 평범하지 않은 고통을 겪은 아이의 욕구가 매우 특별해서 다시 희망에 불을 붙이고 심지어 자살을 막을 수 있는 예외적인 방법이 필요하다고 하면서 그들의 위반을 합리화한다.

똑똑하고 공격적인 청소년은 누군가를 취약한 지점으로 이끄는 성마름, 폭발적인 화 그리고 무례함으로 치료자를 위협한다. 그러한 위협에 직면한 치료진의 무력함은 환자의 잘못된 행동을 직면하는 데 실패하고, 종종 이러한 청소년의 다양한 권리감 그리고 반사회적 행동을 부추기게 된다.

8장에서 지적하였듯이, 역전이 반응은 또한 환자의 내적 세계로 들어가는, 특히 성찰적 그리고 비성찰적인 구체적 패턴으로 들어가게 하는 특별한 창을 제공한다. 이 정보를 통해 모든 치료팀의 구성원은 환자, 양육자 그리고 팀의 나머지 사람에 대한 그들 자신의 정서적 반응을 체계적으로 검토할 수 있다. 치료진 사이에 그리고 환자와 치료진 사이에 내적 경험과 대인관계 문제에 대한 지속적인 의사소통 그리고 정기적인 논의는—치료팀의 결렬에 의한 논쟁과는 달리—역전이의 잠재적 · 파괴적 영향에 대항하여 유일한 보호를 제공한다. 팀의 성숙성, 응집력, 리더의 힘 그리고 명료성은 강압적이고 비성찰적인 힘에 의해 다시 시험대에 오르게 된다. 마비 혹은 분열, 동의하지 않음, 목표 상실 혹은 대처하고 생존하기 위한 환자의 절망스러운 노력에 의해 형성된 대인관계 각본에 위험하게 참여하면서 위협을 받게 된다.

거주형 치료의 과정

초점화된 거주형 프로그램의 핵심적인 특징은 치료목표의 일관적인 구조화를 제공하고, 정서적으로는 강압과 비성찰의 끌어당김을 버틸 수 있도록 환자와 양육자에게 통합적인 반응을 제공하는 팀의 능력에 있다. 그러한 일관성과 한결 같음은 안정애착이 잘 형성될 수 있는 조건을 마련한다. 이러한 접근은 치료에서 청소년과 가족이 스트레스의 압력에 흔들릴 때, 안정애착 맥락에서만이 성찰기능을 억제하지 않을 수 있다는 기본 가정을 갖고 있다.

거주형 환경의 여러 가지 특징은 애착과 성찰기능을 위한 '안전기지'를 제공하는 것이다(Bowlby, 1969). 그리고 붙잡아 주고 담아내는 환경, 조율된 환경 그리고 관여하고 상호작용하는 환경, 혹은 촉진하는 환경을 제공한다.

- 붙잡아 주고 담아내는 환경(Winnicott, 1965)　일관성, 구조나 틀, 예측 가능성을 제공하고, 스트레스, 통제의 상실 그리고 심리적 혹은 생리적 조절장애에 대해 민감하게 반응하는 거주형 프로그램의 능력을 말한다. 기본적인 수준에서 '붙잡아 준다'는 것은 신뢰가 담겨 있는 그리고 효과적인 돌봄, 애정 어린 배려, 지지 그리고 한계(설정)를 제공하는 환경의 능력을 뜻한다. 붙잡아 준다는 것은 아이를 혼란스럽거나 압도적인 환경적 자극으로부터 뿐만 아니라 자신의 분노, 충동성, 자기파괴성으로부터 아이를 보호하는 것과 관련이 있다. 붙잡아 주기의 중요한 측면은 환경의 구조인데, 일일 활동 계획과 구성 그리고 치료진과 규칙적인 관계이다. 규칙성은 예측할 수 있는 도착과 출발 그리고 부적응적 혹은 파괴적인 행동에 대한 예측할 수 있는—강압적이 아닌—평가와 결과를 포함하면서 환자가 기대할 수 있는 반응을 제공한다.
- 조율된 환경　청소년을 유일하고, 의도를 가진 존재로 대하는 치료자의 능력이다. 조율은 부적응적·방어적 방법을 직면하고, 통제하는 것에 실패하지 않으면서 아이의 내적 상태의 전체 범위를 이해하고, 존중하고 그리고 반응하는 치료진의 능력이다.
- 관여하고 상호작용하는 환경(Gunderson, 2000)　관여하는 활동은 청소년의 적극적인 집중 그리고 다른 사회적 환경과의 상호작용을 촉진시키는

치료진의 능력이다. 치료진 그리고 또래와 의견을 주고받을 기회를 갖고 집단 활동에 참여하는 것은 상호적인 환경 안에 내장되어 있는 관여의 측면을 말한다.

- 촉진하는 환경(Winnicott, 1965)　발달에 대한 아동·청소년의 잠재력을 이해하고 더 큰 숙달과 유능함을 성취하는 데 있어 그들을 격려하고 지지하는 치료진의 능력이다. 치료진은 현재 기능의 수준뿐만 아니라 그들이 기꺼이 성취하고자 하는 발달적인 성과의 수준에 근거하여 이들에게 반응한다. 프리드먼(Friedman, 1982)이 지적하였듯이, 치료진은 환자를 '현재의 한 사람으로서' 뿐만 아니라 '되려는 사람'으로서 그들을 대한다.

전통적인 정신역동적-발달적인 장기 거주형 모델에서 치료는 여러 단계로서 개념화되었다. 예를 들어, 마스터슨(Masterson, 1972)과 린슬리(Rinsley, 1980a, 1980b)는 중증 성격장애를 가진 청소년의 거주형 치료를 세 가지 구별된 단계로 정의하였다. (1) 저항(시험)단계, (2) 내사(훈습)단계 그리고 (3) 해결(분리)단계가 그것이다. 이 개념화에 기저하는 기본적인 가정은 치료에 관여하는 청소년의 저항이 극복된 이후에 거주형 환경으로 붙잡아 주는, 조율하는, 상호작용하는, 촉진하는 환경의 특성을 내면화하면서 더 큰 자율성과 자기조절을 성취할 수 있다는 것이다.

반면, 여기서 제안한 단기로 초점화된 거주형 치료모델에서의 치료목표는 청소년이 거주형 프로그램에서 나간 후에 치료에 참여하는 것을 가능하게 할 수 있는 조건을 마련하는 것이다. 그러한 조건은 (1) 청소년과 작업동맹을 발전시키는 것, (2) 강압적인 상호작용의 고리를 중단하도록 이끄는 안정 애착이라는 지지적인 환경을 제공하는 양육자의 능력을 촉진하는 것 그리고 (3) 성찰기능을 강화하고, 자기조절을 촉진하고, 다른 사람의 정신 상태를 자각하는 것을 높이기 위해 필요한 치료의 연속성을 제공할 치료적 요소와 관계를 확인하기가 있다.

중중 성격장애를 가진 아동은 거주형 프로그램에 들어온 이후 머지않아 그들의 분열된 내적 세계에 적합한 환경을 만들어 내려고 노력한다. 그러한 시도는 미묘하고 혹은 노골적이다. 거주형 프로그램에서 제이(6장)의 첫 3주는 치료적 허니문이었다. 그는 정중하고 적절히 완벽한 신사같이 행동했다. 상당히 똑똑하고 말을 잘하는 엘리어트(6장)는 자신의 자기애적 문제에 기저하는 주제를 상당히 침착하고 명료하게 드러낼 수 있었다. 가짜 복종과 가짜 통찰은 통제감을 얻기 위해 자기애적인 아동에 의해 빈번하게 사용되는 기제이다. 치료진과 성적인 관계를 맺으려는 유혹은 치료자와 좋은 '단짝'이 될 수 있는 방법이다. 혹은 치료 보조원을 비효과적으로 만들면서 왜곡된 전능감을 강화하도록 조종하기도 한다.

반대로, 경계선 그리고 반사회성-자기애성 청소년은 더 공개적으로 반항적이며, 공격적이며, 위협적이며, 멸시적이거나 혹은 거주형 프로그램에서 도망가거나 혹은 혼란을 선동하면서 치료를 피하거나 혹은 폐배시킨다. 예를 들어, 마이크는 오래 전부터 많은 공격적 사건으로 인해 매우 인상적인 기록을 축적해 왔는데, 자신의 일상적 일과를 자신만이 결정할 수 있다고 공표하면서 치료자를 맞이했다. 그는 자신의 특권을 방해하는 어떤 노력도 엄청난 결과를 초래할 것이라고 경고했다. 모든 사람의 취약한 부분을 잘도 알아내는 마이크는 다른 사람의 상처에 무례하게 소금을 뿌렸다. 줄로 인형을 조종하는 사람같이, 그는 다른 아이가 불안하고 혹은 공격적일 때 편안히 앉아 잘난 체하며 웃었다. 완벽하게 목표를 정하고 던지는 교묘한 말은 그 집단을 아수라장으로 만들었다.

경계선 아동은 자신의 환상에서 완벽하게 그들의 통제 하에 있는 이행기 대상으로 치료자를 만들려고 한다. 아이는 이행기 대상을 조절할 수 있다. 자기 의견에 고집을 부리는 활발한 10세 소녀 팸은 아동보호 돌봄이인 H부인과 빠르게 강렬한 애착을 발전시켰다. 팸이 자신과 함께 있어 달라고 간청함에도 불구하고, H부인이 휴가계획을 말했을 때 아이의 분노는 폭발했다. 밤에는 자신을 괴롭히고 살해하기 위해 다가오는 끔찍한 괴물 꿈에서 깨어

나곤 했다. 아무리 그것이 실제로 살아 있는 괴물이 아니며 단지 악몽이라고 안심을 시키려고 해도 아이를 진정시키지 못했다.

H부인에 대한 '왜곡된 통제'의 실패 그리고 현실을 제대로 파악하지 못했다는 위협감을 해결하기 위해 더 깊게 현실을 위조했다. 다음날 아침 버릇없이 웃으면서 그녀는 더 이상 H부인을 그리워 할 필요가 없다고 선언했다. 단지 TV를 켜기만 하면 된다는 것이다. 그러면 H부인이 나타나서 그녀를 위로할 것이기 때문이다. 하지만 곧 H부인이 명령만 하면 달려 나오지 않자 강하게 불평하면서 계속해서 TV를 켜댔다.

메리는 대상을 조절함으로써 사람들에게 의존하는 경계선 아동의 또 다른 예를 제공한다. 이 12세 소녀의 역사는 유기, 방임 그리고 중도 하차된 입양으로 가득했다. 그녀가 거주형 프로그램에 들어온 이후에 메리는 아동보호 돌봄이인 C부인을 사랑하고 사랑받기 위해 부인을 완벽한 사람으로 보면서 사랑을 표현했다. C부인에게 보내는 긴 편지에서 메리는 그들의 특별한 관계의 아름다움에 대해 극찬했다. 그러나 현실에서 메리는 C부인과 접촉을 피하려고 했다. 마치 그녀와 현실에서 이루어지는 실제의 상호작용이 그녀가 만든 이상적인 관계를 파괴할까 봐 두려워하는 것처럼 보였다.

신속하고 제멋대로였던 만큼, 메리와 C부인의 이상적인 사랑이 현실로 살아나면서 그것은 또한 부서졌다. 분명한 이유 없이 메리는 C부인을 공격했다. 여러 날 동안 이러한 사건이 계속되면서 메리는 그녀의 완벽한 사랑의 상실을 애도하면서 비통한 눈물을 흘렸다. 그녀는 이때 C부인과 편지로 주고받는 의사소통을 다시 시작하였는데, 용서를 구하고 산산이 부서진 관계를 다시 세울 수 있는 기회를 간청하면서 그녀 없는 삶을 상상할 수 없다고 했다. 다시 메리는 그들 사이에 일어났던 것을 검토하려는 C부인의 시도를 거절했다. 메리의 정교한 안무는 그녀가 교대로 창조하고, 파괴했던 그리고 마침내 이상적인 관계로 부활시켰던 비성찰적인 각본의 재연인 것 같았다. 다른 사람들의 내적인 상태와 진정한 상호작용을 하는 새로운 현실이 그녀의 왜곡된 시나리오를 혼란스럽게 하지 않으면 그녀는 온전한 통제감을 유지할 수 있었다.

이러한 예들은 한편으로는 붙잡아 주기, 담아내기 그리고 한계 설정을 하고, 다른 한편으로는 자기표현의 타당화와 촉진 사이에 놀라운 균형을 유지해야 한다는 도전을 보여 준다. 예를 들어, 모든 치료진은 마이크가 누군가를 신뢰하고 그로부터 도움을 받기보다는 사람을 속이거나 모함하는 데 더 뛰어나다는 것을 알고 있었다. 그러나 그러한 이해가 분명한 한계 설정에서 예외를 뜻하거나 타인을 촉발하고 조종하는 행동에 대한 결과에서 그들이 배제될 수 있다는 뜻은 아니다. 유사한 형태로, C부인이 일관적으로 얼굴을 마주하는 만남을 요구하는 동안 치료자는 메리의 편지에 반응하지 않았다.

폭력적 · 공격적 청소년은 치료진에게 특별한 도전이다. 공격성을 최적으로 담아내는 것은 그들이 누군가를 공격하기 전에 바로 제한하는 것이다. 충동적이고 폭력적인 청소년을 치료하는 거주형 프로그램의 치료진은 폭력적인 공격을 알리는 단서—종종, 윗입술을 씰룩거린다거나 혹은 콧구멍이 넓어지는 것과 같은 미묘한 단서—를 감지하는 것에 능숙해야 하고, 폭력적인 폭발을 막아내기 위해 효과적으로 개입할 수 있어야 한다. 그러한 담아내기는 청소년의 비성찰적인 행동에 대한 역기능적인 반응이라기보다는 자신의 충동성에 직면한 아동이 실제로 가지고 있는 안전감과 확신에 대한 욕구에 대한 반응으로 제공되어야 한다. 치료진은 청소년이 다른 사람에게 비성찰적인 반응을 유발할 때 청소년이 경험하는 힘을 더 부추기는 반응으로서 이러한 청소년의 폭력에 가학적으로 보복해야 할 것 같은 느낌에 취약할 수 있다. 비성찰적인 반응은 또한 반항하고 도발하는 청소년을 신체적으로 제한하면서 성애화를 강화할 수 있다. 그래서 폭력적인 청소년과 치료진은 비성찰적인 적개심과 가장된 성적 흥분이라는 지독한 악취를 풍기는 가학피학적 형태라는 덫에 걸릴 수 있다.

담아내기 그리고 조율하기의 성찰적인 반응을 위해서는 위기 상황에서 신체적으로 침착하게 청소년을 제한할 수 있는 치료진이 필요하다(최적으로, 제한하기는 11장에서 기술하겠지만 약물처방을 적용한다.). 제한하기는 다음과 같은 의미를 전달한다. (1) 환경은 청소년과 다른 모든 사람의 웰빙과 안전함을 보장하기 위해 마련된다. (2) 환경은 청소년이 자신 혹은 다른 사람들을 해롭게 하는 것을 막을 수 있다. 그리고 (3) 기계적 형태로 이루어지는 가학증 혹은 만족하기가 아닌, 사람 간의 연결이 강압적이고 위장된 산물로서가 아닌, 제한하기가 애착과 성찰기능 안에서 일어날 수 있다는 것을 알려 주면서 일어난다.

중증 성격장애를 가진 아동·청소년의 정신 상태에 대해 인식하기, 존중하기 그리고 반응하기는 거주형 프로그램의 치료진에게 도전이 될 수 있다. 도발 후에 다른 아이들이 마이크의 말을 듣지 않을 때 마이크에게 타임아웃을 실시하는 반면, 치료진은 집단 회기 그리고 비공식적인 접촉을 통해 아이들에게 마이크가 누군가의 분노의 버튼을 누르지 않는 것이 그리고 편안하게 자기 자신일 수 있는 것이 얼마나 어려운지를 설명하였다.

직면 후 6주가 지나자 마이크의 정서와 행동이 변화하기 시작했다. 그는 슬퍼 보였고 걱정을 많이 하는 것 같았다. 자신의 부적절함이 드러나서 얼마나 굴욕감과 부담감을 느끼는지를 예민하게 알렸다. 마지못해, 학교에서 보인 그의 허세와 자극적 행동은 부족한 지식과 학습능력을 가리기 위한 것이라고 인정했다. 그는 (비록 그의 지능점수가 평균 이상의 범위에 있다고 하더라도) 자신을 잠재적으로 천재라고 믿었다. 그의 실제 성취와 성취해야 할 탁월함 사이에 고통스러운 불균형을 경험하였다. 커다란 당혹감을 느끼는 것이나 감옥이나 정신병원으로 영원한 추방이 일어나는 것은 잠재적인 천재로 살아가는 것에 있어서 완전한 실패를 뜻하는 것이다. 이러한 이유로 그가 이러한 느낌을 수용할 수 있을 때, 그는 개인 심리치료를 진행할 수 있었다.

이러한 예가 보여 주듯이, 거주형 치료에서 중요한 과제는 청소년에게 어떤 메시지를 전달하는 것이다. 그것은 자신의 고통의 신호―성찰기능의 억제와 강압적이고 비성찰적인 형태의 활성화에 의해 가장된 신호―가 양육자를 떠나게 하지 않고, 그들을 비성찰적인 괴물로 변하게 하지 않으며, 붙잡아 주고, 조율하고, 촉진하는 환경을 제공하는 능력을 방해하지 않을 것이라는 메시지를 전달하는 것이다. 거주형 치료의 끝은 환자가 그들이 치료자와 협력으로부터 도움을 얻을 수 있고 그들의 경험을 나눌 수 있다는 신호를 전달하면서 가능하다. 거주형 프로그램에서 퇴원은 개인치료와 가족치료가 확립되고, 필요하다면 약물남용과 섭식장애를 위한 치료를 포함하여 교육적ㆍ약물치료적 개입과 다른 치료 요소의 지속성을 계획할 수 있을 때 가능하다. 그 계획은 또한 양육자의 지지와 만일의 위기 사태에 대한 대비책을 포함해야 한다.

이러한 목표를 이루기 위해 치료진은 시작부터 청소년과 양육자가 함께하면서 생기는 도전을 다루도록 준비시키는 데 초점을 두어야 한다. 전통적인 거주형 치료모델과 비교해서 잦은 외출과 가정 방문은 대처와 관계하기의 새로운 방법을 연습하는 기회를 만드는 데 필요하다. 가정 방문은 시설에서 좋은 행동에 대한 보상으로 '수여되는' 것이 아니고 치료 프로그램의 부분으로 처방된다. 전통적인 경로와는 반대로, 가정 방문에 의해 부여된 과제를 성공적으로 완수하면 시설 내에서 환자의 위치가 달라진다. 즉, 가정방문이 시설에서 높은 위치를 성취한 것에 대해 얻어지는 보상이 아니다.

가정 방문과 가족회기는 청소년과 그의 가족이 마주칠 수 있는 어려움과 지뢰를 '확인하면서' 재발 방지와 위기 계획을 발전시키는 역할을 한다. 청소년이 작업동맹을 보이자마자, 거주형 치료 치료진은 재발 방지 계획을 작업하기 시작한다. 청소년은 그들의 입소를 이끌었던 문제를 확인하고, 여러 주 동안 문제에 대한 구체적인 설명을 듣고 도움을 받는다. 설명으로는 (1) 과거에 발생한 문제의 증후, (2) 임박한 재발을 나타내는 사고, 느낌 그리고 행동, (3) 반복을 촉발할 수 있는 사고, 느낌 그리고 행동, (4) 통제하기 어려운 상황이 일어나기 전에 문제에 대한 통제를 얻기 위해 취할 수 있는 절차 그리고 (5) 다른 사람에게 부탁하고 도움을 받는 방법(Leichtman & Leichtman, 1999)이 포함된다.

계속되는 과제는 문제를 해결하는 상세한 규칙과 그 문제가 발생했을 때 직면할 것이라고 청소년이 예상하는 결과를 확인하는 것이다. 일반적으로,

퇴원일이 정해진 후에 청소년과 양육자는 임박한 위기를 알리는 신호를 인식할 수 있는 정보, 청소년이 잘 지낼 때나 문제가 발생했을 때 가족이 아동에게 의견을 제공하는 단계 그리고 위기 상황일 때 취할 수 있는 개입을 포함하는 위기 계획을 준비한다. 청소년과 양육자는 또한 위기 발생을 예방하기 위해 취할 수 있는 대처단계를 스스로 자세히 설명할 수 있다. 경계선 아동의 거주형 치료를 예를 들어 설명해 보자.

래리는 메닝거 거주형 프로그램에 들어올 때 6세였다. 래리를 임신했을 때 어머니는 무척 어려웠다. 입덧이 심했고 아팠다. 7개월 동안 치명적인 고통으로 인해 응급상황에서 제왕절개를 해야 했다. 혼자서는 호흡을 할 수 없는 래리는 소생술과 인공호흡기의 도움이 필요했다. 출생시 3파운드 정도였고, 유동식을 견디기 힘들어 했다. 이러한 가족의 부담과 복합적으로 어머니는 자궁 절제술을 요하는 산후 합병증으로 고통 받았다. 그녀는 또한 심각한 산후 우울증을 겪었다.

래리는 출생 후 8개월경에 나른함과 무력감을 포함하여 심각한 신경학적 증상을 보이기 시작했고, 부모는 무척 놀랐다. 이 증상은 그의 뇌로부터 복부까지 액을 빠지게 하는 뇌실복막강단락(ventriculoperitoneal shunt) 처치를 받아야 하는 교통성 수두증에 수반된 증상으로 드러났다. 몇 달 후에 래리는 다시 무기력 상태가 되었고, 구토를 시작하자 의사는 관이 작동되지 않았기 때문이라고 했다.

그 후로는 마치 아이의 머리 위에 칼이 있는 것과 같이, 래리는 관이 작동하지 않을지도 모른다는 위험에 매달려 있는 부모의 걱정과 의심 아래 있었다. 만약 그 끔찍스러운 위험이 일어났을 때 즉각적인 관심과 집중만이 래리를 죽음 혹은 뇌손상으로부터 구할 수 있다고 믿었다. 점점 더, 래리가 죽음에 임박했다는 생각은 가족을 철저한 통제 상태로 만들었다. 어머니는 높아지는 뇌의 압력의 아주 작은 기미도 알아채려고 불안하게 주위를 맴돌았다. 그 관은 올가미로 어머니와 아이를 질식시키는 듯 혼란스럽게 했다. 래리는 신체적 증상과 호소의 엄청난 힘이 얼마나 강력한지를 배웠다. 오래 지나지 않아 래리는 두통과 메스꺼움의 호소로 빈번하게 응급실로 가는 정신없는 여행을 계속 반복했다.

기름 회사에서 엔지니어로 일했던 아버지는 래리가 3살 때 해외로 발령을 받았다. 몇 달 후 아내는 래리를 친정에 맡겨 놓고 남편과 합쳤다. 이 분리는 래리와 가족에게 또 다른 위기의 전조였다. 또한, 래리의 어머니가 해외에 있는 동안 그녀의 오빠가 차사고로 죽었다. 그리고 그녀에게 산부인과 문제가 생겨 여러 주 동안 병원에 입원했다. 그 당시, 래리의 행동은 점점 통제를 잃어 갔다. 더 공격적이고, 빈항직이었고, 누군가 그에게 제한을 하려고 할 때 폭발적인 짜증을 부렸다. 발톱을 뽑으려고 하거나, 머리를 벽에 박으려고 하거나, 차로 뛰어들며 스스로를 해치려고 했다. 발작적으로 잠이 들었다가 자주 깼고 악몽에 시달렸다. 깨어 있을 때에는 드라큘라에 의해 목이 물리고 머리를 찔리는 두려움에 시달리면서 어떠한 안정감도 느낄 수 없었다. 외래 치료와 여러 번의 짧은 입원에도 불구하고, 이러한 문제는 아이가 커 가면서 단지 악화될 뿐이었다.

래리는 입원 당시에 작았고, 제멋대로 자란 머리카락을 가지고 있는 떠돌이 아이 같았다. 래리는 6세 보다 더 나이가 있어 보였는데, 그의 얼굴에 담긴 슬픈 표정이 그를 더 나이 들어 보이게 했고, 제정신이 아닌 행동 뒤에 고통을 품고 있었다. 그는 파괴력을 가진 작은 엔진이었다. 그리고 몇 초 이상을 앉아 있을 수 없었다.

거주형 프로그램은 래리에게 분명하고 신뢰가 가는 일과를 제공했다. 프로그램을 통해 안정감을 느끼도록 일관적인 메시지를 제공했다. 세심한 신체적 그리고 신경학적 검사에서 어떠한 이상 증세도 나타나지 않은 후에 래리와 부모는 그가 신체적으로 건강하고, 결함이 없으며, 임박한 죽음의 위험에 놓여 있지 않다는 설명을 들을 수 있었다. 그의 육체적 호소에 그동안 가족이 제공했던 지나친 관심을 줄이고 아이를 과도하게 만족시키지 않으면서 신속하고 담담하게 치료하였다. 래리는 몸이 아프지 않으면 사람들에게 도움을 요청하는 것이 어렵다고 생각하고 있는 것 같다는 설명을 치료진에게 반복해서 들었다.

래리는 주의력결핍/과잉행동장애의 진단기준에 부합되었다. 그래서 염화 메틸페니데이트를 처방하였는데, 이것은 그의 주의력의 범위를 개선시키고 과잉행동을 감소시키는 데 도움이 될 뿐만 아니라 사회적 단서를 파악하는 능력을 증진시켰다(11장에서 논의될 것임). 자극제를 복용한지 4주가 지나자 래리는 개선을 보였지만 중요한 수면문제뿐만 아니라 충동성이나 과잉 행동 으로 여전히 어려움을 겪었다. 그래서 클로니딘이 약물요법에 추가되었다.

래리의 학교 프로그램은 처음에는 학업 스트레스를 견디는 것을 돕고, 인 지적 취약함을 해결하고, 더 나은 학습 기술 발달을 조력하는 데 초점을 두 었다. 동시에 충동적이고 공격적인 행동에 대한 분명한 결과를 알리면서 한 계가 설정되었다. 처음에는 공격성을 담아내는 데 있어 말 그대로 신체적으 로 그를 잡아 주는 것이 필요했다. 신체적으로 붙잡혀 있는 동안, 아이는 말 로 생각이나 느낌을 전달하는 데 어려움이 있는 것 같다는 치료진의 말에 순 응할 수밖에 없었다. 치료 4주차 때, 치료진은 래리가 그의 파괴적인 행동을 통제할 수 있을 만큼 충분히 성장했다는 확신을 아이와 공유할 수 있었다. 그때부터 치료진은 통제가 필요한 순간인 공격성 혹은 파괴적인 행동을 계 속해서 확인시켰다. 그러나 신체적으로 그를 제한하는 대신, 치료진은 15분 정도 타임아웃을 위해 그를 방으로 보냈다. 타임아웃 기간은 타이머의 벨로 알리도록 했다. 타이머는 결과적으로 래리에게 중간 대상이었고, 자신의 충 동을 스스로 억제하도록 도왔다.

거주형 프로그램에서 4개월 정도가 지나자 래리의 행동은 눈에 띄게 개 선되었다. 첫 번째 신호는 신체적 증상이 줄고 수면이 개선되었는데, 이러 한 변화는 클로니딘의 처방, 한계 설정 그리고 달래고 편안하게 하는 대상으 로 다른 사람을 경험하는 래리의 능력이 증가하면서 복합적으로 덕을 본 것 같다. 가족 개입에서 래리의 부모는 아이가 불안해 할 때, 위로가 필요할 때, 혹은 충동적, 파괴적일 때 그리고 한계 설정과 결과에 대한 책임이 필요할 때 평정심과 분명한 태도를 유지하는 '기술'을 배우는 데 초점을 두었다. 가정 방문에서는 밤에 깨지 않고 잘 수 있도록 부모가 아이를 돕도록 하였다. 처음에는 따뜻한 목욕, 우유 한 잔 그리고 잠들 때까지 동화책을 읽어 주는 것이 필요했다. 4개월 정도 가족에 대한 치료 과정을 진행한 후에 래리는 개인치료를 시작할 수 있었다.

개별화된 학교 프로그램, 정신치료(개인 그리고 가족), 약물 처방 그리고 환경 개입의 결합이 래리가 애착에서 안정감을 발전시키도록 도왔고, 그가 스트레스 상황에서조차 성찰기능을 지속시키도록 했다. 그는 학교 프로그램에서 열정을 가지고 배우고, 사물을 이해하고, 문제를 예상, 계획하고, 해결하기 위해 인간 세상을 이해하는 능력을 점점 크게 활용하는 기쁨을 발견했다. 입원 후 8개월 경, 래리는 내가 다음 단락에서 기술하는 방식에 따라 처치 프로그램을 지속하기 위해 거주형 프로그램에서 퇴소했다. 신체화를 통한 호소는 통합치료팀(이후 기술을 보라.)뿐만 아니라 부모와 치료팀에게 개인 및 가족치료가 필요하다는 단서로 확인되었다. 그들은 그가 말로 도움을 요청하는 방법을 시도하도록 도왔다.

퇴소 날짜를 몇 주 전에 미리 정하는 것은 아동(양육자)이 환경의 지지 없이 치료를 받을 수 있는지를 확인하는 중요한 기회가 된다. 퇴소의 현실은 이제까지 그들이 경험한 붙잡아 주고, 성취하고, 관여하고, 촉진을 제공하는 관계 맥락의 상실에 직면하는 것이다. 예전 증상이 다시 나타나는 것을 예상할 수 있다. 하지만 심지어 증상으로 퇴행이 나타나더라도, 치료진은 관리감독을 줄이고, 청소년에게 특권을 더 많이 제공하고 책임을 증가시키는 촉진적인 태도가 필요하다.

9장의 개인 심리치료 부분에서 제안하였듯이, 촉진하는 반응은 치료 과정에서 필요한 격려를 제공하는 것이다. 예를 들어, 적응적인 방향으로 나아가기 위해 필요한 용기를 격려하는 것은 치료진이 발달에 있어 아동의 근접 영역과 나란히 함께하는 것이다. 프리드먼(Friedman, 1982; Stern, 1985에서 인용)은 마치 되려고 하는 사람으로 대략 그 환자를 대하면 '그 환자는 그러한 방식으로 치료가 되도록 움직일 것이다. 그리고 개인적인 세부사항을 채워

나갈 것이다.'(p. 43)라고 제안하였다. 건강한 소년으로 성장할 잠재력에 대한 확신을 치료자가 마음속에 갖는 것은 사실상 성장의 방향으로 래리가 나아갈 수 있도록 도왔다.

요약하면,

1. 거주형 치료는 덜 강력하고, 덜 제한적인 접근이 생산적이지 못하거나 적절하지 못한 중증 성격장애를 가지고 있는 청소년을 위해 필요하며 전체 치료 환경에서 초점화된, 상대적으로 단기 몰입된 것이다.
2. 거주형 치료는 억압적인 가족 상호작용 패턴을 중단시키고 청소년과 그의 가족이 안정애착과 성찰기능을 형성할 수 있는 조건을 확립하는 것이다.
3. 거주형 프로그램의 핵심은 치료목표의 통합이며, 양육자를 포함하여 치료에 관여하는 모든 사람이 일관된 개념화를 통해 공유하는 목표를 성취하게 되는 치료적 양식이다.
4. 퇴소를 위한 계획은 입소 시점부터 시작된다. 치료진이 계획하기와 관계의 지속성을 유지하면서 청소년을 다시 지역사회로 돌려보내기 위해 필요한 치료 양식과 사회적 지지를 확인한다. 재발 방지와 위기 개입의 계획은 이 시점의 치료 과정에서 매우 중요한 측면이다.

🐾 통합치료팀 그리고 지역사회에 기반을 둔 서비스

거주형 프로그램의 퇴소에 이어, 중증 성격장애를 가진 청소년은 그들의 성과를 유지하고 9장에서 기술한 치료의 중기 그리고 종결 국면으로 치료를 지속하도록 하기 위해 서비스와 프로그램의 배치가 필요하다. 대부분의 청소년이 거주형 치료 끝에 행동 개선과 적응이 되는 것 같아 보이더라도, 효과적인 지역 기반을 둔 서비스로 전환 없이는 종종 성과들이 손실된다는 것을 효과 연구들에서 분명히 지적했다(Curry, 1991).

거주형에서 지역사회-기반을 둔 프로그램으로 전환을 결정하는 원칙은 거주형 돌봄의 단계가 필요하지 않은 성격장애 청소년을 위한 지역-기반된 프로그램의 설계를 안내하는 것과 같다.

• 치료에서 온전한 파트너로서 양육자에게 힘을 실어 줌 치료에서 성공은 치료에 대한 적극성과 통제감을 경험하는 양육자의 능력에 달려 있다. 그들은 아동을 양육하는 데 효과적일 뿐만 아니라 억압적인 고리를 중단하고, 성찰적 방식으로 기능하는 데 있어 유능성을 발휘할 수 있어야만 한다. 더 큰 유능감은 양육자 자신과 가족을 지지할 수 있는 능력을 포함한다.

• 양육자, 청소년의 가족 그리고 지역사회의 강점과 자원을 세우기 치료에서 성공은 치료가 청소년과 양육자가 그들의 강점, 자원, 지지 그리고 적응적인 대처 능력을 인식하고, 동원하고, 세울 수 있도록 얼마나 도울 수 있는지에 달려 있다.

• 가족과 지역사회 내에서 구체적인 치료 프로그램을 문화적·경제적 맥락에 따라 계획하기 경제적 자원, 교육적 배경 그리고 청소년과 함께 살고 있는 가족, 지역사회의 문화적·종교적 가치 체계는 치료에 유용한 자원이며 중요한 결정요인이다. 중요한 것은 억압적인 고리를 멈추고 안정

애착을 위한 안전기지와 성찰기능을 형성하는 능력을 발전시키려고 하는 청소년과 그의 가족이 '수용할 수 있는' 규칙과 기대이다. 비록 문헌은 소수자 혹은 낮은 수입을 가진 집단으로부터 온 가족의 구체적 어려움과 특성에 민감해야 함을 강조하고 있지만, 돈 많은 사람과 특권을 가진 가족 또한 성찰적 관점을 보유하는 치료자의 능력을 크게 시험한다. 부유한 가족의 삶이 보여 주는 시기심, 당연한 권리감, 자기애, 아이를 망치는 그들의 행동은 비난하고 싶은 마음을 치료자에게 불러 일으킨다.

- 지역사회 자원을 활용하여 양육자의 지지 체계를 정상화하기   이들을 정상화시키는 원칙은 친구, 이웃, 성직자, 교사, 확장된 가족 그리고 지역사회 자조 집단과 같이 현재 혹은 잠재적인 지지원을 지역사회에서 확인하는 것이다.

아이-중심 그리고 가족중심-치료를 제공하기: 통합모델

앞에서 기술된 원칙은 서비스와 자원의 통합이 필요함을 강조하고 있다. 그러한 통합의 제공은 결국 서비스 연속체의 발달을 이끈다. '돌봄의 연속체'(Axelson, 1997; Behar, 1990; England & Cole, 1992; Tuma, 1989)는 입원 환자 혹은 거주형 서비스에서 단계적으로 완화된 치료형태를 우선적으로 제시한다. 연속체는 가장 제한적인 입원 환경으로부터 가장 제한이 적은 외래 환자 개입까지 확장된 서비스의 배열로 구성된다. 즉, 한 극단에 병원의 통제된 형태 혹은 거주형 프로그램으로부터 스펙트럼의 다른 끝에는 외래 환자 서비스까지 더 점진적인 변형이 배열되어 있다. 모든 서비스의 전체 스펙트럼(〈표 10-1〉 참조)은 그래서 그룹홈, 전문화된 가족 위탁 보호 서비스, 낮 치료, 학교 기반 서비스, 방학 배치, 방과 후 혹은 직장 이후 저녁 치료, 주말 혹은 여름 치료 캠프, 응급 서비스 그리고 가정 내 위기 안정화, 가족 보호 서비스를 포함하는 중간 범위의 많은 서비스를 포함한다.

⟨표 10-1⟩ 서비스 연속체

입원

거주형 치료

전문화된 거주형 센터

그룹홈

전문적인 양육/전문화된 가족 위탁 보호

지도감독 하에 독립적인 삶

낮 치료

높은 관리 - 하루 종일

중간 관리 - 하루 종일

중간 관리 - 반일

치료적 직업 배치

치료적인 미취학

저녁 치료

학교 혹은 직장 후

치료 캠프

주말, 여름

외래 환자

개인치료(회사 혹은 집)

가족치료(회사 혹은 집)

학교 내 지지

24시간 응급 서비스 - 위기 개입

집중적 외래 환자

통합치료팀 서비스

가족 보호 서비스

가정 내 위기 안정화

자연적 지지원

한 방향으로 진행되는—더 제한적인 것부터 덜 제한적인 환경—일련의 서비스로 구성된 연속체는 여러 가지 심각한 단점을 가지고 있다. 첫째, 대부분의 지역사회에서 존재하듯이, 서비스 연속체를 조직하고 계획하는 데 문제를 가지고 있다. 어떤 서비스는 공적 기금으로 운영되지만 다른 서비스는 제삼자 혹은 개인 보상금으로 운영된다. 입소와 재정에 대한 다양한 기준, 예측 불허의 주 입법 정책 그리고 각 단체 실무진의 편견과 우려는 서비스를 결합하고 다양한 치료 요소에 따라 치료를 계획하고 실행하는 자연스러운 통합을 방해한다(Stroul & Friedman, 1988).

두 번째, 중증 성격장애를 가진 청소년과 그의 가족은 발달적, 대인관계적 그리고 사회적 압력으로부터 야기된 위기로 인해 심각하게 혼란스러운 삶을 산다. 그래서 그들은 연속체의 한 끝에서 다른 곳으로 편안한 방식으로 순서대로 치료적 항해를 거의 할 수가 없다. 대신, 이러한 청소년과 가족은 서비스 연속체의 다양한 부분을 들락날락거리게 되는 것이 전형적인 양상이다. 그들은 주어진 시간에 서비스의 다양한 결합을 이용할 필요가 있다. 예를 들어, 심리치료의 중간단계에 이전에 해리된 경험을 직면하면서 자살 위기가 발전될 수 있다. 삶을 위협하는 위험으로 인해 구체적인 위기 계획과 단기 입원이 필요할 수도 있다. 며칠 혹은 몇 주 안에 위기를 해결할 수 있는데, 이후 청소년과 그의 가족은 약물치료와 학교 내 관리 및 지지가 결합된 개인 및 가족치료를 다시 시작할 수 있다.

이러한 제한점을 해결하는 한 가지 방법으로는 아동과 그의 가족 주변에서 서비스를 '통합'하는 유연한 팀을 구성하는 것이다. 통합모델은 복잡한 문제를 가진 청소년을 위해 개별화된 통합된 치료를 계획하고 제공하는 접근이다. 통합모델은 특히 중증 성격장애를 가진 청소년을 위해 지역사회-기반인 치료를 제공하는 데 아주 적합하다. 핵심은 환자, 가족, 주변(예, 교사, 코치, 확장된 가족, 성직자, 이웃)에서 얻을 수 있는 지지와 팀으로 활동하는 정신건강 전문가를 결합하는 것이다. 이러한 팀은 청소년과 그의 가족의 필요를 해결하기 위해 특별히 고안된 지역사회-기반인 치료 계획을 발전시키기 위해 노력한다.

양육자에게 그들의 필요를 어떻게 만족시킬 수 있는지 그리고 그들이 생각하기에 도울 수 있는 사람이 누구인지를 확인하도록 하면서 하나의 팀을 발전시키는 과정이 시작된다. 양육자는 그들의 양육기술을 바로잡는 데 지지와 도움이 필요하고, 그의 가족을 위해 안전한 환경을 제공하는 데 편안함이 필요하다. 그들은 또한 아동의 치료를 지지할 수 있도록 구체적인 도움이 필요하다.

양육자는 친구, 동료, 확장된 가족 그리고 성직자와 같은 '정상적인' 지역사회 지지자로부터 가능한 한 많이 끌어낸 지지 체계를 발달시키도록 격려받는다. 전문가는 치료자, 사례 관리자, 학교 교직원, 보호관찰관 그리고 관리 의료 평가자와 같은 기관의 대표자를 포함한다. 전형적인 팀은 8~10명으로 구성된다(Adkins, Safier, & Parker, 1998).

유급팀 진행자는 의사결정을 촉진하고, 참여 모임을 구성하고, 통합 계획의 실시를 감독한다. 팀 진행자는 모든 팀 구성원의 의견, 욕구 그리고 관심에 집중하면서 그들의 견해를 표현하도록 촉진하면서 팀의 성찰기능을 촉진하는 분위기를 촉진한다. 팀 진행자는 구성원 사이에 의사소통과 협력을 이끌어 내고 양육자가 의사결정 과정의 중앙에 있도록 한다.

통합 프로그램 이행에서 핵심적인 부분은 자금에 대한 접근성이다. 제3의 지급자와 협력적인 관계를 통해 입원치료 혹은 거주형 치료기관에서 비전통적인 서비스를 행하기 위해 자금을 융통적으로 사용할 수 있게 된다. 관리 의료 평가자는 통합팀의 구성원으로서 참여하고 적극적으로 통합 계획이 비용 대비 효율성이 높도록 관여한다.

예를 들어, 애드킨스과 동료들(Adkins et al., 1998)은 16세 경계선 소녀인 샐리의 사례를 보고했는데, 샐리는 반복해서 자살시도와 자살 생각으로 입원을 했다. 개인치료자는 샐리가 집에 혼자 있는 월요일부터 목요일 오후 3~6시사이에 자살 충동을 느낀다는 것을 알았다. 통합치료팀은 12시간 동안 방문돌봄을 샐리에게 제공하는 계획을 세웠다. 이후 3년 동안, 샐리는 자살시도를 하지 않았고 입원이 필요하지도 않았다.

지불자는 종종 샐리와 같은 사례의 경험을 통해 치료 계획에 그들의 적극적인 참여와 유연한 방식으로 재정 자원을 사용하는 것이 도움이 된다는 것을 확신한다. 심지어 정상적인 지역사회의 지지 체계를 치료 과정으로 모으는 것이 비용 면에서 효과적이라는 것은 분명하다.

주변에서 얻을 수 있는 지지자를 활용하는 것은 무료로 혹은 상대적으로 무료로 서비스를 이용하는 명백한 비용적 이점 그 이상이 있다. 이러한 지역사회 자원을 통합하는 것은 청소년과 그의 가족에 대한 오명을 줄일 수 있고, 그들의 역기능이 도움과 지지의 일반적인 자원을 차단하는 데에서 일어나는 소외감을 줄일 수 있다. 청소년과 그의 가족의 삶과 더 넓은 지역사회를 섞는 통합 프로그램은 그들에게 대처와 의사소통의 적응적인 모델을 제공할 뿐만 아니라 전문적인 치료진의 관여가 끝난 후에도 고정되어야 할 더 견고한 지지원을 발전시킬 수 있는 기회가 된다.

레이흐트만과 레이흐트만(Leichtman & Leichtman, 1999)이 지적하였듯이, 지역사회 자원 활용과 이것의 활동은 집에서 생활하고 있는 청소년의 치료에서처럼 모든 면에서 거주형 프로그램 내에 있는 청소년의 치료에도 유사하게 통합된다. 두 집단 모두에게 지역사회 활동은 청소년을 정상적인 사회적 요구에 노출시킨다. 통합팀이 청소년을 이러한 활동에 노출시키면서 성찰기능의 억제를 야기하고 기능의 비성찰적 그리고 억압적인 양식을 촉발하는 구체적인 압력을 분석할 기회를 갖게 된다. 레이흐트만과 레이흐트만에 의하면 지역사회 활동의 참여가 지역사회로 다시 소속되는 것을 촉진하고 퇴소 후 계획 수립의 기초자료로 활용할 수 있다. 이러한 과정은 거주형 치료의 중단 그리고 마지막 단계에서 이루어진다.

아동과 청소년을 위한 지역사회 관여의 가장 중요한 측면은 아마도 학교일 것이다. 학교는 명백하게 사회적·학업적 기술을 위한 중요한 장소이다. 학교는 또한 사회적 삶의 중심지이며, 특히 고학년 아동과 청소년에게는 정체성의 중요한 근원이다.

레이흐트만과 레이흐트만(Leichtman & Leichtman, 1999)은 거주형 프로그램으로부터 지역사회 내 학교 프로그램으로 전환을 기술하였다. 치료의 첫 몇 주 동안 아이는 전형적으로 거주형 시설에 포함되어 있는 교육 프로그램이 필요하다. 이 프로그램은 학습 장애를 해결하고, 오래 지속된 학업 실패, 권위 인물과의 갈등, 반사회적인 또래와의 연대 그리고 빈약하게 발달된 학업 기술을 극복하기 위해 필요한 구체적인 교육 개입을 포함한다.

치료의 중반단계에서 치료자와 작업동맹과 애착이 이루어지면서 거주형 치료에서 청소년은 지역사회 내 학교에서 이루어지는 수업에 참여하기 시작한다. 퇴소 일정이 정해지면서 청소년은 학교의 모든 시간에 참여하며, 놀이, 운동 그리고 학교 댄스와 같은 방과 후 활동에 참여하도록 격려된다. 거주형 치료의 마지막 단계에서 통합치료팀은 치료의 연속성을 위해 거주형 프로그램으로부터 퇴소 후의 계획을 세우기 시작한다. 팀 내에는 지역사회 내 학교로 청소년을 데려가 학교에서 그 청소년의 학업적인 접근을 지도하고 지지하는 학교 대표가 포함되어 있다. 학교 대표 그리고 나머지 통합치료팀의 구성원은 교사와 다른 학교 관계자가 아동과 청소년의 문제를 이해하고 그들을 잘 다룰 수 있도록 자문한다. 동시에 학교 대표자는 통합팀에게 그들이 수년 동안 일어난 학교 실패와 좌절을 바로잡으려고 할 때 청소년이 겪게 될 문제와 성과에 대한 의견을 제공한다.

거주형 치료에서 청소년을 위한 종교 활동은 지역사회에 참여하기 위한 또 다른 좋은 길이다. 종교에 대한 관심은 진단적 평가의 한 부분으로 탐색될 수 있다. 거주형 치료의 중간 단계쯤에 청소년은 종교단체에서 운영하는 청년을 위한 집단과 다른 종교 프로그램에 참여한다(Leichtman & Leichtman, 1999). 집에 머물고 있는 청소년뿐만 아니라 거주형 시설의 청소년을 위한 통합팀에는 전형적으로 성직자나 다른 종교 대표자가 포함되어 있다.

지역사회에서 아동·청소년의 적응적인 기능을 위한 또 다른 중요한 다리는 직업적 관심 혹은 재능과 일치하는 직업 기술의 발전이다. 레이흐트만과 레이흐트만(Leichtman & Leichtman, 1999)은 청소년이 그들의 직업적 관심을 확인하는 것을 돕고, 이력서를 쓰고, 추천서를 받고, 직업을 위해 지원하고, 고용인과 인터뷰를 하는 것을 돕기 위해 마련된 지역사회 기반인 워크숍을 기술하였다. 고용주가 홍미를 갖도록 하는 구체적인 방법을 이해하는 몇 가지 연습은 성찰기능을 실습하기 위한 좋은 기회가 될 수 있다.

시간제 직업은 중중 성격장애를 가지고 있는 청소년의 자존감을 높이는 데 중요하다. 직업은 반사회적인 동료와 접촉을 제한하고 청소년에게 돈관리와 예산 계획을 고민하게 한다. 지역사회에서 자원봉사자로 일하는 것(예, 무료급식소, 노인들에게 음식을 전달하는 것)은 반사회적 청소년에게 보상의 기회를 제공한다. 예를 들어, 레이흐트만과 레이흐트만(Leichtman & Leichtman, 1999)은 자동차 음향기기를 훔치는 것이 얼마나 다른 사람에게 피해를 주는 것인지를 알도록 하고, 지역사회 서비스를 통해 보상하는 것을 고려하도록 하는 부분에 대해 기술하였다. 비록 거주형 환경 구조가 상당히 제한적이라고 하더라도, 그들은 제한된 지도감독 하에서 집이 없는 가족을 위해 집을 재건축하며 하루 중 4시간을 보낸다. 청소년은 결코 규칙을 속이거나 조종할 수 없다. 하지만 거주형 치료를 마칠 때 거주형 치료가 이제까지 경험하지 못한 대단한 자부심을 주었고, 성취감을 주었다고 보고했다.

지역사회에 기반을 둔 다른 프로그램은 청소년의 관계를 개선하고, 기술을 배우고 혹은 발전시키고, 관심이 있는 취미를 찾아보도록 돕는다. 무술과 명상이 결합된 프로그램이다. 메닝거 아동 그리고 가족센터에 의해 발전된 평화로운 학교 프로그램(Peaceful Schools program) 중 하나인 '자비로운 전사' 모델은 진실한 힘으로부터 안정감과 부드러움뿐만 아니라 명상을 강조하고, 정서와 충동성에 대한 통제, 무술로 인한 마음챙김을 강조한다(Twemlow et al., 2001).

지역사회-기반으로 한 약물남용 문제의 치료

불법 약물의 잘못된 사용은 중중 성격장애를 가진 청소년의 치료에서 가장 어려운 부분이다. 약물남용의 재발은 청소년과 그의 가족의 참여를 무너뜨리도록 위협하면서 가장 신중하게 구성된 치료 계획 주변에 어두운 구름처럼 맴돈다. 중증 성격장애로 고통받고 있는 또래는 종종 환자가 약물을 다시 먹으면서 그들과 다시 연결되도록 압력을 가한다. 약물의 당기는 힘은 강력하다. 그것은 스트레스로부터 순간적인 위안을 주며, 적어도 내적 무감각이라는 즉각적이고 끔찍한 느낌을 지우는 '흥분'을 제공한다. 또한, 약물남용이 종종 가족의 유전력 그리고 역사의 구조 속에 박혀 있기 때문에 가족의 주제를 두드리기도 한다. 그래서 약물은 집의 '냄새'를 가지고 있으며, 종종 미묘하게 노골적으로 부모에 의해 부추기도 했다. 약물남용과 중증 성격장애의 결합은 종종 거주형 치료의 공통적인 지표이다. 이들의 치료로는 약물남용 문제를 해결하는 전문화된 접근과 함께 환경치료, 약물치료, 개인 및 가족 치료, 그리고 교육 프로그램을 포함하면서 앞서 기술되었던 요소를 통합한다(Cooperman & Frances, 1989; Rounds-Bryant, Kristiansen, & Hubbard, 1999).

구체화된 약물남용 개입은 개별화된 계획을 통해 약물 의존을 다루는 치료자의 책임이 크다. 앞서 기술하였듯이, 이러한 계획은 개인상담, 약물 의존 집단 그리고 워크북 숙제를 포함한다(Jaffe, 1990). 또한, 치료 후 계획을 포함하면서 재발 방지에 강조점을 둔다. 이러한 계획은 전형적으로 불시에 이루어지는 소변검사 그리고 지역사회 내 금주모임(Alcoholics Anonymous: AA) 혹은 약물중독자모임(Narcotics Anonymous: NA) 집단에 참여하는 것이 해당된다.

거주형 프로그램 내 청소년은 점진적으로 지역사회 자조 프로그램에 소개된다(Leichtman & Leichtman, 1999). 첫째, 그들은 그 기관을 떠나지 않으면서 지역 내 12단계 프로그램에 참여하는데, 치료진은 NA/AA 집단의 철학과 기대되는 효과에 대해서 정보를 제공한다. 그들이 치료팀과 작업동맹을 맺는 것을 보일 때(전형적으로 거주형 치료의 4~8달 후에) 청소년은 지역 기반의 NA/AA에 참여하기 시작한다. 퇴소가 다가오면서 퇴소 후에 지역사회 집단에 이들이 참여하도록 돕기 위해 자원 봉사자를 모집한다. 봉사자와 NA/AA 집단은 지지원의 역할을 하면서 청소년이 더 건강한 발달과 개선된 적응이라는 그들의 여정을 지속하도록 붙잡아 주는 데 중요한 요소가 된다.

제11장
❖❖❖❖❖❖❖❖❖❖❖❖❖
약물치료

　임상 실제에서 중증 성격장애를 가진 대부분의 아동·청소년의 치료는 전형적으로 심리사회적 치료 혹은 사례관리와 약물치료를 결합한다. 임상가들은 시간이 많이 필요한 개입에 따라붙는 '한계가 있는 보상체계'에 직면해 있는 환자와 그의 가족을 만나게 된다. 이런 상황에서 약물처방은 치료에서 효과를 개선시킬 수 있으며, 절망에 빠져 있는 임상가를 도울 수 있다는 임상적 판단에 근거해 이루어진다.

　계속되는 문헌에서는 성격장애를 가진 성인의 치료에서 약물(pharmacological agent)의 효과성을 제시하고 있다(Coccaro & Kavoussi, 1997; Coccaro et al., 1989; Kapfhammer & Hippius, 1998; Soloff 1998). 그러나 제한적인 자료만이 아동과 청소년에 대한 약물 개입을 지지할 뿐이다. 또한, 심리치료, 약물치료 그리고 심리치료와 약물치료의 결합을 연구한 자료는 부족한 실정이다.

　이 장에서 나는 중증 성격장애를 가진 아동·청소년을 위한 통합된 치료 계획의 요소로 약물치료를 논의할 것이다. 아동·청소년을 위한 약물치료는 경험적 연구의 한계를 가지고 있지만 성인 환자를 통해 얻은 임상적 연구들로부터 상당한 근거를 가지고 있다(Cloninger, Svrakic, & Przybeck, 1993;

Gabbard, 2000; Gunderson & Links, 1995; Soloff, 1998). 또한, 이러한 아동·청소년의 임상적 증상과 관련이 있는 다른 증상을 보이는 아동·청소년에 대한 약물치료의 연구 결과에 근거를 가지고 있다.

이 치료모델의 핵심에는 신경전달물질의 다양한 활동에 의해 매개되는 신경생물학적 취약성이 대처하고, 관계하고, 경험하는 부적응 패턴을 발생시키고, 유지시키고, 강화하고, 악화시키는 데 중요한 요인이라고 제안한 4장, 5장, 6장에서 제시된 증거들이 있다. 앞서 기술하였듯이, 이러한 취약성은 유전적 소인 그리고/혹은 불리한 상황이나 외상 혹은 학대에 의해 야기된 생리학적인 변형으로부터 나온다. 더 구체적으로 중증 성격장애의 기저에 있는 각성, 인지, 감정 그리고 충동의 조절장애는 적어도 4가지 면에서 성찰기능의 선택적 억제를 촉진한다.

1. 조절장애는 심리생리학적 조절을 회복하기 위해 필요한 '조율된 반응'이 크게 필요한 상태이다(조절장애를 가진 아동·청소년은 양육자의 폭력을 읽고, 자신의 내적 상태를 무시하는 데 있어 타고난 능력을 가지고 있다.).
2. 조절장애는 양육자에게 고통, 좌절 그리고 성찰기능의 억제를 일으킨다(그러한 반응을 '일으키는' 아동으로부터 도망가려고 하거나 혹은 파괴시키려고 하는 투쟁-도피 반응이 일어난다.). 양육자는 성찰기능을 촉진시키는 반응을 제공하기 어렵다.
3. 조절장애는 투쟁-도피 반응을 이끄는 고통, 불안, 혹은 과각성을 증가시키면서 결국 성찰기능을 차단하게 된다.
4. 조절장애는 성찰기능에 필요한 상징적 능력의 사용이나 에너지 수준 혹은 집중을 감소시킨다. 궁극적으로, 구체적인 신경전달물질과 신경생물학적 활성화에 의존하게 된다(Soloff, 1998).

중증 성격장애를 가진 아동·청소년의 치료에서 약물치료는 건강한 적응과 발달, 특히 성찰기능의 연습을 위태롭게 하는 조절장애와 취약한 특질과 연관된 증상을 주된 목표로 삼는다. 약물치료는 급성 심리생리적 · 생물학적 보상작용이 실패하는 상황에서 나타나는 증상 그리고 역기능에 영향을 주는 소인으로 특질 취약성 둘 다를 목표로 삼는다. 각성, 인지, 감정 그리고 충동의 신경생물학적 근거에 영향을 미치면서 약물치료는 심리치료와 가족치료에서 더 최적의 상태를 만든다. 아동 · 청소년이 주관적 고통, 불안, 과각성에 의해 흔들리지 않을 때 혹은 그들의 우울한 에너지 수준 그리고 감소된 집중능력이 개선될 때, 그들은 더 쉽게 성찰기능을 수행할 수 있다. 유사하게, 효과적인 약물에 대한 처방과 관리를 이끄는 치료자와 양육자 사이에 협력적인 작업은 아동이 통제감과 자기조절을 얻는 데 있어 부모를 돕는 위치로 자리를 잡도록 한다. 그래서 양육자는 아동의 고통에 효과적으로 반응하는 것으로 안정애착의 발달을 촉진한다. 요약하면, 비록 약물이 인격을 변화시키지 못하더라도 혹은 그 자체만으로 발달적 궤적을 변경시키지 못하더라도, 그것은 새로운 경험과 학습을 촉진시키기 위해 그리고 다른 대인관계적 맥락의 창조를 촉진시키기 위해 개인 그리고 가족 치료와 함께 상승작용을 일으킨다.

4장에서 기술하였듯이, 구체적인 신경생물학적인 취약성과 어떤 형태의 인격 장애 사이에 일 대 일 대응은 발견되지 않았다. 특히, 경계선 연속선의 끝에 있는 아동 · 청소년은 다양한 취약성의 결합을 보이는데 우울, 불안장애, 약물남용, ADHD, 섭식장애 그리고 기분장애와 같이 축 I 장애가 함께 동반된다. 또한, 그들은 다양한 수준의 폭발성, 충동적 공격성 그리고 자기 파괴성을 보인다. 그래서 스루프(Soloff, 1998)가 제안하였듯이, 약리학적 개입의 치료 과정보다는 감정 조절과 충동적 행동조절장애와 같은 인격적 차원을 목표로 삼는 것이 더 실제적이다. 이러한 특성이 비록 심각한 경계선 성격장애의 가장 끝에서 더 많이 두드러진다고 하더라도, 이들 군집에 해당되는 모든 아동 · 청소년에게 나타난다. 현재, 반사회성-자기애성 차원의 끝에서 나타나는 특징인 약탈적 잔임함에 대한 약물치료 전략은 존재하지 않는다.

나는 연구와 임상적 경험에 근거해 치료 알고리즘을 정의한 스루프의 차원적 접근을 따르려고 한다. 이 치료 알고리즘은 성격장애 그리고 기존에 약물치료가 잘 발전되어 온 축 I 장애를 위한 알고리즘과 겹친다. 양극성장애, 간헐적 폭발 장애 그리고 우울증과 같은 축 I 장애와 정서조절장애가 중복된다. 또한, 충동적-행동적 조절장애의 차원과 축 I 장애 중 ADHD와 중복된다. 알고리즘은 스루프(Soloff, 1998)가 제안한 다음과 같은 규칙을 따른다. (1) 경험적 증거에 의해 효과성이 강력하게 지지된 약물을 선호, (2) 과다복용, 남용 혹은 불순응의 위험이 저은, 더 안전한 약물을 선호 그리고 (3) 빠른 변화가 필요한 경우에는 빠르게 작용하는 약물을 선호한다.

감정조절장애, 우울증 그리고 행동조절장애에 대한 약리학적 개입

감정조절장애는 중증 성격장애, 성격장애의 경계선 끝에 있는 아동·청소년의 주된 특징이다. 감정조절장애는 불안정한 기분, 간헐적·폭발적 분노, 우울로의 '추락' 그리고 기질적 분출과 같은 증상의 범위를 포함한다.

이러한 청소년의 일부는 조증 에피소드의 특성을 포함하면서 청소년기에 발병하는 조울 장애 기준을 만족시킨다. 이러한 경우, 아동기에 양극성 장애를 위해 발전된 알고리즘을 적용한다([그림 11-1] 참조, Davanzo & McCracken(2000) 참조). 어떤 아동·청소년은 양극성 장애의 기준을 만족시키지는 않지만 비정상성과 지속적으로 고양된 폭발적 혹은 불안정한 기분이 뚜렷이 구분되는 기간을 보인다. 임상적으로 이러한 아동은 기분 불안정을 다루는 치료가 고려된다(Lewinsohn, Klein, & Seeley, 1995). 따라서 이들은 같은 알고리즘에 포함된다. 다른 청소년은 불안, 불안정한 기분 그리고 사소한 것에 높은 각성, 거절감, 좌절감 혹은 유기 경험을 가지고 있다. 이러한 특성은 양극성 장애 혹은 간헐적·폭발적 공격성의 분명한 특성에 못 미치지만

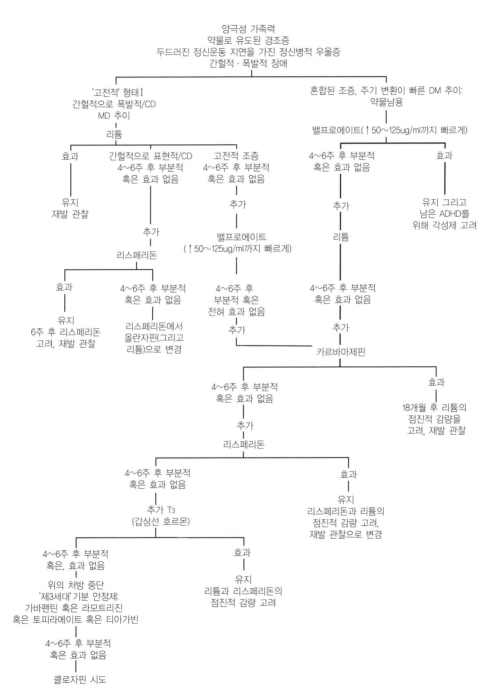

[그림 11-1] 양극성 장애-간헐적·폭발적 공격성을 위한 알고리즘(Davanzo & McCracken, 2000). CD, 품행장애(conduct disorder); DM, 우울증-조증(depression-mania); MD, 조증-우울증(mania-depression).

우울증을 위한 DSM-IV의 진단 기준에 부합한다. 이러한 아동·청소년은 감정조절장애(양극성 장애가 없는 우울증)로 간헐적·폭발적 공격성을 위한 알고리즘이 적용된다([그림 11-2] 참조).

양극성 장애-간헐적·폭발적 공격성 알고리즘

[그림 11-1]에서 보았듯이, 이 알고리즘은 경험과 대인관계 맥락이 악화되어 있고, 이러한 문제가 더욱 악화되면 양극성 장애를 가질 가능성이 있는 중증 성격장애를 가진 아동·청소년에게 적용된다. 양극성의 예측변수는 다음과 같다. (1) 유전자를 50% 공유하는 가족에서 조울증의 역사, (2) 항우울제 치료 후에 조울증으로 전환, (3) 파괴적 행동, 침울함, 좌절에 대한 낮은 인내 그리고 폭발적 분노의 악화 이후에 죄책감, 우울증 그리고 지속되는 수면장애 그리고 (4) 두드러진 정신운동 지체, 자율신경 증상 그리고 망상이 두드러지는 우울증이 그것이다.

4장에서 논의한 트래비스의 사례는 양극성 장애-간헐적·폭발적 공격성 알고리즘을 적용하는 청소년의 예를 잘 보여 주고 있다. 트래비스의 아버지, 친삼촌, 친할아버지 모두 양극성 장애로 고통을 겪었다. 기분의 가변성, 성마름 그리고 간헐적인 분노와 공격성의 폭발은 7살에 그 소년을 처음 봤을 때 임상적 그림의 두드러진 특징이었다.

리튬을 처방하는 것은 양극성 장애의 고전적 증상을 가진 아동, 즉 기분장애 그리고/혹은 확인 가능한 조증 에피소드의 분명한 가족사를 보이는 경우에 가장 첫 단계이다. 리튬은 또한 간헐적·폭발적 폭력의 에피소드를 보이는 경우에 가장 처음 내려지는 약리적인 처지이다. 조증 청소년에 대한 이중-맹검(double-blind)연구 혹은 위약-통제된 연구뿐만 아니라(Geller, Cooper, Sun, et al., 1998; Geller, Cooper, Zimerman, et al., 1998), 개방된 실험 연구들(open-label)(Carlson, Rapport, Pataki, & Kelly, 1992; Hsu, 1986)은 리튬이 성인 양극성 장애보다는 덜 효과적이지만 청소년 조증에 효과적이라고 제안했다. 특히, 초기에 발병한 양극성 장애는 효과성의 차이가 두드러진다. 스트로버와 동료들(Strober et al., 1988)은 사춘기 이전에 발병하는 아동들(33%)은 이후에 발병한 청소년들(66%)과 비교하여 약물에 덜 반응적이라고 하였다. 리튬은 또한 충동적 공격성의 치료에서 효과적이다(Sheard, 1975; Sheard, Marini, Bridges, & Wagner, 1976). 좀 더 최근의 연구들은 폭발적 분노의 치료에서 리튬의 사용을 지지한다(Campbell et al., 1995; Fava, 1997).

아동에게 리튬을 처방고자 할 때 하루 복용량을 몸무게에 기초(mg/kg)해서 처방하는 것은 높은 세럼 수준 때문에 권고되지 않았다(Fetner & Geller, 1992). 보다 최근에 다반조와 매크래컨(Davanzo & McCracken, 2000)은 25kg보다 적게 나가는 경우에 대해서는 하루 섭취량이 300mg(목표 용량: 600mg), 25kg과 40kg 사이인 아동은 600mg(목표 용량: 750~900mg), 40kg 이상인 경우에는 900mg(목표 용량: 1,200mg)으로 시작하는 것이 리튬 적정 용량이라고 권고하였다. 이들은 바람직한 세럼의 수준이 1.0~1.2(mEq/L)에 도달할 때까지 3~5일마다 그 용량을 적정할 것을 권했다.

쿠퍼 계산도표(cooper nomogram)가 아동에게 세럼의 예측치를 잘 보여 준다고 보고되어 있다(Geller & Fetner, 1989). 그것은 한 번에 600mg 용량 투여 이후에 24시간 동안의 세럼 수준을 측정해서 용량의 적응 여부를 결정한다. 이 처방은 치료 후 혈중 농도가 더 빠르게 증가하는데, 이것이 조증 에피소드의 개선과 관련된다(Goldberg, Garno, Leon, Kocsis, & Portera, 1998). 그러나 이 접근의 더 최근 적용에서는 독성 가능성과 치료적 혈액 수준을 산출하기 위해 필요한 용량이 과대 추정되었음이 제기된 바 있다(Davanzo & McCracken, 2000).

리튬, 여러 가지 단점과 한계가 있다.

1. 약물의 빠른 적재를 방해하고 제한적 치료지표를 만드는 유독성 때문에 점진적인 복용이 필요함
2. 설사, 떨림, 갑상선 기능 저하증을 포함하면서 심각한 부작용(특히, 여

성 환자 중 5~10%에서 발견; Lenox, Manji, McElroy, Keck, & Dubovsky, 1995), 그리고 인지적으로 둔함(부정적 약물 순응의 지표가 될 수 있다.).

3. 생각되는 것보다 빈번하게 일어나지는 않는다고 해도, 출생시 손상을 유도할 가능성(Altshuler et al., 1996)은 중증 성격장애를 가진 여자 청소년에게는 치명적인 문제이다—이들은 제대로 보호를 받지 못하거나 그렇지 않더라도 파괴적인 성적 관계에 관여됨.

4. 갑상선, 신장, 그리고 혈청 수준 관찰 요망

5. 리튬 단일요법이 기분 안정을 유지하는 데 성공적이지 않을 가능성

이러한 문제점에 덧붙여, 리튬은 중증 성격장애를 가진 아동·청소년에게 공통적인 특성인 혼합된 조증, 우울증, 빠른 순환을 보이는 양극성 장애 그리고 공병을 갖고 있는 약물남용의 치료에서 제한적인 효과성이 있다.

이러한 한계점 때문에 임상가들은 대안적인 약물을 활발하게 찾아 왔다. 항경련제는 양극성 장애와 정서적 공격성의 급성치료 그리고 예방치료에서 중요한 대안적 치료제로 부상하고 있다. 디발프로엑스 나트륨은 혼합된 조증, 빠른 순환을 보이는 양극성 장애 혹은 약물남용을 동반한 우울장애를 보이는 아동과 청소년에게 첫 번째로 시도된다(Calabrese, Rapport, Kimmel, Reese, & Woyshville, 1993; McElroy, Keck, Pope, & Hudson, 1992; Post, Ketter, Denicoff, et al., 1996; Post, Ketter, Pazzaglia, et al., 1996; Post, Kramlinger, Altshuler, Ketter, & Denicoff, 1990). 이것은 트래비스를 위해 선택된 약물이었는데, 트래비스는 이 과정을 잘 견뎠고, 감정적 폭풍과 충동적인 공격성에서 의미 있는 감소를 보였다.

사례 연구들(Papatheodorou, Kutcher, Katic, & Szalai, 1995)에서는 디발프로엑스 나트륨이 양극성 장애를 가진 청소년(Kastner & Friedman, 1992)과 정서적 공격성 그리고 행동적 통제 불능을 가진 청소년(Donovan et al., 1997)에게 효과적이며 잘 견뎌진다고 설명했다. 이러한 연구들은 디발프로엑스 나트륨과 같은 항경련제가 분노 분출뿐만 아니라 짜증을 감소시키고, 트래비스가

심리치료를 시작하는 것이 가능했던, 행동하기 전에 성찰하는 능력을 증가시킨다고 설명했다.

　다반조와 매크래컨(Davanzo & McCracken, 2000)은 디발프로엑스 나트륨의 초기 용량은 25kg 이하의 체중을 가진 아동의 경우 250mg/일(목표량: 500mg), 25kg~40kg 사이의 체중을 가진 아동의 경우 375mg(목표량: 750mg), 그리고 40kg 이상의 체중을 가진 아동의 경우에는 500mg(목표량: 50~125mg/ml의 혈청 수준을 얻기 위해 필요한 양으로 1,000mg 이상)으로 구분할 것을 권고하였다(〈표 11-1〉 참조). 다반조와 매크래컨은 특히 급성 조증의 경우, 혈청 수준이 빠르게 적정해질 때 최적의 임상적 결과를 얻을 수 있다고 보고하였다.

〈표 11-1〉 디발프로엑스 나트륨의 권고 용량표

체중	초기 용량	목표 용량	목표 혈청 수준
〈 25kg	250mg	500mg	50~125mg/ml
25~40kg	375mg	750mg	50~125mg/ml
〉40kg	500mg	1,000mg	50~125mg/ml

　디발프로엑스 나트륨 사용은 리튬의 중요한 한계점인 재발 가능성을 해결한다. 다반조와 매크래컨(Davanzo & McCracken, 2000)은 최근 연구들에서는 디발프로엑스와 리튬을 비교하였는데, 복용 후 약 3년이 경과하자 재발 가능성이 디발프로엑스 나트륨으로 인해 상당히 감소되었다고 보고하였다(20% 대 50%). 그러나 디발프로엑스 나트륨의 사용은 간효소의 관찰을 요한다. 공통적인 부작용으로는 일시적인 위장 증상, 성급함, 입맛 증가 혹은 거식, 탈모 그리고 낮은 프로트롬빈 시간과 혈소판의 수치를 들 수 있다. 다낭포 난소의 발생 가능성이 있는 여아의 경우에는 특별한 관심이 필요한데(Isojarvi, Laatikainen, Pakarinen, Juntunen, & Myllyla, 1993), 생리 불규칙 혹은 다모증의 초기 신호를 관찰해야 한다.

리튬 혹은 디발프로엑스 나트륨의 효과성에서 적어도 점차적인 중단을 고려하기 전에 첫 번째 조증 에피소드 이후에 18개월 동안 약물이 지속되어야 한다(Kowatch et al., 2000). 리튬의 갑작스러운 중단은 적어도 3배 정도의 재발 가능성을 높인다(Strober, Morrell, Lampert, & Burroughs, 1990).

리튬을 처방받은 간헐적·폭발적 공격성을 보이는 청소년이 단지 부분적으로 반응을 보이거나 반응이 없을 때 혹은 임상적 요구가 긴급할 때 비전형적 항정신병 약물 중 하나를 추가할 수 있다. 이러한 약물은 거의 혹은 전혀 부작용이 없는 항정신병적 효과를 가지고 있으며(특히, 운동 장애의 경우), 우울증(Tollefson, Sanger, Lu, & Thieme, 1998), 인지적 증상(Hagger et al., 1993) 그리고 조증(Tohen et al., 1999)을 포함하여 넓은 범위의 증상에 치료 효과를 증명해 왔다. 비전형적 항정신병 약물을 처방받은 경계선 성격장애를 가진 환자에 대한 많은 연구(예, Frankenburg & Zanarini, 1993; Schulz, Camlin, Berry, & Jesberger, 1999)에서는 비전형적 항정신병 약물이 중증 성격장애 환자에게 안전하고 잘 견뎌진다고 설명했다. 이러한 약물은 또한 다른 약물과의 결합에도 안전해 보인다. 이 약물의 유용함은 이러한 환자에게 정신병적 증상을 줄이는 것 이상으로 확장된다. 비전형적 항정신병 약물은 특히 간헐적으로 폭발적인 환자 그리고 다루기 힘든 우울증의 증상을 보이는 사람에게 효과적일 수 있다(이어지는 논의를 보라.).

비록 넓게 사용되고 있더라도, 아동·청소년에 대한 통제된 연구의 부재로 인해, 비전형적 항정신병 약물은 경험적 증거에 의해 지지되지 못하고 있다. 10장에서 기술된 팸의 경우, 이러한 추이를 잘 보여 주고 있다. 처음에는 짜증, 기분 변화 그리고 분노의 폭발과 폭발적 공격성을 완화시키기 위해 리튬이 처방되었다. 4주 후에 부분적으로 개선을 보였지만 정서적 폭풍에 여전히 취약하였고, 이 기간 동안 그녀의 현실 접촉은 손상되었다. 리스페리돈의 추가 처방은 상당히 간헐적인 폭발성을 감소시켰고, 현실 검증에서 실수를 피할 수 있다.

리스페리돈은 상대적으로 부작용의 온건한 양상 그리고 아동·청소년에

게 가용한 임상적 경험으로 비전형적 항정신병 약물 중 첫 번째로 고려된
다(Grcevich, Findling, Rowane, Friedman, & Schulz, 1996). 일일 용량은 2~
10mg(평균: 6mg)이다. 주된 부작용은 가벼운 진정작용 그리고 추체외로증상
(extrapyramidal symptoms)을 포함한다. 간효소 이상으로 인해 간기능에 대한
세심한 관찰이 필요하다(Kumra, 2000).

　중증 성격장애를 가진 아동은 리튬 반응에 실패하는 '고전적' 양극성 장애
를 동반한다. 다음 단계는 디발프로엑스 나트륨을 추가한다. 핀들링과 칼라
브레세(Findling & Calabrese, 2000)의 통제된 연구에서는 기분 안정제를 결합
했을 때 안정성과 효과성을 제시하였다. 이러한 결과는 기분 안정제의 결합
이 재발을 막는 데 있어 단일요법보다 더 효과적임을 보여 주는 성인 연구
결과와 일관적이었다(Davanzo & McCracken, 2000). 따라서 리튬은 혼합된 조
증, 빠른 순환 조증 장애, 디발프로엑스 나트륨에 부분적으로 반응하거나 반
응하는 데 실패하는 물질남용을 동반하는 양극성 장애를 가진 아동의 치료
에 추가되어야 한다.

　이제까지 알고리즘을 요약하면, 간헐적 폭발적 '정서적' 공격성을 가진 청
소년은 우선 리튬으로 치료된다. 만약 여기에 반응하지 않는다면, 리스페리
돈이 추가 처방되어야 한다. '고전적 조증'을 가진 아동의 경우, 우선 리튬을
처방한다. 반응하지 않으면, 디발프로엑스 나트륨이 추가된다. 혼합된 조증,
빠르게 순환되는 양극성 장애 혹은 약물남용을 동반하는 양극성 장애를 가
진 청소년의 경우, 가장 첫 번째 선택은 디발프로엑스 나트륨이다. 만약 이
약물에 반응하지 않으면, 리튬이 치료에 추가로 처방된다.

　간헐적 폭발적 공격성을 통제하는 리튬과 리스페리돈의 4~6주 처방 후 부
분적으로만 반응이 있거나 혹은 반응이 없다면, 올란자핀이 리스페리돈을 대
체한다. 올란자핀은 조현병을 가진 아이에 의해 잘 견뎌져 왔다(Kumra et al.,
1998). 가장 공통적으로 보고된 부작용은 식욕 증가, 변비, 역겨움, 구토, 두
통, 졸음, 집중의 어려움, 신경증 그리고 일시적 간효소 증가가 있는데, 비교
적 가볍다. 이러한 가벼운 부작용의 발생은 클로자핀 처방과 관련된 잠재적

으로 치명적인 혈액병이 나타나지 않으면서 클로자핀 처방에서 나타나는 최소한의 부작용과 유사하다. 중증 성격장애를 가진 아동 혹은 청소년을 대상으로 연구가 수행되지 못했지만, 경계선 성격장애를 가진 성인의 연구가 도움이 된다. 만약 청소년이 빠르게 순환하는 그리고 혼합된 상태에서 이미 기술된 알고리즘인 올란자핀과 리튬의 결합으로 4~6주 후에 반응을 하지 못하면, 리튬과 발프로엑스 나트륨의 결합이 다음 단계에서 고려되어야 한다.

카르바마제핀의 추가는 리튬과 디발프로엑스 나트륨의 결합의 반응에 실패하는 간헐적 폭발적 공격성뿐만 아니라 고전적 양극성 장애, 혼합된 상태 혹은 빠르게 순환하는 상태를 보이는 청소년을 위한 다음의 선택이다. 트래비스의 경우는 혼합된, 빠르게 순환하는 기분장애 그리고 폭발적 충동적 공격성의 신호를 보이며 리튬과 디발프로엑스 나트륨의 결합으로 부분적으로만 개선을 보였던 좋은 예이다. 카르바마제핀의 추가는 짜증 폭발과 폭발적 공격성의 감소에 두드러진 효과를 가지고 있다.

카르바마제핀은 양극성 장애를 가진 성인의 조증과 급성 우울증 그리고 우울증의 예방적 치료에 효과적이다(Post, Ketter, Denicoff, et al., 1996; Post, Ketter, Pazzaglia, et al., 1996). 비록 아동과 청소년을 대상으로 수행된 통제된 연구가 출판되지 못하고 있지만, 여러 연구에서는 짜증 폭발 그리고 폭발적인 공격성의 감소에 카르바마제핀의 효과성을 보고하고 있다(Cueva et al., 1996; Kafantaris et al., 1992). 25kg보다 체중이 적은 아동의 초기 용량은 100mg/일이며, 5~7일마다 목표 용량 400mg, 바람직한 혈청 수준은 4~14mg/ml까지 100~200mg을 증가할 수 있다. 25~40kg 체중의 초기 용량은 200mg/일이며, 목표 용량이 800mg, 바람직한 혈청 수준은 4~14mg/ml까지 5~7일 마다 조정한다. 40kg 이상 체중이 나가는 아동의 경우에는 400mg/일으로 초기 용량을 시작하며, 목표 용량 1,200mg 그리고 바람직한 혈청 수준인 4~14mg/ml에 도달할 때까지이다(〈표 11-2〉 참조). 카르바마제핀의 사용은 혈액, 혈소판 그리고 망상 적혈구의 수를 관찰해야 한다. 이 약물은 다양한 약물과 상호작용을 하는데, 발진, 백혈구 감소 그리고 드물지만 무형성 빈

혈과 혈소판 감소증을 나타내면서 아동에게 잠재적으로 심각한 부작용을 가지고 있다.

〈표 11-2〉 **카르바마제핀의 권고 용량**

체중	초기 용량	목표 용량	목표 혈청 수준
< 25kg	100mg	400mg	4~14mg/ml
25~40kg	200mg	800mg	4~14mg/ml
> 40kg	400mg	1,200mg	4~14mg/ml

첫 번째 그리고 두 번째 기분 안정제의 결합에 실패한 사례에서 중증 성격장애 그리고 간헐적 · 폭발적 공격성을 가진 아동 · 청소년은 기분 안정제의 잠재적 3세대 약물로 나타난 새로운 항경련제 중 하나를 시도하기 위해 디발프로엑스 나트륨 그리고 카르바마제핀을 중단해야 한다. 네 가지 새로운 항경련제는 간질치료로 허가된 바 있다. 라모트리진, 가바펜틴, 토피라메이트 그리고 타이아가빈이다. 라모트리진과 가바펜틴은 다루기 힘든 양극성 우울증과 빠르게 순환하는 기분장애를 가진 성인의 치료에 효과를 보였다(Ghaemi, 2000; Kusumakar & Yatham, 1997). 사례 연구에서는 경계선 성격을 가진 성인의 경우, 라모트리진의 강력한 반응을 보였다(Pinto & Akiskal, 1998). 아동과 청소년을 대상으로 하는 임상 경험은 다루기 힘든 양극성 그리고 빠르게 순환하는 우울증뿐만 아니라 더 넓은 범위의 정서적 공격성 그리고 행동적 통제 불능의 치료를 위해 새로운 항경련제, 특히 라모트리진 그리고 가바펜틴의 사용에 큰 관심을 보여 왔다. 안전성과 효과성에 있어 통제된 연구가 없기에 이러한 물질을 사용하는 것은 상당한 주의가 필요하다. 특히, 잠재적으로 치명적인 스티븐존슨 증후군과 라모트리진을 처방받은 아동에게서 피부 발진이 높다는 보고는 심각한 우려를 갖게 한다. 그러한 반응의 위험은 너무 많은 용량과 디발프로엑스 나트륨을 함께 사용하는 것과 부분적으로 관련이 있을 수 있다.

감정조절장애-우울증 알고리즘

양극성 장애 혹은 간헐적으로 폭발적 공격성의 특성을 보이지 않는 정서 조절장애와 우울증의 두드러진 특징을 보이며, 전형적으로 그 군집의 경계선 끝에 있는 아동·청소년을 위한 첫 번째 시도는 선택적 세로토닌 재흡수 억제제(Selective Serotonin Reuptake Inhibitors: SSRIs)이다. 이 약물은 안전하고 효과적이다(Emslie et al., 1997; March et al., 1998; Strober et al., 1999).

경계선 성격장애를 가진 성인 환자에 대한 연구에서는 우울한 기분, 조절되지 못하는 분노, 거절에 과민함, 기분 가변성, 충동적인 행동 그리고 자해를 감소시키기 위해 SSRI 항우울제의 사용을 지지한다(Markovitz, 1995; Salzman et al., 1995; Soloff, 1998). 이는 붉은원숭이 실험에서 모성 박탈에 영향을 받는 세로토닌 전달 (5-HTT) 유전자의 짧은 대립 유전자의 전달에서 높은 취약성을 보고한 결과(4장)와도 일관적이다. 요점을 말하면, 유전적으로 이렇게 취약한 원숭이에게 모성 돌봄이 박탈된다면, 이 단락과 다음 단락에서 논의하는 정서조절장애 그리고 충동적 행동적 통제장애의 차원과 상당히 동일한 특성을 가지고 성장한다는 것이다. 이 원숭이는 사회적으로 불안하고, 정서적으로 취약하고, 충동적이며, 두려움을 크게 느끼면서 성장한다(Higley, King, et al., 1996; Suomi, 1997). 그들은 많은 양의 알코올을 소비하고(Higley et al., 1991), 알코올에 빠르게 내성을 발전시킨다. 이렇게 비정상적인 행동은 감소된 세로토닌 작동의 총 양의 감소를 보이면서 뇌척수액에서 세로토닌 대사물질인 5-하이드로옥시인돌초산(5-HIAA)의 낮은 농도를 보인다(Heinz, Higley, et al., 1998; Heinz, Ragan, et al., 1998; Higley, Suomi, et al., 1996).

감정조절장애, 충동적 공격성(폭력적인 자살시도를 포함)과 중추신경계의 낮은 세로토닌 수준과의 관계는 또한 사람에게도 확인된 바 있다(Brown, Pulido, Grota, & Niles, 1984; Heinz, Higley, et al., 1998; Heinz, Ragan, et al., 1998; Lesch et al., 1996). 뇌의 세로토닌 활동의 측정은 공격성 그리고 행동

통제 장애에서 세로토닌의 중심 역할을 지지한다. 자살 희생자의 뇌를 사후 분석한 결과, 이러한 사람이 자살시도를 하지 않은 개인의 부검표본과 비교했을 때 감소된 수의 세로토닌 수송체를 보였다(Stanley & Mann, 1983). 시냅스 후 수용기 영역에서 세로토닌 5-HT$_2$의 수의 보상적 증가는 자살을 시도한 사람의 전두엽 표본에서 확인되었다(Stanley & Mann, 1983).

틀림없이, 폭력적 혹은 자살을 시도한 개인에게서 세로토닌 분비 혹은 방출에서의 감소는 감소된 수의 세로토닌 수송체 그리고 증가된 시냅스 후 수용기의 수를 설명할 수 있다. 코카로와 동료들(Coccaro et al., 1989)은 세로토닌의 신경전달에서 유사한 감소는 성격장애를 가진 환자인 경우에 자살시도의 역사와 충동적 공격적 행동과 관련이 있다고 보고하였다. 하지만 기분장애를 가진 환자들의 경우에는 자살시도자 중 충동적, 공격성이 없는 경우에만 관련이 있다.

최근, 뇌 영상 연구들에서는 또한 세로토닌의 비정상성이 공격적 행동과 관련이 있다고 보고하였다. 시버와 동료들(Siever et al., 1999)은 펜플루라민의 투여 후에 성격장애를 가진 충동적 공격적 환자의 뇌와 정상 통제 집단의 뇌에서 포도당 사용을 비교하는 양전자단층촬영(Positron Emission Tomography: PET)을 실시하였다. 성격장애 환자는 감소된 세로토닌 전달을 보이면서 펜플루라민에 덜 반응하였다.

이러한 증거는 밖으로 향했든 혹은 안으로 향했든 정서조절장애, 충동성 그리고 충동적 공격성을 보이는 개인에게서 세로토닌 시스템에서의 기능장애를 지적하고 있다. 또한, 중증 성격장애를 보이는 개인의 이러한 행동에 대한 치료에서 SSRIs의 사용에 대한 타당성을 보여 준다. 정서조절장애와 충동성-행동통제장애의 차원 사이에 유사함은 둘 다 SSRI로 출발하는 두 개의 약물학적 알고리즘을 제시한다. 그러나 DSM-IV(American Psychiatric Association, 1994)에 따르면, 정서조절장애의 차원은 전형적으로 기분 부전증 혹은 주요우울장애의 증후를 포함한다. 최근 연구들에서는 앞서 언급하였듯이, SSRIs가 동등하게 아동과 성인의 우울증 치료에서 효과적이라고 보고한다.

아동과 청소년에서 우울증 치료를 위해 최근 임상적 경험과 연구 근거를 통합한 텍사스 아동 약물 알고리즘 프로젝트(Hughes et al., 1999)는 아동기 주요우울장애의 약물치료를 위한 합의된 알고리즘을 개발하려고 노력하였다. 이 알고리즘은 [그림 11-2]에 제시되어 있는데, 아동기 우울증에 관한 최근 연구들에서 검토한 우울장애의 국제적 전문가들의 참여로부터 나왔다. 그것은 중증 성격장애를 보이는 혹은 보이지 않는, 주요우울장애를 보이는 청소년을 위한 최신 약물치료를 대표한디.

알고리즘은 SSRIs 중 하나로 시작하는데, 임상적 경험뿐만 아니라 아동·청소년에게 플루옥세틴(Emslie et al., 1997), 청소년에게 파록세틴(Keller et al., 1998)과 설트랄린(Ambrosini et al., 1999), 개방실험으로 시도된 플루옥세틴(Strober et al., 1999)의 효과를 지지하고 있기 때문에 가장 우선적인 치료로 SSRIs가 수행된다. 플루복사민은 강박상애를 보이는 아동과 청소년의 치료에서 안정성과 효과성을 보였으며(Apter et al., 1994; Grados & Riddle, 1999; Riddle et al., 2001), 주요 우울증과 불안장애를 위한 치료의 효과성에 대해 연구되고 있다(Martin, Kaufman, & Charney, 2000).

SSRIs는 삼환계 약물보다 효과적일 뿐만 아니라 더 안전한 것으로 보인다. 삼환계 약물은 아동과 청소년 우울증에 효과적이라고 밝혀지지 않았다. 또한, 과다 용량에서 치사율을 보이며 독성의 고위험을 보인다(Birmaher, Ryan, Williamson, Brent, & Kaufman, 1996). 반대로, SSRIs의 부작용은 경미하고 일시적인데, 메스꺼움(Leonard, March, Rickler, & Allen, 1997), 불면증(Apter et al., 1996), 행동적 활성화가 불안이나 경조증 그리고 완전히 진행된 조증으로의 변화(Grados & Riddle, 1999; Peet, 1994)가 있다. SSRIs에 조증 혹은 경조증의 반응을 발전시키는 아동은 앞서 기술된 양극성 장애 알고리즘을 위한 후보자들이다.

SSRIs의 중요한 장점은 과다용량에 대해 상대적으로 안전하고(Grados & Riddle, 1999), 심전도에 거의 영향을 주지 않는다는 것이다(Leonard et al.,

1997). 물론, 이러한 장점은 자살과 자해 행동이 높은 청소년의 약물 처방에서 특히 중요하다.

어떤 SSRI가 어떤 특별한 아동에게 더 잘 작용할 것인지를 예측하는 자료가 없기 때문에 유용한 SSRIs 중 하나를 선택하는 결정은 임상가의 경험, 약물 상호작용, 약물 효과 추이 프로파일 그리고 비용과 관련이 있다. 즉, SSRIs의 용량은 부작용과 효과를 고려하면서 개별화되어야 한다. 다음과 같은 초기 용량과 목표 용량을 제안한다. 설트랄린은 목표 용량 50mg, 초기 용량 25mg(어린 아동의 경우, 초기 용량 12.5mg에 더 잘 반응할 수 있다.), 플루옥세틴은 초기 용량 5mg, 목표 용량 20mg, 플루복사민은 초기 용량 50mg, 목표 용량 200mg, 파록세틴은 초기 용량 10mg, 목표 용량 20mg(Kutcher, 1998) 등이다.

SSRIs의 시도는 8~12주 동안 지속되어야 한다(Emslie, Mayes, & Hughes, 2000). SSRI의 초기 적정 처방에 반응하지 않는 환자에 대해 텍사스 알고리즘 프로젝트와 임상 경험은 다른 SSRI로 변환할 것을 권한다(Emslie et al., 2000). 용량을 증가하는 전략은 성인을 대상으로 하는 연구와 임상적 경험으로부터 얻은 자료에 기초하여 두 개의 다른 SSRIs가 성공적이지 못할 때 이루어진다(Hughes et al., 1999). 이러한 처치는 특별히 SSRIs에 부분적으로 반응하는 사례에 적절하다(Ryan, Meyer, Dachille, Mazzie, & Puig-Antich, 1988; Strober, Freeman, Rigali, Schmidt, & Diamond, 1992). 최근 합의(Hughes et al., 1999)에서는 최선의 약물 효과가 가능한 첫 번째 선택으로 리튬을 권한다. 만약, 불안이 우세한 증상이라면 또한 부스피론이 고려될 수 있다(Emslie, Walkup, Pliszka, & Ernst, 1999). 부스피론은 불안에 효과적이다. 그리고 남용의 위험과 다른 항불안 약물과 연관된 행동통제장애를 촉발하지 않으면서 SSRIs의 효과를 높일 수 있다(Gardner & Cowdry, 1985).

부분적 혹은 전혀 반응이 없는 경우에는 여러 전략이 활용될 수 있는데, 임상적 상황에 따라 다르다. 이러한 전략은 자료에 의해 지지되기 어렵고 대개 임상 경험에 기초한다. 만약 충동적 분노와 폭발성이 두드러진다면, 리스페리돈의 추가로 시작되는 간헐적 폭발적 공격성에 대한 알고리즘([그림 11-1] 참조)을 따를 수 있다. 기분 불안정, 짜증 그리고 우울한 붕괴가 우세하다면, 임상가는 디발프로엑스 나트륨의 추가로 시작하는 혼합된 혹은 빠른 순환의 양극성 장애를 위한 알고리즘을 따를 수 있다([그림 11-1] 참조). 반면, 우울 증상이 지배적이라면, 임상적 경험은 텍사스 알고리즘의 다음 단계를 따를 것을 제안한다. SSRI를 중단하고, 벤라팍신, 네파조돈, 부프로피온 혹은 미르타자핀과 같은 다른 항우울제로 전환할 것을 권한다(Emslie et al., 2000; Hughes et al., 1999). 부분적으로만 혹은 진혀 반응하지 않는 것을 지속하는 주요 우울증을 보이는 아동의 경우, 텍사스 알고리즘(Hughes et al., 1999)은 리튬과 SSRI 중 하나와 대안적인 항우울제의 결합을 권한다. 리튬과 항우울제 혹은 SSRI 그리고 대안적 항우울제의 결합에 반응이 부족하거나 혹은 민감성이 부족한 경우, 엠슬리와 동료들(Emslie et al., 1999) 그리고 텍사스 알고리즘 프로젝트는 모노아민 산화효소 억제제(Monoamine Oxidase Inhibitors: MAOIs)를 권한다.

성격장애를 보이는 성인에 대해 통제된 연구들에서는 MAOIs의 효과성에 대해, 특히 행동 충동성, 기분 불안정, 거절에 대한 민감성 그리고 강렬한 분노를 줄이는 데 효과를 제시한다(Cowdry & Gardner, 1988; Liebowitz et al., 1988). 그러나 MAOIs는 약물-약물 그리고 약물-섭식 상호작용으로 인해 잠재적으로 치명적인 고혈압을 포함하여 심각한 문제점을 가지고 있다. 이와 관련해 아동·청소년을 치료하는 데 효과성을 검증하는 자료가 부족한 상황이다. 삶을 위협하는 위기를 이끄는 섭식의 무분별함으로 충동성, 자살 경향성, 약물남용에 대해 쉽게 취약해지는 것을 고려하면 특히 문제이다. 그래서 MAOIs는 다른 약물과 치료의 형태가 효과적이지 않을 때, 위험보다 효과가 높을 때, 그리고 섭식 제한에 대해 청소년의 순응을 관찰할 수 있을 때에만 고려해야 한다.

모클로베마이드, 브로발민과 같은 선택적 그리고 가역적(reversible) MAOIs는 높은 관심을 받고 있으며, 아동과 청소년의 정서조절장애의 치료를 위한 안전한 대안으로 인식되고 있다. 또한, 관심을 받는 다른 약물적 접근이 어렴풋이 나타나고 있다. 바로 부신피질자극호르몬 유형I 수용체 길항제인데, 이것은 새로운 항우울제로서 역할을 할 뿐만 아니라 또한 특별히 4장에서 기술된 정서조절장애 그리고 학대된 개인에게서 나타나는 시상하부-뇌하수체-부신의 축의 이상 조절을 교정하는 데 효과적이다(Holsboer, 1999; Kaufman et al., 1997).

텍사스 아동 약물 알고리즘에서 마지막 단계는 전기충격 치료(Electroconvulsive therapy: ECT)인데, 이것은 다루기 힘든 청소년의 증상이 개선되지 않거나 혹은 견딜 수 없는 부작용으로 힘겹지만 심신을 약화시키는 심각한 우울증을 지속해서 경험하는 청소년을 위한 것이다. 마지막 보루인 이 치료는 성인 연구(Fink, 1989; Prudic et al., 1996)와 아동과 청소년의 개방실험(open trials), 임상적 경험(Cohen, Flament, Taieb, Thompson, & Basquin, 2000; Cohen, Taieb, et al., 2000; Duffett, Hill, & Lelliott, 1999)에서 긍정적인 효과를 보고하고 있다.

성 정체감 혼란과 우울증을 보이며, 경계선 특성이 두드러지는 청소년의 예로 6장에서 기술한 제이는 심리치료와 약물치료를 함께 적용했던 예이다. 제이는 6세에 치료를 시작했고, SSRI로 출발했다. 아이는 약을 먹는 것이 자신을 독살하고 통제하는 것이며, 모든 사람에게 자신이 결함이 있다는 것을 드러내는 것이라는 두려움이 있었기에 약물을 복용하는 것을 힘겨워 했다. 4주 후 제이의 수면은 좋아졌다. 하지만 입맛은 여전히 좋지 않았고, 짜증도 여전했다. 리튬이 추가 약물로 처방되었을 때, 짜증에서 두드러지는 개선이 나타났다.

그 시점에서 제이는 개인치료를 시작했다. 치료에서 그는 『신데렐라』 『백설 공주』 『잠자는 숲 속의 공주』에 집중하면서 반복적인 놀이를 했다. 제이는 항상 아름답지만 고통스러운 공주와 같은 여자 주인공의 역할을 고집했다. 분리와 상실에 대한 염려가 천천히 회기 안으로 들어왔다. 제이는 숨바꼭질을 주도하거나 혹은 치료자에게 그를 찾으라고 요구하면서 숨는 척을 했다. 또한 그는 계속해서 음식과 돌봄에 몰두했다. 그는 약물을 치료자와 공유하

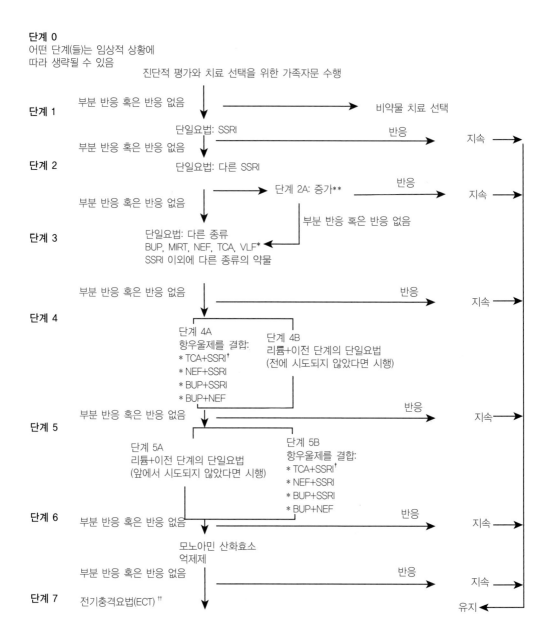

단계 0
어떤 단계(들)는 임상적 상황에
따라 생략될 수 있음

진단적 평가와 치료 선택을 위한 가족자문 수행

단계 1   부분 반응 혹은 반응 없음   →   비약물 치료 선택

단일요법: SSRI   반응 → 지속 →

단계 2   부분 반응 혹은 반응 없음

단일요법: 다른 SSRI

단계 2A: 증가**   반응 → 지속 →

부분 반응 혹은 반응 없음

단계 3   부분 반응 혹은 반응 없음

단일요법: 다른 종류
BUP, MIRT, NEF, TCA, VLF*
SSRI 이외에 다른 종류의 약물

단계 4   부분 반응 혹은 반응 없음   반응 → 지속 →

단계 4A
항우울제를 결합:
* TCA+SSRI†
* NEF+SSRI
* BUP+SSRI
* BUP+NEF

단계 4B
리튬+이전 단계의 단일요법
(전에 시도되지 않았다면 시행)

단계 5   부분 반응 혹은 반응 없음   반응 → 지속 →

단계 5A
리튬+이전 단계의 단일요법
(앞에서 시도되지 않았다면 시행)

단계 5B
항우울제를 결합:
* TCA+SSRI†
* NEF+SSRI
* BUP+SSRI
* BUP+NEF

단계 6   부분 반응 혹은 반응 없음   반응 → 지속 →

모노아민 산화효소
억제제

부분 반응 혹은 반응 없음   반응 → 지속 →

단계 7   전기충격요법(ECT)††   유지 ←

* TCA/VLF 고려. ** 리튬 +부스피론. † 성인에게서 대부분 연구된 결합. ‡ECT 텍사스에서 허락되지 않음.

[그림 11-2] 정서조절장애-우울증을 위한 텍사스 아동 약물 알고리즘(Hughes et al., 1999). BUP, 부프로피온; MIRT, 미르타자핀; NEF, 네파조돈; TCA, 삼환계 항우울제; VLF, 벤라팍신.

는 음식인 것처럼 말했다. '잠을 잘 자도록 도와주는 약'을 치료자와 나눠 먹는 척을 했다. 임신이 되는 것에 대해 물었고, 그의 봉제완구가 임신을 했다고 하기도 했다.

수면을 도와주는 약에 대해 말하는 것은 그에게 『잠자는 숲 속의 공주』의 주제를 떠올렸다. 치료자는 제이가 『잠자는 숲 속의 공주』의 환타지를 혼자 남겨지는 것에 대한 걱정과 두려움 그리고 외로움에 대한 거부감과 연결시킬 수 있도록 도왔다. 여러 주 후에 치료자는 제이가 혼자가 될 거라고 느낄 때 어떻게 으스대고 요구적으로 변하는지 알려 줬다. 제이는 자발적으로 이러한 느낌과 죽은 어머니에 대한 기억을 연결시켰다. 별 어려움 없이 그는 『백설공주』와 『잠자는 숲 속의 공주』의 이야기 주제에 새로운 요소를 추가했다. 만약 백설공주가 죽었지만 다시 돌아온다면 그리고 잠자는 숲 속의 공주가 사실은 죽은 것이 아니고 단지 잠을 자고 있었던 것이라면, 그의 어머니도 이와 같이 살아서 돌아올 수 있다는 것이다. 만약 그가 어머니라면 낙담하거나 무력하지 않을 것이다—100년의 잠에서 깨어나기를 기다리는 잠자는 숲 속의 공주처럼. 또한, 죽은 어머니를 대신해 사랑스러운 공주로서 아버지에게 스스로 자신을 제공할 수 있다면 아버지는 우울하지도, 그를 떠나지도 않았을 것이다.

이 시점은 제이가 거주형 치료에 입주한지 6개월이 지난 후였다. 이때 아버지와 계모는 이혼을 했다. 제이의 아버지는 또한 서혜부 탈장 수술을 받으려고 했다. 제이는 아버지가 다시 우울해지고, 자신이 아버지에게 기댈 수 없을 거란 걱정이 컸고, 아버지가 수술 도중에 죽을지도 모른다면서 불안해했다.

제이는 불안했고, 요구적이었으며, 도발적이었다. 강렬한 불안 때문에 약물요법에서 부스피론이 추가되었다. 치료 회기에 제이는 치료자와 함께하는 활동을 철저히 통제하려고 했다. 그는 치료자에게 남자아이와 여자아이 쌍둥이를 출산하는 임신부 역할을 지시했다. 제이는 아이를 집으로 데려가려는 어머니의 노력을 좌절시키며 아이들을 '어머니'로부터 뺏는 간호사 혹은 산부인과 의사 역할을 했다. 집으로 돌아가는 대신, 아기들은 성기를 제거하고 사지를 전달하는 수술을 위해 어디론가 보내졌다. 물론, 아기들은 수술 전에 납치되었다. 제이는 치료자에게 아기들을 구조하라고 지시했지만 결국 치료자의 노력은 실패할 것이라고 했다.

제이는 치료자가 가능할 수도 있는 유기에 대한 분노와 걱정이 있다고 언급하자 치료자에게 장난감 젖병으로 인형에게 우유를 먹이라고 했다. 제이는 곧이어 치료자에게 소변을 보는 시늉을 했다. "당신에게 오줌을 쏠 거야!" 제이는 보복의 두려움을 감추지 못하는 분노를 보이며 계속 소리쳤다. "괜찮아, 아기들에게 누군가 음식을 주고 그들이 어떻게 느끼는지를 이해해 주는 사람 없이 홀로 남겨진다면 너무 힘들 거야."라고 치료자는 말했다. 분명한 위안과 기쁨 그리고 격노가 교차하면서 제이는 치료자에게 소변을 보고 구토를 하는 시늉을 했다. 그래서 치료자는 언급했다. "아기는 떠나는 엄마에게 화가 날 거야. 엄마로부터 음식을 얻어야 하는 자신에게도 화가 날 거고!" 제이는 그 즉시 자신이 아기가 되었고, 무언가를 먹여 달라고 요구했다. 치료자가 따뜻한 코코아를 주니 편안함을 느꼈다. 두 달 후, 제이는 외래 환자로 치료를 지속했다.

충동성, 행동조절장애, 주의력결핍/과잉행동장애의 치료에 대한 알고리즘

충동성 그리고 행동조절장애는 아동의 삶을 고통스럽게 하고 가족이라는 자원을 압박한다. 전형적으로 학대와 외상에 의해 영향을 받은 과각성, 부주의 혹은 생리적 과활동으로 취약한 아동은 성찰기능에 의해 제공되는 조율하는 능력의 부재가 두드러지게 나타난다.

성격장애를 가진 청소년에게 나타나는 충동적 그리고 행동적 탈억제의 극적인 증후는 약물치료를 해야 하는 분명한 징후이다. 자살시도, 빈번하게 일어나는 자해를 포함하는 유사 자살 행동, 혹은 감정적, 충동적 공격성(Vitiello

& Stoff, 1997) 등이 그것이다. 또한, 무모한 행동, 폭식, 성적인 난잡함 그리고 약물남용은 약물치료의 표적이 되는 충동성과 탈억제의 증후이다. 이러한 증후를 위한 약물치료 알고리즘은 ADHD, 불안 장애, 기분장애, 우울증과 같은 축 I 장애의 신경생리학적인 취약성과 공통된 특성을 보이기에 정서조절장애를 위해 제시된 약물 알고리즘과 중복된다.

중중 성격장애를 가진 성인의 통제된 연구에서는 충동성과 행동조절장애의 치료에서 우선적으로 SSRIs를 권고한다(Coccaro & Kavoussi, 1997; Salzman et al., 1995). 하지만 이러한 권고를 지지할 만한 아동 그리고 청소년을 대상으로 한 비교할 만한 연구가 없다.

중중 성격장애를 가진 청소년은 DSM-IV의 ADHD의 진단 기준에 부합한다. 이러한 청소년을 위해 텍사스 아동 약물 알고리즘 프로젝트 그리고 주의력결핍/과잉행동장애를 가진 아동에 대한 다모델 치료 연구에서 기술하였던 알고리즘(MTA 협력 집단, 1999a, 1999b; Swanson et al., 1998)은 유용한 연구 정보와 전문가의 임상 경험을 통합하는 체계적인 접근을 제공한다([그림 11-3] 참조).

알고리즘을 살펴보면, 치료의 첫 시도는 메틸페니데이트(Methylphenidate, MPH)와 같은 자극제이다. 심리적 자극제는 ADHD를 보이는 아동과 청소년 100명 이상에게 시행된 무선 통제된 실험에서 강한 효과성을 지속적으로 보였다(Greenhill, Halperin, & Abikoff, 1999; Pliszka et al., 2000a, 2000b).

뇌에서 자극제의 효과는 복잡하다. 임상 적용 전에 수행된 연구를 살펴보면, 자극제는 도파민(Dopamine: DA)과 노르에피네프린(Norepinephrine: NE)이 시냅스 전 뉴런으로 재흡수되는 것을 차단하고(Volkow et al., 1998), 이러한 신경전달물질이 뉴런 이외의 공간으로 방출되는 것을 차단한다고 보고하고 있다(Spencer, Biederman, & Wilens, 2000). 도파민과 노르아드레날린 작용에서 변화는 ADHD의 치료에서 자극제의 임상적 효과를 위해 필요해 보인다.

자극제는 DA 수송 단백질을 묶어서 결과적으로 전 시냅스에서 DA 재흡수를 억제시킨다. ADHD에서 자극제의 역할을 설명하는 모델은 주로 노르아드레날린 작용에 영향을 주고, 도파민 작용제와 관련이 있는 하부 선조체 구조에 직접 작용하면서 전두엽 피질의 활동성을 억제하는 것이다.

　이 모델은 ADHD에서 핵심적 손상이 작업 기억(언어 그리고 비언어)과 감정 조절과 같이 전두엽의 실행 기능과 동기화 기능에서 손상이라는 가설(4장에서 논의)과 일관적이다(Heilman et al., 1991; Pliszka et al., 1996). 이 모델은

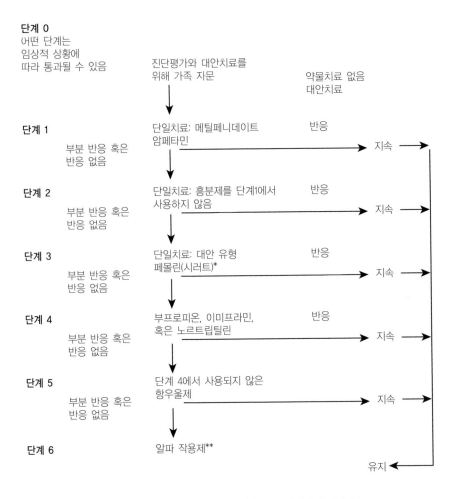

*간기능 관찰 그리고 약물남용 역사　**심혈관계 부작용

[그림 11-3] 텍사트 ADHD 아동 약물 알고리즘(Pilszka et al., 2000b)

성찰기능의 발전에서 붕괴를 잘 설명한다.

A₁A₂ 유전자(4장에서 이미 기술)는 낮은 도파민 수송체의 결합을 위한 표시가 될 수 있다. 이것은 방금 기술한 실행 기능에서 기능장애와 관련이 있을 수 있다. 지적하였듯이, 이러한 낮은 수준의 도파민 회전율은 중증 성격장애와 중요하게 중복되는 많은 문제(알코올 중독, 도박, 약물남용 그리고 섭식장애)에서 상승되는 것으로 보인다. 이러한 특징은 경계선 성격장애로 진전되는 외상을 입은 개인에서 또한 나타난다.

ADHD는 더 구체적으로 DR D₄ 수용체 III 축색 다형(polymorphism)과 관련이 있다(LaHoste et al., 1996; Swanson et al., 1998). 이러한 연구는 행동통제장애를 보이는 ADHD 치료의 첫 시도로 자극제를 선택하는 것을 지지한다. 어떤 자극제가 가장 좋은 결과를 낸다는 임상적 예측인자는 없다. 넓은 임상 경험과 문헌에서의 많은 인용수를 가지고 있기에 MPH가 가장 선호된다. 많은 수의 통제된 연구에서 인지, 사회적 기능 그리고 공격성뿐만 아니라 ADHD의 핵심 특성(운동과잉행동, 충동성 그리고 부주의)에 관해 자극제, 특히 MPH의 효과성을 보고했다(Spencer et al., 2000). 통제된 연구에서는 또한 청소년과 성인기에 걸쳐 지속된 효과성을 보고한 바 있다(Spencer et al., 1996).

자극제는 사회적 기술과 정서적 기능에 강력한 효과를 가지고 있다. 그들은 또래와 의사소통, 자기인식 그리고 사회적 단서를 포착하는 능력을 '정상화'시키는 것 같다. 즉, 자극제는 이러한 능력을 제대로 발휘하지 못하는 청소년에게 성찰기능의 발달을 촉진하는 것으로 보인다. 자극제를 처방받은 ADHD 아동은 의사소통과 감정과 행동을 조율하는 데 능력이 강화된다(Whalen, Henker, & Granger, 1990). 이러한 인지행동적 변화는 이어서 아동의 환경에서 긍정적 영향으로 분명하게 나타난다(Cunningham, Siegel, & Offord, 1991). 부모, 교사, 형제 그리고 또래는 이러한 치료를 받아 온 ADHD 아동을 더 긍정적으로 대하고 비판과 거절이 줄어든다. 이러한 연구는 아동의 역기능이 가족 역기능을 만들고 강화하는, 이어서 가족 반응에 의해 형성되고 강화되는 상호작용 과정의 개념에 신빙성을 더해 준다.

많은 통제된 연구에서 자극제를 처방받은 아동에게서 공격성 그리고 품행 장애의 감소를 보고하고 있다(예, Amery, Minichiello, & Brown, 1984; Barkley, 1997a, 1997b; Barkley, McMurray, Edelbrock, & Robbins, 1989; Gadow, Nolan, Sverd, Sprafkin, & Paolicelli, 1990; Hinshaw, Heller, & McHale, 1992). 이러한 연구들에서 자극제는 가정과 학교 모두에서 신체적·언어적 공격성을 감소하는 데 효과적이며, 절도와 기물파손(사기는 아님)과 같은 분명한 반사회적 행동에 긍정적인 효과가 있는 것으로 보인다.

국립정신건강연구소(National Institute of Mental Health: NIMH)에서는 다양한 나라를 대상으로 수행된 ADHD 아동의 치료모델 연구(1992~1997)를 통해 MTA 정신약리학 치료 매뉴얼을 제작했다(Arnold et al., 1997; MTA 협력 집단, 1999a, 1999b). 이 매뉴얼은 이전 약물로부터 세척 기간, 약물을 시도하는 순서, 시작 용량의 범위와 관리 일정, 평가 양식의 선택, 목표 증상과 용량 그리고 약물의 영향에 대한 알고리즘을 제시한다. MTA의 적정 시도는 상당히 복잡하고 일반적 실제에 적합하지 않을 수 있다(Greenhill, 1998). 그린힐은 용량을 세 부분으로 나누어 제안하였는데, 마지막 용량(오후 4시)을 정오와 아침 용량의 반과 같도록 설정할 것을 권했다. 시작 용량은 3번의 동등한 양으로, MPH를 15mg으로 정했다. 체중이 더 적은 아동(몸무게가 25kg 이하)의 경우, MTA 프로토콜은 15mg-15mg-5mg 일정으로 MPH의 가장 높은 용량을 15mg으로 제한을 했다. 더 큰 아동의 경우(몸무게가 25kg 이상), 하루 전체 양을 최대 50mg으로 정하고, 20mg-20mg-10mg을 각각 처방한다. 약물은 아동이 반응할 때까지 혹은 부작용이 변화를 방해할 때까지 3~4일 간격으로 늘린다(Greenhill et al., 2001).

일반적으로 MPH의 부작용은 크지 않으며, 단기적으로 일어나며, 시간에 따른 용량 변화에 반응적이다. 그들은 식욕 부진과 수면 곤란, 위통, 두통 그리고 어지럼증을 포함한다. 수면 문제는 일반적으로 늦은 오후에 섭취 용량을 낮추거나 혹은 클로니딘을 추가하는 것으로 해결한다(Prince, Wilens, Biederman, Spencer, & Wozniak, 1996). 혈압과 심장박동율의 경미한 상승은 보고되었지만(Brown, Wynne, & Slimmer, 1984), 이 보고의 중요성은 뚜렷하지 않다. 자극제를 처방 받은 경우, 성장 결핍 여부를 확인하기 위해 이들의 성장 추이를 관찰할 것을 지시한다. 현재로서는 기록된 성장 결핍이 없을 때 약물 휴지 기간은 필요하지 않다고 제안한다(Spencer et al., 2000)

자극제는 틱장애의 증가, 심각성, 혹은 지속과 연관이 없다(Gadow, Sverd, Sprafkin, Nolan, & Ezor, 1995). 그럼에도 불구하고, 투렛 증후군과 ADHD를 보이는 아동의 종단 연구에서는 환자의 30%가 틱이 악화되었고, 이것이 약물로 인한 것으로 판단되어 자극제 치료를 중단하였다고 보고하였다(Castellanos et al., 1997). 임상 실제에서는 위험과 이득을 신중하게 비교하고, ADHD와 틱이 동반되거나 혹은 가족 중 틱의 역사가 있는 아동에게 자극제를 처방하기 전에 환자와 가족 사이에 철저한 논의가 필요하다.

비록 자극제가 남용될 수 있다고 해도(특히, 인격장애를 보이는 충동적인 청소년의 경우 이 부분에 대한 특별한 관심이 필요함) 현재 증거들은 자극제 치료는 ADHD를 보이는 아동이 약물을 남용할 것이라는 위험을 상당히 감소시킨다고 보고한다(Biederman, Wilens, Mick, Spencer, & Faraone, 1999). 이러한 증거에도 불구하고, 자극제를 처방 받은 ADHD 아동 그리고 중증 성격장애를 보이는 청소년의 경우 교육과 관찰이 필요하다.

만약 MPH를 2~4주 정도 시도해도 효과가 없다면, 다른 자극제를 시도할 것을 권한다. MTA 연구 그리고 ADHD를 위한 텍사스 아동 약물 알고리즘은 덱스트로암페타민으로 변경할 것을 권하며 필요하다면 이후 페몰린으로의 변경을 권한다. 이러한 절차는 길게 작용하는 것보다 단기로 작용하는 작용제에 대한 선호에 기반하며, 하나의 작용체의 우월성의 증거보다는 안전성과 효과성(Safer, Zito, & Fine, 1996)에 기초한다. 페몰린은 간부전과 관련이 있기에(Pliszka et al., 2000a, 2000b) 매달 2번씩 간기능을 확인해야 한다. 위험과 불편함 때문에 페몰린은 MPH 그리고 암페타민의 시도에 반응하는 것을 실패한 ADHD 아동에게만 권고한다.

만약 자극제를 시도하는 것이 효과적이지 않다면, 많은 대안이 유용하다. 통제된 연구에서는 ADHD에 대해 삼환계 항우울제의 효과성을 제시하고 있다(예, Biederman, Baldessarini, Wright, Knee, & Farone, 1993; Biederman, Baldessarini, Wright, Knee, & Harmatz, 1989). 이차적으로 아민, 데시프라민, 노르트립틸린은 노르아드레날린 작용에 있어 더 선택적 효과를 보이고 부작용은 훨씬 덜하다. 데시프라민에 대한 대규모 통제연구에서는 ADHD를 보이는 아동의 68%가 개선되었거나 혹은 두드러진 개선을 보고했다(Biederman et al., 1989). 이러한 아동은 자극제에 반응하지 못했던 이전 경험을 가지고 있다. 노르트립틸린과 데시프라민은 일관적으로 ADHD 증상뿐만 아니라 우울과 불안의 공병을 보이는 경우에도 긍정적인 반응을 보였다(Biederman, Faraone, et al., 1993; Wilens & Biederman, 1993). 이러한 약물은 또한 틱 증상을 동반하는 ADHD에서도 효과적이었다(Spencer, Biederman, Kerman, Steingard, & Wilens, 1993; Spencer, Biederman, Wilens, Steingard, & Gcist, 1993). 데시프라민과 노르트립틸린은 자극제 반응에 실패한 중증 성격장애와 ADHD 아동, 특히 우울, 불안 혹은 틱 증상을 보이는 경우에 합리적인 대안이 될 수 있다.

이러한 약물의 사용은 데스프라민으로 치료한 ADHD를 보이는 4명의 아동에게 갑작스러운 설명할 수 없는 죽음이 보고된 바가 있기에 제한되어 왔다. 하지만 이러한 죽음의 대부분이 비대성 심근증과 같은 이미 존재하고 있던 심장 문제 때문이라는 것이 현재 입장이다. 비데맨, 티스테드, 그린힐 그리고 라이언(Biederman, Thisted, Greenhill & Ryan, 1995)에 의하면, 아동에게서 데시프라민의 사용과 연관된 갑작스러운 죽음의 위험성은 이 연령 집단에서 갑작스럽게 일어나는 죽음의 기저 위험보다 더 크지 않다. 그러나 텍사스 아동 약물 알고리즘을 발전시킨 전문가 패널은 갑작스러운 죽음의 위험으로 인해 데시프라민을 배제시키고 있다(Pliszka et al., 2000a, 2000b). 실제에서도 이러한 약물 사용의 위험과 이점을 신중하게 고려하기 위해 심전도와 소아 심장 전문의의 자문을 포함하여 심혈관 영역의 평가를 권고하고 있다.

다른 노르트립틸린 항우울제는 유망해 보이는데, 자극제에 반응하지 않고, 우울, 불안 혹은 틱의 증상이 함께 동반되는 청소년을 위한 더 안전한 대안이다. 통제된 연구에서 부프로피온은 ADHD를 보이는 아동과 청소년에게 효과적이고 안전하며 잘 견딘다(Casat, Pleasants, & Van Wyck Fleet, 1987; Conners et al., 1996). 배릭맨과 동료들(Barrickman et al., 1995)은 ADHD를 보이는 아동의 치료에서 부프로피온이 MPH와 동등하다고 보고하였다. 부프로피온으로 인한 발작 위험은 많은 용량, 이전 발작 경험, 섭식장애와 관련이 있다(Spencer et al., 2000). 부프로피온은 특히 정서 조절과 ADHD를 보이는 아동에게 적절한 선택이다. 또한 다른 항우울제가 효과적인데, ADHD를 보이는 아동에게 벤라팍신 연구는 희망적인 결과를 보인다(Spencer et al., 2000). 또한 노르아드레날린 재흡수 억제제로 아토옥세틴이 안전하고 효과적이라는 보고는 매우 고무적인 발견이다(Spencer et al., 2000).

ADHD 알고리즘에서 마지막 단계는 클로니딘 혹은 다른 알파 노르아드레날린성 작용제의 추가이다. ADHD와 틱을 보이는 아동에게 널리 사용되어온 클로니딘 그리고 구안파신, 노르아드레날린성 작용제는 많은 연구에서 부분적으로 지지되었다(Horrigan & Barnhill, 1995; Hunt, Minderaa, & Cohen, 1985; Steingard, Biederman, Spencer, Wilens, & Gonzalez, 1993; van der Meere, Gunning, & Stemerdink, 1999). 이러한 약물은 또한 파괴적 행동과 정서적 공격성의 치료에서 사용되어 왔다(Hunt, 1987). 클로니딘과 다른 약물을 함께 처방 받은 아동의 죽음에 대한 보고는 이러한 약물의 심혈관 안정성에 대해 염려를 높였는데, 특히 MPH와 함께 처방되는 경우에서 그러하다. 그래서 많은 임상가는 다른 약물이 실패할 때에만 클로니딘을 사용한다.

10장에서 제시한 래리의 사례는 ADHD 알고리즘 사용의 예이다. 래리는 산만하고, 충동적이며, 과잉행동적인 아동인데, MPH에 잘 반응하였다. 그러나 계속해서 수면문제를 보였고, 충동적인 공격성을 보였다. 그래서 약물요법에 클로니딘이 추가되었다. 거주형 프로그램에서 이루어지는 철저한 관찰은 안정적으로 관리될 수 있기에 약물의 결합이 가능했다.

중증 성격장애를 보이는 많은 청소년은 ADHD에 대한 진단적 규준을 만족시키지 않으면서 두드러지는 충동적 · 행동적 조절장애를 보인다. 혹은 규준은 만족시키지만 ADHD 알고리즘에 부분적으로 반응한다. 이러한 청소년에게 첫 번째 선택은 SSRI 항우울제이다. 충동성과 행동조절장애에 미치는 SSRI 항우울제의 효과는 우울에 미치는 효과와 독립적으로 보인다(Soloff, 1998). 이러한 효과는 중증 성격장애를 보이는 성인의 통제된 연구에서 보고된 바 있으며(Coccaro & Kavoussi, 1997; Kavoussi, Liu, & Coccaro, 1994; Markovitz, 1995; Salzman et al., 1995), 우울증에 미치는 효과보다 더 일찍 나타나는 것 같다(Soloff, 1998).

다른 약물은 충동적인 행동의 특별한 형태를 통해 고려되어야 한다. 임상적으로, 클로니딘은 매우 충동적이고 정서적으로 공격적인 행동을 보이는 아동에게서 가장 효과적으로 작용하는 것으로 보인다. 알약과 피부전달 방식은 둘 다 효과적이다. 경구 방식은 다회 투여의 문제점이 있는 반면, 피부전달 형태는 어떤 아동의 경우 견디기 힘들어 한다. 클로니딘의 낮은 용량(0.5~1.5mg)은 밤에 잠드는 것에 어려움이 있는 래리처럼 과각성 상태의 아이를 도울 수 있다(Prince et al., 1996).

SSRI 항우울증에 부분적으로 반응하는 경우, 혹은 긴급한 임상적 욕구(예, 위험한 파괴적 혹은 자기파괴적 행동)가 있을 때, 낮은 용량의 항정신성 약물이 고려된다. 이러한 약물은 중증 성격장애를 가진 환자의 충동성과 행동통제장애를 감소시키는 데 효과성이 입증되었다(Soloff, 1998). 할로페리돌(필요하다면, 2~5mg을 근육 내로 투여)과 같은 신경 이완제는 충동적인 공격성 혹은 자기파괴적 행동을 빠르게 통제할 수 있다. 하지만 추체외로증상(extrapyramidal symptoms)과 지발성 안면 마비의 위험 때문에 많은 아동 · 청소년 임상가는 현재 첫 번째 약물로서 이례적인 신경 이완제를 선호한다.

행동통제장애의 구체적인 형태로 신경성 폭식증은 후기 청소년과 성인 초기에 전형적으로 발전된다. 빈번하게 중증 성격장애를 보이며, 주로 경계선 성격장애와 관련이 있다. 신경성 폭식증의 특징인 구토와 하제 사용이 이어지는 무질서하고 충동적인 폭식은 SSRI 항우울성 약물에 반응한다(Fairburn,

1997; Fichter et al., 1991). 신경성 폭식증과 기분장애의 높은 공병은 신경성 폭식증을 보이는 개인에게 이러한 항우울제를 사용하도록 자극한다. 하지만 항우울제를 복용하는 경우, 통제를 잃은 섭식, 구토 그리고 하제 사용에서의 개선은 우울한 혹은 우울하지 않은 신경성 폭식증의 경우 모두에게 관찰된다.

중요한 증상적인 개선에도 불구하고, 신경성 폭식증을 보이는 환자는 약물만으로 완전한 개선을 이루기 어렵다. 약물을 복용하는 환자의 반 정도는 3~4달 후에 다시 재발했다(Casper, 2000). 사례보고 그리고 통제된 연구에서는 다양한 형태의 심리치료—집단, 인지행동적 그리고 가족—가 약물만큼 효과적이거나 혹은 약물보다 더 효과적이라고 보고하고 있다(Carter & Fairburn, 1998; Mitchell et al., 1993). 이러한 연구에서는 장기적인 개선에 심리적 그리고 가족개입이 필요하다고 제안했다.

만약 SSRI 항우울제에 반응하지 않는다면, 벤라팍신과 같은 이차적인 SSRI 혹은 대안적인 항우울제를 시도하는 것이 고려될 수 있다. 이러한 '구조(salvage)' 전략(Soloff, 1998)은 유일하게 임상적 경험에 근거를 가지고 있다. 통제된 연구들에 의해 더 잘 지지되는 두 번째 대안은 리튬의 추가인데, 이것은 확실하게 충동성과 행동통제장애에 대해 SSRI의 항우울제의 효과를 증가시킨다(Sheard, 1975). 이러한 약물의 4~6주 시도 후에도 충동성과 통제장애의 증상이 여전히 지속된다면, 임상가는 디발프로엑스 나트륨을 추가하고 이후 전혀 반응이 없거나 혹은 부분적으로 반응하는 경우, 카르바마제핀의 추가 처방을 요구하는 양극성 장애를 위한 알고리즘을 따르는 것을 고려해야 한다. 이러한 제안은 대개 임상적 경험 그리고 성인의 보고자료에 의해서 지지된다(Hollander, 1999). 클로자핀의 시도는 가장 마지막 수단으로 고려되어야 한다.

어떤 경계선 아동·청소년 집단은 치료자에게 커다란 도전이다. 바로 주기적으로 자해 행동을 시도하는 청소년이다. 그들의 내적 상태는 자해에 의해서만 완화될 수 있는 극도의 긴장감과 불쾌감이다. 자기파괴적인 행동은 일반적으로 고통스럽지 않고 불쾌감의 상태를 종결하도록 한다(Roth et al., 1996). 이러한 청소년에게 처방되는 첫 번째 약물은 SSRIs이다. 자해와 관련된 유사 자살 행동이 SSRI 항우울제에 반응하지 못할 때 기분 안정제를 추가하는 대안으로 날트렉손을 시도한다. 이 약물은 자기파괴적인 행동에 의해 촉발되는 외인성·내인성 오피오이드제의 '강화'를 차단할 수 있는 오래 작용하는 아편 길항제이다.

로스와 동료들(Roth et al., 1996)은 경계선 성격장애 그리고 자해 행동을 보이는 7명의 여성을 위해 날드렉손(50mg/일)의 개방-표시 연구로 그 효과를 보고하였다. 이 시도에서 7명의 환자 중 6명은 10주 내에 그들의 자해 행동이 완벽하게 없어졌다. 자해에 대해 날트렉손의 사용을 지지하는 자료들은 한계가 있다. 그럼에도 불구하고, 중증 성격장애를 보이는 환자에게서 자해 행동에 기저하는 신경화학적 비정상성은 스트레스를 다루기 위해 비정상적으로 높은 수준의 엔도르핀이 필요하다는 것을 인식해야 한다(Roth et al., 1996). 따라서 날트렉손은 엔도르핀 수용체를 차단함으로써 자해 그리고 이어지는 불쾌감의 완화를 동반하는 통각 상실증을 차단한다.

날트렉손의 사용에서 추가적으로 주목해야 하는 논쟁은 그것이 알코올 남용 재발을 피하도록 돕는 데 효과성이 있다는 것이다. 중증 성격장애와 자해를 보이는 청소년은 또한 빈번하게 약물남용을 보인다. 아마도 알코올에 의해서 자극되는 정상수준 이상의 엔도르핀 없이는 스트레스를 관리하지 못하는 듯하다(Volpicelli, Davis, & Olgin, 1986). 임상적 상황에서 중증 성격장애를 보이면서 자해와 약물남용의 결합을 보이는 청소년의 경우, 날트렉손이 합리적인 선택이 된다(Links, Heslegrave, & Villella, 1998).

그것이 자해와 관련이 있든지 없든지 날트렉손은 약물남용의 치료에서 가장 유망한 약물 중 하나이다. 알코올에 중독된 70명의 환자의 통제된 연구에서 볼리첼리, 볼리첼리 그리고 오브라이언(Volpicelli, Volpicelli, & O'Brien, 1995)은 날트렉손이 재발율과 알코올 섭취를 줄였다고 보고하였다. 오맬리와 동료들(O'Malley et al., 1992)은 알코올 의존 집단에서 유사한 결론을 얻었다. 이러한 긍정적인 결과 그리고 재발을 막기 위한 사용에서 FDA가 승인하였음에도 불구하고, 날트렉손은 임상 상황에서 넓게 사용되지 못하고 있다.

더 새로운 아편 길항제들은 성격장애를 보이는 청소년의 역기능의 중요한 측면을 치료하기 위해 추가적 선택으로 제안되고 있다. 가장 유망한 약물 사이에서, 날메피네는 알코올 의존증 개인에 대한 작지만 통제된 연구에서 효과를 보였다. 그리고 칼슘 아세틸호모타우린네이트는 동물 연구나 인간을 대상으로 하는 통제연구에서 상당한 효과성을 보여 주었다(Lhuintre et al, 1985; Sass, Soyka, Mann, & Zieglgansberger, 1996).

✍ 실제적인 고려사항

가장 중요한 실제적인 고려사항은 한 명의 임상가가 약물 관리 그리고 심리사회적 치료 둘 다에 책임을 질 것인지 혹은 이러한 역할이 둘 혹은 여러 명의 임상가로 나누어져야 하는지의 문제이다. 가바드(Gabbard, 2000)는 '한 사람' 대 '두 사람' 모델이라고 부르는 것의 이점과 복잡함을 논의하였다. 가바드가 지적하였듯이, 정신과 의사는 특히 중증 성격장애 치료의 생물학적, 심리적 그리고 사회적 측면을 통합하는 데 특별한 능력을 가지고 있다. 약물학적인 그리고 심리사회적 모델 둘 다를 훈련받고 운영할 수 있는 아동·청소년 전문 정신과 의사에 의해 수행되는 '한 사람 모델'은 분명한 이점이 있다.

중증 성격장애를 가진 청소년의 치료에서 예상할 수 있는 파편화나 분열은 한 사람의 임상가가 치료의 모든 측면을 관여할 때 감소할 수 있다. 한 사람의 임상가에 의해서 더 잘 관리될 수 있는 구체적인 문제는 아마도 조기 중단의 높은 가능성일 것이다. 경계선 성격장애를 보이는 환자의 50%가 치료가 끝나기 전에 치료를 중단한다(Links, Steiner, Boiago, & Irwin, 1990). 비록 중증 성격장애를 가진 아동·청소년의 치료에서 조기 중단에 관한 경험적 자료가 없지만 이를 지지하는 데 상당한 안면 타당도가 있다. 한 명의 임상가는 치료의 모든 측면을 통합함으로써 '균열되는' 기회를 줄이고, 각 모델이 다른 것을 가능하게 하고, 청소년과 그의 가족과의 전반적인 치료동맹들을 강화시키는 것을 확신하면서 조기 중단을 줄일 수 있다.

하나의 모델이 어떻게 다른 것을 강화하는지에 대한 예는 임상가가 래리와 제이의 경우처럼 치료에서 초기에 종종 관찰되었던 약물에 대한 이상화를 이용하는 것이다. 약물은 부적응적인 대처에 대한 대안으로 달래고 편안함을 높일 수 있다. 결과적으로, 약물은 분리 혹은 좌절의 순간에 치료자를 대체하는 역할을 할 수도 있다. 하지만 약물에 대한 마술적인 기대는 필연적으로 더 강한 실망과 종종 새로운 마술적인 약물에 대한 성급한 요구를 불러온다. 한 명의 치료자/약리학자는 환자가 최적으로 이상화된 약물의 '마술'로부터 이점을 허용하는 것과 그들이 실망하고 좌절이 이어질 때 성찰기능을 얻을 수 있도록 돕는 점에서 올바른 균형을 발견하기에 적합하다.

가바드(Gabbard, 2000)는 의사가 심리치료 그리고 약물을 관리하는 것 모두를 수행할 때, 공감적-주관적 접근 그리고 객관적-기술적 자세 사이를 오가야 한다고 지적했다. 이러한 두 가지 수준을 오가는 것은 분명하게 상징적-성찰기능에 근거한다. 인간 관계의 부분으로 의미와 역할의 다양성 그리고 적절하게 반응할 필요가 있는 유연성이다. 이러한 입장에 따라 '치료자' 역할로 개입할 때, 임상가는 환자와 특별한 상호작용의 의미를 이야기하고 성찰하도록 격려한다. 반면, '약물 관리자'의 역할에서는 부작용에 대한 정보를 주고 환자에게 기대되는 치료적 결과에 대해서 교육한다.

그러나 실제에서 치료자와 약물 관리의 역할은 종종 구분된다. 많은 아동·청소년 정신과 의사는 심리치료자로서 적절하게 훈련을 받지 못한다. 그들이 우선적으로 심리사회적 개입에 관여한다면, 최신의 약물 사용을 충분하지 못하게 경험할 수밖에 없다. 분명하게, 우선적인 임상가가 의사가 아닌 사례에서 아동·청소년을 정신과 의사에게 보내는 것은 의무적이다. 관리 의료 제공자는 종종 심리치료가 덜 비싸고, 비약물적 임상가에 의해 수행되어야 한다는 것을 규정함으로써 이러한 배정을 요구한다.

그러한 업무의 구분은 어떤 장점을 제공한다(Waldinger & Frank, 1989a, 1989b). 임상가는 서로 논의할 수 있는데, 이것을 통해 종종 청소년과 양육자의 비성찰적인 억압적 상호작용의 영향을 줄이도록 하는 데 도움이 된다. 이들 간에 일어나는 상호작용의 강렬함은 두 명의 치료자에 의해 약화될 수 있으며, 취약함과 스트레스에 의해 동원되는 비성찰적인 억압적 작용 모드의 극심함으로부터 성찰기능을 촉진할 수 있다. 각각 개별성을 가지고 있는 반면, 각각의 입장을 통합할 수 있는 임상가를 환자가 관찰하는 것은 환자 그리고 양육자에게 그들의 내적인 분열을 응집하고, 다른 사람과 연결될 수 있고, 갈등을 해결하고, 누군가의 특징적인 목소리와 정체성을 희생하지 않고서도 공통적인 방향을 공유하는 것이 가능하다는 것을 알려 준다.

동시에, 두 사람 모델은 또한 잠재적인 위험을 가지고 있다. 가바드(Gabbard, 2000)가 논의하였듯이, 그것은 분열과 관련된 문제이다. 지적된 임상 상황에서 가바드는 환자가—혹은 아동·청소년 사례에서 양육자—치료의 효과성을 폄하하고, 환자의 내적 그리고 대인관계적인 적응에 도전하는 치료 과정을 탈선시키면서 다른 치료자를 향해 한 치료자를 흠집 낼 수 있다.

분열은 바쁜 임상가가 의사소통할 시간을 내고, 개인적 입장을 공유하고, 다른 임상가와 그들의 견해를 통합하고, 일관적인 계획을 통해 그들의 행동을 협의하는 시간을 발견하는 데 어려움으로 인해 더욱 악화된다. 의사소통과 자문하는 시간이 일반적으로 제3의 지급자에 의해 보상되지 않기 때문에 더욱 문제가 된다.

요가 수행자, 인민위원 그리고 연금술사

중증 성격장애를 보이는 치료의 통합적인 요소로서 약물의 유용성은 성찰기능과 같은 과정 기제에 의해서 중재되는 유전적 소인, 신경생물학적인 취약성 그리고 환경적 힘 사이에 복잡한 상호작용을 반영한다. 치료는 아동 · 청소년과 그의 가족이 환경적 그리고 유전적 영향 둘 다를 변경할 수 있고 혹은 조절할 수 있는 표상적 그리고 조절하는 과정에 활기를 띨 수 있는 조건을 형성하기 위해 이러한 요인을 결집시킨다. 예를 들어, 기능자기공명영상법(functional magnetic resonance imaging: fMRI) 연구에서는 ADHD를 보이는 충동적인 아동 · 청소년이 MPH를 처방받을 때 개선된 전두나선 기능과 반응 억제의 수용할 만한 일차적인 발견을 제시한 바 있다(Vaidya et al., 1998). 아동의 개선은 이어서 양육자 그리고 또래 반응의 질을 변화시키고 약물남용의 위험을 줄인다(Buhrmester, Whalen, Henker, MacDonald, & Hinshaw, 1992; Cunningham et al., 1991; Whalen & Henker, 1992). 이러한 아동과 양육자는 이어서 환경과 중증 성격장애 발전에 기저하는 유전적 소인의 촉발을 더 잘 교정할 수 있는 성찰능력을 발전시키는 데 좋은 위치에 놓이게 된다. 진심으로, 이러한 치료의 생물심리사회적 모델은 신경생물학적–유전적 약리학자, 환경적–맥락적 가족 체계 치료자 그리고 정신내적 심리치료자의 통합된 관점을 요구한다. 요가 수행자, 인민위원 그리고 연금술사는 최적의 치료 결과를 위해 함께 협력하게 된다.

아동 · 청소년이 다른 사람에게 집중을 유지하고 그들의 내적 상태에 대한 어떤 것을 얻기 위해 대인관계적 그리고 정신적 기제를 발달시키면서 성찰기능을 억제하고 비성찰성과 억압의 투쟁–도피 모드로 이동하는 그들의 자동적인 특성은 점점 줄어들고 있다. 그렇게 되면서 그들은 점차로 경험이 분명하게 자신의 것뿐만 아니라 다른 인간 존재와 공유할 수 있는 것이라는 중대한 발견을 하게 된다.

Adelson, J., & Doehrman, M. J. (1980). the psychodynamic approach to adolescence. In J. Adelson (Ed.), *Handbook of adolescent psychology* (pp. 99-116). New York: Wiley.

Adkins, S. L., Safier, E. J., & Parker, N. N. (1998). Evolution of wraparound services at the Menninger Clinic. *Bulletin of the Menninger Clinic, 62,* 243-255.

Adler, G. (1985). *Boerderline psychopathology and its treatment.* New York: Aronson.

Agras, W. S., Schneider, J. A., Arnow, B., Raeburn, S., & Telch, C. F. (1989). Cognitive-behavioral and response-prevention treatments for bulimia nervosa. *Journal of Consulting and Clinical Psychology, 57,* 215-221.

Aichhorn, A. (1935). *Wayward youth.* New York: Viking Press.

Ainsworth, M. D. S., & Bell, S. M. (1974). Mother-infant interaction and the development of competence. In J. Bruner & K. Connolly (Eds.), *The growth of competence* (pp. 97-118). New York: Academic Press.

Ainsworth, M. D. S., Bell, S. M. V., & Stayton, D. J. (1971). Individual differences in Strange-Situation behavior of one-year-olds. In H. R. Schaffer (Ed.), *The origins of human social relations* (pp. 17-57). New York: Academic Press.

Ainsworth, M. D. S., Blehar, M. C., Waters, E., & Wall, S. (1978). *Patterns of attachment: A psychological study of the Strange Situation.* Hillsdale, NJ:

Erlbaum.

Akhtar, S. (1992). *Broken structures: Severe personality disorders and their treatment.* Northvale, NJ: Aronson.

Akiskal, H. S. (1981). Subaffective disorders: Dysthymic, cyclothymic and bipolar II disorders in the "borderline" realm. *Psychiatric Clinics of North America, 4,* 25-46.

Allen, J. G. (2001). *Traumatic relationships and serious mental disorders.* Chichester, UK: Wiley.

Allen, J. G., Gabbard, G. O., Newsom, G., & Coyne, I. (1990). Detecting patterns of change in patients' collaboration within individual psychotherapy sessions. *Psychotherapy: Theory, Research, Practice, Training, 27,* 522-530.

Altshuler, L. L., Cohen, L., Szuba, M. P., Burt, V. K., Gitlin, M., & Mintz, J. (1996). Pharmacologic management of psychiatric illness during pregnancy: Dilemmas and guidelines. *American Journal of Psychiatry, 153,* 592-606.

Alvarez, A. (1992). *Live company: Psychoanalytic psychotherapy with autistic, borderline, deprived, and abused children.* New York: Routledge.

Ambrosini, P. J., Wagner, K. D., Biederman, J., Glick, I., Tan, C., Elia, J., Hebeler, J. R., Rabinovich, H., Lock, J., & Geller, D. (1999). Multicenter open-label sertraline study in adolescent outpatients with major depression. *Journal of the American Academy of Child and Adolescent Psychiatry, 38,* 566-572.

American Psychiatric Association. (1980). *Diagnostic and statistical manual of mental disorders* (3rd ed.). Washington, DC: Author.

American Psychiatric Association. (1987). *Diagnostic and statistical manual of mental disorders* (3rd ed., rev.). Washington, DC: Author.

American Psychiatric Association. (1994). *Diagnostic and statistical manual of mental disorders* (4th ed.). Washington, DC: Author.

Amery, B., Minichiello, M. D., & Brown, G. L. (1984). Aggression in hyperactive boys: Response to d-amphetamine. *Journal of the American Academy of Child Psychiatry, 23,* 291-294.

Anan, R. M., & Barnett, D. (1999). Perceived social support mediates between prior attachment and subsequent adjustment: A study of urban African-American children. *Developmental Psychology, 35,* 1210-1222.

Andrulonis, P. A. (1991). Disruptive behavior disorders in boys and the borderline personality disorder in men. *Annals of Clinical Psychiatry, 3,* 23-26.

Anthony, E. J. (1982). Normal adolescent development from a cognitive viewpoint. *Journal of the American Academy of Child Psychiatry, 21,* 318-327.

Apter, A., Fallon, T. J., Jr., King, R. A., Ratzoni, G., Zohar, A. H., Binder, M., Weizman, A., Leckman, J. F., Pauls, D. L., Kron, S., & Cohen, D. J. (1996). Obsessive-compulsive characteristics: From symptoms to syndrome. *Journal of the American Academy of Child and Adolescent Psychiatry, 35,* 907-912.

Apter, A., Ratzoni, G., King, R. A., Weizman, A., Iancu, I., Binder, M., & Riddle, M. A. (1994). Fluvoxamine open-label treatment of adolescent inpatients with obsessive-compulsive disorder or depression. *Journal of the American Academy of Child and Adolescent Psychiatry, 33,* 342-348.

Arendt, H. (1994). *Eichmann in Jerusalem: A report on the banality of evil.* New York: Peter Smith.

Arnold, L. E., Abikoff, H. B., Cantwell, D. P., Conners, C. K., Elliott, G,. Greenhill, L. L., Hechtman, L., Hinshaw, S. P., Hoza, B., Jensen, P. S., Kraemer, H. C., March, J. S., Newcorn, H. J., Pelham, W. E., Richters, J. E., Schiller, E., Severe, J. B., Swanson, J. M., Vereen, D., & Wells, K. C. (1997). National Institute of Mental Health Collaborative Multimodal Treatment Study of Children with ADHD (the MTA): Design challenges and choices. *Archives of General Psychiatry, 54,* 865-870.

Astington, J. W., & Jenkins, J. M. (1995). Theory of mind development and social understanding. *Cognition and Emotion, 9,* 151-165.

Axelson, A. A. (1997). Alternative treatment services for children and adolescents. In R. K. Schreter, S. S. Sharfstein, & C. A. Schreter (Eds.), *Managing care, not dollars: The continuum of mental health services* (pp. 151-176). Washington, DC: American Psychiatric Press.

Baden, A. D., & Howe, G. W. (1992). Mothers' attributions and expectancies regarding their conduct-disordered children. *Journal of Abnormal Child Psychology, 20,* 467-485.

Bahrick, L. R., & Watson, J. S. (1985). Detection of intermodal proprioceptive-visual contingency as a potential basis of self-perception in infancy. *Developmental Psychology, 21,* 963-973.

Baldwin, A. L., Baldwin, C., & Cole, R. E. (1990). Stress-resistant families and stress-resistant children. In J. E. Rolf, A. S. Masten, D. Cicchetti, K. H. Nuechterlein, & S. Weintraub (Eds.), *Risk and protective factors in the development of psychopathology* (pp. 257-280). New York: Cambridge University Press.

Bank, L., Marlowe, J. H., Reid, J. B., Patterson, G. R., & Weinrott, M. R. (1991). A comparative evaluation of parent-training interventions for families of chronic delinquents. *Journal of Abnormal Child Psychology, 19,* 15-33.

Barkley, R. A. (1997a). Behavioral inhibition, sustained attention, and executive functions: Constructing a unifying theory of ADHD. *Psychological Bulletin, 121,* 65-94.

Barkley, R. A. (1997b). *ADHD and the nature of self-control.* New York: Guilford Press.

Barkley, R. A., McMurray, M. B., Edelbrock, C. S., & Robbins, K. (1989). The response of aggressive and nonaggressive ADHD children to two doses of methylphenidate. *Journal of the American Academy of Child and Adolescent Psychiatry, 28,* 873-881.

Baron-Cohen, S. (1994). How to build a baby that can read minds: Cognitive mechanisms in mind reading. *Cahiers de Psychologie Cognitive [Current Psychology of Cognition], 13,* 513-552.

Baron-Cohen, S., & Swettenham, J. (1996). The relationship between SAM and ToMM: Two hypotheses. In P. Carruthers & P. K. Smith (Eds.), *Theories of theories of mind* (pp. 158-168). Cambridge, MA: Cambridge University Press.

Baron-Cohen, S., Tooby, J., & Cosmides, L. (1995). *Mindblindness: An essay on autism and theory of mind.* Cambridge, MA: Bradford, MIT Press.

Barrickman, L. L., Perry, P. J., Allen, A. J., Kuperman, S., Arndt, S. V., Herrmann, K. J., & Schumacher, E. (1995). Bupropion versus methylphenidate in the treatment of attention-deficit hyperactivity disorder. *Journal of the American Academy of Child and Adolescent Psychiatry, 34,* 649-657.

Barrnett, R. J., Docherty, J. P., & Frommelt, G. M. (1991). A review of child psychotherapy research since 1963. *Journal of the American Academy of Child and Adolescent Psychiatry, 30,* 1-14.

Bateman, A., & Fonagy, P. (1999). Effectiveness of partial hospitalization in the treatment of borderline personality disorder: A randomized controlled trial.

American Journal of Psychiatry, 156, 1563-1569.

Bateman, A. W. (1998). Thick-and thin-skinned organisations and enactment in borderline and narcissistic disorders. *International Journal of Psycho-Analysis, 79,* 13-25.

Battagliola, M. (1994, June). Breaking with tradition. *Business and Health, 12*(6), 53-54, 56.

Beebe, B., Jaffe, J., & Lachmann, F. M. (1992). A dyadic systems view of communication. In N. J. Skolnick & S. C. Warshaw (Eds.), *Relational perspectives in psychoanalysis* (pp. 61-81). Hillsdale, NJ: Analytic Press.

Beebe, B., & Lachmann, F. M. (1988). The contribution of mother-infant mutual influence to the origins of self-and object representations. *Psychoanalytic Psychology, 5,* 305-337.

Beeghly, M., & Cicchetti, D. (1994). Child maltreatment, attachment, and the self system: Emergence of an internal state lexicon in toddlers at high social risk. *Development and Psychopathology, 6,* 5-30.

Behar, L. (1990). Financing mental health services for children and adolescents. *Bulletin of the Menninger Clinic, 54,* 127-139.

Bemporad, J. R., Smith, H. F., Hanson, G., & Cicchetti, D. (1982). Borderline syndromes in childhood: Criteria for diagnosis. *American Journal of Psychiatry, 139,* 596-602.

Beren, P. (1992). Narcissistic disorders. *Psychoanalytic Study of the Child, 47,* 265-278.

Berman, S. M., & Noble, E. P. (1997). The D_2 dopamine receptor (DRD_2) gene and family stress: Interactive effects on cognitive functions in children. *Behavior Genetics, 27,* 33-43.

Bettelheim, B., & Sylvester, E. (1948). A therapeutic milieu. *American Journal of Orthopsychiatry, 18,* 191-206.

Biederman, J., Baldessarini, R. J., Wright, V., Keenan, K., & Faraone, S. (1993). A double-blind placebo controlled study of desipramine in the treatment of ADD: III. Lack of impact of comorbidity and family history factors on clinical response. *Journal of the American Academy of Child and Adolescent Psychiatry, 32,* 199-204.

Biederman, J., Baldessarini, R. J., Wright, V., Knee, D., & Harmatz, J. S. (1989).

A double-blind placebo controlled study of desipramine in the treatment of ADD: I. Efficacy. *Journal of the American Academy of Child and Adolescent Psychiatry, 28,* 777-784.

Biederman, J., Faraone, S. V., Spencer, T., Wilens, T., Norman, D., Lapey, K. A., Mick, E., Lehman, B. K., & Doyle, A. (1993). Patterns of psychiatric comorbidity, cognition, and psychosocial functioning in adults with attention deficit hyperactivity disorder. *American Journal of Psychiatry, 150,* 1792-1798.

Biederman, J., Rosenbaum, J. F., Hirshfeld, D. R., Faraone, S. V., Bolduc, E. A., Gersten, M., Meminger, S. R., Kagna, J., Snidman, N., & Reznick, J. S. (1990). Psychiatric correlates of behavioral inhibition in young children of parents with and without psychiatric disorders. *Archives of General Psychiatry, 47,* 21-26.

Biederman, J., Thisted, R. A., Greenhill, L. L., & Ryan, N. D. (1995). Estimation of the association between desipramine and the risk for sudden death in 5- to 14-year-old children. *Journal of Clinical Psychiatry, 56,* 87-93.

Biederman, J., Wilens, T., Mick, E., Spencer, T., Faraone, S. V. (1999). Pharmacotherapy of attention-deficit/hyperactivity disorder reduces risk for substance use disorder [Editorial]. *Pediatrics, 104,* 20.

Bierman, K. L. (1989). Improving the peer relationships of rejected children. In B. B. Lahey & A. E. Kazdin (Eds.), *Advances in clinical child psychology* (Vol. 12, pp. 53-84). New York: Plenum Press.

Bigelow, A. E. (1998). Infants' sensitivity to familiar imperfect contingencies in social interaction. *Infant Behavior and Development, 21,* 149-161.

Bion, W. R. (1959). Attacks on linking. *International Journal of Psycho-Analysis, 40,* 308-315.

Bion, W. R. (1962). *Learning from experience.* New York: Basic Books.

Birmaher, B., Ryan, N. D., Williamson, D. E., Brent, D. A., & Kaufman, J. (1996). Childhood and adolescent depression: A review of the past 10 years. Part II. *Journal of the American Academy of Child and Adolescent Psychiatry, 35,* 1575-1583.

Bleiberg, E. (1984). Narcissistic disorders in children: A developmental approach to diagnosis. *Bulletin of the Menninger Clinic, 48,* 501-517.

Bleiberg, E. (1988). Developmental pathogenesis of narcissistic disorder in children.

Bulletin of the Menninger Clinic, 52, 3-15.

Bleiberg, E. (1994). Normal and pathological narcissism in adolescence. *American Journal of Psychotherapy, 48,* 30-51.

Block, J. H., & Block, J. (1980). The role of ego-control and ego-resiliency in the organization of behavior. In W. A. Collins (Ed.), *Development of cognition, affect, and social relations: The Minnesota Symposia on Child Psychology* (Vol. 13, pp. 39-101). Hillsdale, NJ: Erlbaum.

Blos, P. (1967). The second individuation process of adolescence. *Psychoanalytic Study of the Child, 22,* 162-186.

Blum, K., Braverman, E. R., Wood, R. C., Gill, J., Li, C., Chen, T. J., Taub, M., Montgomery, A. R., Sheridan, P. J., & Cull, J. G. (1996). Increased prevalence of the Taq I A$_1$ allele of the dopamine receptor gene (DRD$_2$) in obesity with comorbid substance use disorder: A preliminary report. *Pharmacogenetics, 6,* 297-305.

Booth, C. L., Rubin, K. H., & Rose-Krasnor, L. (1998). Perceptions of emotional support from mother and friend in middle childhood: Links with social-emotional adaptation and preschool attachment security. *Child Development, 69,* 427-442.

Bower, G. H., & Sievers, H. (1998). Cognitive impact of traumatic events. *Development and Psychopathology, 10,* 625-654.

Bowlby, J. (1951). *Maternal care and mental health* (WHO Monograph Series, No. 2). Geneva: World Health Organization.

Bowlby, J. (1969). *Attachment and loss: Vol. 1. Attachment.* New York: Basic Books.

Bowlby, J. (1973). *Attachment and loss: Vol. 2. Separation: Anxiety and anger.* New York: Basic Books.

Bowlby, J. (1980). *Attachment and loss: Vol. 3. Loss: Sadness and depression.* New York: Basic Books.

Branscomb, L. (1991). Dissociation in combat-related post-traumatic stress disorder. *Dissociation, 4,* 13-20.

Braun, B. G., & Sacks, R. G. (1985). The development of multiple personality disorder: Predisposing, precipitating, and perpetuating factors. In R. P. Kluft (Ed.), *Childhood antecedents of multiple personality* (pp. 38-65).

Washington, DC: American Psychiatric Press.

Brazelton, T. B., Koslowski, B., & Main, M. (1974). The origins of reciprocity: The early mother-infant interaction. In M. Lewis & L. A. Rosenblum (Eds.), *The effect of the infant on its caregiver* (pp. 49–76). New York: Wiley.

Bremner, J. D., Narayan, M. (1998). The effects of stress on memory and the hippocampus throughout the life cycle: Implications for childhood developmentand aging. *Development and Psychopathology, 10,* 871–885.

Bremner, J. D., Randall, P., Vermetten, E., Staib, L., Bronen, R. A., Mazure, C., Capelli, S., McCarthy, G., Innis, R. B., & Charney, D. S. (1997). Magnetic resonance imaging-based measurement of hippocampal volume in posttraumatic stress disorder related to childhood physical and sexual abuse: A preliminary report. *Biological Psychiatry, 41,* 23–32.

Brennan, P. A., Mednick, S. A., & Jacobsen, B. (1996). Assessing the role of genetics in crime using adoption cohorts. In G. R. Bock & J. A. Goode (Eds.), *Genetics of criminal and antisocial behaviour* (CIBA Foundation symposium 194, pp. 115–128). Chichester, UK: Wiley.

Bretherton, I. (1991). Pouring new wine into old bottles: The social self as internal working model. In M. R. Gunnar & L. A. Sroufe (Eds.), *Self processes and development: The Minnesota Symposia on Child Psychology* (Vol. 23, pp. 1–41). Hillsdale, NJ: Erlbaum.

Bretherton, I., Bates, E., Benigni, L., Camaioni, L., & Volterra, V. (1979). Relationships between cognition, communication, and quality of attachment. In E. Bates (with L. Benigni, I. Bretherton, L. Camaioni, & V. Volterra, Eds.), *The emergence of symbols: Cognition and communication in infancy* (pp. 223–269). New York: Academic Press.

Breuer, J., & Freud, S. (1955). Studies on hysteria. In J. Strachey (Ed. & Trans.), *The standard edition of the complete psychological works of Sigmund Freud* (Vol. II, pp. 1–311). London: Hogarth Press. (Original work published 1893–1895)

Briere, J., & Runtz, M. (1988). Symptomatology associated with childhood sexual victimization in a nonclinical adult sample. *Child Abuse and Neglect, 12,* 51–59.

Brinich, P. M. (1980). Some potential effects of adoption on self and object representations. *Psychoanalytic Study of the Child, 35,* 107–133.

Britton, R. (1989). The missing link: Parental sexuality in the Oedipus complex. In R. Britton, M. Feldman, & E. O'Shaughnessy, *The Oedipus complex today: Clinical implications* (J. Steiner, E.; pp. 83–102). London: Karnac Books.

Britton, R. (1992). The Oedipus situation and the depressive position. In R. Anderson (Ed.), *Clinical lectures on Klein and Bion* (pp. 34–45). New York: Tavistock/Routledge.

Brown, G. M., Pulido, O., Grota, L. J., & Niles, L. P. (1984). N-acetylserotonin in the central nervous system. *Progress in Neuro-Psychopharmacology and Biological Psychiatry, 8,* 475–480.

Brown, R. T., Wynne, M. E., & Slimmer, L. W. (1984). Attention deficit disorder and the effect of methylphenidate on attention, behavioral, and cardiovascular functioning. *Journal of Clinical Psychiatry, 45,* 473–476.

Bruner, J. S. (1990). *Acts of meaning: Four lectures on mind and culture.* Cambridge, MA: Harvard University Press.

Bruner, J. S. (with Watson, R.). (1983). *Child's talk: Learning to use language.* Oxford, UK: Oxford University Press.

Buhrmester, D., Whalen, C. K., Henker, B., MacDonald, V., & Hinshaw, S. P. (1992). Prosocial behavior in hyperactive boys: Effects of stimulant medication and comparison with normal boys. *Journal of Abnormal Child Psychology, 20,* 103–121.

Cafferty, H., & Leichtman, M. (1999). Facilitating the transition from residential treatment into the community: II. Changing social work roles. In C. Waller (Ed.), *Contributions to residential treatment 1999* (pp. 88–97). Washington, DC: American Association of Children's Residential Centers.

Cain, A. C. (1964). On the meaning of "playing crazy" in borderline children. *Psychiatry, 27,* 278–289.

Calabrese, J. R., Rapport, D. J., Kimmel, S. E., Reese, B., & Woyshville, M. J. (1993). Rapid cycling bipolar disorder and its treatment with valproate. *Canadian Journal of Psychiatry, 38*(Suppl. 2), S57–S61.

Campbell, M., Adams, P. B., Small, A. M., Kafantaris, V., Silva, R. R., Shell, J., Perry, R., & Overall, J. E. (1995). Lithium in hospitalized aggressive children with conduct disorder: A double-blind and placebo-controlled study. *Journal of the*

American Academy of Child and Adolescent Psychiatry, 34, 445-453.

Campos, J. J., & Stenberg, C. (1981). Perception, appraisal, and emotion: The onset of social referencing. In M. E. Lamb & L. A. Sherrod (Eds.), *Infant social cognition: Empirical and theoretical considerations* (pp. 273-314). Hillsdale, NJ: Erlbaum.

Cantwell, D. P. (1981). Hyperactivity and antisocial behavior revisited: A critical review of the literature. In D. O. Lewis (Ed.), *Vulnerabilities to delinquency* (pp. 21-38). New York: SP Medical & Scientific Books.

Carlson, E. A., & Sroufe, L. A. (1995). Contribution of attachment theory to developmental psychopathology. In D. Cicchetti & D. J. Cohen (Eds.), *Developmental psychopathology* (pp. 581-617). New York: Wiley.

Carlson, G. A., Rapport, M. D., Pataki, C. S., & Kelly, K. L. (1992). Lithium in hospitalized children at 4 and 8 weeks: Mood, behavior and cognitive effects. *Journal of Child Psychology and Psychiatry and Allied Disciplines, 33,* 411-425.

Carpy, D. V. (1989). Tolerating the countertransference: A mutative process. *International Journal of Psycho-Analysis, 70,* 287-294.

Carter, J. C., & Fairburn, C. G. (1998). Cognitive-behavioral self-help for binge eating disorder: A controlled effectiveness study. *Journal of Consulting and Clinical Psychology, 66,* 616-623.

Casat, C. D., Pleasants, D. Z., & Van Wyck Fleet, J. (1987). A double-blind trial of bupropion in children with attention deficit disorder. *Psychopharmacology Bulletin, 23,* 120-122.

Casper, R. C. (2000). Update on the treatment of eating disorders. *Psychiatric Clinics of North America: Annual of Drug Therapy, 1,* 219-234.

Castellanos, F. X., Giedd, J. N., Elia, J., Marsh, W. L., Ritchie, G. F., Hamburger, S. D., & Rapoport, J. L. (1997). Controlled stimulant treatment of ADHD and comorbid Tourette's syndrome: Effects of stimulant and dose. *Journal of the American Academy of Child and Adolescent Psychiatry, 36,* 589-596.

Chethik, M., & Fast, I. (1970). A function of fantasy in the borderline child. *American Journal of Orthopsychiatry, 40,* 756-765.

Christiansen, K. O. (1977). A review of studies of criminality among twins. In S. A. Mednick & K. O. Christiansen (Eds.), *Biosocial bases of criminal behavior* (pp.

89-108). New York: Gardner Press.

Chu, J. A. (1998). *Rebuilding shattered lives: The responsible treatment of complex post-traumatic and dissociative disorders.* New York: Wiley.

Chu, J. A., & Dill, D. L. (1990). Dissociative symptoms in relation to childhood physical and sexual abuse. *American Journal of Psychiatry, 147,* 887-892.

Cicchetti, D., & Cohen, D. (Eds.). (1995). *Developmental psychopathology.* New York: Wiley.

Cicchetti, D., & Rogosch, F. A. (1997). The role of self-organization in the promotion of resilience in maltreated children. *Development and Psychopathology, 9,* 797-815.

Cicchetti, D., & Toth, S. L. (1995). A developmental psychopathology perspective on child abuse and neglect. *Journal of the American Academy of Child and Adolescent Psychiatry, 34,* 541-565.

Cicchetti, D., & Tucker, D. (1994). Development and self-regulatory structures of the mind. *Development and Psychopathology, 6,* 533-549.

Clarkin, J. F., Yeomans, F. E., & Kernberg, O. F. (1999). *Psychotherapy for borderline personality.* New York: Wiley.

Cleckley, H. M. (1941). *The mask of sanity: An attempt to clarify some issues about the so-called psychopathic personality.* St. Louis, MO: Mosby.

Clifford, P. L. (1999). The FACE Recording and Measurement System: A scientific approach to person-based information. *Bulletin of the Menninger Clinic, 63,* 305-331.

Cloninger, C. R., Svrakic, D. M., & Przybeck, T. R. (1993). A psychobiological model of temperament and character. *Archives of General Psychiatry, 50,* 975-990.

Cloward, R. A., & Ohlin, L. E. (1960). *Delinquency and opportunity: A theory of delinquent gangs.* Chicago: Free Press.

Coates, S. W., & Wolfe, S. (1995). Gender identity disorder in boys: The interface of constitution and early experience. *Psychoanalytic Inquiry, 15,* 6-38.

Coccaro, E. F., & Kavoussi, R. J. (1997). Fluoxetine and impulsive-aggressive behavior in personality-disordered subjects. *Archives of General Psychiatry, 54,* 1081-1088.

Coccaro, E. F., Siever, L. J., Klar, H. M., Maurer, G., Cochrane, K., Cooper, T.

B., Mohs, R. C., & Davis, K. L. (1989). Serotonergic studies in patients with affective and personality disorders: Correlates with suicidal and impulsive aggressive behavior. *Archives of General Psychiatry, 46,* 587-599.

Cohen, D., Flament, M., Taieb, O., Thompson, C., & Basquin, M. (2000). Electroconvulsive therapy in adolescence. *European Child and Adolescent Psychiatry, 9,* 1-6.

Cohen, D., Taieb, O., Flament, M., Benoit, N., Chevret, S., Corcos, M., Fossati, P., Jeammet, P., Allilaire, J. F., & Basquin, M. (2000). Absence of cognitive impairment at long-term follow-up in adolescents treated with ECT for severe mood disorder. *American Journal of Psychiatry, 157,* 460-462.

Cohen, Y. (1991). Grandiosity in children with narcissistic and borderline disorders: A comparative analysis. *Psychoanalytic Study of the Child, 46,* 307-324.

Coie, J. D., & Dodge, K. A. (1998). Aggression and antisocial behavior. In W. Damon & N. Eisenberg (Eds.), *Handbook of child psychology: Social, emotional, and personality development* (Vol. 3, 5th ed., pp. 779-862). New York: Wiley.

Colombo, J., Mitchell, D. W., Coldren, J. T., & Atwater, J. D. (1990). Discrimination learning during the first year: Stimulus and positional cues. *Journal of Experimental Psychology: Learning, Memory, and Cognition, 16,* 98-109.

Combrinck-Graham, L. (1990). Developments in family systems theory and research. *Journal of the American Academy of Child and Adolescent Psychiatry, 29,* 501-512.

Comer, J. P. (1988). *Maggie's American dream: The life and times of a block family.* New York: New American Library.

Comings, D. E., Muhleman, D., & Gysin, R. (1996). Dopamine D_2 receptor (DRD_2) gene and susceptibility to posttraumatic stress disorder: A study and replication. *Biological Psychiatry, 40,* 368-372.

Conners, C. K., Casat, C. D., Gualtieri, C. T., Weller, E., Reader, M., Reiss, A., Weller, R. A., Khayrallah, M., & Ascher, J. (1996). Bupropion hydrochloride in attention deficit disorder with hyperactivity. *Journal of the American Academy of Child and Adolescent Psychiatry, 35,* 1314-1321.

Coons, P. M., Bowman, E. S., & Milstein, V. (1988). Multiple personality disorder: A clinical investigation of 50 cases. *Journal of Nervous and Mental Disease, 176,*

519-527.

Cooperman, S., & Frances, R. J. (1989). Adolescent alcohol and substance abuse. In R. D. Lyman, S. Prentice-Dunn, & S. Gabel (Eds.), *Residential and inpatient treatment of children and adolescents* (pp. 341-360). New York: Plenum Press.

Cowdry, R. W., & Gardner, D. L. (1988). Pharmacotherapy of borderline personality disorder: Alprazolam, carbamazepine, trifluoperazine, and tranylcypromine. *Archives of General Psychiatry, 45,* 111-119.

Crits-Cristoph, P., Luborsky, L., Dahl, L., Popp, C., Mellon, J., & Mark, D. (1988). Clinicians can agree in assessing relationship patterns in psychotherapy: The Conflictual Relationship Theme method. *Archives of General Psychiatry, 45,* 1001-1004.

Crittenden, P. M. (1994). Peering into the black box: An exploratory treatise on the development of self in young children. In D. Cicchetti & S. L. Toth (Eds.), *Disorders and dysfunctions of the self: Rochester Symposium on Developmental Psychopathology* (Vol. 5, pp. 79-148). Rochester, NY: University of Rochester Press.

Cueva, J. E., Overall, J. E., Small, A. M., Armenteros, J. L., Perry, R., & Campbell, M. (1996). Carbamazepine in aggressive children with conduct disorder: A double-blind and placebo-controlled study. *Journal of the American Academy of Child and Adolescent Psychiatry, 35,* 480-490.

Cunningham, C. E., Siegel, L. S., & Offord, D. R. (1991). A dose-response analysis of the effects of methylphenidate on the peer interactions and simulated classroom performance of ADD children with and without conduct problems. *Journal of Child Psychology and Psychiatry and Allied Disciplines, 32,* 439-452.

Curry, J. F. (1991). Outcome research on residential treatment: Implications and suggested directions. *American Journal of Orthopsychiatry, 61,* 348-357.

Damasio, A. R. (1989). Time-locked multiregional retroactivation: A systems-level proposal for the neural substrate of recall and recognition. *Cognition, 33,* 25-62.

Damasio, A. R. (1998). Emotion in the perspective of an integrated nervous system. *Brain Research Review, 26,* 83-86.

Davanzo, P. A., & McCracken, J. T. (2000). Mood stabilizers in the treatment of juvenile bipolar disorder: Advances and controversies. *Child and Adolescent Psychiatric Clinics of North America, 9,* 159-182.

Davis, M. (1992). The role of the amygdala in fear and anxiety. *Annual Review of Neuroscience, 15,* 353-375.

Dell, P. F., & Eisenhower, J. W. (1990). Adolescent multiple personality disorder: A preliminary study of eleven cases. *Journal of the American Academy of Child and Adolescent Psychiatry, 29,* 359-366.

Dennett, D. C. (1987). *The intentional stance.* Cambridge, MA: MIT Press.

Devinsky, O., Morrell, M. J., & Vogt, B. A. (1995). Contributions of anterior cingulate cortex to behaviour. *Brain, 118,* 279-306.

Diamond, G. S., & Liddle, H. A. (1999). Transforming negative parent-adolescent interactions: From impasse to dialogue. *Family Process, 38,* 5-26.

Dishion, T. J., Andrews, D. W., & Crosby, L. (1995). Antisocial boys and their friends in early adolescence: Relationship characteristics, quality, and interactional process. *Child Development, 66,* 139-151.

Dodd, B. (1979). Lip reading in infants: Attention to speech presented in- and out-of-synchrony. *Cognitive Psychology, 11,* 478-484.

Dodge, K. A. (1991). The structure and function of reactive and proactive aggression. In D. J. Pepler & K. H. Rubin (Eds.), *The development and treatment of childhood aggression* (pp. 201-218). Hillsdale, NJ: Erlbaum.

Donovan, S. J., Susser, E. S., Nunes, E. V., Stewart, J. W., Quitkin, F. M., & Klein, D. F. (1997). Divalproex treatment of disruptive adolescents: A report of 10 cases. *Journal of Clinical Psychiatry, 58,* 12-15.

Duffett, R., Hill, P., & Lelliott, P. (1999). Use of electroconvulsive therapy in young people. *British Journal of Psychiatry, 175,* 228-230.

Edelman, G. M. (1987). *Neural Darwinism: The theory of neuronal group selection.* New York: Basic Books.

Edelman, G. M. (1992). *Bright air, brilliant fire: On the matter of the mind.* New York: Basic Books.

Egan, J., & Kernberg, P. F. (1984). Pathological narcissism in childhood. *Journal of the American Psychoanalytic Association, 32,* 39-62.

Ekstein, R., & Wallerstein, J. (1954). Observations on the psychology of borderline and psychotic children. *Psychoanalytic Study of the Child, 9,* 344-372.

Elicker, J., Englund, M., & Sroufe, L. A. (1992). Predicting peer competence and peer relationships in childhood from early parent-child relationships. In R. D. Parke & G. W. Ladd (Eds.), *Family-peer relationships: Modes of linkage* (pp. 77-106). Hillsdale, NJ: Erlbaum.

Elman, J. L., Bates, A. E., Johnson, M. H., Karmiloff-Smith, A., Parisi, D., & Plunkett, K. (1996). *Rethinking innateness: A connectionist perspective on development.* Cambridge, MA: MIT Press.

Emch, M. (1944). On the "need to know" as related to identification and acting out. *International Journal of Psycho-Analysis, 25,* 13-19.

Emde, R. N. (1983). The prerepresentational self and its affective core. *Psychoanalytic Study of the Child, 38,* 165-192.

Emde, R. N. (1988). Development terminable and interminable: I. Innate and motivational factors from infancy. *International Journal of Psycho-Analysis, 69,* 23-42.

Emde, R. N. (1989). The infant's relationship experience: Developmental and affective aspects. In A. J. Sameroff & R. N. Emde (Eds.), *Relationship disturbances in early childhood: A developmental approach* (pp. 31-51). New York: Basic Books.

Emslie, G. J., Mayes, T. L., & Hughes, C. W. (2000). Special article: Updates in the pharmacologic treatment of childhood depression. *Psychiatric Clinics of North America: Annual of Drug Therapy, 23,* 811-836.

Emslie, G. J., Rush, A. J., Weinberg, W. A., Kowatch, R. A., Hughes, C. W., Carmody, T., & Rintelmann, J. (1997). A double-blind, randomized, placebo-controlled trial of fluoxetine in children and adolescents with depression. *Archives of General Psychiatry, 54,* 1031-1037.

Emslie, G. J., Walkup, J. T., Pliszka, S. R., & Ernst, M. (1999). Nontricyclic antidepressants: Current trends in children and adolescents. *Journal of the American Academy of Child and Adolescent Psychiatry, 38,* 517-528.

England, M. J., & Cole, R. (1992). Building systems of care for youth with serious mental illness. *Hospital and Community Psychiatry, 43,* 630-633.

England, M. J., & Goff, V. V. (1993). Health reform and organized systems of care. *New Directions for Mental Health Services, 59,* 5-12.

Erikson, E. H. (1950). *Childhood and society.* New York: Norton.

Erikson, E. H. (1959). Identity and the life cycle: Selected papers. *Psychological Issues, 1,* 1-171.

Erikson, E. H. (1968). *Identity, youth, and crisis.* New York: Norton.

Eyberg, S. M., Boggs, S. R., & Algina, J. (1995). Parent-child interaction therapy: A psychosocial model for the treatment of young children with conduct problem behavior and their families. *Psychopharmacology Bulletin, 31,* 83-91.

Fahy, T. A., Eisler, I., & Russell, G. F. (1993). Personality disorder and treatment response in bulimia nervosa. *British Journal of Psychiatry, 162,* 765-770.

Fahy, T. A., & Russell, G. F. (1993). Outcome and prognostic variables in bulimia nervosa. *International Journal of Eating Disorders, 14,* 135-145.

Fairbairn, W. R. D. (1954). *An object-relations theory of the personality.* New York: Basic Books. (Original work published 1952)

Fairburn, C. G. (1997). Bulimia outcome. *American Journal of Psychiatry, 154,* 1791-1792.

Fairbur, C. G., Norman, P. A., Welch, S. L., O'Connor, M. E., Doll, H. A., & Peveler, R. C. (1995). A prospective study of outcome in bulimia nervosa and the long-term effects of three psychological treatments. *Archives of General Psychiatry, 52,* 304-312.

Famularo, R., Kinscherff, R., & Fenton, T. (1991). Posttraumatic stress disorder among children clinically diagnosed as borderline personality disorder. *Journal of Nervous and Mental Disease, 179,* 428-431.

Farrington, D. P. (1983). Offending from 10 to 25 years of age. In K. T. Van Dusen & S. A. Mednick (Eds.), *Prospective studies of crime and delinquency* (pp. 17-37). Boston: Kluwer-Nijhoff.

Farrington, D. P., Loeber, R., & van Kammen, W. B. (1990). Long-term criminal outcomes of hyperactivity-impulsivity-attention deficit and conduct problems in childhood. In L. N. Robins & M. Rutter (Eds.), *Straight and devious pathways from childhood to adulthood* (pp. 62-81). New York: Cambridge University Press.

Fava, M. (1997). Psychopharmacologic treatment of pathologic aggression. *Psychiatric Clinics of North America, 20,* 427-451.

Fergusson, D. M., & Horwood, L. J. (1999). Prospective childhood predictors of deviant peer affiliations in adolescence. *Journal of Child Psychology and Psychiatry and Allied Disciplines, 40,* 581-592.

Fetner, H. H., & Geller, B. (1992). Lithium and tricyclic antidepressants. *Psychiatric Clinics of North America, 15,* 223-224.

Fichter, M. M., Leibl, K., Rief, W., Brunner, E., Schmidt-Auberger, S., & Engel, R. R. (1991). Fluoxetine versus placebo: A double-blind study with bulimic inpatients undergoing intensive psychotherapy. *Pharmacopsychiatry, 24,* 1-7.

Field, T., Healy, B., Goldstein, S., Perry, S., Bendell, D., Schanberg, S., Zimmerman, E. A., & Kuhn, C. (1988). Infants of depressed mothers show "depressed" behavior even with nondepressed adults. *Child Development, 59,* 1569-1579.

Findling, R. L., & Calabrese, J. R. (2000). Rapid-cycling bipolar disorder in children. *American Journal of Psychiatry, 157,* 1526-1527.

Fink, M. (1989). The efficacy of electroconvulsive therapy in therapy-resistant psychotic patients. *Journal of Clinical Psychopharmacology, 9,* 231-232.

Fischer, K. W., Kenny, S. L., & Pipp, S. L. (1990). How cognitive processes and environmental conditions organize discontinuities in the development of abstractions. In C. N. Alexander & E. J. Langer (Eds.), *Higher stages of human development: Perspectives on adult growth* (pp. 162-187). New York: Oxford University Press.

Fletcher, A. C., Darling, N., & Steinberg, L. (1995). Parental monitoring and peer influences on adolescent substance use. In J. McCord (Ed.), *Coercion and punishment in long-term perspectives* (pp. 259-271). New York: Cambridge University Press.

Fonagy, P. (1999a). Process and outcome in mental health care delivery: A model approach to treatment evaluation. *Bulletin of the Menninger Clinic, 63,* 288-304.

Fonagy, P. (1999b). Male perpetrators of violence against women: An attachment theory perspective. *Journal of Applied Psychoanalytic Studies, 1,* 7-27.

Fonagy, P. (2000a, January). *The development of psychopathology from infancy to adulthood: The mysterious unfolding of disturbance in time.* Paper presented at the World Association of Infant Mental Health Congress, Montreal, Canada.

Fonagy, P. (2000b). The treatment of disturbance of conduct. In P. Fonagy, M. Target, D. Cottrell, J. Phillips, & Z. Kurtz (Eds.), *A review of the outcomes of all treatments of psychiatric disorder in childhood* (pp. 135-206). London: National Health Service Executive.

Fonagy, P., Steele, H., & Steele, M. (1991). Maternal representations of attachment during pregnancy predict the organization of infant-mother attachment at one year of age. *Child Development, 62,* 891-905.

Fonagy, P., Steele, M., Steele, H., Higgitt, A., & Target, M. (1994). The Emanuel Miller Memorial Lecture 1992: The theory and practice of resilience. *Journal of Child Psychology and Psychiatry and Allied Disciplines, 35,* 231-257.

Fonagy, P., Steele, M., Steele, H., Leigh, T., Kennedy, R., Mattoon, g., & Target, M. (1995). Attachment, the reflective self, and borderline states: The predictive specificity of the Adult Attachment Interview and pathological emotional development. In S. Goldberg, R. Muir, & J. Kerr (Eds.), *Attachment theory: Social, developmental, and clinical perspectives* (pp. 233-278). Hillsdale, NJ: Analytic Press.

Fonagy, P., Steele, M., Steele, H., Moran, G. S., & Higgitt, A. C. (1991). The capacity for understanding mental states; The reflective self in parent and child and its significance for security of attachment. *Infant Mental Health Journal, 12,* 201-218.

Fonagy, P., & Target, M. (1995). Understanding the violent patient: The use of the body and the role of the father. *International Journal of Psycho-Analysis, 76,* 487-501.

Fonagy, P., & Target, M. (1996). Predictors of outcome in child psychoanalysis: A retrospective study of 763 cases at the Anna Freud Centre. *Journal of the American Psychoanalytic Association, 44,* 27-77.

Fonagy, P., & Target, M. (1997). Attachment and reflective function: Their role in self-organization. *Development and Psychopathology, 9,* 679-700.

Fonagy, P., & Target, M. (2000). Playing with reality III: The persistence of dual psychic reality in borderline patients. *International Journal of Psycho-Analysis, 81,* 853-873.

Fonagy, P., Target, M., & Gergely, G. (2000). Attachment and borderline personality disorder: A theory and some evidence. *Psychiatric Clinics of North America, 23,* 103-122.

Fonagy, P., Target, M., Steele, M., Steele, H., Leigh, T., Levinston, A., & Kennedy,

R. (1997). Morality, disruptive behavior, borderline personality disorder, crime, and their relationship to security of attachment. In L. Atkinson & K. J. Zucker (Eds.), *Attachment and psychopathology* (pp. 223-274). New York: Guilford Press.

Forehand, R., & Long, N. (1988). Outpatient treatment of the acting out child: Procedures, long-term follow-up data, and clinical problems. *Advances in Behaviour Research and Therapy, 10,* 129-177.

Forehand, R., Sturgis, E. T., McMahon, R. J., Aguar, D., Green, K., Wells, K., & Breiner, J. (1979). Parent behavioral training to modify child noncompliance: Treatment generalization across time and from home to school. *Behavior Modification, 3,* 3-25.

Fraiberg, S., Adelson, E., & Shapiro, V. (1975). Ghosts in the nursery: A psychoanalytic approach to the problems of impaired infant-mother relationships. *Journal of the American Academy of Child Psychiatry, 14,* 387-421.

Frankenburg, F. R., & Zanarini, M. C. (1993). Clozapine treatment of borderline patients: A preliminary study. *Comprehensive Psychiatry, 34,* 402-405.

Freud, A. (1958). Adolescence. *Psychoanalytic Study of the Child, 13,* 255-278.

Freud, A. (1960). Discussion of Dr. John Bowlby's paper on "Grief and mourning in infancy." *Psychoanalytic Study of the Child, 15,* 32-62.

Freud, A. (1966). The ego and the mechanisms of defense. In C. Baines (Trans.), *The writings of Anna Freud: The ego and the mechanisms of defense* (Vol. 2, rev. ed., pp. 3-191). New York: International Universities Press. (Original work published 1936)

Freud, S. (1953). The interpretation of dreams. In J. Strachey (Ed. & Trans.), *The standard edition of the complete psychological works of Sigmund Freud* (Vol. 5, pp. 339-622). London: Hogarth Press. (Original work published 1900)

Freud, S. (1955). "A child is being beaten": A contribution to the study of the origin of sexual perversions. In J. Strachey (Ed. & Trans.), *The standard edition of the complete psychological works of Sigmund Freud* (Vol. 17, pp. 175-204). London: Hogarth Press. (Original work published 1919)

Freud, S. (1958). Remembering, repeating and working-through. In J. Strachey (Ed. & Trans.), *The standard edition of the complete psychological works of*

Sigmund Freud (Vol. 12, pp. 145-156). London: Hogarth Press. (Original work published 1914)

Freud, S. (1959). Inhibitions, symptoms and anxiety. In J. Strachey (Ed. & Trans.), *The standard edition of the complete psychological works of Sigmund Freud* (Vol. 20, pp. 75-175). London: Hogarth Press. (Original work published 1926)

Freud, S. (1962). The aetiology of hysteria. In J. Strachey (Ed. & Trans.), *The standard edition of the complete psychological works of Sigmund Freud* (Vol. 3, pp. 187-221). London: Hogarth Press. (Original work published 1896)

Freud, S. (1963). On narcissism: An introduction. In J. Strachey (Ed. & Trans.), *The standard editionof the complete psychological works of Sigmund Freud* (Vol. 14, pp. 67-102). London: Hogarth Press. (Original work published 1914)

Freud, S. (1966). Project for a scientific psychology. In J. Strachey (Ed. & Trans.), *The standard edition of the complete psychological works of Sigmund Freud* (Vol. 1, pp. 281-397). London: Hogarth Press. (Original work published 1950)

Freyd, J. J. (1996). *Betrayal trauma: The logic of forgetting childhood abuse.* Cambridge, MA: Harvard University Press.

Friedman, L. (1982). The humanistic trend in recent psychoanalytic theory. *Psychoanalytic Quarterly, 51,* 353-371.

Frijling-Schreuder, E. C. (1969). Borderline states in children. *Psychoanalytic Study of the Child, 24,* 307-327.

Furman, E. (1974). *A child's parent dies: Studies in childhood bereavement.* New Haven, CT: Yale University Press.

Gabbard, G. O. (1989). Two subtypes of narcissistic personality disorder. *Bulletin of the Menninger Clinic, 53,* 527-532.

Gabbard, G. O. (1994). *Psychodynamic psychiatry in clinical practice: The DSM-IV edition* (2nd ed.). Washington, DC: American Psychiatric Press.

Gabbard, G. O. (1995). Countertransference: The emerging common ground. *International Journal of Psycho-Analysis, 76,* 475-485.

Gabbard, G. O. (2000). Combining medication with psychotherapy in the treatment of personality disorders. In J. G. Gunderson & G. O. Gabbard (Eds.), *Psychotherapy for personality disorders* (pp. 65-93). Washington, DC:

American Psychiatric Press.

Gabbard, G. O., & Wilkinson, S. M. (1994). *Management of countertransference with borderline patients.* Washington, DC: American Psychiatric Press.

Gadow, K. D., Nolan, E. E., Sverd, J., Sprafkin, J., & Paolicelli, L. (1990). Methylphenidate in aggressive-hyperactive boys: I. Effects on peer aggression in public school settings. *Journal of the American Academy of Child and Adolescent Psychiatry, 29,* 710-718.

Gadow, K. D., Sverd, J., Sprafkin, J., Nolan, E. E., & Ezor, S. N. (1995). Efficacy of methylphenidate for attention-deficit hyperactivity disorder in children with tic disorder. *Archives of General Psychiatry, 52,* 444-455.

Gardner, D. L., & Cowdry, R. W. (1985). Alprazolam-induced dyscontrol in borderline personality disorder. *American Journal of Psychiatry, 142,* 98-100.

Geleerd, E. R. (1958). Borderline states in childhood and adolescence. *Psychoanalytic Study of the Child, 13,* 279-295.

Geller, B., Cooper, T. B., Sun, K. Zimerman, B., Frazier, J., Williams, M., & Heath, J. (1998). Double-blind and placebo-controlled study of lithium for adolescent bipolar disorders with secondary substance dependency. *Journal of the American Academy of Child and Adolescent Psychiatry, 37,* 171-178.

Geller, B., Cooper, T. B., Zimerman, B., Frazier, J., Williams, M., Heath, J., & Warner, K. (1998). Lithium for prepubertal depressed children with family history predictors of future bipolarity: A double-blind, placebo-controlled study. *Journal of Affective Disorders, 51,* 165-175.

Geller, B., & Fetner, H. H. (1989). Children's 24-hour serum lithium level after a single dose predicts initial dose and steady-state plasma level [Letter to the editor]. *Journal of Clinical Psychopharmacology, 9,* 155.

George, C., Kaplan, N., & Main, M. (1985). *The Adult Attachment Interview.* Unpublished manuscript, Department of Psychology, University of California, Berkeley.

Gergely, G. (1995, March). *The role of parental mirroring of affects in early psychic structuration.* Paper presented at the International Psychoanalytic Association's 5th Conference on Psychoanalytic Research: "Advances in our Understanding of Affects: Clinical Implications." London.

Gergely, G., Magyar, J., & Balazs, A. (1999, June). *Childhood autism as "blindness" to less-than-perfect contingencies.* Poster session presented at the biennial conference of the International Society for Research in Childhood and Adolescent Psychopathology (ISRCAP), Barcelona, Spain.

Gergely, G., & Watson, J. S. (1996). The social biofeedback theory of parental affect-mirroring: The development of emotional self-awareness and self-control in infancy. *International Journal of Psycho-Analysis, 77,* 1181–1212.

Gergely, G., & Watson, J. S. (1999). Early socio-emotional development: Contingency perception and the social-biofeedback model. In P. Rochat (Ed.), *Early social cognition: Understanding others in the first months of life* (pp. 101–136). Hillsdale, NJ: Erlbaum.

Gershberg, F. B., & Shimamura, A. P. (1995). Impaired use of organizational strategies in free recall following frontal lobe damage. *Neuropsychologia, 13,* 1305–1333.

Gerstley, L., McLellan, A. T., Alterman, A. I., Woody, G. E., Luborsky, L., & Prout, M. (1989). Ability to form an alliance with the therapist: A possible marker of prognosis for patients with antisocial personality disorder. *American Journal of Psychiatry, 146,* 508–512.

Ghaemi, S. N. (2000). New treatments for bipolar disorder: The role of atypical neuroleptic agents. *Journal of Clinical Psychiatry, 61*(14, Suppl.), 33–42.

Gladwell, M. (1998). Do parents matter? *The New Yorker, 74*(24), 54–64.

Glover, A. J. J. (1992). Identification of violent incarcerates using the Test of Criminal Thinking and the revised Psychopathy Checklist (Doctoral dissertation, University of Toronto, 1992). *Dissertation Abstracts International, 53*(12A), 4253.

Goel, V., Grafman, J., Sadato, N., & Hallett, M. (1991). Modeling other minds. *Neuroreport: An International Journal for the Rapid Communication of Research in Neuroscience, 6,* 1741–1746.

Goenjian, A. K., Yehuda, R., Pynoos, R. S., Steinberg, A. M., Tashjian, M., Yang, R. K., Najarian, L. M., & Fairbanks, L. A. (1996). Basal cortisol, dexamethasone suppression of cortisol, and MHPG among adolescents after the 1988 earthquake in Armenia. *American Journal of Psychiatry, 153,* 929–934.

Goldberg, J. F., Garno, J. L., Leon, A. C., Kocsis, J. H., & Portera, L. (1998). Rapid titration of mood stabilizers predicts remission from mixed or pure mania in bipolar patients. *Journal of Clinical Psychiatry, 59,* 151-158.

Goldman, S. J., D'Angelo, E. J., & DeMaso, D. R. (1993). Psychopathology in the families of children and adolescents with borderline personality disorder. *American Journal of Psychiatry, 150,* 1832-1835.

Goldman, S. J., D'Angelo, E. J., DeMaso, D. R., & Mezzacappa, E. (1992). Physical and sexual abuse histories among children with borderline personality disorder. *American Journal of Psychiatry, 149,* 1723-1726.

Golier, J., & Yehuda, R. (1999, November). The HPA axis in Gulf War veterans with PTSD: Preliminary findings. *Proceedings and Abstracts of the 1999 Meeting of Traumatic Stress and Studies* (Abstract No. 1662), Miami, FL.

Goodwin, J. M., Cheeves, K., & Connell, V. (1990). Borderline and other severe symptoms in adult survivors of incestuous abuse. *Psychiatric Annals, 20,* 22-32.

Gormley, G. J., Lowy, M. T., Reder, A. T., Hospelhorn, V. D., Antel, J. P., & Meltzer, H. Y. (1985). Glucocorticoid receptors in depression: Relationship to the dexamethasone suppression test. *American Journal of Psychiatry, 142,* 1278-1284.

Grados, M. A., & Riddle, M. A. (1999). Obsessive-compulsive disorder in children and adolescents: Treatment guidelines. *CNS Drugs, 12,* 257-277.

Graham, P. (1999). Implementation of an outcomes management model of treatment. *Bulletin of the Menninger Clinic, 63,* 346-365.

Grant, K. A., Shively, C. A., Nader, M. A., Ehrenkaufer, R. L., Line, S. W., Morton, T. E., Gage, H. D., & Mach, R. H. (1998). Effect of social status on striatal dopamine D_2 receptor binding characteristics in cynomolgus monkeys assessed with positron emission tomography. *Synapse, 29,* 80-83.

Grcevich, S. J., Findling, R. L., Rowane, W. A., Friedman, L., & Schulz, S. C. (1996). Risperidone in the treatment of children and adolescents with schizophrenia: A retrospective study. *Journal of Child and Adolescent Psychopharmacology, 6,* 251-257.

Greenhill, L. L. (1998). Attention-deficit/hyperactivity disorder. In B. T. Walsh (Ed.), *Child psychopharmacology* (pp. 29-64). Washington, DC: American Psychiatric Press.

Greenhill, L. L., Halperin, J. M., & Abikoff, H. (1999). Stimulant medications.

Journal of the American Academy of Child and Adolescent Psychiatry, 38, 503-512.

Greenhill, L. L., Swanson, J. M., Vitiello, B., Davies, M., Clevenger, W., Wu, M., Arnold, L. E., Abikoff, H. B., Bukstein, O. G., Conners, C. K., Elliott, G. R., Hechtman, L., Hinshaw, S. P., Hoza, B., Jensen, P. s., Kraemer, H. C., March, J. S., Newcorn, J. H., Severe, J. B., Wells, K., & Wigal, T. (2001). Impairment and deportment responses to different methylphenidate doses in children with ADHD: The MTA titration trial. *Journal of the American Academy of Child and Adolescent Psychiatry, 40,* 180-187.

Griest, D. L., & Forehand, R., Rogers, T., Breiner, J., Furey, W., & Williams, C. A. (1982). Effects of parent enhancement therapy on the treatment outcome and generalization of a parent training program. *Behaviour Research and Therapy, 20,* 429-436.

Gunderson, J. G. (1996). The borderline patient's intolerance of aloneness: Insecure attachments and therapist availability. *American Journal of Psychiatry, 153,* 752-758.

Gunderson, J. G. (2000). Psychodynamic psychotherapy for borderline personality disorder. In J. G. Gunderson & G. O. Gabbard (Eds.), *Psychotherapy for personality disorders* (pp. 33-64). Washington, DC: American Psychiatric Press.

Gunderson, J. G., Kolb, J. E., & Austin, V. (1981). The diagnostic interview for borderline patients. *American Journal of Psychiatry, 138,* 896-903.

Gunderson, J. G., & Links, P. (1995). Borderline personality disorder. In G. O. Gabbard (Ed.), *Treatments of psychiatric disorders, Vol. 2* (2nd ed., pp. 2291-2310). Washington, DC: American Psychiatric Press.

Gunderson, J. G., & Zanarini, M. C. (1989). Pathogenesis of borderline personality. In A. Tasman, R. E. Hales, & A. J. Frances (Eds.), *American Psychiatric Press review of psychiatry* (pp. 25-48). Washington, DC: American Psychiatric Press.

Gunderson, J. G., Zanarini, M. C., & Kisiel, C. L. (1991). Borderline personality disorder: A review of data on DSM-III-R descriptions. *Journal of Personality Disorders, 5,* 340-352.

Gunnar, M. R. (1992). Reactivity of the hypothalamic-pituitary-adrenocortical system to stressors in normal infants and children. *Pediatrics, 90,* 491-497.

Gurvits, T. V., Shenton, M. E., Hokama, H., Ohta, H., Lasko, N. B., Gilbertson, M. W., Orr, S. P., Kilkinis, R., Jolesz, F. A., McCarley, R. W., & Pitman, R. K. (1996). Magnetic resonance imaging study of hippocampal volume in chronic, combat-related posttraumatic stress disorder. *Biological Psychiatry, 40,* 1091-1099.

Hgger, C., Buckley, P., Kenny, J. T., Friedman, L., Ubogy, D., & Meltzer, H. Y. (1993). Improvement in cognitive functions and psychiatric symptoms in treatment-refractory schizophrenic patients receiving clozapine. *Biological psychiatry, 34,* 702-712.

Hare, R. D. (1996). Psychopathy: A clinical construct whose time has come. *Criminal Justice and Behavior, 23,* 25-54.

Harlow, H. F. (1958). The nature of love. *American Psychologist, 13,* 673-680.

Harlow, H. F., & Harlow, M. K. (1971). Psychopathology in monkeys. In H. D. Kimmel (Ed.), *Experimental psychopathology: Recent research and theory* (pp. 203-229). San Diego, CA: Academic Press.

Harris, J. R. (1998). *The nurture assumption: Why children turn out the way they do.* New York: Free Press.

Harris, P. L. (1994). The child's understanding of emotion: Developmental change and the family environment. *Journal of Child Psychology and Psychiatry and Allied Disciplines, 35,* 3-28.

Harris, P. L. (1996). Desires, beliefs, and language. In P. Carruthers & P. K. Smith (Eds.), *Theories of theories of mind* (pp. 200-221). Cambridge, UK: Cambridge University Press.

Hart, S. D., Hare, R. D., & Forth, A. E. (1994). Psychopathy as a risk marker for violence: Development and validation of a screening version of the revised Psychopathy Checklist. In J. Monahan & H. J. Steadman (Eds.), *Violence and mental disorder: Developments in risk assessment* (pp. 81-98). Chicago: University of Chicago Press.

Hartley, D. G., & Strupp, H. H. (1983). The therapeutic alliance: Its relationship to outcome in brief psychotherapy. In J. M. Masling (Ed.), *Empirical studies of psychoanalytical theories* (Vol. 1, pp. 7-11). Hillsdale, NJ: Analytic Press.

Hawkins, J. D., Catalano, R. F., Morrison, D. M., O'Donnell, J., Abbott, R. D., & Day, L. E. (1992). the Seattle Social Development Project: Effects of the first four years on protective factors and problem behaviors. In J. McCord & R. E.

Tremblay (Eds.), *Preventing antisocial behavior: Interventions from birth through adolescence* (pp. 139-161). New York: Guilford Press.

Hay Group. (1999). *Health care plan design and cost trends: 1988 through 1998.* Arlington, VA: Author.

Heilman, K. M., Voeller, K. K., & Nadeau, S. E. (1991). A possible pathophysiologic substrate of attention deficit hyperactivity disorder. *Journal of Child Neurology, 6*(Suppl.), S76-S81.

Heinz, A., Higley, J. D., Gorey, J. G., Saunders, R. C., Jones, D. W., Hommer, D., Zajicek, K., Suomi, S. J., Lesch, K. P., Weinberger, D. R., & Linnoila, M. (1998). *In vivo* association between alcohol intoxication, aggression, and serotonin transporter availability in nonhuman primates. *American Journal of Psychiatry, 155,* 1023-1028.

Heinz, A., Ragan, P., Jones, D. W., Hommer, D., Williams, W., Knable, M. B., Gorey, J. G., Doty, L., Geyer, C., Lee, K. S., Coppola, R., Weinberger, D. R., & Linnoila, M. (1998). Reduced central serotonin transporters in alcoholism. *American Journal of Psychiatry, 155,* 1544-1549.

Hendin, H. (1981). Psychotherapy and suicide. *American Journal of Psychotherapy, 35,* 469-480.

Henggeler, S. W., Rowland, M. D., Randall, J., Ward, D. M., Pickrel, S. G., Cunningham, P. B., Miller, S. L., Edwards, J., Zealberg, J. J., Hand, L. D., & Santos, A. B. (1999). Home-based multisystemic therapy as an alternative to the hospitalization of youths in psychiatric crisis: Clinical outcomes. *Journal of the American Academy of Child and Adolescent Psychiatry, 38,* 1331-1339.

Herman, J. L. (1992a). Complex PTSD: A syndrome in survivors of prolonged and repeated trauma. *Journal of Traumatic Stress, 5,* 377-391.

Herman, J. L. (1992b). *Trauma and recovery.* New York: Basic Books.

Herman, J. L., Perry, J. C., & van der Kolk, B. A. (1989). Childhood trauma in borderline personality disorder. *American Journal of Psychiatry, 146,* 490-495.

Higley, J. D., Hasert, M. F., Suomi, S. J., & Linnoila, M. (1991). Nonhuman primate model of alcohol abuse: Effects of early experience, personality, and stress on alcohol consumption. *Proceedings of the National Academy of Science of the United States of America, 88,* 7261-7265.

Higley, J. D., King, S. T., Jr., Hasert, M. F., Champoux, M., Suomi, S. J., & Linnoila, M. (1996). Stability of interindividual differences in serotonin function and its relationship to severe aggression and competent social behavior in rhesus macaque females. *Neuropsychopharmacology, 14,* 67-76.

Higley, J. D., Suomi, S. J., & Linnoila, M. (1996). A non-human primate model of Type II alcoholism? Part 2: Diminished social competence and excessive aggression correlates with low cerebrospinal fluid 5-hydroxyindoleacetic acid concentrations. *Alcoholism, Clinical and Experimental Research, 20,* 643-650.

Hinshaw, S. P., Heller, T., & McHale, J. P. (1992). Covert antisocial behavior in boys with attention-deficit hyperactivity disorder: External validation and effects of methylphenidate. *Journal of Consulting and Clinical Psychology, 60,* 274-281.

Hobson, R. P. (1993a). *Autism and the development of mind.* Hillsdale, NJ: Erlbaum.

Hobson, R. P. (1993b). The intersubjective domain: Approaches from developmental psychopathology. *Journal of the American Psychoanalytic Association, 41*(Suppl.), 167-192.

Holden, G. W., & Miller, P. C. (1999). Enduring and different: A meta-analysis of the similarity in parents' child rearing. *Psychological Bulletin, 125,* 223-254.

Hollander, E. (1999). Managing aggressive behavior in patients with obsessive-compulsive disorder and borderline personality disorder. *Journal of Clinical Psychiatry, 60*(Suppl. 15), 38-44.

Hollenbeck, A. R., Susman, E. J., Nannis, E. D., Strope, B. E., Hersh, S. P., Levine, A. S., & Pizzo, P. A. (1980). Children with serious illness: Behavioral correlates of separation and isolation. *Child Psychiatry and Human Development, 11,* 3-11.

Holsboer, F. (1999). The rationale for corticotropin-releasing hormone receptor (CRH-R) antagonists to treat depression and anxiety. *Journal of Psychiatric Research, 33,* 181-214.

Holsboer, F., von Bardeleben, U., Gerken, A., Stalla, G. K., & Muller, O. A. (1984). Blunted corticotropin and normal cortisol response to human corticotropin-releasing factor in depression. *New England Journal of Medicine, 311,* 1127.

Horowitz, M. J. (1987). *States of mind: Configurational analysis of individual psychology* (2nd ed.). New York: Plenum Press.

Horrigan, J. P., & Barnhill, L. J. (1995). Guanfacine for treatment of attention-deficit hyperactivity disorder in boys. *Journal of Child and Adolescent Psychopharmacology, 5,* 215-223.

Horvath, A., Gaston, L., & Luborsky, L. (1993). The therapeutic alliance and its measures. In N. E. Miller, L. Luborsky, J. P. Barber, & J. P. Docherty (Eds.), *Psychodynamic treatment research: A handbook for clinical practice* (pp. 247-273). New York: Basic Books.

Horvath, A. O., & Symonds, B. D. (1991). Relation between working alliance and outcome in psychotherapy: A meta-analysis. *Journal of Counseling Psychology, 38,* 139-149.

Hsu, L. G. (1986). Lithium-resistant adolescent mania. *Journal of the American Academy of Child Psychiatry, 25,* 280-283.

Hughes, C. W., Emslie, G. J., Crismon, M. L., Wagner, K. D., Birmaher, B., Geller, B., Pliszka, S. R., Ryan, N. D., Strober, M., Trivedi, M. H., Toprac, M. G., Sedillo, A., Llana, M. E., Lopez, M., & Rush, A. J. (1999). The Texas Children's Medication Algorithm Project: Report of the Texas Consensus Conference Panel on medication treatment of childhood major depressive disorder. *Journal of the American Academy of Child and Adolescent Psychiatry, 38,* 1442-1454.

Hunt, R. D. (1987). Treatment effects of oral and transdermal clonidine in relation to methylphenidate: An open pilot study in ADD-H. *Psychopharmacology Bulletin, 23,* 111-114.

Hunt, R. D., Minderaa, R. B., & Cohen, D. J. (1985). Clonidine benefits children with attention deficit disorder and hyperactivity: Report of a double-blind placebo-crossover therapeutic trial. *Journal of the American Academy of Child Psychiatry, 24,* 617-629.

Ianni, F. A. J. (1989). *The search for structure; A report on American youth today.* New York: Free Press.

Iglehart, J. K. (1996). Managed care and mental health. *New England Journal of Medicine, 334,* 131-135.

Irwin, H. J. (1994). Proneness to dissociation and traumatic childhood events. *Journal of Nervous and Mental Disease, 182,* 456-460.

Isojarvi, J. I., Laatikainen, T. J., Pakarinen, A. J., Juntunen, K. T., & Myllyla, V. V. (1993). Polycystic ovaries and hyperandrogenism in women taking valproate for epilepsy. *New England Journal of Medicine, 329,* 1383-1388.

Jacobson, E. (1964). *The self and the object world.* New York: International Universities Press.

Jaffe, S. (1990). *Step workbook for adolescent chemical dependency recovery: A guide to the first five steps.* Washington, DC: American Psychiatric Press.

Jenkins, J. M., & Astington, J. W. (1996). Cognitive factors and family structure associated with theory of mind development in young children. *Developmental Psychology, 32,* 70-78.

Jenson, J. M., & Whittaker, J. K. (1989). Partners in care: Involving parents in children's residential treatment. In R. D. Lyman, S. Prentice-Dunn, & S. Gabel (Eds.), *Residential and inpatient treatment of children and adolescents* (pp. 207-227). New York: Plenum Press.

Joffe, W. G., & Sandler, J. (1967). Some conceptual problems involved in the consideration of disorders of narcissism. *Journal of Child Psychotherapy, 2,* 56-66.

Johnson, A. M., & Szurek, S. A. (1952). The genesis of antisocial acting out in children and adults. *Psychoanalytic Quarterly, 21,* 323-343.

Johnson, C. (1996). Addressing parent cognitions in interventions with families of disruptive children. In K. S. Dobson & K. D. Craig (Eds.), *Advances in cognitive-behavioral therapy* (pp. 193-209). Thousand Oaks, CA: Sage.

Joseph, R. (1988). The right cerebral hemisphere: Emotion, music, visual-spatial skills, body-image, dreams, and awareness. *Journal of Clinical Psychology, 44,* 630-673.

Kafantaris, V., Campbell, M., Padron-Gayol, M. V., Small, A. M., Locascio, J. J., & Rosenberg, C. R. (1992). Carbamazepine in hospitalized aggressive conduct disorder children: An open pilot study. *Psychopharmacology Bulletin, 28,* 193-199.

Kagan, J. (with Snidman, N., Arcus, D., & Reznick, J. S.). (1994). *Galen's prophecy: Temperament in human nature.* New York: Basic Books.

Kagan, S., & Zentner, M. (1996). Early childhood predictors of adult psychopathology. *Harvard Review of Psychiatry, 3,* 341-350.

Kandel, E. R. (1983). From metapsychology to molecular biology: Explorations into the nature of anxiety. *American Journal of Psychiatry, 140,* 1277-1293.

Kandel, E. R. (1998). A new intellectual framework for psychiatry. *American Journal of Psychiatry, 155,* 457-469.

Kapfhammer, H. P., & Hippius, H. (1998). Pharmacotherapy in personality disorders. *Journal of Personality Disorders, 12,* 277-288.

Kastner, T., & Friedman, D. L. (1992). Verapamil and valproic acid treatment of prolonged mania. *Journal of the American Academy of Child and Adolescent Psychiatry, 31,* 271-275.

Kathol, R. G., Jaeckle, R. S., Lopez, J. F., & Meller, W. H. (1989). Pathophysiology of HPA axis abnormalities in patients with major depression: An update. *American Journal of Psychiatry, 146,* 311-317.

Kaufman, J., Birmaher, B., Perel, J., Dahl, R. E., Moreci, P., Nelson, B., Wells, W., & Ryan, N. D. (1997). The corticotropin-releasing hormone challenge in depressed abuse, depressed nonabused, and normal control children. *Biological Psychiatry, 42,* 669-679.

Kavoussi, R. J., Liu, J., & Coccaro, E. F. (1994). An open trial of sertraline in personality disordered patients with impulsive aggression. *Journal of Clinical Psychiatry, 55,* 137-141.

Kaye, K. (1982). *The mental and social life of babies: How parents create persons.* Chicago: University of Chicago Press.

Kazdin, A. E. (1993). Psychotherapy for children and adolescents: Current progress and future research directions. *American Psychologist, 48,* 644-657.

Kazdin, A. E. (1996a). Problem solving and parent management in treating aggressive and antisocial behavior. In E. D. Hibbs & P. S. Jensen (Eds.), *Psychosocial treatments for child and adolescent disorders: Empirically based strategies for clinical practice* (pp. 377-408). Washington, DC: American Psychological Association.

Kazdin, A. E. (1996b). Dropping out of child psychotherapy: Issues for research and implications for practice. *Clinical Child Psychology and Psychiatry, 1,* 133-156.

Kazdin, A. E., Siegel, T. C., & Bass, D. (1992). Cognitive problem-solving skills training and parent management training in the treatment of antisocial behavior in children. *Journal of Consulting and Clinical Psychology, 60,* 733–747.

Keller, M. B., Gelenberg, A. J., Hirschfeld, R. M. A., Rush, A. J., Thase, M. E., Kocsis, J. H., Markowitz, J. C., Fawcett, J. A., Koran, L. M., Klein, D. N., Russell, J. M., Kornstein, S. G., McCullough, J. P., Davis, S. M., & Harrison, W. M. (1998). The treatment of chronic depression: Part 2. A double-blind, randomized trial of sertraline and imipramine. *Journal of Clinical Psychiatry, 59,* 598–607.

Kendall, P. C. (Ed.). (2000). *Child and adolescent therapy: Cognitive-behavioral procedures* (2nd ed.). New York: Guilford Press.

Kernberg, O. F. (1967). Borderline personality organization. *Journal of the American Psychoanalytic Association, 15,* 641–685.

Kernberg, O. F. (1970). Factors in the psychoanalytic treatment of narcissistic personalities. *Journal of the American Psychoanalytic Association, 18,* 51–85.

Kernberg, O. F. (1975). *Borderline conditions and pathological narcissism.* New York: Aronson.

Kernberg, O. F. (1976). *Object relations theory and clinical psychoanalysis.* New York: Aronson.

Kernberg, O. F. (1987). Projection and projective identification: Developmental and clinical aspects. *Journal of the American Psychoanalytic Association, 35,* 795–819.

Kernberg, O. F. (1992). *Aggression in personality disorders and perversions.* New Haven, CT: Yale University Press.

Kernberg, P. F. (1989). Narcissistic personality disorder in childhood. *Psychiatric Clinics of North America, 12*(3), 671–694.

Kernberg, P. F. (1990). Resolved: Borderline personality exists in children under twelve. *Journal of the American Academy of Child and Adolescent Psychiatry, 29,* 478–481, 482.

Kernberg, P. F., Weiner, A. S., & Bardenstein, K. K. (2000). *Personality disorders in children and adolescents.* New York: Basic Books.

Kierkegaard, S. (1938). *Purity of heart is to will one thing: Spiritual preparation for the office of confession* (D. V. Steere, Trans.). New York: Harper.

Kihlstrom, J. F., & Hoyt, I. P. (1995). Repression, dissociation, and hypnosis. In J. L.

Singer (Ed.), *Repression and dissociation: Implications for personality theory, psychopathology, and health* (pp. 181–208). Chicago: University of Chicago Press.

Kirby, J. S., Chu, J. A., & Dill, D. I. (1993). Correlates of dissociative symptomatology in patients with physical and sexual abuse histories. *Comprehensive Psychiatry, 34,* 258–263.

Klein, D. F. (1977). Psychopharmacological treatment and delineation of borderline disorders. In P. Hartocollis (Ed.), *Borderline personality disorders: The concept, the syndrome, the patient* (pp. 365–383). New York: International Universities Press.

Klein, M. (1952a). Notes on some schizoid mechanisms. In M. Klein, P. Heimann, & S. Isaacs, *Developments in psycho-analysis* (J. Riviere, Ed.; pp. 292–320). London: Hogarth Press.

Klein, M. (1952b). Some theoretical conclusions regarding the emotional life of the infant. In M. Klein, P. Heimann, & S. Isaacs, *Developments in psycho-analysis* (J. Riviere, Ed.; pp. 198–236). London: Hogarth Press.

Klein, M. (1957). *Envy and gratitude: A study of unconscious sources.* New York: Basic Books.

Klein, M. (1958). On the development of mental functioning. *International Journal of Psycho-Analysis, 39,* 84–90.

Kluft, R. P. (1984). An introduction to multiple personality disorder. *Psychiatric Annals, 14,* 19–24.

Kluft, R. P. (1992). A specialist's perspective on multiple personality disorder. *Psychoanalytic Inquiry, 12,* 139–171.

Kluft, R. P. (1998). Reflections on the traumatic memories of dissociative identity disorder patients. In S. J. Lynn & K. M. McConkey (Eds.), *Truth in memory* (pp. 304–322). New York: Guilford Press.

Koestler, A. (1945). *The yogi and the commissar and other essays.* New York: Macmillan.

Kohlberg, L. (1966). A cognitive-developmental analysis of children's sex-role concepts and attitudes. In E. E. Maccoby (Ed.), *The development of sex differences* (pp. 82–173). Stanford, CA: Stanford University Press.

Kohut, H. (1971). *The analysis of the self: A systematic approach to the psychoanalytic treatment of narcissistic personality disorder.* New York: International Universities Press.

Kohut, H. (1972). Thoughts on narcissism and narcissistic rage. *Psychoanalytic Study of the Child, 27,* 360-400.

Kohut, H. (1977). *The restoration of the self.* New York: International Universities Press.

Kovacs, M., Feinberg, T. L., Crouse-Novak, M. A., Paulauskas, S. L., & Finkelstein, R. (1984a). Depressive disorders in childhood: I. A longitudinal prospective study of characteristics and recovery. *Archives of General Psychiatry, 41,* 229-237.

Kovacs, M., Feinberg, T. L., Crouse-Novak, M. A., Paulauskas, S. L., Pollock, M., & Finkelstein, R. (1984b). Depressive disorders in childhood: II. A longitudinal study of the risk for a subsequent major depression. *Archives of General Psychiatry, 41,* 643-649.

Kowatch, R. A., Suppes, T., Carmody, T. J., Bucci, J. P., Hume, J. H., Kromelis, M., Emslie, G. J., Weinberg, W. A., & Rush, A. J. (2000). Effect size of lithium, divalproex sodium, and carbamazepine in children and adolescents with bipolar disorder. *Journal of the American Academy of Child and Adolescent Psychiatry, 39,* 713-720.

Kraemer, G. W. (1985). Effectsd of differences in early social experiences on primate neurobiological-behavioral development. In M. Reite & T. Field (Eds.), *the psychobiology of attachment and separation* (pp. 135-161). Orlando, FL: Academic Press.

Kumra, S. (2000). the diagnosis and treatment of children and adolescents with schizophrenia: "My mind is playing tricks on me." *Child and Adolescent Psychiatric Clinics of North America, 9,* 183-199.

Kumra, S., Jacobsen, L. K., Lenane, M., Karp, B. I., Frazier, J. A., Smith, A. K., Bedwell, J., Lee, P., Malanga, C. J., Hamburger, S., & Rapoport, J. L. (1998). Childhood-onset schizophrenia: An open-label study of olanzapine in adolescents. *Journal of the American Academy of Child and Adolescent Psychiatry, 37,* 377-385.

Kusumakar, V., & Yatham, L. N. (1997). An open study of lamotrigine in refractory bipolar depression. *Psychiatry Research, 72,* 145-148.

Kutcher, S. P. (1998). Affective disorders in children and adolescents: A critical clinically relevant review. In B. T. Walsh (Ed.), *Child psychopharmacology* (pp. 91-114). Washington, DC: American Psychiatric Press.

LaHoste, G. J., Swanson, J. M., Wigal, S. B., Glabe, C., Wigal, T., King, N., & Kennedy, J. L. (1996). Dopamine D$_4$ receptor gene polymorphism is associated with attention deficit hyperactivity disorder. *Molecular Psychiatry, 1*, 121-124.

Laible, D. J., & Thompson, R. A. (1998). Attachment and emotional understanding in preschool children. *Developmental Psychology, 34*, 1038-1045.

Larson, M. C., White, B. P., Cochran, A., Donzella, B., & Gunnar, M. (1998). *Developmental Psychobiology, 33*, 327-337.

LeDoux, J. E. (1996). *The emotional brain: The mysterious underpinnings of emotional life*. New York: Simon & Schuster.

Leichtman, M., & Leichtman, M. L. (1999). Facilitating the transition from residential treatment into the community: I. The problem. In C. Waller (Ed.), *Contributions to residential treatment 1999* (pp. 81-87). Washington, DC: American Association of Children's Residential Centers.

Leichtman, M., & Nathan, S. (1983). A clinical approach to the psychological testing of borderline children. In K. S. Robson (Ed.), *The borderline child: Approaches to etiology, diagnosis, and treatment* (pp. 121-170). New York: McGraw-Hill.

Leichtman, M. L., & Leichtman, M. (1996a). A model of psychodynamic short-term residential treatment: I. The nature of the challenge. In C. Waller (Ed.), *Contributions to residential treatment 1996* (pp. 85-92). Alexandria, VA: American Association of Children's Residential Centers.

Leichtman, M. L., & Leichtman, M. (1996b). A model of psychodynamic short-term residential treatment: II. General principles. In C. Waller (Ed.), *Contributions to residential treatment 1996* (pp. 93-102). Alexandria, VA: American Association of Children's Residential Centers.

Leichtman, M. L., & Leichtman, M. (1996c). A model of psychodynamic short-term residential treatment: III. Changing roles. In C. Waller (Ed.), *Contributions to residential treatment 1996* (pp. 103-109). Alexandria, VA: American Association of Children's Residential Centers.

Lenox, R. H., Manji, H. K., McElroy, S. L., Keck, P. E., & Dubovsky, S. L. (1995).

Drugs for treatment of bipolar disorder. In A. F. Schatzberg & C. B. Nemeroff (Eds.), *The American Psychiatric Press textbook of psychopharmacology* (pp. 303-388). Washington, DC: American Psychiatric Press.

Leonard, H. L., March, J., Rickler, K. C., & Allen, A. J. (1997). Pharmacology of the selective serotonin reuptake inhibitors in children and adolescents. *Journal of the American Academy of Child and Adolescent Psychiatry, 36*, 725-736.

Lesch, K. P., Bengel, D., Heils, A., Sabol, S. Z., Greenberg, B. D., Petri, S., Benjamin, J., Muller, C. R., Hamer, D. H., & Murphy, D. L. (1996). Association of anxiety-related traits with a polymorphism in the serotonin transporter gene regulatory region. *Science, 274*, 1527-1531.

Levinson, A., & Fonagy, P. (1999). *Criminality and attachment: The relationship between interpersonal awareness and offending in a prison population with psychiatric disorder.* Unpublished manuscript, University College, London.

Lewinsohn, P. M., Klein, D. N., & Seeley, J. R. (1995). Bipolar disorders in a community sample of older adolescents: Prevalence, phenomenology, comorbidity, and course. *Journal of the American Academy of Child and Adolescent Psychiatry, 34*, 454-463.

Lewis, D. O. (1983). Neuropsychiatric vulnerabilities and violent juvenile delinquency. *Psychiatric Clinics of North America, 6*, 707-714.

Lewis, D. O., Shanok, S. S., & Balla, D. A. (1979). Perinatal difficulties, head and face trauma, and child abuse in the medical histories of seriously delinquent children. *American Journal of Psychiatry, 136*, 419-423.

Lewis, D. O., Yeager, C. A., Lovely, R., Stein, A., & Cobham-Portorreal, C. S. (1994). A clinical follow-up of delinquent males: Ignored vulnerabilities, unmet needs, and the perpetuation of violence. *Journal of the American Academy of Child and Adolescent Psychiatry, 33*, 518-528.

Lhuintre, J. P., Daoust, M., Moore, N. D., Chretien, P., Saligaut, C., Tran, G., Bosimare, F., & Hillemand, B. (1985). Ability of calcium bis acetyl homotaurine, a GABA agonist, to prevent relapse in weaned alcoholics. *Lancet, 1*, 1014-1016.

Lichtenberg, J. D. (1989). *Psychoanalysis and motivation.* Hillsdale, NJ: Analytic Press.

Liddle, H. A., & Hogue, A. (2000). A family-based, developmental-ecological preventive intervention for high-risk adolescents. *Journal of Marital and Family Therapy, 26,* 265-279.

Liebowitz, M. R., Quitkin, F. M., Stewart, J. W., McGrath, P. J., Harrison, W. M., Markowitz, J. S., Rabkin, J. G., Tricamo, E., Goetz, D. M., & Klein, D. F. (1988). Antidepressant specificity in atypical depression. *Archives of General Psychiatry, 45,* 129-137.

Linehan, M. M. (1993). *Skills training manual for treating borderline personality disorder.* New York: Guilford Press.

Linehan, M. M., Armstrong, H. E., Suarez, A., Allmon, D., & Heard, H. L. (1991). Cognitive-behavioral treatment of chronically parasuicidal borderline patients. *Archives of General Psychiatry, 48,* 1060-1064.

Linehan, M. M., Heard, H. L., & Armstrong, H. E. (1993). Naturalistic follow-up of a behavioral treatment for chronically parasuicidal borderline patients. *Archives of General Psychiatry, 50,* 971-974.

Linehan, M. M., Heard, H. L., & Armstrong, H. E. (1994). "Naturalistic follow-up of a behavioral treatment for chronically parasuicidal borderline patients": Erratum. *Archives of General Psychiatry, 51,* 422.

Links, P. S., Heslegrave, R., & Villella, J. (1998). Psychopharmacological management of personality disorders: An outcome-focused model. In K. R. Silk (Ed.), *Biology of personality disorders* (pp. 93-127). Washington, DC: American Psychiatric Press.

Links, P. S., Steiner, M., Boiago, I., & Irwin, D. (1990). Lithium therapy for borderline patients: Preliminary findings. *Journal of Personality Disorders, 4,* 173-181.

Lochman, J. E., & Wells, K. C. (1996). A social-cognitive intervention with aggressive children: Prevention effects and contextual implementation issues. In R. D. Peters & R. J. McMahon (Eds.), *Preventing childhood disorders, substance abuse, and delinquency* (pp. 111-143). Thousand Oaks, CA: Sage.

Loewenstein, R. J., & Putnam, F. W. (1990). The clinical phenomenology of males with multiple personality disorder: A report of 21 cases. *Dissociation: Progress in the Dissociative Disorders, 3,* 135-143.

Long, P., Forehand, R., Wierson, M., & Morgan, A. (1994). Does parent training with young noncompliant children have long-term effects? *Behaviour Research and Therapy, 32,* 101-107.

Luborsky, L., Crits-Cristoph, P., Mintz, J., & Auerbach, A. (1981). *Who will benefit from psychotherapy? Predicting therapeutic outcomes.* New York: Basic Books.

Ludolph, P. S., Westen, D., Misle, B., Jackson, A., Wixom, J., & Wiss, F. C. (1990). The borderline diagnosis in adolescents: Symptoms and developmental history. *American Journal of Psychiatry, 147,* 470-476.

Lyons-Ruth, K., & Jacobvitz, D. (1999). Attachment disorganization: Unresolved loss, relational violence, and lapses in behavioral and attentional strategies. In J. Cassidy & P. R. Shaver (Eds.), *Handbook of attachment: Theory, research, and clinical applications* (pp. 520-554). New York: Guilford Press.

Mahler, M. S., Pine, F., & Bergman, A. (1975). *The psychological birth of the human infant: Symbiosis and individuation.* New York: Basic Books.

Mahler, M. S., Ross, J. R., & Defries, Z. (1949). Clinical studies in benign and malignant cases of childhood psychosis (schizophrenia-like). *American Journal of Orthopsychiatry, 19,* 295-305.

Main, M. (1991). Metacognitive knowledge, metacognitive monitoring, and singular (coherent) vs. multiple (incoherent) models of attachment: Findings and directions for future research. In C. M. Parkes, J. Stevenson-Hinde, & P. Marris (Eds.), *Attachment across the life cycle* (pp. 127-159). London: Tavistock/ Routledge.

Main, M., & Goldwyn, R. (1984). *Adult attachment scoring and classification system.* Unpublished manuscript, University of California, Berkeley.

Main, M., & Goldwyn, R. (1998). *Adult attachment scoring and classification system. (Version 6.3).* Unpublished manuscript, University of California, Berkeley.

Main, M., & Hesse, E. (1990). Parents' unresolved traumatic experiences are related to infant disorganized attachment status: Is frightened and/or frightening parental behavior the linking mechanism? In M. T. Greenberg, D. Cicchetti, & E. M. Cummings (Eds.), *Attachment in the preschool years: Theory, research, and intervention* (pp. 161-182). Chicago: University of Chicago Press.

Main, M., & Hesse, E. (1999). Second-generation effects of unresolved trauma in nonmaltreating parents: Dissociated, frightened, and threatening parental behavior. *Psychoanalytic Inquiry, 19*, 481-540.

Main, M., Kaplan, N., & Cassidy, J. (1985). Security in infancy, childhood, and adulthood: A move to the level of representation. *Monographs of the Society for Research in Child Development, 50*, 66-104.

Main, M., & Solomon, J. (1986). Discovery of an insecure-disorganized/disoriented attachment pattern. In T. B. Brazelton & M. W. Yogman (Eds.), *Affective development in infancy* (pp. 95-124). Norwood, NJ: Ablex.

Main, M., & Solomon, J. (1990). Procedures for identifying infants as disorganized/disoriented during the Ainsworth Strange Situation. In M. T. Greenberg, D. Cicchetti, & E. M. Cummings (Eds.), *Attachment in the preschool years: Theory, research, and intervention* (pp. 121-160). Chicago: University of Chicago Press.

Maltsberger, J. T. (1999). Countertransference in the treatment of the suicidal borderline patient. In G. O. Gabbard (Ed.), *Countertransference issues in psychiatric treatment* (pp. 27-43). Washington, DC: American Psychiatric Press.

Mandelbaum, A. (1971). Family process in the diagnosis and treatment of children and adolescents. *Bulletin of the Menninger Clinic, 35*, 153-156.

March, J. S., Biederman, J., Wolkow, R., Safferman, A., Mardekian, J., Cook, E. H., Cutler, N. R., Dominguez, R., Ferguson, J., Muller, B., Riesenberg, R., Rosenthal, M., Sallee, F. R., Wagner, K. D., & Steiner, H. (1998). Sertraline in children and adolescents with obsessive-compulsive disorder: A multicenter randomized controlled trial. *Journal of the American Medical Association, 280*, 1752-1756.

Marcus, J. (1963). Borderline states in childhood. *Journal of Child Psychology and Psychiatry, 4*, 208-218.

Markovitz, P. J. (1995). Pharmacotherapy of impulsivity, aggression and related disorders. In E. Hollander & D. J. Stein (Eds.), *Impulsivity and aggression* (pp. 263-287). Chichester, UK: Wiley.

Marohn, R. C. (1991). Psychotherapy of adolescents with behavioral disorders. In M. Slomowitz (Ed.), *Adolescent psychotherapy* (pp. 145-161). Washington, DC: American Psychiatric Press.

Marohn, R. C., Offer, D., & Ostrov, E., & Trujillo, J. (1979). Four psychodynamic types of hospitalized juvenile delinquents. *Adolescent Psychiatry, 7,* 466–483.

Martin, A., Kaufman, J., & Charney, D. (2000). Pharmacotherapy of early-onset depression: Update and new directions. *Child and Adolescent Psychiatric Clinics of North America, 9,* 135–157.

Mason, B. J., Ritvo, E. C., Morgan, R. O., Salvato, F. R., Goldberg, G., Welch, B., & Mantero-Atienza, E. (1994). A double-blind, placebo-controlled pilot study to evaluate the efficacy and safety of oral nalmefene HCl for alcohol dependence. *Alcoholism, Clinical and Experimental Research, 18,* 1162–1167.

Mason, J. W., Giller, E. L., Kosten, T. R., Ostroff, R. B., & Podd, L. (1986). Urinary free-cortisol levels in posttraumatic stress disorder patients. *Journal of Nervous and Mental Disease, 174,* 145–149.

Masten, A. S., & Garmezy, N. (1985). Risk, vulnerability and protective factors in developmental psychopathology. In B. B. Lahey & A. E. Kazdin (Eds.), *Advances in clinical child psychology* (pp. 1–52). New York: Plenum Press.

Masten, A. S., Garmezy, N., Tellegen, A., Pellegrini, D. S., Larkin, K., & Larsen, A. (1988). Competence and stress in school children: The moderating effects of individual and family qualities. *Journal of Child Psychology and Psychiatry and Allied Disciplines, 29,* 745–764.

Masterson, J. F. (1972). *Treatment of the borderline adolescent: A developmental approach.* New York: Wiley.

Masterson, J. F. (1981). *The narcissistic and borderline disorders: An integrated developmental approach.* New York: Brunner/Mazel.

Masterson, J. F., & Rinsley, D. B. (1975). The borderline syndrome: The role of the mother in the genesis and psychic structure of the borderline personality. *International Journal of Psycho-Analysis, 56,* 163–177.

Matthys, W., Cuperus, J. M., & Van Engeland, H. (1999). Deficient social problem-solving in boys with ODD/CD, with ADHD, and with both disorders. *Journal of the American Academy of Child and Adolescent Psychiatry, 38,* 311–321.

Mayes, L. C., & Cohen, D. J. (1993). Playing and therapeutic action in child analysis. *International Journal of Psycho-Analysis, 74,* 1235–1244.

McDougall, J. (1989). *Theaters of the body: A psychoanalytic approach to psychosomatic illness.* New York: Norton.

McElroy, S. L., Keck, P. E., Jr., Pope, H. G., Jr., & Hudson, J. I. (1992). Valproate in the treatment of bipolar disorder: Literature review and clinical guidelines. *Journal of Clinical Psychopharmacology, 12*(Suppl. 1), S42–S52.

McEwen, B. S., & Magarinos, A. M. (1997). Stress effects on morphology and function of the hippocampus. *Annals of the New York Academy of Sciences, 821,* 271–284.

McFarlane, A. C., Weber, D. L., & Clark, C. R. (1993). Abnormal stimulus processing in posttraumatic stress disorder. *Biological Psychiatry, 34,* 311–320.

Meins, E., Fernyhough, C., Russell, J., & Clark-Carter, D. (1998). Security of attachment as a predictor of symbolic and mentalising abilities: A longitudinal study. *Social Development, 7,* 1–24.

Meloy, J. R. (1988). *The psychopathic mind: Origins, dynamics, and treatment.* Northvale, NJ: Aronson.

Meltzoff, A. N. (1990). Foundations for developing a concept of self: The role of imitation in relating self to other and the value of social mirroring, social modeling and self practice in infancy. In D. Cicchetti & M. Beeghly (Eds.), *The self in transition: Infancy to childhood* (pp. 139–164). Chicago: University of Chicago Press.

Meltzoff, A. N., & Moore, M. K. (1977). Imitation of facial and manual gestures by human neonates. *Science, 198,* 75–78.

Meltzoff, A. N., & Moore, M. K. (1983). Newborn infants imitate adult facial gestures. *Child Development, 54,* 702–709.

Meltzoff, A. N., & Moore, M. K. (1989). Imitation in newborn infants: Exploring the range of gestures imitated and the underlying mechanisms. *Developmental Psychology, 25,* 954–962.

Meltzoff, A. N., & Moore, M. K. (1994). Imitation, memory, and th representation of persons. *Infant Behavior and Development, 17,* 83–99.

Minuchin, S., & Fishman, H. C. (1981). *Family therapy techniques.* Cambridge, MA: Harvard University Press.

Mirsky, I. A. (1968). Communication of affects in monkeys. In D. C. Glass (Ed.), *Environmental influences: Proceedings of a conference under the auspices of Russell Sage Foundation and the Rockefeller University* (pp. 129–137). New York: Rockefeller University Press.

Mitchell, J. E., Raymond, N., & Specker, S. M. (1993). A review of the controlled trials of pharmacotherapy and psychotherapy in the treatment of bulimia nervosa. *International Journal of Eating Disorders, 14,* 229–247.

Moran, G. S. (1984). Psychoanalytic treatment of diabetic children. *Psychoanalytic Study of the Child, 38,* 407–447.

Moss, E., Parent, S., & Gosselin, C. (1995, March 30–April 1). *Attachment and theory of mind: Cognitive and metacognitive correlates of attachment during the preschool period.* Paper presented at the biennial meeting of the Society for Research in Child Development, Indianapolis, IN.

MTA Cooperative Group. (1999a). A 14–month randomized clinical trial of treatment strategies for attention–deficit/hyperactivity disorder: The Multimodal Treatment Study of Children with Attention–Deficit/Hyperactivity Disorder. *Archives of General Psychiatry, 56,* 1073–1086.

MTA Cooperative Group. (1999b). Moderators and mediators of treatment response for children with attention–deficit/hyperactivity disorder: The Multimodal Treatment Study of Children with Attention–Deficit/Hyperactivity Disorder. *Archives of General Psychiatry, 56,* 1088–1096.

Murburg, M. M. (Ed.). (1994). *Catecholamine function in posttraumatic stress disorder: Emerging concepts.* Washington, DC: American Psychiatric Press.

Murray, L. (1992). The impact of postnatal depression on infant development. *Journal of Child Psychology and Psychiatry and Allied Disciplines, 33,* 543–561.

Murray, L., Fiori–Cowley, A., Hooper, R., & Cooper, P. (1996). The impact of postnatal depression and associated adversity on early mother–infant interactions and later infant outcomes. *Child Development, 67,* 2512–2526.

Murray, L., & Trevarthen, C. (1985). Emotional regulation of interactions between two–month–olds and their mothers. In T. M. Field & N. A. Fox (Eds.), *Social perception in infants* (pp. 177–198). Norwood, NJ: Ablex.

Neisser, V. (1991). Two perceptually given aspects of the self and their development. *Developmental Review, 11,* 197–209.

Nichols, K., Gergely, G., & Fonagy, P. (2000, September). *Infant cognition, mother–infant interaction, affect regulation, and markers of stress responsiveness: Directions for the Menninger Infant Laboratory.* Presentation at the Menninger Symposium on Contingency, Perception, and Attachment in

Infancy, Topeka, KS.

Noble, E. P. (1996). The gene that rewards alcoholism. *Scientific American, 2,* 52–61.

Noble, E. P. (1998). DRD$_2$ gene and alcoholism. *Science, 281,* 1287–1288.

Noshpitz, J. D. (1962). Notes on the theory of residential treatment. *Journal of the American Academy of Child Psychiatry, 1,* 284–296.

Noshpitz, J. D. (1975). Residential treatment of emotionally disturbed children. In S. Arieti (Ed.), *American handbook of psychiatry* (Vol. 5, pp. 634–651). New York: Basic Books.

Noshpitz, J. D. (1984). Narcissism and aggression. *American Journal of Psychotherapy, 38,* 17–34.

Novick, J., & Novick, K. K. (1996). *Fearful symmetry: The development and treatment of sadomasochism.* Northvale, NJ: Aronson.

Offord, D. R., Boyle, M. H., Racine, Y. A., Fleming, J. E., Cadman, D. T., Blum, H. M., Byrne, C., Links, P. S., Lipman, E. L., MacMillan, H. L., Rae Grant, N. I., Sanford, M. N., Szatmari, P., Thomas, H., & Woodward, C. A. (1992). Outcome, prognosis, and risk in a longitudinal follow-up study. *Journal of the American Academy of Child and Adolescent Psychiatry, 31,* 916–923.

Ogden, T. H. (1979). On projective identification. *International Journal of Psycho-Analysis, 60,* 357–373.

Ogden, T. H. (1982). *Projective identification and psychotherapeutic technique.* New York: Aronson.

Ogden, T. H. (1989). *The primitive edge of experience.* Northvale, NJ: Aronson.

Ogden, T. H. (1994). *Subjects of analysis.* Northvale, NJ: Aronson.

Oliver, J. E. (1993). Intergenerational transmission of child abuse: Rates, research, and clinical implications. *American Journal of Psychiatry, 150,* 1315–1324.

O'Malley, S. S., Jaffe, A. J., Chang, G., Schottenfeld, R. S., Meyer, R. E., & Rounsaville, B. (1992). Naltrexone and coping skills therapy for alcohol dependence: A controlled study. *Archives of General Psychiatry, 49,* 881–887.

Ornstein, A. (1981). Self-pathology in childhood: Developmental and clinical considerations. *Psychiatric Clinics of North America, 4,* 435–453.

Panksepp, J., Meeker, R., & Bean, N. J. (1980). The neurochemical control of crying. *Pharmacology, Biochemistry and Behavior, 12,* 437–443.

Papatheodorou, G., Kutcher, S. P., Katic, M., & Szalai, J. P. (1995). The efficacy and safety of divalproex sodium in the treatment of acute mania in adolescents and young adults: An open clinical trial. *Journal of Clinical Psychopharmacology, 15,* 110-116.

Papousek, H., & Papousek, M. (1987). Intuitive parenting: A dialectic counterpart to the infant's integrative competence. In J. D. Osofsky (Ed.), *Handbook of infant development* (pp. 669-720). New York: Wiley.

Papousek, H., & Papousek, M. (1989). Forms and functions of vocal matching in interactions between mothers and their precanonical infants. *First Language, 9,* 137-157.

Paris, J., & Zweig-Frank, H. (1992). A critical review of the role of childhood sexual abuse in the etiology of borderline personality disorder. *Canadian Journal of Psychiatry, 37,* 125-128.

Paris, J., & Zweig-Frank, H. (1997). Parameters of childhood sexual abuse in female patients. In M. C. Zanarini (Ed.), *Role of sexual abuse in the etiology of borderline personality disorder* (pp. 15-28). Washington, DC: American Psychiatric Press.

Patterson, G. R. (1982). *Coercive family process.* Eugene, OR: Castalia.

Patterson, G. R., & Chamberlin, P. (1988). Treatment process: A problem at three levels. In L. C. Wynne (Ed.), *The state of the art in family therapy research: Controversies and recommendations* (pp. 189-223). New York: Family Process Press.

Patterson, G. R., DeBaryshe, B. D., & Ramsey, E. (1989). A developmental perspective on antisocial behavior. *American Psychologist, 44,* 329-335.

Patterson, G. R., & Forgatch, M. S. (1995). Predicting future clinical adjustment from treatment outcome and process variables. *Psychological Assessment, 7,* 275-285.

Patterson, G. R., Reid, J. B., Jones, R. R., & Conger, R. E. (1975). *A social learning approach to family intervention: Vol. 1. Families with aggressive children.* Eugene, OR: Castalia.

Peet, M. (1994). Induction of mania with selective serotonin re-uptake inhibitors and tricyclic antidepressants. *British Journal of Psychiatry, 164,* 549-550.

Perner, J., & Ruffman, T. (1995). Episodic memory and autonoetic consciousness:

Developmental evidence and a theory of childhood amnesia. *Journal of Experimental Child Psychology, 59,* 516-548.

Perry, B. (1997). Incubated in terror: Neurodevelopmental factors in the "cycle of violence." In J. D. Osofsky (Ed.), *Children in a violent society* (pp. 124-149). New York: Guilford Press.

Perry, B. D., & Pollard, R. (1998). Homeostasis, stress, trauma, and adaptation: A neurodevelopmental view of childhood trauma. *Child and Adolescent Psychiatric Clinics of North America, 7,* 33-51.

Perry, B. D., Pollard, R. A., Blakely, T. L., Baker, W. L., & Vigilante, D. (1995). Childhood trauma, the neurobiology of adaptation, and "use-dependent" development of the brain: How "states" become "traits." *Infant Mental Health Journal, 16,* 271-291.

Petti, T. A., & Vela, R. M. (1990). Borderline disorders of childhood; An overview. *Journal of the American Academy of Child and Adolescent Psychiatry, 29,* 327-337.

Pine, F. (1974). On the concept of "borderline" in children: A clinical essay. *Psychoanalytic Study of the Child, 29,* 341-368.

Pine, F. (1983). Borderline syndromes in childhood: A working nosology and its therapeutic implications. In K. S. Robson (Ed.), *The borderline child: Approaches to etiology, diagnosis, and treatment* (pp. 83-100). New York: McGraw-Hill.

Pinto, O. C., & Akiskal, H. S. (1998). Lamotrigine as a promising approach to borderline personality: An open case series without concurrent DSM-IV major mood disorder. *Journal of Affective Disorders, 51,* 333-343.

Plakun, E. M. (1999). Managed care discovers the talking cure. In H. Kaley, M. N. Eagle, & D. L. Wolitzky (Eds.), *Psychoanalytic therapy as health care: Effectiveness and economics in the 21st century* (pp. 239-255). Hillsdale, NJ: Analytic Press.

Pliszka, S. R., Greenhill, L. L., Crismon, M. L., Sedillo, A., Carlson, C., Conners, C. K., McCracken, J. T., Swanso, J. M., Hughes, C. W., Llana, M. E., Lopez, M., & Toprac, M. G. (2000a). The Texas Children's Medication Algorithm Project: Report of the Texas Consensus Conference Panel on medication treatment of childhood attention-deficit/hyperactivity disorder: Part II. Tactics. *Journal of the American Academy of Child and Adolescent Psychiatry, 39,* 920-927.

Pliszka, S. R., Greenhill, L. L., Crismon, M. L., Sedillo, A., Carlson, C., Conners, C. K., McCracken, J. T., Swanson, J. M., Hughes, C. W., Llana, M. E., Lopez, M., & Toprac, M. G. (2000b). The Texas Children's Medication Algorithm Project: Report of the Texas Consensus Conference Panel on medication treatment of childhood attention-deficit/hyperactivity disorder: Part I. *Journal of the American Academy of Child and Adolescent Psychiatry, 39,* 908-919.

Pliszka, S. R., McCracken, J. T., & Maas, J. W. (1996). Catecholamines in attention deficit hyperactivity disorder: Current perspectives. *Journal of the American Academy of Child and Adolescent Psychiatry, 35,* 264-272.

Post, R. M., Ketter, T. A., Denicoff, K., Pazzaglia, P. J., Leverich, G. S., Marangell, L. B., Callahan, A. M., George, M. S., & Frye, M. A. (1996). The place of anticonvulsant therapy in bipolar illness. *Psychopharmacology, 128,* 115-129.

Post, R. M., Ketter, T. A., Pazzaglia, P. J., Denicoff, K., George, M. s., Callahan, A., Leverich, G., & Frye, M. (1996). Rational polypharmacy in the bipolar affective disorders. *Epilepsy Research Supplement, 11,* 153-180.

Post, R. M., Kramlinger, K. G., Altshuler, L. L., Ketter, T., & Denicoff, K. (1990). Treatment of rapid cycling bipolar illness. *Psychopharmacology Bulletin, 26,* 37-47.

Post, R. M., Weiss, S. R., Smith, M., Li, H., & McCann, U. (1997). Kindling versus quenching: Implications for the evolution and treatment of post-traumatic stress disorder. In R. Yehuda & A. C. McFarlane (Eds.), *Psychobiology of posttraumatic stress disorder* (pp. 285-295). New York: New York Academy of Sciences.

Prince, J. B., Wilens, T. E., Biederman, J., Spencer, T. J., & Wozniak, J. R. (1996). Clonidine for sleep disturbances associated with attention-deficit hyperactivity disorder: A systematic chart review of 62 cases. *Journal of the American Academy of Child and Adolescent Psychiatry, 35,* 599-605.

Prudic, J., Haskett, R. F., Mulsant, B., Malone, K. M., Pettinati, H. M., Stephens, S., Greenberg, R., Rifas, S. L., & Sackeim, H. A. (1996). Resistance to antidepressant medications and short-term clinical response to ECT. *American Journal of Psychiatry, 153,* 985-992.

Pulver, S. E. (1970). Narcissism: The term and the concept. *Journal of the*

American Psychoanalytic Association, 18, 319-342.

Putnam, F. W., Jr. (1985). Dissociation as a response to extreme trauma. In R. P. Kluft (Ed.), *Childhood antecedents of multiple personality* (pp. 65-91). Washington, DC: American Psychiatric Press.

Putnam, F. W. (1996). Child development and dissociation. *Child and Adolescent Psychiatric Clinics of North America, 5,* 285-301.

Pynoos, R. s., Steinberg, A. M., & Wraith, R. (1995). A developmental model of childhood traumatic stress. In D. Cicchetti & D. J. Cohen (Eds.), *Developmental psychopathology: Vol. 2. Risk, disorder, and adaptation* (pp. 72-95). New York: Wiley.

Redl, F., & Wineman, D. (1951). *Children who hate: The disorganization and break-down of behavior controls.* Glencoe, IL: Free Press.

Redl, F., & Wineman, D. (1957). *The aggressive child.* Glencoe, IL: Free Press.

Reeves, A. C. (1971). Children with surrogate parents: Cases seen in analytic therapy and an aetiological hypothesis. *British Journal of Medical Psychology, 44,* 155-171.

Riddle, M. A., Reeve, E. A., Yaryura-Tobias, J. A., Yang, H. M., Claghorn, J. L., Gaffney, G., Greist, J. H., Holland, D., McConville, B. J., Pigott, T., & Walkup, J. T. (2001). Fluvoxamine for children and adolescents with obsessive-compulsive disorder: A randomized, controlled, multicenter trial. *Journal of the American Academy of Child and Adolescent Psychiatry, 40,* 222-229.

Riggs, P. D., Baker, S., Mikulich, S. K., Young, S. E., & Crowley, T. J. (1995). Depression in substance-dependent delinquents. *Journal of the American Academy of Child and Adolescent Psychiatry, 34,* 764-771.

Rinsley, D. B. (1980a). The developmental etiology of borderline and narcissistic disorders. *Bulletin of the Menninger Clinic, 44,* 127-134.

Rinsley, D. B. (1980b). Principles of therapeutic milieu with children. In G. P. Sholevar, R. M. Benson, & B. J. Blinder (Eds.), *Emotional disorders in children and adolescents; Medical and psychological approaches to treatment* (pp. 191-208). New York: Spectrum.

Rinsley, D. B. (1984). A comparison of borderline and narcissistic personality disorders. *Bulletin of the Menninger Clinic, 48,* 1-9.

Rinsley, D. B. (1989). *Developmental pathogenesis and treatment of borderline and narcissistic personalities*. New York: Aronson.

Robins, L. N. (1981). Epidemiological approaches to natural history research: Antisocial disorders in children. *Journal of the American Academy of Child Psychiatry, 20,* 566-580.

Rochat, P. (1995). Early objectification of the self. In P. Rochat (Ed.), *The self in infancy: Theory and research* (pp. 53-71). Amsterdam: North-Holland/ Elsevier.

Rosenfeld, S. K., & Sprince, M. P. (1963). An attempt to formulate the meaning of the concept "borderline." *Psychoanalytic Study of the Child, 18,* 603-635.

Roth, A. S., Ostroff, R. B., & Hoffman, R. E. (1996). Naltrexone as a treatment for repetitive self-injurious behavior: An open-label trial. *Journal of Clinical Psychiatry, 57,* 233-237.

Rounds-Bryant, J. L., Kristiansen, P. L., & Hubbard, R. L. (1999). Drug abuse treatment outcome study of adolescents: A comparison of client characteristics and pretreatment behaviors in three treatment modalities. *American Journal of Drug and Alcohol Abuse, 25,* 573-591.

Russell, G. F. M., Treasure, J., & Eisler, I. (1998). Mothers with anorexia nervosa who underfeed their children: Their recognition and management. *Psychological Medicine, 28,* 93-108.

Rutter, M. (1985). Resilience in the face of adversity: Protective factors and resistance to psychiatric disorder. *British Journal of Psychiatry, 147,* 598-611.

Rutter, M. (1987). Psychosocial resilience and protective mechanisms. *American Journal of Orthopsychiatry, 57,* 316-331.

Rutter, M. (1999). Resilience concepts and findings: Implications for family therapy. *Journal of Family Therapy, 21,* 119-144.

Rutter, M., & Giller, H. (1983). *Juvenile delinquency: Trends and perspectives.* New York: Guilford Press.

Rutter, M., Giller, H., & Hagell, A. (1998). *Antisocial behavior by young people.* Cambridge, UK: Cambridge University Press.

Rutter, M., & Quinton, D. (1984). Long-term follow-up of women institutionalized in childhood: Factors promoting good functioning in adult life. *British Journal of Developmental Psychology, 2,* 191-204.

Ryan, N. D., Meyer, V., Dachille, S., Mazzie, D., & Puig-Antich, J. (1988). Lithium antidepressant augmentation in TCA-refractory depression in adolescents. *Journal of the American Academy of Child and Adolescent Psychiatry, 27,* 371-376.

Sachar, E. J., Hellman, L., Roffwarg, H. P., Halpern, F. S., Fukushima, D. K., & Gallagher, T. F. (1973). Disrupted 24-hour patterns of cortisol secretion in psychiatric depression. *Archives of General Psychiatry, 28,* 19-24.

Sackett, D. L., Rosenberg, W. M., Gray, J. A., Haynes, R. B., & Richardson, W. S. (1996). Evidence based medicine: What it is and what it isn't. *British Medical Journal, 312,* 71-72.

Safer, D. J., Zito, J. M., & Fine, E. M. (1996). Increased methylphenidate usage for attention deficit disorder in the 1990s. *Pediatrics, 98,* 1084-1088.

Safran, J. D,. & Muran, J. C. (2000). *Negotiating the therapeutic alliance: A relational treatment guide.* New York: Guilford Press.

Salzman, C., Wolfson, A. N., Schatzberg, A., Looper, J., Henke, R., Albanese, M., Schwartz, J., & Miyawaki, E. (1995). Effect of fluoxetine on anger in symptomatic volunteers with borderline personality disorder. *Journal of Clinical Psychopharmacology, 15,* 23-29.

Sander, L. W. (1975). Infant and caretaking environment: Investigation and conceptualization of adaptive behavior in a system of increasing complexity. In E. J. Anthony (Ed.), *Explorations in child psychiatry* (pp. 129-166). New York: Holt, Rinehart & Winston.

Sanders, M. R., & Dadds, M. R. (1992). Children's and parents' cognitions about family interaction: An evaluation of video-mediated recall and thought listing procedures in the assessment of conduct-disordered children. *Journal of Clinical Child Psychology, 21,* 371-379.

Santiago, L. B., Jorge, S. M., & Moreira, A. C. (1996). Longitudinal evaluation of the development of salivary cortisol circadian rhythm in infancy. *Clinical Endocrinology, 44,* 157-161.

Sapolsky, R. M. (2000). Glucocorticoids and hippocampal atrophy in neuropsychiatric disorders. *Archives of General Psychiatry, 57,* 925-935.

Sass, H., Soyka, M., Mann, K., & Zieglgansberger, W. (1996). Relapse prevention by acamprosate: Results from a placebo-controlled study on alcohol dependence. *Archives of General Psychiatry, 53,* 673-680.

Schachtel, E. G. (1947). On memory and childhood amnesia. *Psychiatry: Journal for the Study of Interpersonal Processes, 10,* 1-26.

Schacter, D. L. (1992). Understanding implicit memory: A cognitive neuroscience approach. *American Psychologist, 47,* 559-569.

Schmidt, S. E., Liddle, H. A., & Dakof, G. A. (1996). Changes in parenting practices and adolescent drug abuse during multidimensional family therapy. *Journal of Family Psychology, 10,* 12-27.

Schmuckler, M. A. (1996). Visual-proprioceptive intermodal perception in infancy. *Infant Behavior and Development, 19,* 221-232.

Schneider-Rosen, K., & Cicchetti, D. (1991). Early self-knowledge and emotional development: Visual self-recognition and affective reactions to mirror self-image in maltreated and non-maltreated toddlers. *Developmental Psychology, 27,* 471-487.

Schneier, F. R., Liebowitz, M. R., Abi-Dargham, A., Zea-Ponce, Y., Lin, S., & Laruelle, M. (2000). Low dopamine D_2 receptor binding potential in social phobia. *American Journal of Psychiatry, 157,* 457-459.

Schulz, S. C., Camlin, K. L., Berry, S. A., & Jesberger, J. A. (1999). Olanzapine safety and efficacy in patients with borderline personality disorder and comorbid dysthymia. *Biological Psychiatry, 46,* 1429-1435.

Schwartz, C. E., Snidman, N., & Kagan, J. (1999). Adolescent social anxiety as an outcome of inhibited temperament in childhood. *Journal of the American Academy of Child and Adolescent Psychiatry, 38,* 1008-1015.

Schwartz, E. D., & Perry, B. D. (1999). The post-traumatic response in children and adolescents. *Psychiatric Clinics of North America, 17*(2), 311-321.

Schwartz, J. M., Stoessel, P. W., Baxter, L. R. J., Martin, K. M., & Phelps, M. E. (1996). Systematic changes in cerebral glucose metabolic rate after successful behavior modification treatment of obsessive-compulsive disorder. *Archives of General Psychiatry, 53,* 109-113.

Segal, H. (1981). Notes on symbol formation. In *The work of Hanna Segal* (pp. 49-65). New York: Aronson. (Original work published 1957)

Shalev, A. Y., Orr, S. P., Peri, T., Schreiber, S., & Pitman, R. K. (1992). Physiologic responses to loud tones in Israeli patients with posttraumatic stress disorder. *Archives of General Psychiatry, 49,* 870-875.

Shapiro, D. (1965). *Neurotic styles.* New York: Basic Books.

Shapiro, F. (1995). *Eye movement desensitization and reprocessing: Basic principles, protocols, and procedures.* New York: Guilford Press.

Shapiro, F., & Forrest, M. S. (1997). *EMDR: The breakthrough therapy for overcoming anxiety, stress, and trauma.* New York: Basic Books.

Shapiro, T. (1990). Resolved: Borderline personality exists in children under twelve: Negative [Debate forum]. *Journal of the American Academy of Child and Adolescent Psychiatry, 29,* 480-483.

Sharfstein, S. S., & Kent, J. J., Jr. (1997). Restructuring for survival: The Sheppard Pratt transformation. In R. K. Schreter, S. S. Sharfstein, & C. A. Schreter (Eds.), *Managing care, not dollars: The continuum of mental health services* (pp. 281-298). Washington, DC: American Psychiatric Press.

Sheard, M. H. (1975). Lithium in the treatment of aggression. *Journal of Nervous and Mental Disease, 160,* 108-118.

Sheard, M. H., Marini, J. L., Bridges, C. I., & Wagner, E. (1976). The effect of lithium on impulsive-aggressive behavior in man. *American Journal of Psychiatry, 133,* 1409-1413.

Shimamura, A. P. (1995). Memory and frontal lobe function. In M. S. Gazzaniga (Ed.), *The cognitive neurosciences* (pp. 803-813). Cambridge, MA: MIT Press.

Siegel, D. J. (1999). *The developing mind: Toward a neurobiology of interpersonal experience.* New York: Guilford Press.

Siever, L. J., Buchsbaum, M. S., New, A. S., Spiegel-Cohen, J., Wei, T., Hazlett, E. A., Sevin, E., Nunn, M., & Mitropoulou, V. (1999). d,1-fenfluramine response in impulsive personality disorder assessed with [18F] fluorodeoxyglucose positron emission tomography. *Neuropsychopharmacology, 20,* 413-423.

Siever, L. J., & Davis, K. L. (1991). A psychobiological perspective on the personality disorders. *American Journal of Psychiatry, 148,* 1647-1658.

Sifneos, P. E., Apfel-Savitz, R., & Frankel, F. H. (1977). The phenomenon of "alexithymia": Observations in neurotic and psychosomatic patients. *Psychotherapy and Psychosomatics, 28,* 47-57.

Smith, J., & Prior, M. (1995). Temperament and stress resilience in school-age children: A within-families study. *Journal of the American Academy of Child and Adolescent Psychiatry, 34,* 168-179.

Smith, P. K. (1996). Language and the evolution of mind-reading. In P. Carruthers & P. K. Smith (Eds.), *Theories of theories of mind* (pp. 344-354). Cambridge, UK: Cambridge University Press.

Soloff, P. H. (1998). Algorithms for pharmacological treatment of personality dimensions: Symptom-specific treatments for cognitive-perceptual, affective, and impulsive-behavioral dysregulation. *Bulletin of the Menninger Clinic, 62,* 195-214.

Solomon, J., & George, C. (1996). Defining the caregiving system: Toward a theory of caregiving. *Infant Mental Health Journal, 17,* 183-197.

Sorce, J. F., Emde, R. N., Campos, J. J., & Klinnert, M. D. (1985). Maternal emotional signaling: Its effect on the visual cliff behavior of 1-year-olds. *Developmental Psychology, 21,* 195-200.

Spelke, E. S. (1979). Perceiving bimodally specified events in infancy. *Developmental Psychology, 15,* 626-636.

Spelke, E. S., & Owsley, C. J. (1979). Intermodal exploration and knowledge in infancy. *Infant Behavior and Development, 2,* 13-27.

Spencer, T., Biederman, J., Kerman, K., Steingard, R., & Wilens, T. (1993). Desipramine treatment of children with attention-deficit hyperactivity disorder and tic disorder or Tourette's syndrome. *Journal of the American Academy of Child and Adolescent Psychiatry, 32,* 354-360.

Spencer, T., Biederman, J., & Wilens, T. (2000). Pharmacotherapy of attention deficit hyperactivity disorder. *Child and Adolescent Psychiatric Clinics of North America, 9,* 77-97.

Spencer, T., Biederman, J., Wilens, T., Harding, M., O'Donnell, D., & Griffin, S. (1996). Pharmacotherapy of attention-deficit hyperactivity disorder across the life cycle. *Journal of the American Academy of Child and Adolescent Psychiatry, 35,* 409-432.

Spencer, T., Biederman, J., Wilens, T., Steingard, R., & Geist, D. (1993). Nortriptyline treatment of children with attention-deficit hyperactivity disorder and tic disorder or Tourette's syndrome. *Journal of the American Academy of Child and Adolescent Psychiatry, 32,* 205-210.

Spillius, E. B. (1992). Clinical experiences of projective identification. In R. Anderson (Ed.), *Clinical lectures on Klein and Bion* (pp. 59-73). London:

Tavistock/Routledge.

Spillius, E. B. (1994). Developments in Kleinian thought: Overview and personal view. *Psychoanalytic Inquiry, 14,* 324-364.

Spitz, R. A. (1945). Hospitalism: An inquiry into the genesis of psychiatric conditions in early childhood. *Psychoanalytic Study of the Child, 1,* 53-74.

Spitz, R., & Wolf, K. M. (1946). Anaclitic depression: An inquiry into the genesis of psychiatric conditions in early childhood. *Psychoanalytic Study of the Child, 2,* 313-342.

Spivak, G., & Shure, M. B. (1978). *Problem solving techniques in child-rearing.* San Francisco: Jossey-Bass.

Squire, L. R. (1987). *Memory and brain.* New York: Oxford University Press.

Squire, L. R. (1992). Declarative and non-declarative memory: Multiple brain systems supporting learning and memory. *Journal of Cognitive Neuroscience, 4,* 232-243.

Squire, L. R., Knowlton, B., & Musen, G. (1993). The structure and organization of memory. *Annual Review of Psychology, 44,* 453-495.

Squire, L. R., & Zola-Morgan, S. (1991). The medial temporal lobe memory system. *Science, 253,* 1380-1386.

Sroufe, L. A. (1983). Infant-caregiver attachment and patterns of adaptation in preschool: The roots of maladaptation and competence. In M. Perlmutter (Ed.), *Development and policy concerning children with special needs* (pp. 41-81). Hillsdale, NJ: Erlbaum.

Sroufe, L. A. (1989). Relationships, self, and individual adaptation. In A. J. Sameroff & R. N. Emde (Eds.), *Relationship disturbances in early childhood: A developmental approach* (pp. 70-94). New York: Basic Books.

Sroufe, L. A. (1990). An organizational perspective on the self. In D. Cicchetti & M. Beeghly (Eds.), *The self in transition: Infancy to childhood* (pp. 281-307). Chicago: University of Chicago Press.

Sroufe, L. A. (1996). *Emotional development: The organization of emotional life in the early years.* New York: Cambridge University Press.

Sroufe, L. A. (1997). Psychopathology as an outcome of development. *Development and Psychopathology, 9,* 251-268.

Stanley, M., & Mann, J. J. (1983). Increased serotonin-2 binding sites in frontal cortex of suicide victims. *Lancet, 1,* 214-216.

Steele, H., Steele, M., & Fonagy, P. (1996). Associations among attachment classifications of mothers, fathers, and their infants. *Child Development, 67,* 541-555.

Stein, H., Fonagy, P., Ferguson, K. S., & Wisman, M. (2000). Lives through time: An ideographic approach to the study of resilience. *Bulletin of the Menninger Clinic, 64,* 281-305.

Stein, M. B., Hanna, C., Koverola, C., Torchia, M., & McClarty, B. (1997). Structural brain changes in PTSD: Does trauma alter neuroanatomy? *Annals of the New York Academy of Sciences, 821,* 76-82.

Stein, M. B., Yehuda, R., Koverola, C., & Hanna, C. (1997). Enhanced dexamethasone suppression of plasma cortisol in adult women traumatized by childhood sexual abuse. *Biological Psychiatric, 42,* 680-686.

Steiner, H., Cauffman, E., & Duxbury, E. (1999). Personality traits in juvenile delinquents: Relation to criminal behavior and recidivism. *Journal of the American Academy of Child and Adolescent Psychiatry, 38,* 256-262.

Steingard, R., Biederman, J., Spencer, T., Wilens, T., & Gonzalez, A. (1993). Comparison of clonidine response in the treatment of attention-deficit hyperactivity disorder with and without comorbid tic disorders. *Journal of the American Academy of Child and Adolescent Psychiatry, 32,* 350-353.

Stern, D. N. (1985). *The interpersonal world of the infant: A view from psychoanalysis and developmental psychology.* New York: Basic Books.

Stern, D. N. (1990). *Diary of a baby.* New York: Basic Books

Stern, D. N. (1995). *The motherhood constellation: A unified view of parent-infat psychotherapy.* New York: Basic Books.

Stern, D. N. (1998). The process of therapeutic change involving implicit knowledge: Some implications of developmental observations for adult psychotherapy. *Infant Mental Health Journal, 19,* 300-308.

Stern, D. N., Hofer, L., Haft, W., & Dore, J. (1985). Affect attunement: The sharing of feeling states between mother and infant by means of inter-modal fluency. In T. M. Fields & N. A. Fox (Eds.), *Social perception in infants* (pp. 249-268). Norwood, NJ: Ablex.

Stern, D. N., Sander, L. W., Nahum, J. P., Harrison, A. M., Lyons-Ruth, K.,

Morgan, A. C., Bruschweiler-Stern, N., & Tronick, E. Z. (1998). Non-interpretive mechanisms in psychoanalytic therapy: The "something more" than interpretation. *International Journal of Psycho-Analysis, 79*, 903-921.

Stokes, P. E., & Sikes, C. R. (1987). Hypothalamic-pituitary-adrenal axis in affective disorders. In H. Y. Meltzer (Ed.), *Psychopharmacology: The third generation of progress* (pp. 589-607). New York: Raven Press.

Stolorow, R. (1975). Toward a functional definition of narcissism. *International Journal of Psycho-Analysis, 56*, 179-185.

Stone, M. H. (1979). contemporary shift of the borderline concept from a subschizophrenic disorder to a subaffective disorder. *Psychiatric Clinics of North America, 2*, 577-594.

Stone, M. H. (2000). Gradations of antisociality and responsivity to psychosocial therapies. In J. G. Gunderson & G. O. Gabbard (Eds.), *Psychotherapy for personality disorders* (pp. 95-130). Washington, DC: American Psychiatric Press.

Stone, M. H., Kahn, E., & Flye, B. (1981). Psychiatrically ill relatives of borderline patients: A family study. *Psychiatric Quarterly, 53*, 71-84.

Strauss, G., Chassin, M., & Lock, J. (1995). Can experts agree when to hospitalize adolescents? *Journal of the American Academy of Child and Adolescent Psychiatry, 34*, 418-424.

Strayhorn, J. M., & Weidman, C. S. (1989). Reduction of attention deficit and internalizing symptoms in preschoolers through parent-child interaction training. *Journal of the American Academy of Child and Adolescent Psychiatry, 28*, 886-896.

Strober, M., DeAntonio, M., Schmidt-Lackner, S., Pataki, C., Freeman, R., Rigali, J., & Rao, U. (1999). The pharmacotherapy of depressive illness in adolescents: An open-label comparison of fluoxetine with imipramine-treated historical controls. *Journal of Clinical Psychiatry, 60*, 164-169.

Strober, M., Freeman, R., Rigali, J., Schmidt, S., & Diamond, R. (1992). The pharmacotherapy of depressive illness in adolescence: II. Effects of lithium augmentation in nonresponders to imipramine. *Journal of the American Academy of Child and Adolescent Psychiatry, 31*, 16-20.

Strober, M., Morrell, W., Burroughs, J., Lampert, C., Danforth, H., & Freeman,

R. (1988). A family study of bipolar I disorder in adolescence: Early onset of symptoms linked to increased familial loading and lithium resistance. *Journal of Affective Disorders, 15,* 255-268.

Strober, M., Morrell, W., Lampert, C., & Burroughs, J. (1990). Relapse following discontinuation of lithium maintenance therapy in adolescents with bipolar I illness: A naturalistic study. *American Journal of Psychiatry, 147,* 457-461.

Stroul, B. A., & Friedman, R. M. (1988). Caring for severely emotionally disturbed children and youth: Principles for a system of care. *Child Today, 17,* 11-15.

Suomi, S. J. (1984). The development of affect in rhesus monkeys. In N. A. Fox & R. J. Davidson (Eds.), *The psychobiology of affective development* (pp. 119-159). Hillsdale, NJ: Erlbaum.

Suomi, S. J. (1997). Early determinants of behaviour: Evidence from primate studies. *British Medical Bulletin, 53,* 170-184.

Suomi, S. J., & Harlow, H. F. (1972). social rehabilitation of isolate-reared monkeys. *Developmental Psychology, 6,* 487-496.

Suomi, S. J., Harlow, H. F., & Novak, M. A. (1974). Reversal of social deficits produced by isolation rearing in monkeys. *Journal of Human Evolution, 3,* 527-534.

Swanson, J. M., Sunohara, G. A., Kennedy, J. L., Regino, R., Fineberg, E., Wigal, T., Lerner, M., Williams, L., LaHoste, G. J., & Wigal, S. (1998). Association of the dopamine receptor D_4 (DRD_4) gene with a refined phenotype of attention deficit hyperactivity disorder (ADHD): A family-based approach. *Molecular Psychiatry, 3,* 38-41.

Terr, L. C. (1991). Childhood traumas: An outline and overview. *American Journal of Psychiatry, 148,* 10-20.

Thompson, J. W., Rosenstein, M. J., Milazzo-Sayre, L. J., & MacAskill, R. L. (1986). Psychiatric services to adolescents: 1970-1980. *Hospital and Community Psychiatry, 37,* 584-590.

Thompson, R. A. (1999). Early attachment and later development. In J. Cassidy & P. R. Shaver (Eds.), *Handbook of attachment: Theory, research and clinical applications* (pp. 265-286). New York: Guilford Press.

Tohen, M., Sanger, T. M., McElroy, S. L., Tollefson, G. D., Chengappa, K. N. R., Daniel, D. G., Petty, F., Centorrino, F., Wang, R., Grundy, S. L., Greaney, M. G.,

Jacobs, T. G., David, S. R., Toma, V., & the Olanzapine HGEH Study Group. (1999). Olanzapine versus placebo in the treatment of acute mania. *American Journal of Psychiatry, 156,* 702-709.

Tollefson, G. D., Sanger, T. M., Lu, Y., & Thieme, M. E. (1998). Depressive signs and symptoms in schizophrenia: A prospective blinded trial of olanzapine and haloperidol. *Archives of General Psychiatry, 55,* 250-258.

Tooley, K. (1973). Playing it right: A technique for the treatment of borderline children. *Journal of the American Academy of Child Psychiatry, 12,* 615-631.

Tooley, K. (1975). The small assassins: Clinical notes on a subgroup of murderous children. *Journal of the American Academy of Child Psychiatry, 14,* 306-318.

Trevarthen, C. (1979). Communication and cooperation in early infancy: A description of primary intersubjectivity. In M. Bullowa (Ed.), *Before speech: The beginning of interpersonal communication* (pp. 321-347). New York: Cambridge University Press.

Trevarthen, C., & Hubley, P. (1978). A secondary inter-subjectivity: Confiding, confiders, and acts of meaning in the first year. In A. Lock (Ed.), *Action, gesture, and symbol: The emergence of language* (pp. 183-229). New York: Academic Press.

Tronick, E. Z. (1989). Emotions and emotional communication in infants. *American Psychologist, 44,* 112-119.

Tuma, J. M. (1989). Mental health services for children: The state of the art. *American Psychologist, 44,* 188-199.

Twemlow, S. W., Fonagy, P., Sacco, F. C., Gies, M. L., Evans, R., & Ewbank, R. (2001). Creating a peaceful school learning environment: A controlled study of an elementary school intervention to reduce violence. *American Journal of Psychiatry, 158,* 808-810.

Tyson, P. (1982). A developmental line of gender identity, gender role, and choice of love object. *Journal of the American Psychoanalytic Association, 30,* 61-86.

Vaidya, C. J., Austin, G., Kirkorian, G., Ridlehuber, H. W., Desmond, J. E., Glover, G. H., & Gabrieli, J. D. (1998). Selective effects of methylphenidate in attention deficit hyperactivity disorder: A functional magnetic resonance study. *Proceedings of the National Academy of Sciences of the United States of*

America, 95, 14494-14499.

van der Kolk, B. A., Burbridge, J. A., & Suzuki, J. (1997). The psychobiology of traumatic memory. In R. Yehuda & A. C. McFarlane (Eds.), *Psychobiology of posttraumatic stress disorder* (pp. 99-113). New York: New York Academy of Sciences.

van der Kolk, B. A., & Fisler, R. E. (1994). Childhood abuse and neglect and loss of self-regulation. *Bulletin of the Menninger Clinic, 58,* 145-168.

van der Kolk, B. A., & Fisler, R. E. (1995). Dissociation and the fragmentary nature of traumatic memories: Overview and exploratory study. *Journal of Traumatic Stress, 8,* 505-525.

van der Kolk, B. A., & van der Hart, O. (1989). Pierre Janet and the breakdown of adaptation in psychological trauma. *American Journal of Psychiatry, 146,* 1530-1540.

van der Meere, J., Gunning, B., & Stemerdink, N. (1999). The effect of methylphenidate and clonidine on response inhibition and state regulation in children with ADHD. *Journal of Child Psychology and Psychiatry and Allied Disciplines, 40,* 291-298.

Vela, R. M., Gottlieb, E. H., & Gottlieb, H. P. (1983). Borderline syndromes in childhood: A critical review. In K. S. Robson (Ed.), *The borderline child: Approaches to etiology, diagnosis, and treatment* (pp. 31-48). New York: McGraw-Hill.

Vitiello, B., & Stoff, D. M. (1997). Subtypes of aggression and their relevance to child psychiatry. *Journal of the American Academy of Child and Adolescent Psychiatry, 36,* 307-315.

Volkow, D. N., Wang, G. J., Fowler, J. S., Gatley, S. J., Logan, J., Ding, Y. S., Hitzermann, R., & Pappas, N. (1998). Dopamine transporter occupancies in the human brain induced by therapeutic doses of oral methylphenidate. *American Journal of Psychiatry, 155,* 1325-1331.

Volpicelli, J. R., Davis, M. A., & Olgin, J. E. (1986). Naltrexone blocks the postshock increase of ethanol consumption. *Life Science, 38,* 841-847.

Volpicelli, J. R., Volpicelli, L. A., & O'Brien, C. P. (1995). Medical management of alcohol dependence: Clinical use and limitations of naltrexone treatment. *Alcohol and Alcoholism, 30,* 789-798.

Vygotsky, L. S. (1962). *Thought and language* (E. Hanfmann & G. Vakar, Eds. & Trans.). Cambridge, MA: MIT Press.

Vygotsky, L. S. (1978). *Mind in society: The development of higher psychological processes*. Cambridge, MA: Harvard University Press.

Waldinger, R. J., & Frank, A. F. (1989a). Transference and the vicissitudes of medication use by borderline patients. *Psychiatry, 52,* 416–427.

Waldinger, R. J., & Frank, A. F. (1989b). Clinicians' experiences in combining medication and psychotherapy in the treatment of borderline patients. *Hospital and Community Psychiatry, 40,* 712–718.

Waldinger, R. J., & Gunderson, J. G. (1984). Completed psychotherapies with borderline patients. *American Journal of Psychotherapy, 38,* 190–202.

Wasman, M., & Flynn, J. P. (1962). Directed attack elicited from hypothalamus. *Archives of Neurology, 6,* 208–219.

Watson, J. S. (1972). Smiling, cooing, and "the game." *Merrill–Palmer Quarterly, 18,* 323–339.

Watson, J. S. (1979). Perception of contingency as a determinant of social responsiveness. In E. Thoman (Ed.), *Origins of the infant's social responsiveness* (pp. 33–64). Hillsdale, NJ: Erlbaum.

Watson, J. S. (1985). Contingency perception in early social development. In T. M. Field & N. A. Fox (Eds.), *Social perception in infants* (pp. 157–176). Norwood, NJ: Ablex.

Watson, J. S. (1994). Detection of self: The perfect algorithm. In S. T. Parker, R. W. Mitchell, & M. L. Boccia (Eds.), *Self-awareness in animals and humans: Developmental perspectives* (pp. 131–148). New York: Cambridge University Press.

Watson, J. S. (1995). Mother-infant interaction: Dispositional properties and mutual desingns. In N. S. Thompson (Ed.), *Perspectives in ethology* (Vol. 11, pp. 189–210). New York: Plenum Press.

Webster-Stratton, C. (1996). Early intervention with videotape modeling: Programs for families of children with oppositional defiant disorder or conduct disorder. In E. D. Hibbs & P. S. Jensen (Eds.), *Psychosocial treatments for child and adolescent disorders: Empirically based strategies for clinical practice* (pp. 435–474). Washington, DC: American Psychological Association.

Webster-Stratton, C., & Hammond, M. (1997). Treating children with early-onset conduct problems: A comparison of child and parent training interventions. *Journal of Consulting and Clinical Psychology, 65,* 93-109.

Webster-Stratton, C., & Herbert, M. (1994). *Troubled families-problem children: Working with parents: A collaborative process.* New York: Wiley.

Weil, A. P. (1954). Certain severe disturbances of ego development in childhood. *Psychoanalytic Study of the Child, 8,* 271-287.

Weithorn, L. A. (1988). Mental hospitalization of troublesome youth: An analysis of skyrocketing admission rates. *Stanford Law Review, 40,* 773-838.

Werner, E. E., & Smith, R. S. (1982). *Vulnerable but invincible: A longitudinal study of resilient children and youth.* New York: McGraw-Hill.

Weston, J. (1968). The pathology of child abuse. In R. E. Helfer & C. H. Kempe (Eds.), *The battered child* (pp. 77-100). Chicago: University of Chicago Press.

Whalen, C. K., & Henker, B. (1992). The social profile of attention-deficit hyperactivity disorder: Five fundamental facets. *Child and Adolescent Psychiatric Clinics of North America, 1,* 395-410.

Whalen, C. K., Henker, B., & Granger, D. A. (1990). Social judgment processes in hyperactive boys: Effects of methylphenidate and comparisons with normal peers. *Journal of Abnormal Child Psychology, 18,* 297-316.

Whalen, P. J., Rauch, S. L., Etcoff, N. L., McInerney, S. C., Lee, M. B., & Jenike, M. A. (1998). Masked presentations of emotional facial expressions modulate amygdala activity without explicit knowledge. *Journal of Neuroscience, 18,* 411-418.

Wichstrom, L., Skogen, K., & Oia, T. (1996). Increased rate of conduct problems in urban areas: What is the mechanisms? *Journal of the American Academy of Child and Adolescent Psychiatry, 35,* 471-479.

Wilens, T. E., & Biederman, J. (1993). Psychopathology in preadolescent children at high risk for substance abuse: A review of the literature. *Harvard Review of Psychiatry, 1,* 207-218.

Winnicott, D. W. (1953). Transitional objects and transitional phenomena: A study of the first not-me possession. *International Journal of Psycho-Analysis, 34,* 89-97.

Winnicott, D. W. (1958). *Collected papers: Through paediatrics to psycho-*

analysis. New York: Basic Books.

Winnicott, D. W. (1965). *The maturational processes and the facilitating environment: Studies in the theory of emotional development*. New York: International Universities Press.

Winnicott, D. W. (1967). Mirror role of mother and family in child development. In P. Lomas (Ed.), *The predicament of the family: A psycho-analytical symposium* (pp. 26-33). London: Hogarth Press and the Institute of Psychoanalysis.

Wolf, E. S., Gedo, J. E., & Terman, D. M. (1972). On the adolescent process as a transformation of the self. *Journal of Youth and Adolescence, 1*, 257-272.

Wolfgang, M. E., Figlio, R. M., & Sellin, J. T. (1972). *Delinquency in a birth cohort*. Chicago: University of Chicago Press.

Woody, G. E., McLellan, A. T., Luborsky, L. & O'Brien, C. P. (1985). Sociopathy and psychotherapy outcome. *Archives of General Psychiatry, 42*, 1081-1086.

Wyman, P. A., Cowen, E. L., Work, W. C., Hoyt-Meyers, L., Magnus, K. B., & Fagen, D. B. (1999). Caregiving and developmental factors differentiating young at-risk urban children showing resilient versus stress-affected outcomes: A replication and extension. *Child Development, 70*, 645-659.

Yehuda, R. (1997). Stress and glucocorticoid. *Science, 275*, 1662-1663.

Yehuda, R. (1998). Neuroendocrinology of trauma and posttraumatic stress disorder. In R. Yehuda (Ed.), *Psychological trauma* (pp. 97-131). Washington, DC: American Psychiatric Press.

Yehuda, R., Kahana, B., Binder-Brynes, K., Southwick, S. M., Mason, J. W., & Giller, E. L. (1995). Low urinary cortisol excretion in Holocaust survivors with posttraumatic stress disorder. *American Journal of Psychiatry, 152*, 982-986.

Yehuda, R., & McFarlane, A. C. (1995). Conflict between current knowledge about posttraumatic stress disorder and its original conceptual basis. *American Journal of Psychiatry, 152*, 1705-1713.

Yeomans, F. E., Selzer, M. A., & Clarkin, J. F. (1992). *Treating the borderline patient: A contract-based approach*. New York: Basic Books.

Youngblade, L. M., & Dunn, J. (1995). Individual differences in young children's pretend play with mother and sibling: Links to relationships and understanding of other people's feelings and beliefs. *Child Development, 66*, 1472-1492.

Zanarini, M. C., & Frankenburg, F. R. (1997). Pathways to the development of borderline personality disorder. *Journal of Personality Disorders, 11,* 93-104.

Zanarini, M. C., Frankenburg, F. R., Reich, D. B., Marino, M. F., Haynes, M. C., & Gunderson, J. G. (1999). Violence in the lives of adult borderline patients. *Journal of Nervous and Mental Disease, 187,* 65-71.

Zanarini, M. C., Gunderson, J. G., Marino, M. F., Schwartz, E. O., & Frankenburg, F. R. (1989). Childhood experiences of borderline patients. *Comprehensive Psychiatry, 30,* 18-25.

찾아보기

◆ 인명 ◆

◆ 내용 ◆

저자 소개

Efrain Bleiberg

정신과 의사인 에프레인 블라이버그는 멕시코 몬테레이에서 태어났다. 누에보레온의과대학, 몬테레이대학교 심리학과, 정신의학과를 졸업하였다. 정신건강과학 칼 메닝거 학교의 정신의학 그리고 소아정신과 전공의를 수련하였으며, 토피카 정신분석 연구소(성인 그리고 아동 정신분석)에서 일하였다. 그는 아동 정신의학 수련 프로그램의 총 단장과 책임자, 일반 정신의학 전공의 프로그램 책임자, 정신의학과 정신건강과학 칼 메닝거 학교의 학장, 교육 및 연구 부원장, 아동 분과 부원장 및 책임자 그리고 캔자스, 토피카에 있는 메닝거 클리닉 수석 스텝과 원장을 역임하였다. 그는 현재 메닝거 클리닉의 부총장이며, 정신의학과 정신건강과학 칼 메닝거 학교에서 정신의학 그리고 발달정신병리학 분야의 앨리스 프리드먼 교수이고, 토피카 정신분석연구소에서 정신분석자들의 훈련과 지도감독을 하고 있다.

역자 소개

이문희(Lee Mun－Hee)

이화여자대학교 심리학과에서 상담심리학으로 석사 및 박사 학위를 받았다. 한국청소년상담원, 이화여자대학교, 경기대학교에서 상담원으로 일한 경험이 있다. 현재는 용문상담심리대학원대학교에서 상담심리학과 교수로 재직 중이다. 역서로는『심리치료의 거장』『감정공포치료』가 있다.

이은진(Lee Eun－Jin)

이화여자대학교 심리학과에서 상담심리학으로 석사 및 박사 학위를 받았다. 국민대학교 교육대학원 초빙교수, 고려대학교 대학교육개발원 연구교수를 역임했으며, 현재는 이화여자대학교 학생상담센터 특임교수로 재직 중이다. 역서로는『상담 및 실무자를 위한 정신역동상담이론』『감정공포치료』가 있다.

유성경(Yoo Sung－Kyung)

서울대학교 교육학과에서 학사 및 석사 학위, 미네소타대학교 교육심리학과에서 상담심리전공으로 박사 학위를 받았다. 한국청소년상담원 상담교수를 역임하였으며, 현재는 이화여자대학교 사회과학대학 심리학과 교수로 재직 중이다. 역서로는『건강한 상담자만이 남을 도울 수 있다』『상담의 디딤돌』『감정공포치료』『상담 및 실무자를 위한 정신역동상담이론』이 있다.

아동 · 청소년 성격장애 치료
- 관계적 접근 -

Treating Personality Disorders in Children and Adolescents:
A Relational Approach

2018년 10월 25일 1판 1쇄 인쇄
2018년 10월 30일 1판 1쇄 발행

지은이 • Efrain Bleiberg
옮긴이 • 이문희 · 이은진 · 유성경
펴낸이 • 김진환
펴낸곳 • (주) **학지사**

　　　　　04031 서울특별시 마포구 양화로 15길 20 마인드월드빌딩
대표전화 • 02)330-5114　　　　팩스 • 02)324-2345
등록번호 • 제313-2006-000265호

홈페이지 • http://www.hakjisa.co.kr
페이스북 • https://www.facebook.com/hakjisabook

ISBN 978-89-997-1675-1 93180

정가 21,000원

이 도서의 국립중앙도서관 출판시도서목록(CIP)은 서지정보유통지
원시스템 홈페이지(http://seoji.nl.go.kr)와 국가자료공동목록시스템
(http://www.nl.go.kr/kolisnet)에서 이용하실 수 있습니다.
(CIP 제어번호: CIP2018032877)

교육문화출판미디어그룹 **학지사**

심리검사연구소 **인싸이트** www.inpsyt.co.kr
원격교육연수원 **카운피아** www.counpia.com
학술논문서비스 **뉴논문** www.newnonmun.com
간호보건의학출판 **학지사메디컬** www.hakjisamd.co.kr